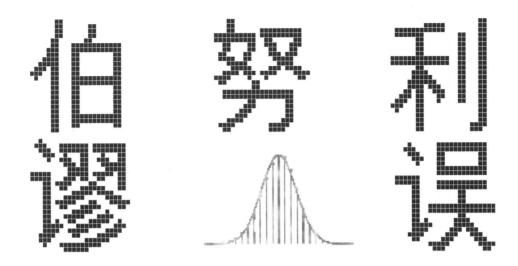

不合逻辑的统计学与
现代科学的危机

[美] 奥布里·克莱顿（Aubrey Clayton）——著　　陈代云——译

BERNOULLI'S FALLACY

Statistical Illogic and the Crisis of Modern Science

格致出版社　上海人民出版社

谨向贾米尔·艾德鲁斯致敬。

序

既然本书冒着被人指控重燃统计学和科学之间的历史争论的风险，那不如让我们首先摒弃这些争论曾经得到解决的观点。"统计战争"从未结束；从某些方面来看，这一切才刚刚开始。

科学、统计学和哲学现在像以往一样彼此需要，在复制危机仍在蔓延的背景下尤其如此。每个人，不管其意识形态如何，都可能同意统计学在科学中的实践确实存在一些问题。现在也是进行坦率对话的好时机，因为统计语言正日益成为我们日常公共生活的一部分。不幸的是，新冠疫情蔓延迫使"检测敏感性""特异性"和"阳性预测值"等统计术语进入了我们的集体词汇。与此同时，在最近的其他例子中，（虚假的）统计争论是对 2020 年美国总统选举舞弊指控的核心组成部分，（非虚假的）统计争论则是对美国刑事司法体系的系统性种族偏见指控的核心。我们这个时代最重要的事——公共卫生、教育、政府、民权、环境、商业和许多其他领域——都是用统计学的修辞手法来描述的。因此，认识到统计学修辞可能会导致误用，使其自身成为一个紧迫的伦理问题。在这一点上，我们或许也能取得共识。

怎么做是另一回事。在科学中，作为复制危机的潜在解决方案，一些拟议的方法论改变（将在后文讨论）已经获得了支持，但尚未出现明显的赢家。很难达成共识的原因是，在这些关于方法论的争论中，隐藏着尚未解决的统计学基本问题。事实上，现在正在进行的讨论可以被看作自 19 世纪以来统计学争论中那些哲学问题的生动再现。简而言之，在评估提议的方法论改变是否成功地解决了一个问题之前，需要首先确定所要解决的问题是什么，而这些决定揭示了科学知识创造过程的哲学承诺。当涉及这些基本问题时，我们的观点并不一致，本书将对其中的原因展开探讨。

因为统计方法是一种对测量误差和不确定性的认知作用进行解释的手段，无论是以观察中无法控制的随机噪声的形式来自"我们外部"，还是以世界状态有限信息的不确定性的形式来自"我们内部"，对"统计战争"（至少在频率主义者和贝叶斯阵线上）最合适的描述是，这是一场关于概率的本质和起源的争论。第一种观点将概率的范围限制在那些原则上我们可以根据经验制成表格的偶然波动中；第二种方法允许我们在考察一些新的观察结果前后，用概率反映对一个假设的信心程度。不幸的是，对于反对冲突的人来说，这里没有中立的选择。

作为这些哲学承诺在实践中发挥作用的方式的一个简单解释，考虑目前关于统计和科学方法的争论可以分为三类：

问题（1）：假设来自哪里，什么时候？假设代表了一种具体的预测，即研究理论将如何在某些变量测量中得到证实。如果一个特定的假设是在偷看了结果后构思出来的，或者是为了找到一个最适合现有数据的假设而被精心设计出来的，那么它可能被认为是"事后理论化"的可疑产物，也被称为结果已知后的假设（hypothesizing after results are known，HARKing），利用了"研究者自由度"*、"得州神枪手谬误"**、"数据疏浚"（data dreging）***、"查看别处"效应（look-elsewhere effect）**** 或 "p 值黑客"*****。应对这一问题的各种建议包括方法的预先注册，也就是说，在收集数据之前，承诺对数据进行某种严格的解释，将研究的"探索性"阶段与"验证性"阶段隔离开来，或者对多个可能的比较进行校正，比如邦费罗尼校正（事后校正，用显著性阈值除以同时考察的假设的数

---

* 这是指研究者在设计和进行科学实验以及在分析其结果时所涉及的内在灵活性。这个术语反映了这样一个事实：研究人员可以选择多种收集和分析数据的方式，这些决定可以是任意的，也可以是由于它们产生了积极的、统计上显著的结果。——译者注

** 这是指一个没有射击技能的人用一把枪向谷仓的一面墙射出大量子弹，然后在弹孔最多的位置画上靶心。——译者注

*** 这也被称为数据钓鱼、显著性追逐，是误用数据分析来发现数据中具有统计学意义的模式，从而极大地增加或低估假阳性的风险。这是通过对数据进行许多统计检验来完成的，并且只报告那些显著的结果。——译者注

**** 在科学实验的统计分析中，由于需要搜索的参数空间太大，一个在统计学上明显显著的观察结果实际上可能是偶然出现的。——译者注

***** 这是指实际上并没有真正的潜在影响而在数据中寻找具有统计显著性的模式，是一种误用数据分析的做法。——译者注

量）或其他类似的方法。

问题（2）：实验开始和结束的原因，我们又是如何了解它的？这种类型的问题包括"发表偏倚"问题[*]，或"文件抽屉问题"[**]，以及"选择性停止"问题[***]。如果一个进行试验的实验者被允许继续进行实验并收集数据直到获得一个有利的结果后才报告这个结果，这显然存在渎职的可能性。阻止这类行为的尝试包括仅仅根据预先注册的报告（即纯粹基于方法）作出发布决定，以鼓励发布负面结果，并提前明确规定和遵守"停止规则"。

问题（3）：有足够的数据吗？小样本是世界各地科学家的痛苦之源，原因包括缺乏资源或感兴趣的现象本身就很稀少等。在标准的统计框架中，这造成了一个低功效的问题，这意味着即使存在影响，我们也很有可能找不到。这也意味着，一种影响——如果真的被发现——很可能被夸大了，而且不太可能被复制，这是一种被称为"赢家的诅咒"的悖论[****]。当具有许多参数的统计模型对可用数据"过度拟合"[*****]时，一种不同但相关的动态特征正在发挥作用。太少的数据点被要求承担过重的负荷，其结果是，模型在测试数据集上被评估时看起来很好，但在其他地方却表现得很糟。除了简单地收集更大的数据样本（说起来容易做起来难），新兴的最佳实践建议是通过共享资源和材料来促进合作，激励复制研究和元分析，保留一些数据用于任何合适模型的"验证"或"样本外检验"，并进行功效分析，以确定需要多大的样本才能找到具有高概率的有意义的效应。

乍一看，这三种方法都是引起关注的合理原因，而提出的解决方案也似乎

---

[*] 这是指一项研究的结果，如研究结果是否具有统计意义和实际意义，或是否符合研究者或赞助者的期望，对该研究是否发表的影响。——译者注

[**] 这是发表偏倚的另一种说法，特别是当偏倚的本质是那些未能拒绝零假设的研究比那些产生统计上显著结果的研究更不可能被发表时。——译者注

[***] 在连续的数据收集中，根据收集到的数据停止收集过程，就像当研究人员继续收集数据直到数据支持所调查的假设。它破坏了以后对数据进行的任何统计检验的有效性。——译者注

[****] 这是价值拍卖中常见的现象。所有竞标者对一件物品都有相同的（事后）价值判断，但会收到关于该价值的不同的私人（事前）信号，其中赢家是对该资产评估最乐观的竞标者，他往往会高估和多付。因此，中标者将以两种方式之一受到"诅咒"：要么中标者的出价将超过拍卖资产的价值，要么资产的价值将低于竞标者的预期。——译者注

[*****] 这是指分析结果过于接近或精确地符合一组特定的数据，因此可能无法符合其他数据或可靠地预测未来的观察结果。——译者注

是明智的对策，但前提是假定进行统计推断的标准（非贝叶斯）模式是已知的。正如我们将看到的，贝叶斯统计为这些问题提供了天然的保护，并且在大多数情况下，使它们不再成为问题。标准模板中完全缺失的保障措施是假设的先验概率，即我们根据过去的经验和所认为的已建立的理论，在考察数据之前赋予它的概率。

经过进一步的反思，很明显，提出的这些限制与有关通常形成假设和根据证据进行检验的方式的常识是不一致的。例如，医生在测量一个孩子的身高时，可能会报告包括一些误差的测量结果，这显示了对真值的最佳猜测和围绕它的概率分布。但严格地说，假设是在知道结果之后才作出的——这违反了为保护我们不受问题（1）影响而制定的规则。医生现在必须再次测量孩子的身高做"验证性"分析吗？许多基础统计学的典型例子，如通过随机抽样调查总体，都无法通过这样的审查。同样地，比如说，概率也不会成为法律证据。如果犯罪嫌疑人是根据在现场收集的证据确定的，那么他们可能的罪行是否也可以由同一证据确定，还是必须收集所有新的证据？一个科学期刊的审稿人在评审一篇论文的过程中，是否被允许想象用另一种解释来拟合所报告的数据，或者这些解释也必须被预注册？

标准的统计方法不自然地使所有理论（无论这些理论多么无聊和古怪）之间的竞争变得公平，所以人们高度关注的问题（2）——发表偏倚问题——进一步加剧。因此，理所当然地，在符合既定发表价值标准的理论中，那些更令人惊讶的和反直觉的理论（以及那些最不可能真正具有实质性意义的理论）将会得到更多的关注。为了满足更高的证据标准，需要更多令人惊讶的假设，这将重新调整发表动机，消除许多无用的废话。类似地，正如我们将看到的，"选择性停止"是标准方法的痛苦之源，这只是因为它们对可能发生但没有发生的事情的可能性很敏感。贝叶斯推断仅基于实际观察到的情况，实验者对其他实验的计划通常不构成相关信息。

类似地，问题（3）中模型的统计功效低和过度拟合问题仅在将统计过程的答案作为最终解释的情况下才是问题。在贝叶斯模式中，假设永远不会被完全接受或拒绝，模型参数的单一估计也不会被视为真理。相反，随着收集的数据越来越多，不确定性会逐渐改变；一次观察可能有用，两次观察更有用，等等。一般来说，同时回答的问题越多（以在一个给定的模型中有许多可调控

"表盘"的形式），将不确定性降低到可控制的水平需要的数据就越多，但从推断意义上讲，在整个过程中我们都会被提醒我们"在"哪里，我们还有多远的路要走。保留数据用于验证模型是对我们本可以从中学到一些东西的完美数据的浪费。

如果我们愿意简单地让概率代表不确定性，而不仅仅是测量误差的频率，以上所有的以及更多的可能性都是存在的。所以，首先我们需要克服哲学上的障碍。换句话说，与贝叶斯方法相比，标准的统计技术只使用了一个研究假设的小部分可用信息（它对观测结果的预测有多准确），所以当有限的信息被证明不充分时，它们自然会挣扎。使用标准统计方法就像晚上在昏暗的公路上开车：为避免掉进沟里，我们可以建造一个复杂的保险杠和护栏系统，并为汽车配备车道偏离警告和复杂的导航系统，即使这样，我们最多也只能开到几个目的地。或者我们可以干脆打开车大灯。

所以，在讨论"有问题的研究实践"时，这是一个完美的时机来质疑这些实践是否有问题，或者是否有更好的方式来思考整个研究计划。为此，本书中包含了一些关于概率和统计推断的建议，对于那些受过正统统计训练的人来说，这些建议在一开始可能显得像是异端邪说，但经过一些思考之后，这可能会变得越来越有道理。这些建议共同的主题是，如果解决了潜在的"疾病"，就没有必要继续治疗统计误用的"症状"。

我提出以下建议供考虑：

• 在知道实验结果之后再作假设并不一定会产生问题，事实上，大多数假设都是这样构建的。

• 使用相同的数据同时检验多个假设不需要付出任何代价，也不需要作出任何修正。

• 导致实验终止的条件在很大程度上对于从中得出的推断是无关紧要的。特别是，实验者可以自由地继续进行试验，直到得出预期的结果而不会损害所得到的推断。

• 不需要特别注意避免模型对数据的"过度拟合"，并且根据一组单独的检验数据来验证模型通常是一种浪费。

• 不需要为了确保统计估计量（例如作为总体方差估计量的样本方差）是"无偏的"而对其进行修正。事实上，这样做可能会使这些估计量的质量更差。

- 通过实验来"测量"概率是不可能的。此外，所有以"概率是……"为开头的陈述都犯了范畴错误（category mistake）。没有所谓的"客观"概率。

- 极其不可能发生的事件并不一定值得注意，他也不是质疑假设所隐含的任何事物的理由，摆在第一位的是，它极不可能发生。

- 无论数据是否"实际上"服从正态分布，都需要假设一个特定的分布（例如正态分布）来考虑误差的统计方法是完全有效的。

- 讨论数据是否"实际上"是正态分布的或是否可以从正态分布的总体中抽样，或者讨论任何其他类似的构造，都是没有意义的。

- 我们不需要记住一大堆复杂且不同的检验或估计来应用于不同分布假设下的不同类型的问题。从根本上说，所有的统计问题都是相同的。

- "拒绝"或"接受"一种假设并不是统计学的正确功能，事实上，这是危险的误导并具有破坏性。

- 统计推断的目的不是要给出高频的正确答案，而是要在结合已有的背景知识和假设的情况下，总能得出由手头数据支持的最佳推断。

- 科学在很大程度上不是一个明确地证伪断言的过程，而是一个分配概率并根据观察更新概率的过程。这个过程是无止境的。除了逻辑矛盾，任何命题的概率都不应该是 0，除了逻辑重言式（logical tautology），任何命题的概率都不应该是 1。

- 一个命题越出人意料，越令人惊讶，或越违背既定理论，在这个命题被认真对待之前，证据必须越令人印象深刻。

∽

当然，我并不是第一个写下这类观点并将其钉在统计学教堂大门上的人。接下来的内容将不会全面描述统计学辩论的历史和现状，也不会涉及众多被讨论的独特观点。在概率论和统计学的基础上，似乎从来没有两位作者达成过完全一致的意见，甚至他们自己也常常会意见不一致。不过，粗略地说，本书介绍的内容最接近于皮埃尔-西蒙·拉普拉斯、约翰·梅纳德·凯恩斯、布鲁诺·德·费内蒂、哈罗德·杰弗里斯、伦纳德·吉米·萨维奇和埃德温·杰恩斯的知识谱系。

不过，我已经尽我所能，避免对那些为浩繁的文献作出贡献的人的阵营进行分类，因为我不认为这对故事有什么帮助。如果用"[X]ive[Y]ist[Z]ian"*这样的捷径来降低某人的地位，可能会传达错误的想法，因为根据上下文，[X]、[Y]和[Z]的含义可能意味着改变和矛盾的结论，因为它们在几个世纪以来就以不同的方式被使用。给不同的分支阵营贴上"客观"和"主观"的标签尤其危险，因为它们在历史上大多被用作宣传不同思想流派的广告文案。

　　就我们的目的而言，这些阵营所持立场之间的大多数细微差别都是无关紧要的。我们关心的是一个基本问题：是否有可能仅仅根据如果这些假设是正确的，观察结果出现的可能性或不可能性来对假设作出判断？那些给出肯定回答的人，无论是费雪学派、新费雪主义者、奈曼—皮尔逊主义者、等价检验者、"严格检验者"等，都犯下了我们这个主题所指的谬误。那些给出否定回答的人至少避免了这个陷阱，尽管他们可能会落入其他陷阱。

　　本书不是一本原创的学术著作。本书中介绍的所有主要思想在其他地方都有更深入的介绍。我已经尽力为感兴趣的读者提供必要的参考资料去了解更多细节。（在大多数情况下，答案都是杰恩斯。）

　　想想看，这是印在传单上的一篇战时宣传，被从飞机上空投到敌方领土，以赢得那些可能还不支持任何一方的人的芳心和思想。我写这本书的目的不是促成一项和平条约，而是赢得这场战争。或者，用一个不那么好战的比喻，把它想象成一个令人惊叹的深夜购物广告，推销给那些饱受失眠之苦的研究人员。这些研究人员花费了无数个不眠之夜来分析统计数据，并绝望地希望一位高深莫测的计算机法官能做出"$p < 0.05$"的裁决。在一个黑白视频中，一个研究人员苦笑着，努力让他们的设备简单地运行，而复杂、笨拙的显著性检验、功效分析和多重比较校正最终在混乱中崩溃，一个声音故意问道："这总是发生在你身上，你不厌倦吗？"这位恼怒的科学家抬头看着摄像机，点了点头。"你不希望有更好的办法吗？现在，多亏了贝叶斯理论，才有了……"

---

* -ive、-ist 和 -ian 都表示某类人的后缀，如 progressive 进步人士、economist 经济学家和 historian 历史学家。——译者注

致 谢

所有这些提供友谊和鼓励,阅读半成品帮助我厘清思想,以及运用他们的专业技能将作品从一堆杂乱无章的想法转变成成品的人看起来就像维恩图的三个圆圈——有一个很大的并集,但每个可能的交集都有元素。

首先,我由衷地感谢哥伦比亚大学出版社的埃里克·施瓦茨、洛厄尔·弗莱和米兰达·马丁,以及琼·布鲁克班克。克雷格·特恩布尔和亚当·赖克为多份草稿提供了宝贵的反馈,并指出了漏洞所在。当然,所有剩下的错误都是我的(除了那些随机发生的错误,它们不是任何人的错)。感谢本·亚当斯、洛林·里斯、凯茜·奥尼尔、杰伊·曼德尔为我提供的指导,是他们帮助我将这些原始材料制作成可出版的书。

在这个项目立项之前,它的"直系祖先"是发布在《鹦鹉螺号》(*Nautilus*)的一系列文章和博客文章,以及《波士顿环球报》(*Boston Globe*)的一个类似的常驻专题报道,这些都是关于概率、统计和时事的内容。为了抓住人们渴求这些材料的时机,并且为了让这些材料符合他们的口味,我要感谢我的编辑布莱恩·加拉格尔、凯文·伯杰、布莱恩·伯杰斯坦和比娜·文卡塔拉曼。我还要感谢乔治·甘茨和纳西姆·塔勒布,是他们鼓励我写更多的文章。

任何一个主要概念在被公开发表之前,都是我在哈佛大学继续教育学院(Harvard Extension School)一门关于概率和逻辑的课程中讲授的内容。我非常感谢自己能得到一个机会,和好学且有思想的学生一起检验这些想法并访问哈佛图书馆,因此要感谢安迪·恩格尔沃德、马克·拉克斯和继续教育部门的工作人员。

这些材料在被正式讲授之前,是在日常的阅读课程和一系列关于杰恩斯的《概率论沉思录》(*Probability Theory: The Logic of Science*)的在线讲座中被非正式地讲授的。我非常感谢以下人士，是他们花了宝贵的时间与这本"难啃"的书作斗争，并告诉我它的"难啃"之处，他们分别是山姆·汤普森、丽莉·汤普森、德夫·库马尔、迈克尔·沃丁顿、劳拉·葛若泽、萨默·波洛克和克劳福德·克鲁斯。我还要特别感谢我的知己，也是我以前的合著者——特拉维斯·沃丁顿，他细心地阅读，并帮助我多次迭代写下这些东西，每一次都使作品更好。我也要感谢威尔·科特——我的杰恩斯学习伙伴——以及凯文·范·霍恩、G.拉里·布雷托斯特和整个在线"杰恩斯社区"。

当这些项目正在痛苦地催生其他项目时，许多其他朋友也充满同情地听我倾诉，并给予我急需的鼓励。我没有办法在此列出所有人的名字，但可以列出部分名单：格雷姆·伍德、路易莎·伦巴第、特蕾莎·夏普、扎克·怀特、查尔斯·福克斯、尼克·埃里克森、尼瑞特·埃里克森、丹妮拉·拉马斯、艾米丽·欧德舒、以斯拉·祖克·曼西旺、丽萨·沃斯曼·西旺、杰西卡·尤莉安、若当·皮尔、佐伊·皮尔、伊恩·艾布拉姆斯·席尔瓦、凯尔西·勒·博和本书所纪念的贾米尔·艾德鲁斯。

如果没有一群充满爱心的人的支持，我不可能作出如此巨大的努力，特别感谢林恩·威利斯、卡尔·凯顿、玛丽莲·泰珀、罗娜·泰珀-戈德曼、吉姆·戈德曼、亚当·戈德曼、梅丽莎·泰珀-戈德曼（我任何新作品草稿的第一个、也是最好的读者）和纳夫塔利·克莱顿。

我之所以将概率论和统计学作为深入学习的科目，是因为它们具有令人恼火但令人着迷的反直觉性。而这种追求的本质是，你会不可避免地发现自己毫无希望地漂泊不定，而拥有某些参照的"固定点"对于重新定位并找到回到岸边的航路就变得至关重要。对我来说，主要的参照点是杰恩斯，他看到了真相并保存了它，当然还有很多其他人。史蒂芬·施蒂格勒的历史文献是无价的，理查德·麦克尔里思、艾里克-简·瓦根马克斯、斯蒂芬·泽拉克、迪德利·麦克洛斯基、佩西·迪亚科尼斯、布莱恩·斯科姆斯，以及桑迪·扎贝尔的工作也是如此。

再往前回溯，我要感谢史蒂夫·埃文斯，尽管在数学上，我继承的是戴维·乔治·肯德尔、莫里斯·史蒂文森·巴特利特、约翰·威萨特、卡尔·皮尔逊和弗朗西斯·高尔顿的衣钵。

当然，我将我的存在、快乐的成长以及对数学的热爱献给我的父母，他们是优秀的模范数学教育工作者，他们的熏陶使我成为休伯特·斯宾塞·巴茨、费利克斯·克莱恩、卡尔·弗里德里希·高斯以及皮埃尔-西蒙·拉普拉斯和雅各布·伯努利的数学追随者。

目录

引　言

　　现代统计学的方法——高中和大学里常规教授的数据分析工具、研究实验室里说的和期刊上陈述的统计推断通用语言的名词和动词、数千人多年来努力的理论结果——都是建立在逻辑错误的基础上的。从某种意义上说，这些方法并没有错，就像牛顿物理学在技术上只是一种低速、恒定重力的近似真理，但仍然在现实中帮助我们成功地建造桥梁和火车。它们大错特错，无可救药，从逻辑上讲，它们已经崩坏了，给依赖它们的科学界带来了严重的后果。随着一些科学领域越来越多地受到数据和统计学的驱动，这些基础"裂缝"已经开始以再现性危机的形式出现并威胁着整个研究学科。问题的核心是对不确定性的量化（即概率）及其在根据数据进行推断时所起作用的根本性误解。

　　在进一步讨论之前，要先澄清一下，我不打算把前面的陈述解释为"反科学"，甚至是对科学机构（科学期刊、实验室、大学院系等）的指责。尽管科学存在诸多问题，但用卡尔·萨根的话来说，它仍然是"照亮黑暗的蜡烛"。在抵制科学发现的金钱利益、迷信和伪科学势力的持续威胁下，这是人类对自律和怀疑思维的最佳组织原则。我所希望达到的，最重要的是，激励科学家们把怀疑的目光投向自己的内心，批判性地审视关于统计学理论如何构建的公认智慧——以便使它们变得更有力、更好。我的目标是推动科学本身进步——让蜡烛更亮，而不是把它熄灭。

　　这些批评也不会对整个科学领域造成太大损害，如果有的话——像粒子物理学这类由理论或实验方法主导的领域，并不严重依赖于统计技术。这是另一个成长机会。既然概率论和统计学是关于不确定性的统一语言——所有观察学科的共同成分——那么，经过适当重组的统计技术应该在所有研究中发挥作用，这似乎顺理成章。然而，就目前的这些方法而言，如果可能的话，科学家避免使用它们是正确的；研究领域（尤其是社会科学领域）是使用它们最多的领域，现在正在为不可再现的结果付出最大的代价。

然而，我不想冒险低估问题的大小或重要性。问题是巨大的，要解决这一问题，需要打破一个多世纪以来的统计学思维，改变科学数据分析的基础词汇。统计方法的发展也许代表了自启蒙运动以来科学实践的最大转变。认为这些方法背后的基本逻辑已被打破的想法，应该是令人恐惧的。自大约15年前我第一次接触到这个观点以来，我几乎每天都在思考、阅读和写作，并向别人传授概率论和统计学知识，与此同时，我还生活在双重恐惧中：我提出的这个激进的建议可能是错误的，也可能是正确的。

我在读研究生的时候，试图在篮球赌博中用统计学来赚钱，我第一次有了一种不对劲的感觉。当意识到我根本不知道自己在做什么时，我正在攻读加州大学伯克利分校的数学博士学位。我的研究领域是概率的数学理论，基本上就是我们在高中做过的从罐子里取彩色弹珠问题的放大版。那时，我已经在研究生阶段学习了几年的概率论，对理论知识了如指掌。我热爱这个学科。我在公寓卧室的墙上，用胶带粘上了几页笔记，上面写着我第一年研究生课本上的每个定理的表述，以及每个定理的扼要证明。我在系里的研讨会上发表演讲，在解决我论文的核心问题方面取得了缓慢但稳定的进展，这是一个关于生活在无限维度空间中的随机过程的问题，特别棘手。我以为我对概率很了解。

在2005年年底的一个跨年派对上，我遇到了我的朋友布莱恩，他放弃了伯克利的数学学术项目，去了一家生产视频扑克机的公司工作。他的工作是负责数学——具体而言就是概率。赌博业的监管规定要求赌博机遵守严格的规则，规定他们支付的频率，这样博彩公司就不能欺骗玩家，比如让赌博机只打出应有频率的一半的同花顺。布莱恩负责测试机器内部的计算机代码以确保它们正常工作。从数学上讲，这很简单，但这是一种你必须完全确定自己正确的工作。

布莱恩也喜欢赌博。在2005年前后德州扑克热潮的巅峰时期，突然间，好像每个人都在网上和餐桌上玩扑克。传统观点认为，任何有数学背景的人都可以通过玩扑克牌致富，这让我感到特别沮丧。我曾梦想着从学校退学，通过打职业扑克轻松赚钱。"这全是概率。"每个人都这样说。尽管我有概率方面的专业知识，但我一直是一个非常糟糕的玩家。我可以证明在这种情况下存在一个独特的最优策略，但我不知道它是什么。我看着我的筹码堆栈慢慢减少，直到它消失。通常我的筹码接收端是像布莱恩这样的人，他们能以某种方式进行心算，这给了他一个优势。

然而，在那个跨年夜，他想和我聊聊篮球而不是扑克牌。布莱恩也喜欢体育博彩，他认为 NBA 在线博彩市场上有赚钱的机会。在任何一场篮球比赛中，你都可以下两种赌注：哪支球队会赢，以及比赛的总比分（两队的比分加起来）是否大于或小于一个叫做"超过／低于"的数值。有时你也可以同时下多个赌注，这意味着如果你作出的所有预测都成真，你就赢了。通常人们会在同一时间对多个游戏下注，但布莱恩注意到也可以在同一游戏中对两种可能的赌注（赢家和超过／低于）下注。所以，如果达拉斯小牛队对阵洛杉矶湖人队，你可以打赌，小牛队会赢，并且总比分低于 200。问题（以及机会）在于，博彩网站总是把连赢赌博的赔率看成独立的，这意味着它们假设两件事发生的概率是两个独立概率的乘积，就像用一个公平的骰子连续掷两次 6 点。对布莱恩来说，这似乎不对劲。他对篮球略知一二，在他看来，球队的优缺点会以某种方式表现出来，从而影响这些赌注。理论上，这可能会允许一些有利的押注，因为从平均意义上讲，连赢的收益可能会高于它们应该有的水平。

布莱恩已经收集了几年的游戏数据，他问我是否可以查看一下他的判断是否正确。我很乐意去尝试（我仍然幻想着从研究生院退学，然后以某种方式迅速致富），但我很快意识到，我实际上不知道如何回答这个问题。在读本科的时候，我辅修了统计学，这是概率论的孪生学科，我很清楚地记得这类问题的标准工具是什么。但我越想就越意识到我并不真正理解这些工具在做什么——甚至不明白为什么它们一开始就是标准工具。我想出了一个答案，尽管我不能确定这是正确的，那年布莱恩和我通过参与 NBA 博彩赚了一大笔钱。

篮球的问题一直困扰着我。我们的成功最终证明了我们的理论是正确的，还是我们只是运气好？支持这一理论的统计论据对我来说仍然没有多大意义。我们试图利用的关联的本质是概率性的。如果比赛的得分很低，我们并不能保证某支球队会赢；我们只需要它比博彩公司认为的更有可能就行。但我怎么能从数据中判断出某件事是否真的更有可能发生呢？我或许可以看到某些结果的组合是否发生得比预期的更频繁，但数据中总是存在噪音。我又如何知道我看到的结果只是几率变化的产物，而不是真实影响的证据？

应该说，这正是标准统计技术被设计用来回答的问题——而不仅仅是体育博彩的问题。自20世纪20年代以来，这些方法一直是在任何可能的情况下分析数据的首选方法。像显著性检验这样的技术应该会告诉你，你在数据中观察到的现象是真实的还是只是几率的产物。它们有一些经验法则，但从来不会以这样或那样的方式明确地回答这个问题。如果一个偏差（无论在什么意义上对当前的问题来说都是合适的）和你所看到的偏差一样大或更大，它发生的概率只有5%，那么一般的建议是拒绝以几率作为解释。

对我的数学头脑来说，这些检验总是有点不靠谱。为什么我应该关心我可能观察到了我实际观察到的结果的频率？我可以从我的电子表格中看到它在回盯着我，所以我知道它确实发生了。这个神奇的5%显著性阈值从何而来？如果我的数据确实通过了阈值而我拒绝了几率假设，那又会怎样？我关心的是我是否能通过赌博赚钱。我在统计学课本中找到的传统解释从来都不那么令人满意，而且似乎被第一类和第二类错误率等术语故意掩盖了。我所接受的训练告诉我，不要相信任何不能从基本原理中得到的想法，无论我多么努力，我就是无法证明统计检验是正确的。事实证明，我并不孤单。

我真正的问题是，在我做过的所有概率计算中，概率从一开始就被给出了，这是这门学科通常采用的典型教学方式。我所理解的概率论是一套规则，一旦给出就被用来操纵概率，而不是一开始就建立它们的方法。总是有一枚均匀的硬币或一对骰子，或者在更抽象的数学框架中，有一个概率测度。接下来的问题都是关于这些假设的结果：如果一个骰子是公平的，那么在接下来的10次投掷中，你会观察到连续出现3个6点的概率是多少？如果五对夫妇在晚餐时被随机分到两张桌子，任何一对夫妇坐在一起的几率是多少？诸如此类。但当事件没有发生的时候，我没有办法识别概率。我出车祸或者得皮肤癌的概率是多少？1989年洛马普列塔地震的概率是多少？大脚怪真的存在的概率是多少？我越想越觉得我不知道概率到底是什么意思。对于一个已经花了大把时间研究概率的人来说，这是一个相当令人动摇的顿悟。

那年春天，我开始寻找任何能够支持我对概率哲学理解的书籍，偶然间，我被推荐了埃德温·杰恩斯的《概率论沉思录》。这本书回答了一直困扰着我的关于概率含义的问题，它也做了更多的事情。它从根本上改变了我对统计学、不确定性和科学方法的看法，就好像世界从黑白变成了彩色。我读了一遍又一遍，请求我的朋友们也读，我偶尔会让我的女朋友（非数学学者）放下手头的工作，这样我就可以给她读一篇喜欢的新文章。在日常交谈中，我开始念叨"迫切需要物"（desiderata）、"知识状态"和"特别决定"等杰恩斯式的词汇。这有点奇怪。

杰恩斯的书在概率论的世界里颇受追捧。它被定位在一个相当高级的水平上，到处都是吓人的术语，比如"一阶自回归模型"[①]和"拉普拉斯逆变换"[②]。书中序言是这样开始的："以下材料面向已经熟悉应用数学的本科高年级学生或更高水平的读者。"[③]这就是他想要的。不幸的是，1998年杰恩斯还没写完这本书就去世了，他的学生 G. 拉里·布雷托斯特在他死后几乎原封不动地出版了这本书，书中有大量的漏洞和错误，还有冗长而华丽的题外话。以下是该书早期关于概率论基础的（仅第 2 章！）一个典型片段：

> 因此，一切都取决于当 $\delta \to 0$ 时，$S(1-\delta)$ 趋向于 0 的确切方式。为了研究这个问题，我们用：
>
> $$\frac{S(x)}{y} = 1 - \exp\{-q\}$$
>
> 定义一个新的变量 $q(x, y)$。因此我们可以选择 $\delta = \exp\{-q\}$，用：
>
> $$S(1-\delta) = S(1-\exp\{-q\}) = \exp\{-J(q)\}$$
>
> 定义函数 $J(q)$，并找出当 $q \to \infty$ 时 $J(q)$ 的渐近形式。[④]

因此，没有多少人真正从头到尾地读过杰恩斯的书。但是，因为它在本科高年级课程和数学课程之间，在概率论这个主题上有着最发人深省的和最具革命性的思考，我们这些人倾向于对它持某种福音主义的态度。

你可能听说过统计学界的两个阵营："频率主义者"和"贝叶斯主义者"。按这些意识形态分类，杰恩斯是贝叶斯的铁杆支持者，也许是有史以来"贝叶斯化"程度最高的贝叶斯主义者。杰恩斯的基本观点可以归纳为：现代频率主义统计学是不合逻辑的。他从一个基本的但却令人惊讶的棘手问题开始，我发现这和我问的问题一样：概率是什么？接着，他推翻了传统的（非贝叶斯）答案——一个事件的概率就是你在许多次重复试验中看到的它发生的频率——并证明了这个错误的想法是如何将所有 20 世纪的统计学带向毁灭之路的。

为了理解现代统计学的缺陷和它的破坏性，我们需要回到 17 世纪看看是什么问题促使数学家们发展了概率论。特别地，我们需要考察现在被认为是统计学的第一个问题，这个问题是由概率论的奠基人之一、瑞士数学家雅各布·伯努利提出并回答的。

伯努利（1655—1705 年）是一位杰出的数学家，出身于一个天才家庭。如今的微积分或微分方程教科书里还会出现他的名字。然而，他最重要的工作是概率论，在生命的最后 20 年里，他一直在努力研究它。他去世之前都还在写作关于这个主题的伟大著作《猜想的艺术》（Ars Conjectandi）。1713 年，他的侄子尼古拉在他死后出版了这本书。这本书被广泛认为是该领域的奠基之作，澄清了过去几十年逐渐成为焦点的思想，这还要归功于其他伟大的数学先驱的努力，如克里斯蒂安·惠更斯、布莱斯·帕斯卡（帕斯卡三角）和皮埃尔·费马（费马大定理）。

在伯努利之前，人们大多需要用概率来解决掷骰子和其他几率游戏的问题。然而，伯努利主要关心的问题是概率推断。以下是伯努利所考察的一类问题的典型例子：

> 假设你面前有一个装满了白色和黑色的小鹅卵石的大陶瓮，黑色和白色的比例是你不知道的。你开始从陶瓮中挑选鹅卵石并记录它们的颜色，黑色或白色。你如何利用这些结果来猜测整个陶瓮中鹅卵石颜色的比例？

在他写这篇文章的时候，概率的基本概念——我们现在布置给高中生的掷骰子和纸牌游戏的组合计算——直到最近才开始正式被提出来。因此，接受这个挑战是雄心勃勃的，他为这个问题奋斗了多年。伯努利最终得出的解的主要观点是这样的：如果你取一个足够大的样本，就可以非常确定，在一个绝对确定的小范围内，你在样本中观察到的白色鹅卵石的比例与陶瓮中白色鹅卵石的比例接近。也就是说，伯努利提出了我们现在所理解的大数定律的第一版。用简明的现代数学语言来说，伯努利的结果是：

令 w 表示样本中白色鹅卵石的数量，f 是陶瓮中白色鹅卵石的真实比例。对于任何给定的 $\varepsilon > 0$ 和 $s > 0$，存在一个样本大小 n 使得 w/n 落入 $f - \varepsilon$ 和 $f + \varepsilon$ 之间的概率大于 $1 - s$。

让我们考察这个定理中的每一项内容。在这里，分数 w/n 是我们在样本中观察到的白色鹅卵石与抽样总鹅卵石的比值。ε 的值反映了这样一个事实：由于样本会出现随机变化，我们可能看不到陶瓮中真正的黑白鹅卵石之比。也许真实的比率是 3/5，而在一个有 50 颗鹅卵石的样本中，我们得到的白色鹅卵石是 32 颗，而不是 30 颗。但我们可以很确定，对于大样本值，我们会很接近真实值的一边或另一边。s 的值取决于我们的确定程度。无论采集的样本有多大，我们总有可能会很不幸地得到超出我们所能容忍的真实比例的样本，但我们几乎可以肯定这不会发生。例如，我们可以设置 $s = 0.01$，即有 99% 的把握。伯努利称之为"道德确定性"（moral certainty），以区别于只有逻辑推断才能提供的那种绝对确定性。

因此，这个计算有三个变化的部分：我们选取的样本有多大，我们想要离绝对真理有多近，以及我们想要在这个范围内得知自己有多确定。对所有这些项的争论使问题变得如此困难。

简而言之，伯努利推断问题的策略是"取一个足够大的样本让你在道德上是确定的，无论这对你而言意味着什么，样本中的比例都在你所期望的容忍范围内。因此，无论你观察到什么，都很可能很接近陶瓮里的比例"。他甚至还列出了需要多大样本才能达到不同程度的道德确定性（99%、99.9%，等等）。作为一个定理，伯努利大数定律相对于当时的技术而言是复杂的，需要聪明的数学创新来证明，并激发了多年来的多次一般化。作为伯努利推断问题的一种解决方案，它在概念上是吸引人的、有力的、优雅的，但也是错误的。

或者，更概括地说，它是不完整的。

伯努利的答案究竟有哪些不足之处，我们还需要一些时间才能了解，不过基本的观点是，尽管存在明显的语言对称性，但这些表述之间有一个关键的区别：

样本比率以很高的概率接近给定的真实比率。

和

真实比率以很高的概率接近给定的样本比率。

前者指抽样概率，伯努利和同时代的人变得善于处理几率赌博（比如投掷一对骰子得到某一个数字的概率），而后者涉及推断概率，我们用它来检验假设，预测过去的事件，以及作出其他关于世界的概率断言。抽样概率本身就可以提供基于频率的解释；某件事发生的概率衡量的是它发生的频率。推断概率需要更微妙的东西；一项陈述发生的概率取决于我们对它有多少信心。抽样概率是从假设到数据：给定一个假设，我们将观察什么，多久观察到一次？推断概率是从数据到假设：根据我们观察到的情况，我们能得出什么结论，有多大的确定性？抽样概率本质上是预测性的；推断概率本质上是解释性的。

形象地看，抽样概率可以这样表示：

假设→数据
（假设陶瓮中鹅卵石的混合比率为 f，从 n 个鹅卵石中得到
w 个白色鹅卵石的概率为……）

推断概率看起来像这样：

数据→假设
（给定 n 个鹅卵石中 w 个白色鹅卵石的观测数据样本，
陶瓮中鹅卵石混合比率为 f 的概率为……）

伯努利对这个问题的答案的错误之处在于箭头指向了错误的方向。他想回答一个关于假设的概率问题，但他只考虑了一个观察的概率。

两者的混淆，以及人们可以仅用抽样概率来解决推断问题的一般想法，被我称为伯努利谬误。乍一看，这似乎只是学术上的一个小问题，但这种混淆的影响是深远的，并且触及我们如何在从崇高到平凡的背景中思考和量化不确定

性的核心。

⌀

在接下来的几个世纪里，一代又一代的数学家、统计学家和不同学科的科学家都被这一谬误所迷惑，直到今天，许多人甚至都否认这是一个谬误。关于概率解释的争论——特别是，什么类型的概率陈述是被允许的，以及这些陈述是如何被证明的——几乎从概率作为一门数学学科存在以来就一直进行着，并对统计和科学实践产生了广泛的影响。一场关于数学的争论出人意料地激烈。在数学世界中，概率以一种独特的方式引发了数学世界中其他古板的、有分析能力的人之间的混乱、沮丧和地盘之争。你现在甚至可能对概率有强烈的感受。例如，当《Parade》杂志的专栏作家玛丽莲·沃斯·萨凡特（Marilyn vos Savant）首次发表她对名为"三门问题"（Monty Hall Problem）的概率谜题的（正确）解时，她就收到了一些近乎恶意的邮件，其中大部分来自数学和统计学博士。或者去看看网上关于概率问题的激烈争论，比如"男孩或女孩悖论"。

在本书中，我们将一头扎进这个令人不安的领域（我们将解决"三门问题"和"男孩或女孩悖论"），并且我们将选边站队。

首先，我们需要弄清楚概率的含义。我们将讨论概率的一种解释，这种解释随着频率主义学派的兴起而不再流行，后者现在是统计学正统理论的基础，但这种解释在概率论出现的早期就已经存在了。近年来，这种新旧解释的对比又卷土重来，这在很大程度上要归功于杰恩斯这样的作者。这种解释的主要思想是：概率论将逻辑推理延伸到不确定性情形。我们将展示这个灵活的定义怎样涵盖伯努利问题中的抽样类型和推断类型的概率，以及怎样让我们既解决问题，又能描述伯努利的尝试为什么只是一个完整答案的一部分。

这远远超出了陶瓮取石问题或解决智力题的范围。一旦你学会了如何发现伯努利谬误（一种错误的信念，认为仅凭抽样概率就可以进行推断），你就会发现它几乎无处不在。为了说明伯努利谬误在现实世界中的问题，我们将探索日常生活中涉及概率推断的一些领域（主要是法律证据的评估和医学诊断）。也许有一天当你在陪审团时，你会听到对萨莉·克拉克（Sally Clark）的指控。

她在 1999 年被误判谋杀了她的两个婴儿，因为控方声称一个家庭的两个孩子都死于婴儿猝死综合征（SIDS）的概率非常低。这是抽样概率，不是推断概率。问题应该是这样的：给定这两个孩子的死亡，他们死于 SIDS 的概率是多少？或者你得到一种危险疾病的阳性检测结果，去看医生结果却被告知（具有误导性），如果你没有得这种疾病，你的检测呈阳性的几率非常小。同样，这是一个抽样概率，但你应该关心的是，给定你的检测结果是阳性的条件下，你得病的推断概率。

在现实世界中使用概率很大程度上符合伯努利的精神，伯努利的目标是将基于非结论性证据（也就是说，几乎所有的决定）作出法律或其他决定所需的各种猜想形式化。他在其（包含大数定律的）书中第四部分给出的概率推断的第一个例子不是我们之前看到的陶瓷取石问题，而是根据案件的现有事实被指控谋杀的嫌疑犯有罪还是无罪的问题。作为一种广义的不确定性逻辑，我们发现概率很适合这项任务。但我们将描述对概率的不完全理解是如何让本应更了解概率的专家也感到困惑，从而导致了其他错误的定罪和错误的建议的案例。

然而，最令人不安的是，一旦你认识到伯努利谬误的普遍性，你就会开始发现它构成了所有频率主义统计学的基础，也因此成为现代科学的一部分。如今，任何受过统计学训练的人都能一眼看出前文法律和医学例子中的错误推断问题。例如，假设你的检测呈阳性，为了正确地确定你患这种疾病的概率，我们还需要知道它在人群中的发病率。这使我们能够权衡阳性结果是真阳性（你确实患有该疾病，且检验结果证实了它）和假阳性（你没有患病，检验结果是错误的）的相对几率。如果这种疾病很罕见，那么即使检测结果非常准确，其阳性结果通常也会是假阳性。忘记解释这一事实是一个众所周知的统计错误，它有一个名字：忽视基础概率（base rate neglect）。

在概率论中，基础概率决定了所谓的先验概率。一般来说，先验概率是指在考察证据之前，我们对一个命题（如嫌疑犯有罪或某人患有疾病）的信心程度。科学中统计方法的问题在于，它们犯了与忽视基础概率相同的概念错误。几乎所有地方使用的标准方法在考察数据之前都不考虑科学理论正确的先验概率。事实上，他们甚至根本不考虑这种概率。相反，他们只根据观察到的数据的可能性或不可能性来评估一个理论——相当于只关心检验的准确性而不关心疾病的发病率——所以他们犯了伯努利谬误。我们会在理论和实践中多次看到这种情况。

⌀

我们是如何走到这一步的？如果标准方法如此不合逻辑，它们是如何成为标准的呢？这里有三种可能合理的解释：

（1）前文提到的问题其实根本不是问题，标准的统计技术在逻辑上是完全自洽的。

（2）标准方法的使用者和拥护者从来没有意识到这些问题，一直以来都在错误地推理。

（3）负责建立统计学学科的人知道这些问题，但还是选择了标准技术，因为它们提供了替代方法无法提供的某些优势。

正如我们将看到的，这三种理论或多或少都是正确的，这些解释多年来相互加强，就像数学、哲学和历史学的"三股辫"一样。对于简单的情况，比如伯努利的陶瓮取石问题，由标准方法支持的推断实际上是完全合理的。从数值上看，它们几乎完全符合逻辑方法在特定条件下得出的结论，包括缺少任何强先验信息的情形。直觉上，这是有道理的：如果你对一种情况没有太多的背景知识，那么你的推断过程可能会忽略你所拥有的那一丁点信息，并仍然产生合理的判断。问题是，正如我们将看到的，这个情况并不总是成立，当我们试图将技术从简单的情形扩展到更复杂的情形时，问题就开始出现了。

因此，标准方法在解决简单问题上的明显成功，在各种关键时刻为关于概率含义的哲学和修辞争论提供了掩护。正如伯努利的例子所表明的那样，标准统计方法背后的逻辑论证，如果用合适的草率且诡辩的语言来表达，听起来非常令人信服。我们只有非常仔细和精确地剖析这些逻辑论证，才能（并且将会！）看到它们的缺陷。任何人，尤其是那些急于解释数据的科学家，没有花时间仔细研究这些细节是可以被原谅的。他们可能会合理地决定，要么接受他们被教导的标准方法，因为它一直是这样的，要么跳到最后，确认正统方法给出了一个简单的思维实验的正确答案。如果是后一种情况，他们的概率推断的典型例子类似伯努利的陶瓮取石问题，他们就会发现这些方法显然得到了证实。我希望读过这本书的人也能这样，如果他们想到萨利·克拉克的例子或一种罕见疾病的检测结果，他们对统计方法正确性的信心可能会动摇。

本书的中心冲突发生在承认了伯努利谬误与回避了这个谬误的两个历史学派之间。但是，如果把后者说成完全完整的、自身没有任何困难的话，那将是一个错误。正如我们将亲身经历的那样，避免伯努利谬论要求我们以一种与通常所教授的完全不同的方式来思考概率和推断，但至少从19世纪开始，这种替代方法就受到了严厉的批评。这些批评，在某些情况下，直到最近才得到回应，而在其他情况下，仍然没有得到回应。主要关注的问题是如何将背景知识准确地转化为数字概率。对于像"高大的父母往往会有高大的孩子"或"吸烟会导致肺癌"这样的命题，你给出的确切概率是多少？根据数据，不同的起点似乎会导向不同的结论。甚至在没有任何信息的情况下给出概率答案的问题也比它应有的困难得多。对这些问题的过度哲学关注是标准统计学派获胜的另一个关键因素。从某种角度来看，伯努利谬误似乎是两害相权取其轻。（不是的。）然而，将这一选择与历史背景分离，或者假装统计数据存在于历史之外，也是错误的；评判这场辩论的不是中立的第三方观察人士，而是那些因为其中一个答案支持他们的议程而倾向于选择这个答案的人。

所以要真正理解这些方法现在是什么，以及它们是如何发展成这样的，我们需要看看它们是从哪里来的。历史上，概率问题最初局限于几率赌博和天文学等科学领域。随着时间的推移，像19世纪比利时科学家阿道夫·凯特勒那样的创新思想家扩大了概率影响的范围，将其应用于涉及现实生活中的人的问题，并且他们的复杂生活带来了概念上的混乱。正是在这个历史性的时刻，伯努利谬误进入了主流。使用概率方法来回答具有社会重要性的问题，在当时的科学家和哲学家中引发了极端的抵制和合理的理论关注。作为回应，一种新的观点出现了，即概率只能意味着频率，这种解释似乎将所有的概率推断都建立在经验可测量的事实之上。伯努利大数定律，以及他声称使之成为可能的推断方法，似乎都支持这种解释。我们将讨论使"硬"科学向"软"科学的飞跃成为可能的数学工具，它们如何为社会科学的新学科设置场景，以及这种新事业对概率含义的要求。

为理解现代统计学学科如何发展到今天这种状况，我们将追溯统计方法在19世纪和20世纪的发展历史。我们将看到，通过坚信抽样概率是唯一有效的概率，该领域的巨人，也是最著名的是英国三人组——弗朗西斯·高尔顿、卡尔·皮尔逊和罗纳德·费雪——怎样将伯努利谬误深深嵌入现在所谓的统计学的核心。高尔顿在今天尤其出名，因为他发明了一些统计学的基本思想，包括相关性和回归，以及他是第一个把数据收集作为科学不可或缺的一部分的人之一。皮尔逊和费雪都具有不可思议的影响力，他们共同开发了许多至今仍在使用的工具和技术，其中最引人注目的是现代统计推断的支柱——显著性检验。

在本书中，我们将再次看到一个主题的延续：赌注越高，统计就越依赖于抽样概率（通过频率衡量的预测性事实），而不是推断概率（依赖于判断的解释性陈述）。高尔顿不仅是统计学方面的先驱，而且创造了"优生学"（engenics，源自希腊语，意为"出生良好"）这个著名的术语，并且是鼓励在"合适"的人中繁殖后代，利用进化来塑造人类未来的早期倡导者。皮尔逊和费雪也是优生学事业的忠实拥护者，他们成功地使用了新发明的统计工具来支持优生学议程。对于这些早期统计学家来说，统计的"正确"功能通常是发现种族之间的显著差异，比如智力或道德品质上的所谓差异。这种"客观"评估被用来支持歧视性移民政策、强制绝育法，以及按照其自然逻辑的延伸，在大屠杀中杀害数百万人。可悲的是，纳粹德国的优生学项目与这些早期统计学家及其美国优生学同行的工作有着令人不安的密切联系。

我想通过同时讲述统计学和优生学运动的故事来明确我希望实现的目标。我这样做，似乎是在以包容和平等主义的现代标准不公平地评判那些生活在一个多世纪前的人们，但这不是我的目标。在那个时代和那个地方，任何知识分子都可能持有一些在今天听起来令人厌恶的观点，我的意图不是仅仅因为这些统计学家也是优生学家就否定他们的工作。研究历史上的伟大作品，如果不与那些以我们的标准来看不"纯粹"的作者接触，那是不可能的。与此同时，如果我们忽略了知识背景，只关注他们的抽象概念，我们将牺牲有价值的理解。正如皮尔逊自己曾经写过的那样："除非你了解一个人的性格，或者你了解他所处的环境，否则你不可能理解他的作品。他所处的环境意味着他所处时代的社会和政治状况。"⑤

然而，对于高尔顿、皮尔逊和费雪来说，这一点至关重要的主要原因是，他们那些令人发指的想法与他们的工作一点关系也没有。我们将会看到，在很多方面，优生学思想激发了他们的整个智力项目。然而，最重要的是，对权威的渴望——在这种情况下是可以理解的——如何影响了他们的统计哲学。高尔顿、皮尔逊和费雪的研究代表了高风险的社会科学与将概率作为可测量频率以外的东西而存在的不适之间的关系的极端终点，这种联系自两者产生以来就一直存在。

与任何人类机构一样，统计学在很大程度上是其时代的产物。在 19 世纪末和 20 世纪初，科学探究需要一种没有丝毫主观性的理论，这导致它的实践者声称，完全基于数据而不需要解释的推断是有可能的。他们是错误的，但他们的错误非常吸引人，而这些第一批统计学家又是如此多产和盛气凌人，以至于这个错误很快就成了行业标准。

∽

由于这些频率主义统计学家的不懈努力，自 20 世纪 30 年代以来，几十年来依赖于标准统计方法的科学研究一直建立在一个不稳定的基础上。自费雪以来，使用实验数据来检验假设的公认方法完全围绕着这样一个问题：如果假设是正确的，是这个（或其他）数据的可能性有多大？不考虑假设的先验概率，即不考察数据之前的概率。虽然用相同的标准（即数据的抽样概率）来衡量所有的理论听起来像是很好的客观科学，但这种做法几乎保证已发表的文献受到假阳性的污染，理论没有现实依据，数据只是偶然通过了必要的统计阈值。避免这种情况的最好办法是要求特别的主张要有同样特别的证据来支持，但这并不是标准的方法。我们会看到一些令人不安的例子，比如康奈尔大学教授达里尔·贝姆 2011 年发表在一份著名心理学杂志上的研究表明，大学生只有在想到色情时才有轻微的超感官知觉（ESP）能力。因为贝姆遵循了所有和那些做普通研究的人一样的规则，且使用了所有相同的统计检验，该杂志认为除了发表他的论文外别无他选。

因此，科学家们现在必须作出选择：要么承认这一结果和其他类似的结果是合理的，要么对使用相同方法的所有其他已发表的研究提出质疑。尽管困难重重，但许多人还是选择了后者。在贝姆发表论文这类事件的推动下，人们开始重新审视并试图在自己的领域复制已确立的结果。但他们的发现并不美好。在所谓的复制危机中，到目前为止，大约有一半的检验结果都没有通过复制检验。社会心理学等领域的几个著名理论正在被推翻。

以下是一些最近备受瞩目的"翻车"事件：

• 1988 年，斯特拉克、马丁和斯特普进行的一项研究声称，强迫人们在牙齿间夹一支笔微笑可以提高幸福感。[⑥]2016 年，世界各地的 17 个实验室对此进行了一次复制尝试，在近 2000 名参与者中没有发现显著的效应。[⑦]

• 巴格、陈和巴罗斯在 1996 年的"社会启动"研究中指出，当参与者无意中接触到与衰老和老年人有关的词汇时，他们离开实验室时走得更慢——也就是说，他们接受了对老年人行为的刻板印象。[⑧]布鲁塞尔自由大学和剑桥大学的研究人员在 2012 年进行了一项复制尝试，没有发现任何效应。[⑨]

• 哈佛商学院教授艾米·卡迪在 2010 年发表了一项关于"充满力量的姿势"的研究。该研究认为，保持一种强有力的姿势几分钟，可以影响荷尔蒙水平和风险承受力，从而让生活变得更好。[⑩]2015 年，苏黎世大学的伊娃·拉尼希尔领导的一项研究未能复制这一效应，此后它又被几项元分析推翻。[⑪]

• 钱德拉·斯里帕达 2014 年的"自我损耗"（ego depletion）研究表明，如果任务之前有其他消耗意志力的任务，执行需要意志力的任务的能力会受到抑制。[⑫]对 116 项研究的元分析，以及 23 个实验室对 2000 名参与者的重复研究发现，没有证据支持这一效应。[⑬]

但心理学并不是出现危机的唯一领域。从经济学到神经科学，再到癌症生物学，正在进行的复制项目已经显示出了同样的问题，而且在这些其他研究领域追逐"统计幽灵"的成本（时间和金钱）可能要大得多。在不同专业的科学家中，一种普遍的恐慌情绪正在蔓延，他们担心自己领域内许多已发表的研究结果完全是错误的，而他们的统计方法则是罪魁祸首。例如，最近的一项大型调查显示，在生物学、化学、地球科学、医学、物理学和工程学领域的科学家中，有 52% 认为他们的领域正处于可再现性的"重大危机"，而最受欢迎的补救措施是"更好的统计数据"。[⑭]他们的害怕是对的。

我的篮球问题就像今天科学家的问题一样。他们有一些数据，有时非常丰富、非常复杂，他们正在这些数据中筛选一些概率效应的证据。正统统计学告诉他们应该使用什么工具，但是这些方法并没有遵循一个连贯的逻辑过程——所以一个结果是否有发表价值很大程度上是一个随机的决定。是时候放弃这些方法了。我最终理解了我自己的问题，这对这些科学家来说可能是一件喜忧参半的事，那就是统计学比我们所相信的要容易得多，也要困难得多。我们需要做的仅仅是彻底改变我们对不确定性和统计推断的看法。不幸的是，这可能不会带来多少安慰，但在统计实践的核心逻辑谬误得到解决之前，事情只会变得更糟。

许多为该学科辩护的人会反对："没有必要对统计学进行这样的重塑；我们已经掌握了导致复制失败的原因，只要以更严谨的方式使用现有工具，这个问题是可以解决的。"但是，在考虑其他可能的改革之前，我们必须首先完成修正统计方法本身逻辑的任务。如果没有这种必要（但不充分）的修正，我认为，无论在边际上做了什么其他改进，我们都可以预期未来还会出现复制危机。

然而，这不仅仅是为了保护科学家免受复制失败的尴尬。科学真理与我们息息相关。从小至关于吃什么食物或担心什么健康风险的个人决定，到大至关于教育、卫生保健、环境等的公共政策，当科学研究的主体被假阳性污染时，我们都要付出代价。如果有无限的时间和金钱，复制研究也许最终能从噪音中分辨出真正的科学，但与此同时，我们可能会不断被统计上的假象所欺骗。另一种方法，一种恰当地将实验证据与之前的理解对立起来的统计方法，将有助于控制这些假象。

伯努利谬误当然不是我提出的。这是多年来让很多人隐约感到不安的统计问题，但很少有人大声批评它。这就是为什么那么多标准的统计学课程显得笨拙和不自然。抽样概率对于教育目的来说是很有吸引力的，因为它们可以被实验频率所支持——总有一个"正确答案"。但它们只是整个推断的一部分。要求所有的概率陈述只涉及频率意味着回避科学中最敏感的概率问题，即根据我的观察，我的理论有多大的可能性是正确的？从数据到推断的过程，绕过了这个基本问题——这在标准的思维方式中是明确不被允许的——因此，这条路肯定是曲折的。如果以前统计学对你来说没有意义，那么伯努利谬误可能就是真正的原因。

这本书是关于一个错误的故事：一个有关观察和概率推断之间关系的错误观点，它如此诱人，以至于吸引了历史上一些最伟大的数学头脑。希望通过命名这个问题，我们能够认识到它的谬误，并着手清理它造成的混乱。当我们面临科学多年来一直发出的生存威胁时，在未来的几十年里，科学自身将需要防护。然而，就目前的情况来看，很多科学都需要防护自身（的破坏）。

这个故事将同时讲述当错误以各种各样的新形式出现时，人们一遍又一遍地大声疾呼，结果却看到他们的担忧被驳回，抵抗被扑灭。但这一次，我们有理由保持乐观，部分原因是复制危机吸引了众多关注。革命就要来了；在许多领域，这已经在进行中。我预测，最终所有我们现在认为是正统统计学的概念，与其他同样失败的想法，如宇宙地心说一样，都会被扔进历史的灰烬。当我们回顾本书时，我们将看到统计学在未来会是什么样子，随着计算能力的进步，它会变得更加易于处理。

伯努利预见了概率思维在解决小小的赌博纠纷之外的更大影响，这证明了他的远见卓识。我们有理由怀疑他是对的，尽管他提出的解决方案没有达到目标。我们只花了 300 年的时间就开始弄清楚它是如何运作的。

注释

① Edwin T. Jaynes, *Probability Theory: The Logic of Science*, ed. G. Larry Bretthorst (Cambridge: Cambridge University Press, 2003), 80.
② Jaynes, *Probability Theory*, 281.
③ Jaynes, *Probability Theory*, xix.
④ Jaynes, *Probability Theory*, 31–32.
⑤ Dennis Newman, "The History of Statistics in the 17th and 18th Centuries, Against the Changing Background of Intellectual, Scientific and Religious Thought: Lectures by Karl Pearson, 1921–1933," *Journal of the Royal Statistical Society: Series A (General)* 143, no.1 (1980): 78–79.
⑥ Fritz Strack, Leonard L. Martin, and Sabine Stepper, "Inhibiting and Facilitating Conditions of the Human Smile: A Nonobtrusive Test of the Facial Feedback Hypothesis," *Journal of Personality and Social Psychology* 54, no.5 (1988): 768.
⑦ Eric-Jan Wagenmakers et al., "Registered Replication Report: Strack, Martin, & Stepper (1988)," *Perspectives on Psychological Science* 11, no.6 (2016): 917–928.
⑧ John A. Bargh, Mark Chen, and Lara Burrows, "Automaticity of Social Behavior: Direct Effects of Trait Construct and Stereotype Activation on Action," *Journal of Personality and Social Psychology* 71, no.2 (1996): 230.
⑨ Stéphane Doyen et al., "Behavioral Priming: It's All in the Mind, but Whose Mind?," *PLOS One* 7, no.1 (2012).
⑩ Dana R. Carney, Amy J. C. Cuddy, and Andy J. Yap, "Power Posing: Brief Nonverbal Displays Affect Neuroendocrine Levels and Risk Tolerance," *Psychological Science* 21, no.10 (2010): 1363–1368.
⑪ Eva Ranehill et al., "Assessing the Robustness of Power Posing: No Effect on Hormones and Risk Tolerance in a Large Sample of Men and Women," *Psychological Science* 26, no.5 (2015): 653–656.
⑫ Chandra Sripada, Daniel Kessler, and John Jonides, "Methylphenidate Blocks Effort-Induced Depletion of Regulatory Control in Healthy Volunteers," *Psychological Science* 25, no.6 (2014):

1227–1234.

⑬ Martin S. Hagger et al., "A Multilab Preregistered Replication of the Ego-Depletion Effect," *Perspectives on Psychological Science* 11, no.4 (2016): 546–573.

⑭ Monya Baker, "Is There a Reproducibility Crisis?," *Nature* 533 (2016): 452–454.

伯努利谬误：不合逻辑的统计学与现代科学的危机

第 1 章
概率是什么？

有些关于几率的问题，表面上很简单，头脑很容易相信，这可以通过自然理性的力量来解决，但事实通常证明并非如此，因此它们所引起的错误也并非罕见。这类书，如果教导我们如何区分真理与近似真理，将被视为对良好推理的帮助。

——亚伯拉罕·棣莫弗（1718）

定义概率比乍看起来要困难得多。也许你确信自己已经知道它是什么了。如果是这样，这里有一个让你不那么肯定的热身练习：为什么抛硬币时正面朝上的概率是 50%？也许你的回答是，这是因为在长时间的投掷中，大约一半的硬币是正面朝上的——在这种情况下，接下来有两个问题：（1）你是否真的掷过足够多次的硬币，让自己相信你认为会发生的事情真的会发生？（2）像天气预报之类的又是怎么样？"明天有 30% 可能性下雨"的说法是否意味着在很长一段时间里，有 30% 的明天会下雨？你活到 100 岁或者纽约大都会队赢得世界职业棒球大赛的概率是多少？其他行星上存在生命的可能性有多大？

回到抛硬币的问题，也许你会说答案是 50%，因为这是你对硬币正面朝上的可能性的确定程度。如果你最好的朋友说，他们有 99% 的把握硬币会正面朝上，并想把毕生积蓄押在这上面呢？你能试着说服他们吗？如果一个赌场给你 100 万美元，让你计算出一台新的视频扑克机的正确收益，你会怎么做？凭直觉吗？

或者你可能会说因为有两种可能性，正面是其中之一，因此概率是 1/2。

那么明天太阳升起的概率是多少？也是 50% 吗？

或者你认为抛硬币的概率是 50%，是因为你没有信息表明更喜欢一个结果而不是另一个，所以你必须给它们分配同等的机会。你怎么知道你掌握的信息是什么？你认为 $2^{2^{61}-1}-1$ 是质数的概率是多少？难道你不认为，有了"拥有"的信息，你最终肯定能弄明白吗？

如果你发现自己越想越感到困惑，当然并不是只有你一个人这样，那么来试图回答这个问题，我们所说的概率到底是什么意思？这已经困扰数学家和哲学家很长一段时间，正如我们将看到的，这种困扰在科学和统计学实践中产生了连锁反应。为了理解它，我们将从古代开始，看看几个世纪以来不同的人是如何用不同的方式来解决概率之谜的，以及为什么他们的尝试最终都不令人满意。这将把我们带回到现在，这个问题仍然没有被完全回答，但我们可以把一路收集的碎片组装成一个看起来像是起点的东西。

经典答案

优点：直观，适用于掷骰子和纸牌游戏。
缺点：不适用于其他任何事情。

或为占卜，或仅为娱乐，自有记载的历史以来，关于命运、财富或运气的观念以及产生几率性结果的方法就存在于世界各地的各种文化中。希腊人有命运女神堤喀（罗马人称之为福尔图娜），她的职责包括保卫城市。《易经》描述了一种算命的方法，在这种方法中，使用者收集蓍草的茎秆，将其转换成一个数字，然后参照相应的预言六卦。古埃及人玩一种叫"猎犬和豺狼"的骰子游戏，印度河流域文明也有一种类似的游戏，叫做"蛇梯棋"（Gyan Chauper），它以稍微修改后的形式流传至今，名为"滑道梯子棋"。罗马人有他们的"骰子"（aleae），这是一种用羊的踝骨制成的基本四面体骰子，正如尤利乌斯·凯撒渡过卢比孔河时的宣言所说的那样："骰子已掷出"（Alea iacta est）。犹太节日普珥节（来自阿卡德语"*pur*"，意思是"命运"）是为了纪念《以斯帖记》的故事，书中描述犹太人从一个随机选择的日期的种族灭绝中被拯救出来。圣经《利未记》提到大祭司用抽签（希伯来语为"*goralot*"）来决定献祭的山羊的命运或作其他决定，以及《福音书》也描述了罗马士兵抽签（希腊语中"*kleron*"的意思是"分"）决定谁能在耶稣被钉死后得到他的衣物。

概率这个词来自拉丁语词根"*probare*"，意思是"检验"，因此和其他几个涉及检验的英语单词有关，包括 probe、proof、approve 和 probity。概率和相对公正或可信之间的联系在很早以前就存在了。亚里士多德的《修辞学》将"可能"（希腊语为"*eikos*"，源自 *eoika*，意为"似乎"）描述为"普遍发生但并非一成不变的事情"。① 这是他对法庭或立法辩论中可能无法进行完美逻辑推断的论点进行的分类。他称这种论证形式为"省略三段论"（enthymeme）以区别于"三段论"（syllogism）这种纯粹的逻辑论证形式。三段论将一系列假设前提连接在一起，得出演绎的结论，如这个著名的例子：

> 人皆有一死。
> 苏格拉底是一个人。
>
> ―――――――
>
> ∴ 苏格拉底终有一死。

通常，亚里士多德观察到，因为链条中的某些环节缺失或不确定，纯粹的逻辑本身是不够的。但他提出了一个建议，"我们的论证既要基于确定性也要基于概率"。② 这仍然可以构成对良好推理的诉求，因为"真实和近似真实被同一种能力所理解；还应注意的是，人们对于真理有一种充分的天然直觉，而且通常都能得到真理。因此，对真理作出正确猜测的人也很可能对概率作出正确猜测"。③

古代和中世纪法律程序的一个标准是证词或证据，即使不能提供绝对的确定性，也可以是可能性（拉丁语为"*probabilis*"），意味着是"可信的和普遍同意的"。《塔木德经》甚至提出，一些怀疑是正义的必要组成部分，因为一种绝对肯定的感觉意味着法官没有恰当地审查所有的观点，找出其中的漏洞。在由小公会（the lesser Sanhedrin）审理的一宗死刑案件中，如果所有 23 名法官都投票判定有罪，那么嫌疑人就被无罪释放。"可能的观点"指的是那些我们人类在自己易犯错误的判断范围内认为是正确的观点。正是在这个意义上，西塞罗在论述神的本性时，建议概率"应该指导智者的生活"。④

在古代，几率纯粹是定性的，这可能有两个主要原因：（1）算术仍然主要使用罗马数字，这使得计算概率非常困难；（2）人们唯一需要赌博的东西是羊的脚踝骨和其他不可预测形状的物体，这些物体的表现不够可靠，以至于人们不需要考虑数字概率。但到了文艺复兴时期，当赌博设备制作得更加可靠且关系到真正的金钱时，概率数学开始成为人们关注的话题。掷骰子或纸牌游戏的公平赔率应该是多少？即使是受过教育的人也无法回答那些自然出现的基本问题。

法国赌徒安托万·冈博给自己起了个绰号"梅雷骑士"，他对后来被称为点数问题的东西特别感兴趣。下面是基本框架：

> 你和我在玩一场游戏，每一轮都有相等的获胜机会（比如抛一枚均匀的硬币），我每赢一次就赚 1 分，你每赢一次就赚 1 分。我们从 0—0 开始，一直玩到其中一人得到某个点数，比如 5。获胜者将获得 100 美元。然而，假设在某个中间点，你以 3—1 领先，游戏就中断了。我们应该如何分配赌注？

一方面，如果我们只是取消比赛，平均分配赌注，这对你来说似乎不公平。毕竟，你在通往胜利的道路上遥遥领先。另一方面，如果我被判完全放弃，这对我来说似乎也不公平，我还是有可能赢回来的。那么我们应该怎么做呢？许多赌徒都遇到过这个问题，他们试图用不同的方法公平地分配赌注，但却没有一个清晰的数学理由来证明这种分配是合理的。

冈博向他的朋友——数学家和哲学家布莱斯·帕斯卡提出了这个问题。帕斯卡在 1654 年通过一系列的信件，与巴黎学会（Académie Parisienne）成员、数学巨星皮埃尔·费马得出了一个严格的答案。在这一过程中，他们两人有效地创造了概率论。他们的解的主要思想是根据我们现在所说的每个玩家的期望值来分配赌注。也就是说，我们可以想象这个游戏玩到结束（考虑到每个剩余序列等可能的成功与失败），将每个玩家获得全部奖品的场景进行汇总，并根据每个玩家获得胜利的场景数量来划分赌注。在现代语言中，我们会说结果（你赢了或我赢了）有一个概率分布，我们每个人的加权平均收益是我们在游戏中所处位置的公允价值。

英文"chance"一词，来自拉丁语的"*cadentia*"，意思是"一种情况、一个实例"，因此具有一些法律含义。根据它的"情况"的数量，一个事件或主张被认为是可能的或可信的，就好像每个可能的结果都是法庭上的一个论点或证据。对于一个不确定的主张，公正的判决是根据对每个主张人有利的证据的分量作出的。费马尤其会觉得这种思维方式很熟悉，因为他以前是图卢兹的律师和地方法官。在一个概率论适用于所有推断的全面性观点中，法律类比显然是雅各布·伯努利在撰写《猜想的艺术》时的想法。这本书包含了将概率论应用于法律决策的多种建议。他在第四卷第二章的序言中讨论道：

> 猜想或随机的艺术被定义为尽可能精确地测度事物概率的艺术，从而总是能够选择对我们的判断和行为来说最好的、更令人满意的、平静的和合理的东西。仅这一点就足以支持所有哲学家的智慧和政治家的谨慎。概率是通过论证的数量和分量来估计的，这些论证以某种方式证明或表明某件事是、曾经是或将会是什么。至于分量，我想这应该是证据的有力程度。⑤

然后，他考察了在一个被控谋杀的嫌疑人的例子中可能出现的许多不同论证形式：

> 蒂蒂乌斯被发现横尸街头，梅维乌斯被控谋杀。指控的依据是：（1）他憎恨蒂蒂乌斯（这是一个理由，因为这种仇恨可能会煽动谋杀）。（2）当人们问他时，他脸色苍白，怯怯地回答（这是根据效果来论证的，因为他的苍白和恐惧可能是由于他意识到自己做了坏事）。（3）在梅维乌斯的房子里发现了血迹斑斑的冷钢（这是一种迹象）。（4）蒂蒂乌斯被杀的同一天，梅维乌斯也走了同样的路（这是地点和时间的情况）。（5）最后，卡尤斯坚持认为蒂蒂乌斯被杀的前一天，他曾与梅维乌斯争吵过（这是一份证词）。⑥

由于这些原因，概率论在最初的日子里被称为"机会的理论"（doctrine of chances）——最突出的是法国数学家亚伯拉罕·棣莫弗关于这一主题的开创性教科书的标题——《机会的理论：或者说，一种计算游戏事件概率的方法》(*The Doctrine of Chances: Or, a Method of Calculating the Probability of Events in Play*，出版于 1718 年)。概率的传统定义就是我们现在所说的"经典"定义：

$$P\,[\,事件\,A\,] = \frac{事件\,A\,发生的次数}{可能发生的结果数}$$

事实上，这仍然是当今大多数概率论入门教材中给出的定义。

在经典定义下，解决任何概率问题所需要的主要计算，就像现在一样，是计算这个分数分子和分母的可能性。特别是帕斯卡，他得到了现在以他的名字命名的三角形的帮助，这个三角形列出了从 n 个对象中任意取出 r 个对象的组合的数量，这是此类计算的常规操作。例如，如果我们要计算在 5 次投掷硬币的序列中得到 3 个正面的概率，我们可能需要知道有多少个这样的序列，这取决于投掷硬币的顺序。帕斯卡公式给出了答案：

$$\binom{5}{3} = \frac{5!}{3!\,(5-3)!} = 10$$

然而，在一些对可能结果的核算不那么明显的问题中，会出现微妙的困难。例如，1620 年左右，托斯卡纳大公费迪南多·德·美第奇被一个特别棘手的骰子概率问题所困扰，于是向他的一位被资助人寻求帮助。公爵很幸运，这位被资助人是伽利略·伽利雷。问题是计算三个六面骰子的和，确定 9 或 10 哪个更有可能出现。从一种计算方法来看，它们似乎是等可能的，因为每一个都可以写成六种不同方式的和（从大到小排列）：

$$9 = 6+2+1 = 5+2+2 = 5+3+1 = 4+3+2 = 4+4+1 = 3+3+3$$
$$10 = 6+2+2 = 6+3+1 = 5+3+2 = 5+4+1 = 4+3+3 = 4+4+2$$

这位公爵既是一个嗜赌成性的赌徒，又是一个非常善于观察的人，他注意到 10 似乎出现得稍微多一些，但却不知道为什么。伽利略的见解是，根据结果包含的数字来计算结果是错误的计算方法。相反，他认为，人们应该记录下哪个骰子产生了哪个数字。假设骰子的颜色是红色、白色和绿色，他指出，例如，组合（3，3，3）就只有一种排列方式，即所有的骰子都是 3，而组合（6，2，1）可以有六种不同的方式，这取决于颜色的排列。像（5，2，2）这样的组合同样可以是三种不同的骰子组合中的任意一种。因此，在最后的统计中，在 216 次可能的投掷中有 25 种方法可以得到 9，有 27 种方法可以得到 10，这使得得到 10 的可能性更大。

因此，即使是一个简单的骰子游戏也可能会使人们对正确的计数方式产生一些困惑。直到今天，这个问题仍然困扰着概率论的学生。很多人都在与这样的问题作斗争：

> 你和你的两个朋友在一个 10 人的小组里。这组人被随机分成两组，每组 5 人。你和你的两个朋友在同一组的概率是多少？

这个解可能涉及区分这些组是"有标记的"还是"没有标记的"等。

概率经典定义中隐含的理解是，列举的结果必须是等概率的，或等可能发生的。这些微小的原子构成了所有可能性的基础。但是，这当然不能是一个明确的要求，因为这样就会出现循环定义：概率取决于概率。目前的大多数作者都试图通过表明结果必须等"可能"来回避这一点，但如果没有概率，什么是可能性？

对于大多数简单的问题，由于一些明显的对称性，等可能情况的列举是不言而喻的——例如，骰子的六个面看起来都差不多。但是那些不平衡或畸形的骰子呢？除非用其他方法来衡量几率，否则人们总是会怀疑计数是否正确。此外，我们想要在预测明天的天气或确定谋杀嫌疑人的罪行等问题上应用概率，则这种描述似乎根本不适合。如果我们认为明年有 5% 的几率会发生大地震，那么 5% 发生地震而 95% 不发生地震的等概率结果是什么？试图想象一些理论上的等可能性世界的总体，而我们的世界是从中随机抽取出来的，这看起来充其量是被迫作出的假设。尽管简单的概率游戏的经典解释取得了成功，但我们显然需要一种新的、更能通过实验验证的方法来定义概率。

频率主义的解释

优点：可实证检验的。

缺点：不适用于罕见事件、一次性事件或过去的事件。

从托斯卡纳大公对骰子问题的分析中也可以清楚地看出，事件发生的概率和它们在重复观察中出现的相对频率之间存在某种联系。在可观察的事实中，概率的基础甚至已经出现在亚里士多德对概率的定义中，即"通常发生的事情"。坚持概率在数值上与经验频率相匹配，似乎解决了将结果分解成等概率原子是否正确的问题，至少在频率已知或可知的情况下是这样。

伯努利称之为"黄金定理"的大数定律登场。他设想了这样一种情形，在这种情形下，对某一结果有利的情况和不利的情况的数量是未知的，就像掷出一个给定和的骰子的次数。然后他问在大量的观察中会发生什么。他能够证明，随着试验次数的增加，观察到的频率必然收敛于真实概率。例如，在一款游戏中，一个朋友摇了三个骰子并告诉我们总数，但我们不知道它们是 6 面骰子、8 面骰子还是 12 面骰子，也不知道它们是否按照通常的方式编号。我们想知道得到 10 点的概率。我们可以试着通过检查骰子计算出所有可能的和以及它们的相应概率，或者我们可以让我们的朋友掷很多次骰子然后算出 10 出现的频率。根据伯努利的说法，如果试验的次数足够多——比如几百万次或几十亿次——这两种方法几乎肯定会给出大致相同的答案。

他宣称，通过建立这种频率和概率的收敛关系，他提供的这种方法可以在一个很小的误差范围内，并带有一些"道德确定性"来确定一个未知的概率："然而，如果这达到了，我们因此最终获得了道德确定性……然后，我们在后验（在抽样之后）确定情形的数量，就好像我们已经先验地（在抽样之前）知道了一样。"⑦

不过，伯努利并没有把自己局限在几率游戏中。在《猜想的艺术》第四部分第四章的开头，他给出了一个例子，通过统计"相同年龄和肤色"的人的寿命，来确定一个人再活 10 年的几率：

应该假定，每一种现象发生和不发生的次数应该与先前相似情形下观察到发生和未发生的次数相同。实际上，举个例子，如果以前有人注意到，在观察到的 300 名年龄和肤色与蒂蒂乌斯现在相同的人中，

　伯努利谬误：不合逻辑的统计学与现代科学的危机

有 200 人在十年后死去，其他人还活着，我们可以有充分的信心得出结论，蒂蒂乌斯在未来十年里向自然偿还债务（死亡）的"情况数"也比跨越这条边界（指十年后还活着）的情况数多出一倍。[⑧]

在这里，"情况数"指的是决定真实概率的因素，就像陶瓮中黑色和白色鹅卵石的数量，即使这些鹅卵石不能用任何其他方法计数。因此，300 名男性的样本将给我们"足够的信心"得出真实死亡率与我们观察到的死亡率相同的结论。从涉及陶瓮取石的简单实验到处理死亡率、疾病发病率、天气事件的发生，甚至被告在审判中有罪或无罪的现实问题，对伯努利来说，这显然是在各种不同背景下确定概率的正确方法。

现在看来，这一切都是显而易见的，但在伯努利的理论出现之前，"频率必须与概率匹配"这一论断并没有得到数学上的保证，只是直觉上是对的。伯努利认为自己的主要贡献——大数定律——证明了这种直觉。没有伯努利定理，我们怎么知道观察到的频率不会收敛到某个值而不是真正的单事件概率呢？例如，如果用两个骰子掷出双 6 的真实概率是 1/36，但从长期来看，我们实际观察到的频率稳定在 1/35 或 1/37。伯努利打消了这种顾虑。

在伯努利之后的几个世纪里，随着经验主义渐入高潮，一些人挺身而出，声称这种长期发生的频率实际上就是概率的定义。伯努利通过列举前文的例子打开了这种思维方式的大门，除了测量频率来建立概率之外，别无可能。例如，除了观察相似的人能活多久，你还能找出其他支持或反对蒂蒂乌斯多活十年的"情况数"吗？如果频率是计算概率的唯一可用方法，那么它同样可以作为概率的定义。我们稍后会看到，概率论在社会科学中站稳脚跟之后，这种解释尤其引人注目。19 世纪中叶，约翰·斯图亚特·穆勒、罗伯特·莱斯利·埃利斯、安托万·奥古斯丁·古诺、雅各布·弗里德里希·弗里斯和逻辑学家乔治·布尔都用事件发生的频率来描述概率。

也许频率主义的最大支持者是英国逻辑学家和哲学家约翰·维恩（因维恩图而出名）。他来自一个牧师世家，在剑桥学习数学后，他短暂地继承了家族事业，成为一名圣公会牧师，然后回到剑桥教授道德、逻辑和概率论。他的数学著作读起来更像布道而不是数学论文，这反映了他在布道坛上的经历。在他开创性的著作《机会的逻辑》(*The Logic of Chance*，1866）中，维恩哀叹概率论没有得到他认为它应得的只有哲学家才能提供的严格对待：

> 概率在很大程度上被数学家抛弃了，作为数学家，他们通常不愿意全面地对待概率。他们确实以惊人的敏锐性得出了结果，在解决出现的各种问题和推导从属规则方面表现出了最大的创造力。公平地说，这就是他们所能做的……但从这个领域来看，科学的真正原理一般都被排除在外，或者说被讨论得太少，以至于最好把它们全部忽略掉。⑨

然后，他试图将概率的频率解释形式化，并解决应用这一定义时遇到的一些实际困难，这些困难曾令以前的作者感到困惑。

例如，从频率主义的观点来看，我们可能会说，抛硬币出现正面的概率是在一长串重复抛硬币的过程中出现正面的相对频率。但是"长"是多长呢？在任何有限的硬币投掷序列中，正面和反面的比例之和总是等于100%，但我们可以预期观察到的频率在真正的"长期"答案周围变化。伯努利定理的全部意义在于表明变化可能不会太大，但它仍然存在。我们不会说出现正面的概率是50.1%，因为1000次中有501次正面。维恩认为我们需要考虑试验次数趋于无穷时的极限。这个极限频率是事件发生的精确概率。

然而，这在实际中当然是不可能的：我们不可能抛无数次硬币。此外，即使大量地投掷一枚真硬币，硬币的特性也几乎肯定会随着时间的推移而改变——它会逐渐凹陷、被刮伤或弯曲变形。维恩的回答是，人们应该想象重复无穷序列的试验，而不改变相关的潜在因素。也就是说，我们应该想象抛一枚虚构的硬币。然而，这一结果仍然被认为是具有实质意义的，而且，根据维恩的观点，它是概率的唯一可接受的定义。

事实上，维恩在频率主义的"兔子洞"里走得太远，他甚至把伯努利大数定律抛在了脑后。借助经典的解释，伯努利将一个实验描述为具有"真实概率"的单个事件，推导出了一个观察到的样本落在该真实值的某些范围内的概率。然而，对于维恩和其他试图将概率延伸到经典解释之外的人来说，除了长期发生的频率之外，不存在任何意义上的所谓"真实概率"。在维恩看来，大数定律是同义反复的；如果从定义上讲，一个事件发生的长期频率等于它发生的概率，那么宣称它发生的长期频率将收敛于概率的言论是微不足道的。关于伯努利定理，维恩写道："我们不需要麻烦自己用数学证明这个定理，因为它不在我们的研究范围之内；但是……数学所依据的基础是错误的，因为实际上并没有什么我们可以恰当地称之为客观概率的东西。"[10]

法国数学家皮埃尔-西蒙·拉普拉斯（稍后我们将更多地看到这个名字）曾经写道，当我们观察大自然时，我们开始发现"一种惊人的规律性，似乎表明这是一种有意为之的安排，有人认为这是天意的证明。但是，经过反思，我们立刻就可以看出，这种规律性不过是简单事件各自概率的发展而已，这些概率越高，发生的频率就越高"。[11]维恩认为这纯粹是胡说八道，称拉普拉斯的陈述"是对已经被断言的事实的一种自命不凡的重申"，[12]因为对于维恩来说，除了事件发生的频率外，事件的概率没有任何意义。

维恩关于概率的教条观点在科学界流行起来。特别是，它深刻地影响了统计学家罗纳德·费雪提出的方法。费雪在剑桥大学冈维尔和凯斯学院读本科时，可能直接接触到了当时学院院长维恩的思想。他在《统计方法与科学推论》（*Statistical Methods and Scientific Inference*，1956）一书中，列出了他认为正确的概率定义，他称赞维恩"将概率的概念发展成一种可以通过观察频率来验证的客观事实"。[13]之后我们将回到费雪和频率主义统计学。

频率主义解释的一些技术问题一直困扰着20世纪的人们。例如，维恩的定义假设极限频率确实存在，这意味着在数学上，当我们讨论随机试验时，仔细考虑我们正在处理的序列类型以及这种收敛以何种方式发生是很重要的。如果投掷硬币的结果是"正反正反正反正反正反正反正反……"且这种模式会永远重复，即无限次投掷硬币的极限频率为1/2，但这显然不是我们期望从真正的硬币投掷中得到的那种序列，这还不够"随机"。但是，在假设长期频率已知的情况下，如何使随机性（源自古老的日耳曼词根"*rinnana*"，意思是"运行"）变得精确，却比你想象的要困难得多。维恩说，一个具有特定极限频率的真正随机序列应该表现出"一种逐渐从无序中浮现出来的有序"[14]，但他并没有试图以任何更精确的方式来表达这一点。

1919年左右，奥地利数学家理查德·冯·米塞斯作出了勇敢的努力。他定义了一个随机序列，并称之为"集合"（*kollektiv*），因为它具有这样的性质：我们不能选择它的任何成员来生成一个频率与总体极限不同的子集。所以，在前文的例子中，如果我们选出每一次投掷的硬币，我们会得到一个所有正面或反面的序列，其频率是 1 或 0，而不是 1/2。一个真正的"混合"序列应该不会根据任何模式或规则选择正面或反面的结果。

不幸的是，从纯粹的数学意义上讲，这并不完全可行，因为我们可以将选择规则定义为"当且仅当结果是正面时选择序列中的一个元素"。尽管这看起来像是作弊，但根据集合论的数学公理，这是一个被允许的函数，因此，满足如此广泛标准的随机序列不可能存在。为了解决这个问题，冯·米塞斯尝试了一段时间，试图限制我们可以用来选择序列项的各种规则，但最终，他无法以一种令人满意的方式将它们形式化。

1940 年，美国数学家阿朗佐·丘奇接手了这项工作，应用了当时全新的理论计算机科学的一些概念。他的想法是，选择规则应该是可计算的，这意味着包含一个特定序列项的决定应该是一些将序列的前一部分作为输入数据的计算机程序的结果。事实上，因为只有这么多可能的程序，丘奇才能够证明这确实允许真正随机序列的存在。

然而，最后一个问题是，事实证明即使存在满足这种限制性定义的序列，它也不具备我们希望从真正的随机性中获得的属性。例如，法国数学家让·维尔在 1939 年观察到，对于任何可数的选择规则集合（丘奇的计算机程序是这样的），总会存在一个满足选择规则要求的正面和反面结果序列，其极限频率为 1/2，但其奇怪的性质是，如果在任何有限点停止序列，[15] 正面的比例总是大于或等于 1/2。因此，在任何有限数量的硬币投掷过程中，我们得到的正面和反面是一样多的。这又一次让人感觉不对劲。对于真正的抛硬币，我们预计，在稳定的过程中，正面的总数量有时会增加，有时会减少，比例会在 1/2 以上或以下波动。但丘奇对随机性的正式定义并不能保证会发生这种情况，而用一个更令人满意的定义取代它的问题实际上仍然悬而未决。

撇开这些理论问题不谈，频率主义对概率的解释具有一定的客观性，这可能解释了它在科学家中受欢迎的原因。我们可以放心，原则上，我们总是可以通过实验来验证概率（至少是近似的），而不是永远担心我们是否列举了所有可能的等可能情形，并计算出了与某个感兴趣事件对应的情形。这将概率与其他可测量的物理系统单位（如质量、密度和比热）放在同一基础上。尽管单一的测量可能有一些内在的误差，但经过足够多的重复观测，我们可以缩小真实理论值的范围，或者至少排除那些超出我们观测范围的值。

伯努利谬误：不合逻辑的统计学与现代科学的危机

长期以来，将某一特定数量的嘈杂观测——比如一颗行星在夜空中的位置——结合起来一直是天文学家和物理学家面临的一个实际问题，而将测量值进行平均的技术自古以来就被认为是一种良好的实践。因此，如果根据对一个物理量的噪声测量值求得的平均值似乎能产生对真实值的可靠估计，那么对一个事件发生的次数的观察（即计算其观察到的频率）取平均值似乎是估计每次事件发生的真实概率的一种自然方法。伯努利定理似乎在数学上支持了这一点。

但是，只要施加一点压力，频率主义的解释就开始出现"裂痕"。例如，考察对极其罕见事件的概率问题的频率主义答案。比如说，如果问在一副桥牌中打出全部 13 张黑桃的概率，任何训练有素的频率主义者无疑都会开始计算（13/52）×（12/51）×（11/50）× … ×（1/40），推断第一轮发的 52 张牌中有 13 张黑桃可用，第二轮发的 51 张牌中有 12 张黑桃可用，以此类推。频率主义者最终得到的（所幸有计算机的帮助）概率极小，为 1/635013559600。

然而，并没有经验证据证明这个值是事件的极限频率，也永远不会有，因为这个值比桥牌的牌局数大好几个数量级。假设我们可以每分钟处理一局完整的桥牌并记录下结果，完成一个超过 6350 亿局桥牌的循环将需要 120 万年。而且，记住，在所有这段时间里，全部黑桃的预期出现次数是 1！如果我们看到两次或一次都没有呢？据推测，要知道上述概率的准确性，我们需要更多的观测，可能需要数十亿或数万亿年的时间。

即使这样，频率主义者也可能不满意。想象一下，在完成了不可能的漫长的洗牌过程并分配了数万亿张牌之后，我们获得了一个不同于预期的极限频率——假设我们得到了两倍于预期的完美的全黑桃牌。在这种情况下，频率主义者肯定会声称在洗牌和发牌方面出了问题，所以它们不是真正的"随机"或不是彼此独立的！所以从频率主义者的角度来看概率的定义有一个固有的循环：概率就是我们能得到的频率——但前提是实验的条件得到了正确的处理，而我们只能通过频率接近于概率来辨别条件。

显然，即使是这个定义的拥护者也没有在实践中严格遵守它，因为即使在像这种简单的思维实验中，他们也能够在完全没有经验频率基础的情况下计算概率。他们依靠的是来自某个地方的非常强大的计算规则，即使已经被观察到，这种规则也会超过频率。这些原则从何而来？如何证明它们是合理的？当我们讨论埃德温·杰恩斯的概率和逻辑观点时，我们将重新讨论这一点。

然而，频率主义的解释最难的地方在于处理一次性事件的概率。例如，如果我们想说某一政客有 29% 的几率赢得下次选举，这句话如何用频率来解释呢？选举只会发生一次，即使我们可以想象重复选举，如同维恩的假想抛硬币，为了产生不同的结果，每次需要改变什么条件？如果重新举行选举，所有的选民不都投同样的票吗？

当我们将频率模型应用于社会科学时，什么才是真正的独立试验以及这些试验需要哪些共同特征的问题变得特别复杂。当看到抛硬币的时候，我们很容易辨识出一个合理的尝试，但如果我们想要估计，比如说，一个特定的人活到90 岁的概率，就像一个精算师需要做一个死亡表一样呢？原则上，频率主义者的解释会告诉我们，通过找到大量相似的人（正如伯努利对"相同年龄和肤色"的要求），并计算他们中活过 90 岁的人的比例来估计这一概率。但具体是哪些方面的相似呢？我们的识别特征越多（比如男性、40 岁、不吸烟、超重、有糖尿病家族史等），参考类别就越小，直到只剩下开始时的那个人。所以概率只有 0 或 1 吗？

太大的参考类别也会带来问题，因为它可能会给我们提供精确的频率估计，而这些估计实际上是无用的。例如，在没有任何气象培训或设备的情况下，这里有一种方法可以给出非常准确的天气预报，比如当地下雨的可能性：只需查找该地区的长期历史降雨频率，并将这个数字作为每天下雨的预测几率。经过几年时间，如果气候总体上保持大致不变，观测到的频率将与你的预测非常吻合。但日复一日，你的预测不会包含任何新的信息，而这些信息实际上对人们决定当天是否需要带雨伞是有用的。

实际上，维恩提出了这样一个问题，即估算一个给定的概率时，什么样的试验才算试验，这个问题后来在《机会的逻辑》中被称为参考类问题："每个单独的事物或事件都有不确定数量的可观察属性，因此可能被认为属于不确定数量的不同类别的事物。"但他没能给出一个令人满意的答案，自那以后所有的频率主义者都是如此。[16]

类似地，我们也不能对过去的事件采用频率主义的解释，因为频率模型只允许我们在进行一系列实验时观察到可能的未来结果。因此，对于诸如此类的问题，频率主义者并没有给出（比较重要的）答案：白垩纪末期的大规模灭绝是由彗星引起的概率有多大？莎士比亚的剧本是弗朗西斯·培根写的概率是多少？这类问题需要一种适合推断的概率，而频率主义者的解释根本无法轻松处理。

主观解释

优点：灵活，适用于任何地方。

缺点：灵活，不适用于任何地方。

在 18 世纪 40 年代和 50 年代其生命的后几年，英国长老会牧师、业余数学家托马斯·贝叶斯对概率论产生了浓厚的兴趣。贝叶斯曾在爱丁堡大学学习逻辑学和哲学。他对概率论产生兴趣的一个可能解释是，大约在同一时间，苏格兰哲学家大卫·休谟在《人类理解研究》(*Aninquiry Concerning Human Understanding*) 中指出，关于世界的有效结论不可能通过经验得出。休谟的主要观点（后来被称为归纳问题）是，我们无法知道经验是得出关于未来的有效结论的向导，因为如果我们这样做了，这个主张可能只基于过去的经验。换句话说，我们只认为未来会和过去一样，因为"未来会和过去一样"这一规则在过去总是有效的。这意味着来自经验的论证必然是循环的。在题为"关于神迹"的第 10 章中，他对神迹的经验证据提出了特别的批评，他认为人们不应该依靠所谓的目击证据来证明神迹的存在，比如福音书中关于复活的描述。

出于宗教原因，贝叶斯可能特别有动机通过提供一个有效归纳法的明确反例来证明休谟是错误的，他试图通过解决 30 年前棣莫弗提出的一个问题来做到这一点。这是一个概率推断问题。让我们以贝叶斯所考察的例子为例，想象一下下面的骰子游戏：

你的朋友掷了一个六面骰子，并秘密地记录了结果，这个数字就是目标 T。然后你蒙上眼罩，不断地投掷相同的六面骰子。你无法看到它是如何落地的，每一次你的朋友（在法官的监督下，以防止任何作弊）只告诉你掷出的数字是否大于、等于或小于 T。投掷几次之后（比方说 10 次）你必须猜出目标 T 是什么。你的猜测策略是什么？你有多大的信心？

像棣莫弗所著图书一样的概率教科书可以给出答案所需的一些概率，但不能解决整个问题。例如，假设在游戏的一个回合中，我们有这样的结果序列，G 表示大于，L 表示小于，E 表示等于目标值：

$$G, G, L, E, L, L, L, E, G, L$$

例如，如果目标值是 3，那么我们可以说任何给定的投掷大于 T 的概率是 3/6 或 1/2（对应于掷出 4、5、6），以及小于 T 的概率是 2/6 或 1/3（对应于掷出 1 和 2）。剩下等于目标的概率总是 1/6。应用独立试验概率相乘的规则，我们可以说得到这个特定序列的概率是：

$$\left(\frac{1}{2}\right)\left(\frac{1}{2}\right)\left(\frac{1}{3}\right)\left(\frac{1}{6}\right)\left(\frac{1}{3}\right)\left(\frac{1}{3}\right)\left(\frac{1}{3}\right)\left(\frac{1}{6}\right)\left(\frac{1}{2}\right)\left(\frac{1}{3}\right), \text{ 或 } \frac{1}{69984}$$

但这一切都以假设目标值为 3 开始。类似的计算可以应用于 T 的其他选项，但接下来呢？伯努利、棣莫弗和其他一些人的概率规则不能告诉我们如何把这些数字组合成一个相反问题的答案：给定这些观察，$T = 3$ 的概率是多少？

为了实现这一点，贝叶斯需要证明一个恒等式，其中包含任意两个事件 A 和 B 的条件概率，这个等式现在被我们称为贝叶斯定理：

$$P[A|B] = P[A]\frac{P[B|A]}{P[B]}$$

带竖条的概率是条件概率，也就是说，假设事件 B 发生了，事件 A 发生的概率，反之亦然。所以 A 可以代表一个假设，比如我们对目标数的猜测，B 可以代表我们的观察结果，即我们已知的大于、小于和等于目标值的结果序列。这个规则简单明了地告诉我们，我们想要的 A 在 B 条件下的概率与我们已经计算过的 B 在 A 条件下的概率有什么关系。因此，假设有其他必要的成分，我们可以使用这个等式从一个逻辑方向转换到另一个逻辑方向。令人惊讶的是，这个小小的方程式——以及它所暗示的科学推断的本质——已经成为跨越四个世纪的巨大争议的源头。本书将主要探讨这个争议，但一切都从这里开始。

这个恒等式可能在贝叶斯之前就已经为人熟知了，如果我们把概率看成相对比例的话，它就变得很明显了。例如，假设我们对一群人的两个特征感兴趣——比如某人是否是小丑（A）和他们是否穿大鞋（B）。也许我们被告知这群人中有 20% 的人是小丑（P［A］），25% 的人穿大鞋（P［B］）以及 80% 的小丑穿大鞋（P［B|A］）。比方说，我们看到某人穿着大鞋子，我们就想知道他是小丑的可能性（P［A|B］），也就是说，我们想知道 B 中同时是 A 的人的比例。计算这个比例的天然方法是找出有多少个穿大号鞋的小丑（A 和 B），然后除以穿大号鞋的人的总数。假设总体为 100 人，然后我们假设 20 个是小丑，其中 80%，也就是 16 个是穿大号鞋的小丑。在 25 个穿大号鞋的人中，这个交叉组占了 16/25，或者说 64%，所以这是穿大号鞋的小丑的条件比例。贝叶斯定理证明了这些量之间的联系。

不过，贝叶斯解的主要创新之处在于条件概率理论适用于事件，无论它们在时间上的顺序如何——在贝叶斯死后，他的朋友、同样是部长的理查德·普赖斯提出并阐明了这个问题。所以，如果我们对 E_1 和 E_2 事件感兴趣，E_1 必然有机会先发生，我们可以推导 P［$E_1|E_2$］，就像我们可以推导 P［$E_2|E_1$］一样，尽管后者看起来更自然。这给贝叶斯提供了一个用于逆向问题的工具，将他已经能够计算的"前瞻"（forward-looking）概率与他想计算的"后顾"（backward-looking）概率联系起来。

在涉及六面骰子问题的例子中，我们会根据观察到的数据 D 有条件地记录大于、小于和相等的结果序列，目标为 3 的概率可以通过以下方程计算得出：

$$P［T=3|D］= P［T=3］\frac{P［D|T=3］}{P［D］}$$

我们把概率分数相乘得到 1/69984 就已经处理了 P［$D|T=3$］。这通常是最简单的部分，因为这是最"普通"的概率计算，表示在给定条件下得到一系列结果的概率。为了完成计算，我们有两个缺失部分：不以任何假定的目标值为条件的 P［$T=3$］和 P［D］。第一项 P［$T=3$］表示我们在进行任何观察之前，对命题 $T=3$ 给出的初始概率。在这种情况下，因为目标是第一次掷骰

子的结果，所以我们可以说 P [T = 3] = 1/6。类似地，我们会给 T = 1、T = 2 等相同的先验概率。

分母项最需要注意，但贝叶斯推荐了一个一般策略：将概率分解为各种可能的情形，并将它们加总。也就是说，我们知道目标数字一定是数字 1，…，6 中的一个。对于每一种可能性，我们都可以进行类似于前面的计算以得到假设 T = 1，T = 2，直到 T = 6 的数据的条件概率。（普通的、前瞻性的）概率规则告诉我们 D 的总概率是它们的和：

$$P [D] = P [T = 1] \cdot P [D | T = 1] + \cdots + P [T = 6] \cdot P [D | T = 6]$$

也就是说，T 可以等于 1（以给定的概率），我们观察到 D 的条件概率是 P [D | T = 1]，或者 T 也可以是 2，我们观察到 D 的条件概率是 P [D | T = 2]，等等。由于这些相互排斥的情形形成了数据 D 的"路径"，我们把它们加总，就得到观测到 D 的总概率。

各目标值的先验概率均为 1/6，如图 1.1 所示。

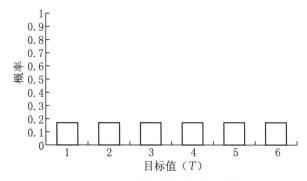

图 1.1 目标值猜测游戏的先验概率

但对给定观测 D 的各个目标值应用贝叶斯处理后，我们发现后验概率分配 P [T = E | D] 集中在 T = 4 附近，如图 1.2 所示。

事实上，我们有 50% 的把握 T = 4，也有可能 T = 3 或 T = 5，但 T = 2 的可能性很小。注意，我们已经完全排除了 T = 1 和 T = 6。我们可以通过演绎推断来实现这一点，因为任何"大于"的投掷都排除了目标值为 6 的可能性，任何"小于"的投掷都排除了目标值为 1 的可能性，而这两者都被我们观察到

　　　　伯努利谬误：不合逻辑的统计学与现代科学的危机

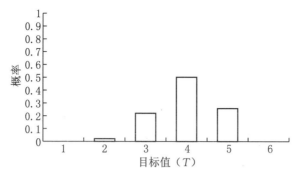

图 1.2　用贝叶斯定理求目标值猜测游戏的后验概率

了。然而，我们没有必要把它们当作一个特殊的例子，因为贝叶斯定理在概率为 0 时非常有效，这意味着在特定的假设之下目标值是不可能出现的。（当我们将贝叶斯定理与演绎逻辑联系起来时，我们将回到这一点。）

同样的过程也适用于任何多个假设之间的推断问题。事实上，这将是我们在做概率推断时唯一需要用到的程序——在本书的其余部分以及我们的余生中都是如此。为了让这些片段显得有条理，我们将它们排列在一个表中，从现在开始，我将把它称为推断表。以下是针对任意问题的步骤，推断表如表 1.1 所示。

表 1.1　通用推断表

假　　设	先验概率	抽样概率	路径概率
H_1	$P[H_1]$	$P[D|H_1]$	$P[H_1] \cdot P[D|H_1]$
H_2	$P[H_2]$	$P[D|H_2]$	$P[H_2] \cdot P[D|H_2]$
…	…	…	…
H_n	$P[H_n]$	$P[D|H_n]$	$P[H_n] \cdot P[D|H_n]$

（1）列举所有可能的假设，H_1，…，H_n，并考察其不包括任何观测的概率，$P[H_1]$，…，$P(H_n)$。这些是先验概率。

（2）对于一个给定的观测数据 D，假设每个假设都是正确的，依次计算该观测的概率。这些值是给定假设下的数据的抽样概率。

（3）通过将先验概率与抽样概率相乘，计算任一假设下观测到 D 的概率：例如，$P[H_1] \cdot P[D|H_1]$，以此类推。我们称这些为路径概率。将它们相加

得到数据的总概率：

$$P\left[D\right] = P\left[H_1\right] \cdot P\left[D|H_1\right] + \cdots + P\left[H_n\right] \cdot P\left[D|H_n\right]$$

（4）一旦完成计算，每个假设的推断概率就很容易得出了，因为它就是这一项在总和中的相对比例。这些是后验概率，根据贝叶斯定理，由以下方程给出：

$$P\left[H_i|D\right] = P\left[H_i\right] \frac{P\left[D|H_i\right]}{P\left[D\right]}$$

也就是说，给定数据的一个假设的后验概率是通过该假设的路径所代表的数据的总概率的比例。实际上，这也意味着，一旦我们计算了先验概率和抽样概率，所有的实际工作就完成了。剩下的只是核算问题。

借助其定理，贝叶斯能够对他所考察的问题给出一个完整的答案。这个推论的一个结果是，在某些假设下，逻辑上可以预测未来事件的发生概率与过去事件的发生概率大致相同。这表明，与休谟的主张相反，通过理性地应用概率，人们可以从经验中获得知识，或者至少是一些非常接近于知识的东西——也许不像逻辑推断那样有绝对确定性，而是西塞罗和古希腊人所认为的可能的判断。这并不是归纳问题的完整答案，但已经很接近了。

贝叶斯本人是否相信他已经驳倒了休谟，我们无从得知。一些历史学家，如芝加哥大学的斯蒂芬·斯蒂格勒认为，由于贝叶斯认为反例是基于一些他无法证明的假设，不能充分令人信服，所以他推迟了发表其研究结果。当向世人展示贝叶斯的研究结果时，他的朋友普赖斯毫不避讳地强调了它们的哲学意义和宗教意义。这篇文章的当代再版版本显示，普赖斯打算将标题命名为"一种基于归纳法计算所有结论确切概率的方法"。[17]在他的出版物中，他补充了这一序言："我的目标是说明我们有什么理由相信事物的构成中存在事物发生的固定法则，因此世界的框架必须是一个明智起因所具有的智慧和力量共同作用的结果；从而证实了从终极起因中得出的上帝存在的论点。"[18]也就是说，在计算贝叶斯规则的概率时，普赖斯认为他看到了上帝存在的证据。

不久之后，皮埃尔-西蒙·拉普拉斯在显然不知道贝叶斯解的情况下发表了他自己的定理，并展示了它在推断问题中的应用。在我们现在看来，拉普拉斯比贝叶斯本人更贝叶斯化，因为拉普拉斯准备把概率和频率或经验事实完全分离开来。贝叶斯推断所需的先验概率的最大问题是：这些概率从何而来？

贝叶斯把自己局限在一个先验概率明显是均匀分布的问题上，就像我们前面例子中的目标值概率。他仍然通过展示概率推断可以回溯过去而开拓了新的哲学领域，但他对概率的处理表明，他认为这些概率是独立于进行分析的人而存在的。拉普拉斯使概率取决于观察者的知识状态。他在 1812 年出版的《概率的分析理论》(*Théorie analytique des probabilités*) 的开篇中这样定义："一个事件的概率是对它有利的情况的数量与所有可能的情况的数量之比，当没有什么能让我们期望任何一种情况比任何其他情况发生得更多时，这使它们对我们来说是同等可能的。"[19] "对我们来说"使拉普拉斯的概率具有主观性。这使他得到了解放，让他可以根据各种各样的观察计算各种命题的推断概率。正如他所描述的那样："概率部分与我们的无知有关，部分与我们的知识有关。"[20]

拉普拉斯也许是半开玩笑地举了一个例子：给定历史上太阳每天都升起，计算太阳明天升起的概率。他用一种他称之为接续法则 (rule of succession) 的通用数学工具，得出了概率 $(d+1)/(d+2)$，其中 d 是之前观测的天数。假设 5000 年的观测记录得出 $d=1825500$，则太阳明天升起的概率为 0.99999945205。

这个点不是确切的值，而是小于 1。任何不完全确定太阳会升起的结论都被认为是荒谬的，拉普拉斯因此受到了像维恩这样的频率主义者的严厉批评。在《机会的逻辑》中，维恩提到了这个例子，"很难把这样的规则当回事"[21]，因为除了其他原因外，概率在频率主义意义上显然是错误的，因为它与长期出现的频率不匹配。

然而，他的批评并没有正确理解拉普拉斯也反对这一结论的事实，拉普拉斯认为这是对他的规则的误用！他推导出了一个接续法则，用于解决像伯努利陶瓮系统这样的推断问题。在伯努利陶瓮系统中，一些未知的彩球比例决定了一次试验的单事件概率。拉普拉斯包含了一个假设：我们从完全不知道鹅卵石的比例开始，所以我们赋予它一个 0 到 1 之间任意值的均匀概率并假设之后的日子太阳升起的概率就像从陶瓮中独立抽取鹅卵石。然而，在现实生活中，我们知道太阳并不是这样一个系统，我们对太阳的了解远不止于它是否每天升起。用拉普拉斯自己的话来说："但是，这个数字（明天太阳升起的可能性）

对于那些从各种现象的总体来看，根据日和季节的规律，意识到当前的任何时刻都无法阻止它的进程的人来说，要大得多。"㉒拉普拉斯并没有给出太阳升起的客观概率，而仅仅给出了主观概率，这与贝叶斯更新是一致的，从完全不知道太阳是什么开始。

贝叶斯揭开了主观概率这一概念的"盖子"，而拉普拉斯则彻底打破了这一概念。在接下来的两个世纪里，许多著名的哲学家和数学家都认为概率是指说话者对一个给定命题的相信程度。约翰·梅纳德·凯恩斯在他的《论概率》（*Treatise on Probability*，1921）㉓中提出了这个观点，而弗兰克·拉姆齐则在他的文章《真理与概率》（*Truth and Probability*，1926）中用个人主义的术语定义了概率。㉔英国物理学家哈罗德·杰弗里斯在将贝叶斯的概率论延续到20世纪中期方面发挥了最大的作用，他在地球物理学领域成功地应用了贝叶斯技术，并在他的教科书《概率论》（*Theory of Probability*，1939）中阐明了许多实际考虑。正如杰弗里斯所写的："当前理论的本质是，任何概率，不论是直接的、先验的还是后验的，都不是简单的频率。"㉕

不过，从哲学上讲，还有几个主要问题需要克服。其一是，拉普拉斯将概率定义为情况的比率，以及由此而来的所有概率数学，似乎都没有得到支持。如果我们把概率看作等概率事件的比率，就像经典定义中那样，或者是极限频率，就像频率主义定义中那样，那么这些性质是不言而喻的。但是，如果我们愿意放弃这一切，说概率只是一种"信念程度"，用 0 到 100% 的尺度来衡量，为什么这些公理还成立呢？如果我对命题"明天会下雨"的信念程度是 30%，那为什么这意味着我对"明天不会下雨"的信念程度是 70% 呢？如果基本性质 P［A］= 1 – P［非 A］不成立，那么贝叶斯定理或其他任何熟悉的数学结果又有什么未来呢？

20 世纪二三十年代的意大利统计学家和精算师布鲁诺·德菲内蒂试图用下注价格定义概率来回答这个问题。他没有给出模糊的相信程度，而是假设某一事件的概率"可操作"，即说话者愿意为该事件是否发生支付一个单位的赌注。所以用 1 美元来打赌会下雨的概率分配是 0.30 美元，以此类推。从某种意义上说，这与帕斯卡和费马的赌博游戏分析中概率的起源一脉相承；贝叶斯也用"期望"来解释他所有的概率，"期望"是指赌注的公允价值。

这种概率的具体概念使得德菲内蒂能够施加额外的结构约束理性行为者给

出的概率，其核心思想是荷兰赌（Dutch book）——一个能获得一定利润的赌博组合（在现代语言中，我们称之为套利策略）。他指出，除非人们的概率分配（即打赌价格）遵循概率规则，否则荷兰赌总是可能的。例如，假设明天下雨的概率是 30%，这意味着如果下雨，我将支付 0.30 美元以获得赢得 1 美元的机会，但我赋予不下雨的概率是 80%，所以如果不下雨，我将支付 0.80 美元以赢得 1 美元。有人可以以总价格 1.10 美元的价格向我出售这两种赌局，并获得 0.10 美元的利润，因为他们在两种情况下都只需要支付 1 美元。

利用类似多次下注的一致性假设，德菲内蒂甚至能够证明贝叶斯的条件概率定理必须成立。因此，如果把概率看作理性一致的个体的投注价格，即能够避免使自己铁定成为输家的价格组合的个体的投注价格，那么整个数学概率都是完整的。

然而，另一个问题仍然存在，那就是只要它们构成一个概率系统，德菲内蒂的投注价格就仍然可能是完全任意的。也就是说，德菲内蒂不能告诉任何人他们应该为一个给定的赌注支付什么价格。这显然与那些似乎可以通过经验验证的概率实例相冲突。如果一个人相信自己在轮盘赌中有 1/30 而不是传统的 1/38 的几率赢，然后继续在赌场中无休止地为不理想的赔率下注，在主观定义下，没有什么能限制他这样做。因为他们可能会输，但不是肯定会输，所以德菲内蒂的假设并没有阻止这种事情的发生。

类似地，天气预报员可能会预测一年里每天都有 99% 的几率下雨，但在看到其中可能只有 15% 的日子下雨之后，他对任何批评都不屑一顾，并认为这是信念程度不同的问题。信念程度可以像电影意见和餐馆评论一样因人而异。主观的信念怎么会是错的呢？

拉普拉斯曾试图将概率分配定义为没有理由选择一种情况而不是另一种情况的比例，这后来被称为不充分理由原则（the principle of insufficient reason）。凯恩斯将其重新命名为无差别原则（principle of indifference），并强调它只适用于当我们没有信息表明概率不均等时的情形。但在这里，客观与主观的问题再次出现。这两个概率是相等的吗，还是因为我们不知道，所以我们就把它们看成相等的？如果是后者，那么肯定会有一些例子，我们会因为无知而计算出错误的答案，这与经验相矛盾。这难道不是一个问题吗？

此外，当试图将该原理应用于连续参数时，出现了一个恼人的技术问题

（就像贝叶斯和拉普拉斯考虑过的那样）。这个问题是，对于表示完全未知的连续值，似乎没有一致的概率分布。假设一个未知量有一个连续的值——例如，一张方形纸的边长在 0 到 10 英寸之间——但这就是我们得到的全部信息。我们可能会说，未知会迫使我们假设它是均匀分布的，这意味着它很可能是所允许的范围内的任意给定大小，也意味着它小于或大于 5 英寸的概率是相等的。但对边长同样的未知可能也适用于正方形的面积（或任何其他衍生量），所以完全未知意味着已知在 0 和 100 平方英寸之间的总面积应该有 1/2 的几率小于 50 平方英寸。但是，由于面积和边长遵循方程 $A = S^2$，这两个结论是不一致的；边长小于 5 英寸的正方形的面积小于 25 平方英寸，而不是 50 平方英寸。在法国数学家约瑟夫·伯特兰德于 1889 年首次提出类似问题之后，人们花了很长时间（在某些情况下仍在进行中）才厘清了无差别原则是如何抵御这些所谓的伯特兰德悖论的。与此同时，这些问题导致像布尔和维恩这样的逻辑学家完全拒绝了这一原则，转而支持客观频率。

公理化答案

优点：在数学上严格的。

缺点：没有回答这个问题。

1900 年，德国数学家戴维·希尔伯特在国际数学家大会上发表演讲，讨论他认为当时最重要的悬而未决的问题。从那时起，希尔伯特提出的 23 个问题（即"希尔伯特问题"，其中 10 个在演讲中提出，其余的在出版物中提出）为 20 世纪的数学发展奠定了基础。它们吸引了那个世纪最伟大的数学家的注意，那些为解决任何一个问题作出重大贡献的人达到了更伟大的层次，成为数学家赫尔曼·外尔所说的"荣誉阶层"。[26]

这 23 个问题中的第二个是证明算术公理是一致的，第六个是建立概率的公理处理，因为这是统计物理所需要的。这两个愿望与当时数学界的一股强大推动力一致，那就是研究数学的基础，并支持长期以来被视为理所当然的各个学科。最著名的是伯特兰·罗素和阿尔弗雷德·诺斯·怀特黑德在 1910—1913 年这一时期出版的著名的三卷本《数学原理》(*Principia Mathematica*)。该书试图将符号逻辑规则形式化，并认为所有的数学真理都可以从符号逻辑规则中推导出来，这使得所有的数学真理都可以从中推导出来。

正是在这样的背景下，1933 年，俄罗斯数学家安德烈·柯尔莫戈罗夫出版了《概率论基础》(*Foundations of the Theory of Probability*)[27]，这是历史上第一次对概率进行现代公理化处理。他的关键思想是，概率可以适用于一个被称为测度理论的新的数学领域，该理论是由埃米尔·博雷尔、亨利·勒贝格等人在 19 世纪末 20 世纪初发展起来的。测度最抽象的形式是将非负数与给定主集的子集以满足一定约束的方式联系起来的一种方法，例如，对不相交集合的并集的测度是每个集合的测度的和。柯尔莫戈罗夫解释，主集或样本空间，代表了一些随机情况或过程的所有可能结果，比如掷三个骰子的 216 个可能结果，而子集则是可能事件，比如骰子加起来的和是 9 或 10。集合的测度是事件发生的概率，标准化后整个空间的测度是 1。

柯尔莫戈罗夫公理解决了许多理论概率问题，特别是与无穷个集合或无穷个集合组合有关的问题。利用强大的测度理论，柯尔莫戈罗夫能够证明几个重要的定理，其中涉及随机变量序列的极限以及其他让概率理论学家头疼多年的问题，包括一个更强版本的伯努利大数定律。

然而，由柯尔莫戈罗夫发展起来的公理系统以及它所包含的所有丰富、美丽的理论，都没有回答概率最初从何而来、如何理解它们在现实世界中的意义等问题。任何概率测度空间的例子都在一开始就假设基本的概率已经给出。这一公理系统同样适用于客观和主观的概率（至少可以证明德菲内蒂关于前后一致的投注价格的观点）。从柯尔莫戈罗夫的著作中可以清楚地看出，他把概率看作频率，这使得这些公理看起来更自然，但从数学上讲，其他的解释也是有存在的理由的。

概率的逻辑解释：综合观点

到了 20 世纪中叶，哲学家、数学家、统计学家和使用概率的科学家都支持柯尔莫戈罗夫将概率作为一个数学系统的公理化处理，但对于概率在任何实际问题中的解释，仍然没有普遍的共识。相反，它似乎是由一些重叠的和有些相关的概念拼凑而成，跨越了客观和主观、本体论（研究事物的本质）和认识论（研究我们对事物的认识）之间的界限。有时，概率意味着经验频率，正如大多数统计实践所描述的那样（稍后再详细介绍）；有时，它意味着主观信念程度，正如拉普拉斯和他的贝叶斯继承者在推断问题中所使用的那样。频率解释似乎更适合于几率游戏或重复的随机实验，如从总体中随机抽样。信念程度似乎更适用于预测一次性事件、检验假设，以及对过去作出推断。在这个问题上，大多数的概率论教科书试图尽可能保持中立并迅速转向证明关于概率测度空间和随机变量的结果。似乎没有一个单一的概率定义足以涵盖所有这些情况。

事实上，对许多人来说，这就是故事的结局，概率只是在不同的时间或不同的应用中意味着不同的事情。任何一种以满足柯尔莫戈罗夫公理的方式为样本空间的子集分配数值的方法都可以被称为概率，而人们想要的所有数学特性（因此也确实有一些）都可以免费获得。那么，将这个概念有时应用于一组等概率结果的比例，有时应用于假设具有一致性的投注价格，有时应用于限制一系列实验的频率，又有什么坏处呢？

将各种概念混在一起引起混乱是它造成许多伤害，尤其是在科学推断中造成伤害的主要方式。我们对假设真实性的可能性评估显然是主观的，但它是用数据的采样频率构建的，这是客观的。当主观与客观相结合时，孰能占优？

然而，在 20 世纪后期，仍有一些人继续寻求一种将基于频率的概率和基于信念的概率解释为同一基础现象的不同实例的综合方法。迄今为止最接近的一次是在 1921 年，当时凯恩斯发表了他的概率逻辑理论，包括无差别原则，所以逻辑就成了这些新作者的出发点。但我们显然需要一种新的逻辑形式，因为经典逻辑只处理某些推理问题，而不处理概率问题。正如物理学家詹姆斯·克拉克·麦克斯韦在 1850 年所描述的那样，概率思维在某些方面比经典逻辑更自然，因为现实世界中没有任何命题是真正确定的："真正的逻辑科学目前只了解肯定的、不可能的或完全可疑的东西，幸运的是，我们都不必对这些事物进行推断。因此，这个世界的真正逻辑是概率的演算，考察一个理性者或应该是理性者的头脑中的概率大小。"[28]

凯恩斯曾试图将概率定义为一种"理性信念的程度"[29]，一些实践者继续为这一定义而争论，并试图使这种理性信念的来源更精确。例如，哈罗德·杰弗里斯将概率定义为一个命题对另一个命题的真实性的支持："我们引入了一

　　　　伯努利谬误：不合逻辑的统计学与现代科学的危机

个命题 p 和另一个命题 q 之间关系的概念，表示 q 对 p 的认知程度。"[30]但这仍然存在一个为什么概率的数学法则应该成立的问题。正如罗纳德·费雪在 1934 年的一篇文章中所写的，这篇文章是他与杰弗里斯反复争论的一部分：

> 凯恩斯通过定义加法和乘法过程来阐述这些定律，从而建立了概率的加法和乘法定律。这些概率具有数值时，"加法"和"乘法"的定义等价于通常以这些名称为人所知的算术过程，这一重要步骤被省略了。省略是一个有趣的现象，因为它表明了不把概率的概念建立在频率的基础上建立概率论数学定律的困难，而频率的概念是使这些定律真正成立的基础，也是它们最初的来源。[31]

例如，事件 A 和非 A 事件的概率之和为 100% 的唯一原因是，比例的表现就是如此。

这是关于概率的不同解释之间的争执的核心问题：有充分的理由表明，从频率和比例的角度理解概率不适用于所有情况，但公认的公理系统是基于这些基本的频率和比例概念的。如果概率不是按照比例定义，那为什么柯尔莫戈罗夫数学概率的严格公理以及所有依赖于这些公理的理论都应该成立呢？有什么能阻止我们对任何命题赋予我们想要的信念程度呢？

德菲内蒂的荷兰赌论证表明，我们愿意为押注命题而支付的理性价格需要遵守概率规则，但这种解释留下了两个主要漏洞。首先，它不能确定概率是否正确，如果没有长期频率，我们就没有其他的基础来得出这些数字。其次，与此相关的是，与某一事件联系起来的概率，可能与我们愿意为之下注的价格并不相符。人们愿意以显著高于其基于获胜概率得出的纯期望值的价格玩赌博游戏，这是赌场和州彩票店能继续营业的原因。这并不意味着我们应该改变我们的概率分配，只是它必须基于其他理论。

将这两种解释结合起来的最大突破出现在 1979 年，当时美国物理学家理查德·考克斯证明了现在被称为"考克斯定理"的数学结果。其主要思想是：一开始，他就不像柯尔莫戈罗夫那样把概率看作对样本空间某些子集的相对测度，而是赋予命题的可信程度，这更符合主观解释。然而，为了使这些数字内部保持一致，考克斯补充了一个要求，即它们尊重普通逻辑的命题演算，并遵循与常识一致的其他原则。

考克斯放宽了命题 A 的概率与非 A 命题的概率之和为 1 的刚性要求，而只是说，如果给出了 A 的可能性，那么非 A 的可能性也应该是确定的。所以当 A 的可能性是 40% 时，非 A 的可能性可以是 80%——但前提是另一个命题 B 的可能性为 40%，我们也会得到非 B 的可能性等于 80%。这里存在一些固定的规则可以使可能性从 40% 到 80%。

此外，考克斯要求这些可能性表现为，如果 A 变得更可能，那么非 A 就会变得不那么可能。这似乎是对命题及其否定的常识行为——对 A 更有信心和对非 A 的信心更少是一样的——重要的是，这并非基于将任何概率看作比例的想法。同样地，他假设如果已知 A 的可能性以及在给定 A 的情况下 B 的可能性，那么"A 且 B"的可能性就会被确定，如果任何一个成分变得更可能，那么组合也会变得更可能。

根据这些和其他关于命题的可信性应该如何表现（以及涉及的数学函数的其他技术条件）的类似假设，考克斯能够证明，总有一种方法可以调整可信性，使调整后的值满足我们熟悉的概率公理。换句话说，概率成了一种便利的单位体系，用以描述具有良好数学性质的可能性，就像用开尔文而不是华氏度来描述温度一样。这为柯尔莫戈罗夫的公理提供了一个全新的证明，这个公理与频率或相对比例毫无关系，也不受德菲内蒂一致下注价格的人为影响。

最完整的综合概括是由另一位美国物理学家埃德温·杰恩斯完成的。从 20 世纪 80 年代他的一系列论文开始，以他的调查报告《概率论沉思录》告终[32]（该报告在他去世后于 2003 年出版）。他在圣路易斯华盛顿大学担任了多年的物理学教授，除了对理论概率感兴趣之外，他还研究了统计力学和粒子物理学。但他作为一名科学家的实践经验——尤其是在这些概率已经取得巨大进展的领域——使他相信大多数实践者对概率的思考方式中缺少了一些东西。

在杰恩斯看来，概率完全与信息有关——具体来说，是一个理性的人对一个事件或过程给出的不完整信息的确定程度。任何试图用经验频率来定义概率从而使其"客观"的人都犯了他所谓的"心理投射谬误"[33]——也就是说，把说话者的心理状态与外部世界的客观事实混为一谈。他完全拒绝了用经验来验证概率的想法。他说，这就像"试图通过对狗做实验来验证一个男孩对他的狗

　　　　伯努利谬误：不合逻辑的统计学与现代科学的危机

的爱"。[34]

相反，受到考克斯的结果的激励，并从乔治·波利亚关于数学家在实践中如何进行推断的文章中得到进一步的启发，杰恩斯将概率定义为满足与考克斯结果相似的某些常识属性的可能性，并按照考克斯定理重新调整，使我们熟悉的概率方程成立。杰恩斯强调了这些概率所依赖的背景信息的作用，他总是在公式中包含一个"在X的条件下"，在这个公式中，X捕获了问题的假设。例如，杰恩斯的概率规则包括两个主要的计算规则，即求和规则：

$$P[A|X] + P[非A|X] = 1$$

和乘积规则：

$$P[A且B|X] = P[A|X] \cdot P[B|A且X]$$

取决于你的背景，这些方程可能很琐碎，也可能令人费解，但实际上，它们的思想是简单而熟悉的。第一条规则表达了一个基本事实，即一个命题的概率和它的否定的概率之和必须是1。这个概念对于概率的比例测度来说是显而易见的，但在这里，它是将可能性按比例重新调整的结果，因此这些方程是正确的。一旦你"忘记"了概率意味着比例的概念，你就需要付出大量的努力来了解这个"显而易见"的等式。

当我们讨论贝叶斯定理时，我们已经遇到了没有用"在X的条件下"修饰的第二个方程。命题（A且B）可以指向，比如说，同时具有两个特征的特定的人；右侧的成分是有第一个特征的概率和在假设有第一个特征的条件下有第二个特征的概率。杰恩斯的创新之处在于，将所有这些陈述表示为"在X的条件下"的符号，但它显示出一个简单而有力的思想：所有这三种可能性都依赖于某种潜在的知识状态，使我们在某些方面对这个特定的人不确定。

但杰恩斯并不仅仅允许在最宽松的主观主义意义上任意分配概率。相反，他要求概率满足任何给定问题中所假设的信息的约束条件。他通过考察背景信息的可能转化以及这些信息对概率分配的影响来做到这一点。例如，如果一个问题可以被转化为另一个问题，那么进行概率分配的人就处于同样的知识状态，他们分配的概率就一定是相同的。

举个从陶瓮中取球的简单例子。陶瓮里有两个球——一个黑的，一个白

的。假设 A 为命题"我们取黑球"，B 为命题"我们取白球"。可以想象一个信息状态，它只包含命题 X："A 或 B 中只有一个为真。"然而，如果我们转化标签 A 和 B，命题 X 将被转化成 X′ = "B 或 A 中恰好有一个为真"。因为这在逻辑上与我们原来的 X 是等价的，所以我们处于相同的信息状态。总而言之，将我们称为 A 的命题转化为我们称为 B 的命题对我们的知识状态没有任何影响。根据杰恩斯的观点，这意味着，在只以 X 为条件的情况下，命题 A 和 B 必须具有相同的概率。因为它们是互斥的，并且穷尽了这个问题中的所有可能性，它们的概率之和一定是 1，也就是说，在 X 条件下，A 和 B 的概率都是 1/2。即根据杰恩斯的方程，P［A|X］= P［B|X］= 1/2。不同的信息状态可能会产生不同的概率。例如，我们可以有背景知识，知道黑球在上面，然后我们从上面抽取，这将导致 A 是确定的，而 B 是不可能的。

杰恩斯甚至设想将这种推断程序编写到机器人程序中，这样概率就会变成仅对给定问题的假设所装载的可用信息进行冷静的数值处理。这反映了计算机科学领域对逻辑推断的类似倡议，即演绎证明，如布尔代数——数字计算机特有的 1 和 0 的算术。

事实上，杰恩斯将概率定义为逻辑的观点表明，概率计算只是从逻辑演绎的真假算术延伸到其他数字的计算。例如，演绎逻辑的一个基本步骤叫做换质位法（rule of contraposition），该规则暗示"A 意味着 B"在逻辑上等价于"非 B 意味着非 A"。如果我们知道每当下雨（A），史密斯先生总是乘公共汽车去上班（B），我们看到有一天，他不坐公共汽车（非 B），那么我们在逻辑上有理由得出结论：当天一定没有下雨（非 A）。

我们可以把这个推论描述为贝叶斯定理的一个特例。根据通常的程序，将命题非 A 视为我们的假设，将命题非 B 视为我们的数据，要想知道数据对我们的假设有什么影响，我们需要考虑到数据的所有路径以计算给定数据的假设的后验概率。但是除了通过非 A 的唯一路径通过命题 A，我们知道它给出了非 B = 0 的抽样概率，因为 P［B|A］= 1。因此，当我们将路径表示为相对比例时，给定非 B 时，非 A 的概率是 1。换句话说，根据换质位法，给定非 B，非 A 的概率是确定的。

其他的基本演绎规则，如离断律——如果给定"P 意味着 Q"的前提，并且 P 为真，我们就会得出 Q 为真的结论——遵循类似的推理。在这种情况下，逻

伯努利谬误：不合逻辑的统计学与现代科学的危机

辑演绎只是概率推理的一种特殊情况，即所有的概率值都是 0 或 1。

有效性和真实性的区别

杰恩斯对频率主义者的批评极其严厉。首先，他不太礼貌地要求他们停止使用"概率"这个词，如果频率主义者只是想表示频率的话，因为这与数学概率出现之前利用概率作判断的所有方法都不一样（如西塞罗的"智者的生活指南"）。他表示，滥用它们只会让每个人感到困惑：

> 在我们看来，如果 A 先生希望在随机实验中研究频率的性质，并将结果公布给所有人看，且传授给下一代，他完全有权利这样做，我们祝他成功。但是反过来，B 先生也有同样的权利去研究与频率或随机实验没有什么必要联系的逻辑推断问题，发表他的结论并教授。这个世界有足够的空间容纳这两者。那么，为什么冲突如此无休无止，并在经过一个多世纪的激烈辩论后仍未得到解决呢？为什么两者不能和平共处呢？我们一直无法理解的是：如果 A 先生想谈论频率，那为什么他不直接使用"频率"这个词呢？为什么他坚持挪用"概率"这个词，并且在某种意义上，在既违背了历史先例，又违背了这个词的一般口语意义的情况下使用该词呢？这样一来，他肯定会使不属于他的小圈子的几乎每一个读者误解他的意思。[35]

但杰恩斯肯定会承认，一些重复的实验，如抛硬币或掷骰子，确实会导致稳定的频率。他的观点是，这些频率实际上是那些物理系统的属性（包括，最重要的是，初始条件的可变性——所有物体的位置、速度、角动量等），它们独立于进行概率计算的人而存在。概率无法测量，但频率可以。

为什么概率和频率会给出相同的结果？因为，杰恩斯认为，我们对这些物理系统的概率分配是建立在对它们有大量详细了解的基础之上的，包括它们之前被观察到的频率！例如抛硬币，我们知道很多关于硬币的知识，包括它们（大致）在物理形态上对称，我们很清楚怎样抛硬币，包括将拇指作用于硬币的初始条件是不可控的，最后的结果非常敏感地取决于抛出那一瞬间的情况。

因此，我们正确地将对某一特定硬币投掷的初始条件的无知以及对硬币对称性的其他知识，转化为掷出正面的概率为 50/50。

这也为杰恩斯提供了一种处理极其罕见事件的方法，比如我们的全黑桃桥牌。我们从处理桥牌的实际经验中知道，除了每张纸牌上的数字和花色之外，它们基本上是相同的，而且我们知道这些差异并不影响任何一张特定纸牌在洗牌时的移动方式。此外，我们还知道，每一次洗牌的机械细节上的微小差异累积成最终牌序上的巨大差异。

所以，我们拥有的关于这些纸牌物理特性的知识，结合我们对混乱的洗牌过程的本质的理解，以及我们对特定洗牌细节的无知，使得我们将 13/52 的概率分配给第一张牌为黑桃，第二张牌为黑桃的条件概率为 12/51，以此类推，直到我们得到之前计算的极低的连续摸到 13 个黑桃的概率。"对称无知"领域是这些计算的起源，我们对无知本质的认同使我们对它们如此有信心，即使是观察了 10 亿年的纸牌交易也无法说服我们。

特别是，无论我们是否理解这个过程将会重复还是我们是否预期它只会发生一次，之后这副牌将被扔进壁炉烧掉，我们得出的概率值都将是我们的答案。按照这种思维方式，我们不必想象一系列不可能的洗牌来确认我们的概率计算是正确的。

然而，由于各种各样的原因，我们可能会问，如果假设一长串相似的洗牌是可能的，我们期望摸到这手桥牌的长期频率是多少。我们用来推导一次性概率的相同论证同样可以通过额外的观察加以扩展，即我们没有任何信息可以将一个牌组的洗牌结果与任何其他牌组的洗牌结果联系起来。也就是说，根据我们对纸牌及其工作原理的理解，我们在为其分配概率时将连续洗牌视为独立的。将这与我们之前的答案和伯努利大数定律结合起来，在一系列漫长的试验中，我们预计能观察到的频率会在一定范围内（并且具有很高但不是 100% 的置信度）与这手桥牌的概率答案相匹配。

这看起来好像我们在进行循环论证。我们不能简单地说得到一手全黑桃的概率等于长期频率（频率主义者认为我们必须这么做），因为实际上我们不可能完成这样的实验，因此我们不知道它的频率。但我们确实知道一些关于纸牌的物理性质，这使得我们能够给出一个概率答案，结果就是概率等于我们所认为的频率。所以我们确实知道一些频率。

但不同之处在于：我们的概率答案不是基于我们能获得的有关频率的论断，而是基于我们从实际经验中获得的关于纸牌的具体事实。逻辑链条是这样的：

关于纸牌的已知事实 ⇒ 这手桥牌成功的概率 ⇒ 在理论上的长期实验中
出现这手桥牌的预测频率

而频率主义者的答案是这样的：

这手桥牌在理论上的长期实验中出现的"已知"频率（？）⇒
单次概率答案（根据定义）

此外，最重要的是，我们可以暂时把这些对称假设当作一种猜想，随着证据的积累，实际经验会改变我们的想法。例如，我们可以说，我们非常确定这次洗牌的结果不会影响下次洗牌的结果，但如果将理论预测与观察结果相对照，我们可能就会变得不那么确定。频率主义者的解释没有这样的回旋余地。

根据杰恩斯的说法，概率是将假设呈现在背景中的结果。我们作出的假设可能是错误的。例如，假设一个人对魔术师或戏法毫无所知，并被要求给出蒙眼从一副洗得很干净的牌中抽取某张特定纸牌的概率，他完全有理由给出 1/52 的答案，这与他的背景知识是一致的。如果魔术师反复展示这种能力，这不会使人的概率计算错误，因为（概率计算）只是建立在无知的基础上。同样地，在陶瓮取石的例子中，我们可能会发现陶瓮是空的！这并不意味着我们的计算是错误的。我们的概率机器人以正确的方式处理它得到的输入；只是我们可能给了对它无用的东西，因此也应该期望得到无用的结果，就像所有算法一样。

在普通的逻辑中也会出现相同的现象：一个演绎可能是有效的，也就是说它恰当地遵循了演绎的规则，但却因为一个或多个前提是假的而得到一个错误的结论。例如：

如果今天是星期三，火星上曾经有过生命。

今天是星期三。

∴ 火星上曾经有过生命。

是一个有效的演绎，即使前提是错误的，甚至今天也可能不是星期三。

在逻辑概率的解释中，我们的概率分配不必是正确的，因为从某种意义上说，它可以被外部的实验验证；它只需要是我们所得到的信息和我们认为正确的假设的有效表达。

声称概率是一个人"将"在无数次试验中获得的极限频率，并以此来决定概率答案的对错，这种做法让拥有多年实验物理实践经验的杰恩斯尤其恼火。他严厉地斥责数学家们只根据想法捏造这些主张——如果需要的话，把所有的实验想象成从某个"无限大的陶瓮"中抽取——然后又试图声称他们这么做是客观的：

> 在其他情况下，如抛掷硬币、反复测量温度和风速、行星的位置、婴儿的重量或商品的价格，用陶瓮类比似乎太牵强，并且具有危险的误导性。然而，在许多文献中，人们仍然使用陶瓮分布来表示数据概率，并试图通过将实验可视化为从一些完全由我们想象虚构的"假设的无限总体"中得出的结果来证明这种选择的合理性。从功能上讲，这一做法的主要后果是，无论其他情况如何，连续抽取都是严格独立的。显然，这不是合理的推断，最终必以错误的结论为代价。这种概念化通常会导致人们假设，这些分布不仅代表了我们对数据的先验知识状态，还代表了此类实验中数据的实际长期可变性。显然，这种信念是站不住脚的，任何声称事先知道一项尚未进行的实验的长期结果的人，都是在利用生动的想象力，而不是任何关于这一现象的实际知识。事实上，如果无限的总体只是被想象出来的，那么我们似乎可以自由想象任何我们喜欢的总体。[36]

正如杰恩斯所指出的，无论如何，没有一个概率学家会把自己限定在这样一个标准之中，因为没有也永远不会有任何极限频率被真正观察到：

> 不幸的是，如果严格地、始终如一地维持（频率主义者的）观点，那么概率论的合理应用几乎会减少到零；因为一个人可以（以及我们大多数人都可以）在这个领域工作一辈子且不会遇到一个真正的问题，

伯努利谬误：不合逻辑的统计学与现代科学的危机

在这个问题中，一个人实际上知道无限次试验的真正极限频率；一个
人怎么能获得这样的知识呢？的确，除了概率论之外，没有一个科学
家对"什么是真实的"有确切的认识；我们唯一能确定的是，我们的
知识状态是什么。[37]

所以在杰恩斯看来，频率主义概率完全是胡说八道。它的存在主要是为了
让科学家们保持一种自鸣得意的客观性，并回避他们给任何特定问题带来的背
景知识和先入为主的问题。

杰恩斯"逻辑概率"的概念明确了这些假设的重要性，同时也表明，如果
令背景假设与随机实验设备的实际物理行为相一致，他的理论可以重现所有频
率论的结果。就这样，他实现了主客观概率的综合。

重点是，如果我们的背景假设有一种对称性，我们的概率也必须有这种对
称性，因此必须有特定的数值。杰恩斯将凯恩斯假设的"无差别原则"正式化
（在杰恩斯看来，这是一个定理），在此过程中，他分割了主观和客观之间的
差异。杰恩斯的概率是主观的，因为它依赖于某个特定的人对所提出问题的假
设，但它又是客观的，因为任何两个人从相同的初始假设（遵循考克斯的合情
推理规则）进行理性推理，必然会得到相同的答案。

当我们将这种概率解释应用于推断问题时，它的真正力量就开始显现出
来，就像激发贝叶斯和拉普拉斯的问题一样。记住，这些问题中有一个被提出
但没有得到回答的问题是先验概率从何而来。贝叶斯构造了先验概率显然均匀
的例子，而拉普拉斯对先验概率做出假定主要是为了数学上的方便。

在杰恩斯看来，先验概率和其他概率没有区别。当我们的背景知识使不同
的命题对我们来说无差异时——也就是说，如果没有信息引导我们倾向于选择
其中一个或另一个的话——我们就有理由均匀地对概率进行赋值。这和我们分
配抽样概率的理由是一样的，就像我们说掷骰子得到 6 的概率是 1/6 一样。正
如杰恩斯所指出的，后者通常更容易做到，因为有关采样过程的信息比背景假
设更明确：

从一开始，我们就很清楚如何确定抽样概率的数值，但不了解什
么决定了先验概率。在目前的工作中，我们将看到，这只是一种由非

对称的问题表述方式形成的产物，这使它们处于不适定状态。人们可以清楚地看到如何分配抽样概率，因为假设 H 是非常明确的；如果先验信息 X 同样明确，那么如何分配先验概率也会同样明确。[38]

但根据杰恩斯的说法，确定决定这些先验概率的信息对任何推断问题来说都是至关重要的。我们不可能在没有先验概率的情况下进行推断，就像我们不可能在没有数据的情况下作出推断一样。

作为这种思维方式的练习并寻找一点乐趣，让我们看看"逻辑概率"如何处理两个最著名的概率悖论，这些悖论在传统的概率课程中通常让学生（和老师！）感到头痛。在每个例子中，我们将看到，我们需要做的这些澄清和明确概率分配所需的背景信息的艰苦工作都是前置的，而实际结论几乎立马就会得出。

男孩或女孩悖论

这个问题至少从 1959 年马丁·加德纳在《科学美国人》（*Scientific American*）上发表相关文章以来，就一直是概率论的一部分：[39]

> 史密斯先生说："我有两个孩子，其中至少一个是男孩。"另一个孩子是男孩的概率是多少？

虽然一开始可能不是这样，但它具有假设检验的结构。我们对"两个孩子都是男孩"的假设感兴趣，并且有一些观察数据：两个孩子中至少有一个是男孩。因此，我们可以将贝叶斯定理（杰恩斯的表示法）应用于任何假设和数据命题：

$$P[H|D且X] = P[H|X]\frac{P[D|H且X]}{P[D|X]}$$

正如杰恩斯告诉我们的那样，我们必须首先考虑给先验概率赋值。除了知道某人有两个孩子外，其他的我们什么都不知道，我们对假设的概率赋值是多少？几乎可以肯定的是，这个问题的意图是让概率为 1/4。然而，这个假设可能值得进一步研究。我们可以想象四种可能的情况，[40]但我们是否必须认为它们的可能性是相等的？为了便于参考，我们把两个孩子中较大的想象成 1 号孩子，较小的想象成 2 号孩子；然后，我们可以将这些命题列举如下：

B_1 = "较大的孩子是男孩"；G_1 = "较大的孩子是女孩"

B_2 = "较小的孩子是男孩"；G_2 = "较小的孩子是女孩"

我们有四种情况：

$$B_1 \text{ 且 } B_2$$
$$B_1 \text{ 且 } G_2$$
$$G_1 \text{ 且 } B_2$$
$$G_1 \text{ 且 } G_2$$

如果我们只知道这四种情况中仅有一种成立，那么杰恩斯的转化论证（比如切换标签 "B_1 且 G_1" 或 "B_1 且 B_2"）告诉我们，我们的知识状态使四种情况对我们来说无差异。因此，我们必须将它们的概率分配为 1/4。

然而，在现实中，我们知道的可能远不止这些！如果我们愿意的话，我们可以找到（男孩，男孩）兄弟姐妹对的实际发生率，我们可能会发现并非所有四种组合出现的频率都一样。人们至少会对同性别双胞胎的发生率感到困惑。无论如何，既然这不是问题的关键，我们就假设不管一开始的信息是什么状态，我们至少可以很好地将每种情况的概率分配为 1/4 来近似。这些是我们对这些命题的先验概率。

按照杰恩斯的方式，一旦我们完成了分配先验概率的工作，剩下的问题就很简单了。假设我们给出数据的命题如下：

D = "至少有一个孩子是男孩"

我们的假设——"两个孩子都是男孩"就是这种情况（B_1 且 B_2）。利用通用贝叶斯推断模板，我们可以构建表 1.2。在这里，所有的抽样概率都是 1 或 0，因为在每种情况下，至少有一个孩子是男孩是通过演绎来确定的。我们所关心的路径的相对比例对应于假设（B_1 且 B_2），表示为和的（1/4）/（3/4）= 1/3。

表 1.2 男孩或女孩悖论：至少有一个孩子是男孩

假设 H	先验概率 P[H|X]	抽样概率 P[D|H且X]	路径概率 P[H|X]P[D|H且X]	相对比例 P[H|D且X]
B_1 且 B_2	1/4	1	1/4	1/3
B_1 且 G_2	1/4	1	1/4	1/3
G_1 且 B_2	1/4	1	1/4	1/3
G_1 且 G_2	1/4	0	0	0

与之前一样，假设（B_1 且 B_2）的后验推断概率是 1/3。

大多数人一开始会对这个结果感到惊讶，因为我们已经完全习惯于认为一个我们不知道的人的性别——在这种情况下为"未知"的孩子——应该是一半对一半的命题。但这里的重点是"至少有一个孩子是男孩"这条信息是一个奇怪的观察，它把我们置于一个有趣的位置，我们只能排除四种可能情况中的一种而让其他三种可能性相等。如果把它写成"并非两个孩子都是女孩"，推断就会更清楚。[41]

我们来看一个更"正常"的情况，假设史密斯先生的大孩子是个男孩，也就是 D = B_1。那么我们的推断表将类似于表 1.3。而（B_1 且 B_2）的后验概率是（1/4）/（1/2）= 1/2。也就是说，给定一个孩子的性别，我们赋予另一个孩子性别同等的概率，这符合普通常识。

我们甚至可以想象不同的背景知识状态或不同种类的信息可以改变概率。例如，我们也许不直接知道史密斯先生至少有一个男孩，但可以让数据命题

表 1.3 男孩或女孩悖论：年龄较大的孩子是男孩

假设 H	先验概率 P[H|X]	抽样概率 P[D|H且X]	路径概率 P[H|X]P[D|H且X]	相对比例 P[H|D且X]
B_1 且 B_2	1/4	1	1/4	1/2
B_1 且 G_2	1/4	1	1/4	1/2
G_1 且 B_2	1/4	0	0	0
G_1 且 G_2	1/4	0	0	0

D = "史密斯先生告诉我们他至少有一个男孩"。现在问题变得更加复杂了，因为我们给定的观察涉及一个人的行为，所以我们需要考虑我们对这个人和他的行为了解多少。我们的背景假设可以包括对史密斯先生的了解，比如假设他一直想要一个女儿，只要有机会，他就肯定会告诉我们他有女儿了。在这些假设下，假设（B_1 且 G_2）和假设（G_1 且 B_2）的抽样概率为 0。而（B_1 且 B_2）的推断概率是 1！也就是说，根据对史密斯先生的假设，我们可以推断他错过了一个提到女儿的机会，所以他一定没有女儿。

同样地，我们可以想象这个信息的各种各样的幻想场景，例如 D = "我们按了史密斯先生家的门铃，一个男孩应门"。然后我们需要考察史密斯先生家应门情况的不同假设的影响，比如"如果史密斯先生有个儿子，他的儿子总是去应门"[（B_1 且 B_2）的后验概率 = 1/3] 和"史密斯先生的孩子同等频率地应门"[（B_1 且 B_2）的后验概率 = 1/2]。

如果我们假设问题中的这个男孩有一些特殊的情况，比如 D = "至少有一个孩子是在星期二出生的男孩"。按照与之前类似的推理（并且有相同的警告），我们可以在"一个男孩"假设下论证概率为 1/7，或者在假设两个男孩的情况下论证概率为 $1 - (6/7)^2$，因为在一个两男孩的家庭中，至少有一个孩子在星期二出生的概率是他们两个都不在其他某一天出生的概率。（B_1 且 B_2）的后验概率是惊人的 13/27，或大约 48%。这表明了一个一般的模式，我们对这个神秘的"至少有一个"男孩了解得越多，我们就越能确定他是其中某一个孩子，这让我们置身于知道一个孩子性别的熟悉情境中，从而给另一个孩子的性别分配 50/50 的几率。

三门问题

这个问题现在同样是概率论领域里的传奇，在 1975 年写给《美国统计学家》（*American Statistician*）杂志的信中被首次提出，因 1990 年玛丽莲·沃斯·萨万特在《Parade》杂志中的"问玛丽莲"专栏而出名。这是 1963—1976 年在蒙提·霍尔主持的游戏节目《让我们做个交易》（*Let's Make a Deal*，偶尔在之后的各种场合重新上演）中参赛者所面临情况的一个稍微抽象的版本：

假设你在一个游戏节目中，有三扇门可供选择：一扇门后是一辆车；在其他门后面的是山羊。你选一扇门，假设是 1 号门，然后主持人（他知道门后是什么）打开另一扇门，假设是 3 号门，里面有一只山羊。然后他对你说："你想选 2 号门吗？"改变选择对你有好处吗？[42]

在专栏中，沃斯·萨万特说你应该改变，这样做，你的获胜几率会从 1/3 增加到 2/3。

直觉可能会告诉你，换不换并不重要，因为还有两扇门可以把车藏起来，而且你似乎没有理由去选择其中一扇或另一扇。当时有很多人都是这么看的，他们对沃斯·萨万特的说法表示了极大的蔑视。她收到了一万多封关于这个问题的来信，并在随后的三篇专栏文章中为自己的回答进行辩护。在这些攻击者中，有许多拥有数学和统计学高等学位的人。例如，一位数学教授写道："作为一名职业数学家，我对普通大众对数学技能的缺乏感到担忧。请承认你的错误，今后更加小心。"[43]一个拥有博士学位的人写道："你搞砸了，你通通搞砸了！因为你似乎很难理解这里的基本原理，我来解释一下。在主持人揭示出一只山羊后，你现在有二分之一的几率是正确的。不管你是否改变选择，几率都是一样的。这个国家的数学文盲已经够多了，我们不需要世界上智商最高的人的宣传。耻辱！"[44]另一位教授写道："我们数学系嘲笑了你一番。"[45]另一位博士写道："我建议你在再次回答这类问题之前，先去查阅一本有关概率论的标准教科书。"[46]还有一个写道："你犯了一个错误，但是要看到它积极的一面。如果所有的博士都错了，这个国家将会陷入一些非常严重的麻烦。"[47]即使是伟大的数学家保罗·埃尔德什也完全认为转换并不重要。然而，所有的博士都错了，而沃斯·萨万特是对的。我们现在可以用贝叶斯定理来证明，换门确实能把你的获胜几率从 1/3 提高到 2/3。

然而，就像男孩或女孩悖论一样，在计算任何概率之前，我们必须真诚地解释关于我们所看到的和我们想象自己所处环境的假设。我们可以再一次将我们的分析结构化为对一个假设的推断：在这种情况下，假设基于某些观察条件——也就是说，问题中给出的所有其他东西——我们选择的门是正确的。然而，由于我们观察到的内容比上一个问题更复杂，因此当我们开始尝试将内容写出来时，会出现一些微妙的考虑。

伯努利谬误：不合逻辑的统计学与现代科学的危机

假设 H_1 为汽车在 1 号门后，H_2 和 H_3 相似。首先，H_1 的先验概率分配是 1/3。这是为什么呢？一种观点可能是无差异；我们只知道汽车在三扇门中的一扇后，所以我们的无知是对称的。然而，在现实生活中，我们也可以通过反复观看该节目来得出这种概率。也许我们知道汽车通常在 1 号门后面，因为制作人喜欢这样。或者我们知道制作人在随机分配汽车位置方面做得很差，每周从不重复相同的门，这可能会让我们对汽车的位置更有信心。由于这些在问题中都没有被明确，我们将假设无差异并分配概率为 1/3。

同样地，我们需要仔细思考一下我们实际观察到的是什么。对问题中给出的所有观测情况的忠实记录应该是这样的：

D = "主持人打开了 3 号门"和"3 号门后露出了一只山羊"和
"主持人提供打开了 2 号门的选择"

我们可以立即排除 H_3，因为这与我们的观测结果不一致，也就是说，如果汽车在 3 号门后，这个观测结果的概率是 0。在给定 H_1 和 H_2 的 D 的抽样概率时，微妙之处就出现了，这就是问题的通常陈述和通常的解中往往忽略一些重要细节的地方。

在假设 H_1 下，汽车在我们选择的 1 号门后面，所以我们知道主持人可以选择打开另一扇门，即 2 号门或 3 号门。我们有什么理由怀疑他偏好选择其中一个吗？问题中没有任何陈述，所以我们在这里也假设偏好是无差异的，但是，我们想象有一些信息可以指导我们。类似地，更有问题的是，我们会假设主持人无论如何都会提供转换——也许我们知道这是节目的一条规则。但是这个问题中没有明确地给出这个信息。我们稍后会回到这个假设。

现在，我们将作出这些假设，这是大多数解中给出的标准假设。有了这些，我们就有了进行推断的所有必要成分，因为我们可以说我们的知识状态 X 使得：

$$P[H_1|X] = P[H_2|X] = P[H_3|X] = 1/3$$

和

$$P[D|H_1 \text{且} X] = 1/2; P[D|H_2 \text{且} X] = 1; P[D|H_3 \text{且} X] = 0$$

将它们放入一个推断表将得到表 1.4。H_1 的后验概率是（1/6）/（1/6 + 1/3）

表 1.4　三门问题：标准假设

假设 H	先验概率 P[H|X]	抽样概率 P[D|H且X]	路径概率 P[H|X]P[D|H且X]	相对比例 P[H|D且X]
H₁（1号门）	1/3	1/2	1/6	1/3
H₂（2号门）	1/3	1	1/3	2/3
H₃（3号门）	1/3	0	0	0

或者说 1/3，H_2 的后验概率为剩下的 2/3。因此，换门绝对对我们有利，使我们的胜算加倍。

但是让我们看看将标准假设稍微改变一下会有什么不同。例如，我们可以想象，主持人对 3 号门有着极端的厌恶，只有在不会泄露奖品的绝对必要情况下才会打开它。在这个假设下，我们有 H_1 下 D 的概率为 0，因为在这种情况下，主持人可能会打开 2 号门。我们看到的唯一可能性是 2 号门，所以我们一定要换！

另一方面，也许主持人喜欢 3 号门，一有机会他就会打开它。在此假设下，我们得到 H_1 下 D 的概率为 1，得到的推断表为表 1.5。这次 H_1 的后验概率是（1/3）/（2/3）= 1/2，所以切换不重要！

表 1.5　三门问题：主持人喜欢 3 号门

假设 H	先验概率 P[H|X]	抽样概率 P[D|H且X]	路径概率 P[H|X]P[D|H且X]	相对比例 P[H|D且X]
H₁（1号门）	1/3	1	1/3	1/2
H₂（2号门）	1/3	1	1/3	1/2
H₃（3号门）	1/3	0	0	0

这一切都取决于我们假设的主持人对 3 号门的感觉，我们可以从绝对的厌恶转化为绝对的喜爱，得到从"你必须换门才能有获胜的机会"到"换门根本不重要"的一系列答案。

回到关于主持人必然提供切换选择的假设，我们当然可以想象情况并非如此。假设主持人是恶意的，想让我们输。因为他知道车在哪里，他只有在我们一开始就选择正确的情况下，才会决定提供切换选择。如果我们错了，他只会打开我们所选择的门，然后继续下一位选手。在这些假设下，我们的观察结果现在与假设 H_2 不相容，所以 H_1 的后验概率是 1（这是唯一与我们所看到的一致的情况）。因此，切换选择将我们的机会降为 0！

事实上，这与蒙提·霍尔的行为非常接近（他了解问题和答案）。几年后，他在接受《纽约时报》采访时透露，这个节目的规则实际上根本没有强迫他必须提供切换的选择，他可以自由地做任何他认为最能提高这个节目戏剧性的事情。正如他所说："如果主持人被要求一直打开一扇门，给你一个切换选择，那么你应该接受这个切换。但如果他可以选择是否允许切换，那就要小心了。愿打愿挨就全看他的心情了。"[48]

我们还需要考虑最后一个问题：如果主持人不知道车在哪里怎么办？（在这个版本中，我们被明确地告知了另外的情况，但这一部分经常被省略。）甚至有可能是他通常是知道的，但有一次碰巧忘记了。也许当我们看到 3 号门被打开而车不在时，他松了一口气。在这些假设下，我们给出了概率分配：

$$P[D|H_1 \text{且} X] = P[D|H_2 \text{且} X] = 1/2$$

因为我们的观察包含了 3 号门被打开的事实，那么，即使假设是 H_2，也可能是 2 号门被打开了；幸运的是，它碰巧不是。推断表如表 1.6 所示。后验概率分配是 1/2。所以，切换再一次没有添加任何内容！在最初的问题中，如果汽车在 2 号门后，主持人知道该怎么做，这让他能够添加信息并改变概率的平衡。把我们的无知和主持人的无知混淆，导致我们得出对这个问题的直觉答案——但这是一个错误的答案。

但这完全取决于我们的假设。

表 1.6　三门问题：无知或幸运的主人

假设 H	先验概率 $P[H|X]$	抽样概率 $P[D|H \text{且} X]$	路径概率 $P[H|X]P[D|H \text{且} X]$	相对比例 $P[H|D \text{且} X]$
H_1（1 号门）	1/3	1/2	1/6	1/2
H_2（2 号门）	1/3	1/2	1/6	1/2
H_3（3 号门）	1/3	0	0	0

概率不是什么

请注意，在解决男孩或女孩悖论或三门问题时，我们没有提到某些假设总体的频率或比例。大多数关于男孩或女孩悖论的标准答案都涉及想象"从有两个孩子的家庭中随机抽样"，或者更怪诞的想法，比如"从一个装满孩子的陶瓮中挑选"。有些人，比如加德纳本人，认为上述问题是含糊不清的，因为它"没有明确说明随机化过程"，[49] 不管这意味着什么。但实际上不需要任何这样的规范。在这个问题中它说了什么关于随机选择的东西吗？

类似地，三门问题的解通常包括使用随机数生成器得到模拟结果，以表明从长期来看，切换策略有大约 2/3 的几率赢得汽车。（这就是埃尔德什最终被说服的原因。）这些模拟将产生"正确"的频率，尽管需要以虚拟主持人的行为符合我们所做的假设为前提。特别是，他需要选择一扇可用的门而不是随机地隐藏汽车，并且总是给参赛者提供切换的选择。所以，如果这些假设与我们的实际知识状态不一致，模拟就什么也证明不了。

"逻辑概率"不需要这些人为因素。使用贝叶斯逻辑分析，我们可以把每个问题当作一个单独的事件来分析，而不需要考虑一些假设的随机抽样过程，或一些长期的事件序列。我们只是简单地以我们知道的或被告知的为真的事件为条件，然后把可用的信息处理成一个概率推断。这种推断必然会涉及一些假设，有时是关于所涉及的人的复杂假设——特别是当我们的观察包括某人正在做某事或告诉我们某事，而不仅仅是一些命题事实时。但首先，我们需要放慢思考，仔细检查我们得到的所有信息和我们愿意明确的假设以完成问题。这些假设可能是错误的。也许蒙提·霍尔比我们想象的更喜欢 3 号门，也许史密斯先生为自己的儿子和女儿感到同样骄傲，也许他根本就没有两个孩子，也许游戏节目被人操纵来反对我们。

杰恩斯的要点值得重复：概率与信息有关。它来自我们所观察到的，我们被给予的，以及我们认为正确的东西。我们应该希望我们的假设是正确的，事实上，如果我们能够设想出备择假设，"逻辑概率"告诉我们应该如何根据观察到的事实来检验这些备择假设，我们应该多么惊讶能看到这样或那样的观察结果，以及这能提供多少证据来支持一个或另一个假设。但是，如果我们坚持考克斯和杰恩斯给出的一致推理的一般规则，那么处理这些信息的唯一有效工

　　　　　　　　伯努利谬误：不合逻辑的统计学与现代科学的危机

具就是概率规则——具体来说，就是贝叶斯定理。考克斯定理表明，这些规则依赖于比频率和比例概念更基本的东西。事实上，它们只是从一个很弱的假设（即我们的概率推理过程在逻辑上是一致的）推导出来的。任何形式的"非贝叶斯"推理都违反了这些条件，这必然是不合逻辑的。

这些烧脑的示例揭示了"逻辑概率"解释的力量，并展示了在任何推断问题中分配概率所需的步骤。在这些问题中，跳过任何一个步骤的后果都是无害的（除了会导致一些轻微的尴尬），但在现实世界中，情况通常不是这样。在下一章中，我们将看到几个误用概率推断导致生活被毁的非常真实的例子。

注释

① John Edwin Sandys, ed., *The Rhetoric of Aristotle* (Cambridge: Cambridge University Press, 1909), 139.

② Edward P. J. Corbett, W. Rhys Roberts, and Ingram Bywater, *The Rhetoric and the Poetics of Aristotle* (New York: Modern Library, 1984), 140.

③ Corbett et al., *The Rhetoric and the Poetics of Aristotle*, 22.

④ Marcus Tullius Cicero, *De Natura Deorum. I.* (Bryn Mawr, Pa.: Thomas Library, Bryn Mawr College, 1997), 5.

⑤ Jacob Bernoulli, *On the Law of Large Numbers*, trans. Oscar Sheynin (Berlin 2005), 10, http://www.sheynin.de/download/bernoulli.pdf.

⑥ Bernoulli, *On the Law of Large Numbers*, 10.

⑦ Bernoulli, *On the Law of Large Numbers*, 20.

⑧ Bernoulli, *On the Law of Large Numbers*, 19.

⑨ John Venn, *The Logic of Chance: An Essay on the Foundations and Province of the Theory of Probability, with Especial Reference to Its Logical Bearings and Its Application to Moral and Social Science, and to Statistics*, 3rd ed. (London: Macmillan, 1888), vi.

⑩ Venn, *The Logic of Chance*, 97–98.

⑪ Pierre-Simon Laplace, *Essai philosophique sur les probabilités* (Paris: Bachelier, 1825), 74.

⑫ Venn, *The Logic of Chance*, 96.

⑬ Ronald A. Fisher, *Statistical Methods and Scientific Inference* (Edinburgh: Oliver and Boyd, 1956), 25.

⑭ Venn, *The Logic of Chance*, 14.

⑮ 实际上，除了有限数量的点，但无所谓。

⑯ Venn, *The Logic of Chance*, 225.

⑰ Stephen M. Stigler, "The True Title of Bayes's Essay," *Statistical Science* 28, no.3 (2013): 283–288.

⑱ Thomas Bayes, "LII. An Essay Towards Solving a Problem in the Doctrine of Chances. By the Late Rev. Mr. Bayes, F.R.S. Communicated by Mr. Price, in a Letter to John Canton, A.M.F.R.S," *Philosophical Transactions of the Royal Society of London* 53 (1763): 370–418.

⑲ Pierre-Simon Laplace, *Théorie analytique des Probabilités*, 2 vols. (Paris: Courcier Imprimeur, 1812).

⑳ Laplace, *Essai philosophique sur les probabilités*, 7.

㉑ Venn, *The Logic of Chance*, 208.

㉒ Laplace, *Théorie analytique des Probabilités*.

㉓ J. M. Keynes, *A Treatise on Probability* (London: Macmillan, 1962).

㉔ Frank P. Ramsey, "Truth and Probability," in Horacio Arl.-Costa, Victor F. Hendricks, and Johan van Benthem, eds., *Readings in Formal Epistemology* (Cham, Switz.: Springer, 2016), 21–45.

㉕ Harold Jeffreys, *Theory of Probability*, 3rd ed. (Oxford: Clarendon Press, 1961, 401.

㉖ Benjamin Yandell, *The Honors Class: Hilbert's Problems and Their Solvers* (Boca Raton, FL: CRC Press, 2001).

㉗ Andreĭ Nikolaevich Kolmogorov, *Foundations of the Theory of Probability*, trans. Nathan Morrison, with an added bibliography by Albert T. Bharucha-Reid, 2nd English ed. (Mineola, NY: Dover, 2018).

㉘ Lewis Campbell and William Garnett. *The Life of James Clerk Maxwell: With a Selection from His Correspondence and Occasional Writings and a Sketch of His Contributions to Science* (New York: Macmillan, 1882), 143.

㉙ Keynes, *A Treatise on Probability*, 10.

㉚ Harold Jeffreys, "Probability, Statistics, and the Theory of Errors," *Proceedings of the Royal Society of London. Series A, Containing Papers of a Mathematical and Physical Character* 140, no.842 (1933): 527–528.

㉛ Ronald A. Fisher, "Probability Likelihood and Quantity of Information in the Logic of Uncertain Inference," *Proceedings of the Royal Society of London. Series A, Containing Papers of a Mathematical and Physical Character* 146, no.856 (1934): 3.

㉜ Edwin T. Jaynes, *Probability Theory: The Logic of Science*, ed. G. Larry Bretthorst (Cambridge: Cambridge University Press, 2003).

㉝ Jaynes, *Probability Theory*, 74.

㉞ Jaynes, *Probability Theory*, 52.

㉟ Jaynes, *Probability Theory*, 293.

㊱ Jaynes, *Probability Theory*, 82–83.

㊲ Jaynes, *Probability Theory*, 411.

㊳ Jaynes, *Probability Theory*, 89.

㊴ Martin Gardner, *The 2nd Scientific American Book of Mathematical Puzzles and Diversions* (New York: Simon and Schuster, 1961), 51.

㊵ 假设每个孩子都是两个性别中的一个，这已经是一个近似的事实了。

㊶ Craig R. Fox and Jonathan Levav, "Partition-Edit-Count: Naive Extensional Reasoning in Judgment of Conditional Probability," *Journal of Experimental Psychology: General* 133, no.4 (2004): 626.

㊷ Marilyn vos Savant, "Ask Marilyn," *Parade*, September 9, 1990.

㊸ Marilyn vos Savant, *The Power of Logical Thinking: Easy Lessons in the Art of Reasoning ... and Hard Facts About Its Absence in Our Lives* (New York: Macmillan, 1997), 7.

㊹ vos Savant, *The Power of Logical Thinking*, 7.

㊺ John Tierney, "Behind Monty Hall's Doors: Puzzle, Debate, and Answer?" *New York Times*, July 21, 1991.

㊻ vos Savant, *The Power of Logical Thinking*, 9.

㊼ vos Savant, *The Power of Logical Thinking*, 10.

㊽ Tierney, "Behind Monty Hall's Doors."

㊾ Gardner, *The 2nd Scientific American Book of Mathematical Puzzles and Diversions*, 220–232.

第2章

挂名的谬误

> 在我们这个计算机化的社会里，数学是一个名副其实的魔法师，在帮助事实的检验者寻求真理的同时，却绝不对他施展魔法。
>
> ——雷蒙德·L.沙利文法官，
>
> 人民诉柯林斯案（1968年）中的多数意见

如果你想知道陶瓷取球如何成为概率问题的标准例子，这就是原因。

从中世纪到现代，威尼斯共和国有一千多年的时间由总督（doge）统治。总督和当时的欧洲君主一样，是国家的首席民事、军事、司法和宗教官员。关键的区别是总督职位不是世袭的。相反，这是由威尼斯贵族推选出来的终身职位。挑选总督的过程复杂得令人难以置信，涉及众多的委员会，以及从这些委员会中随机选出的子集。这个程序建立于1268年，在1789年最后一任总督当选之前只做了很小的修改。程序是这样的：

- 首先，从大约有480人的贵族大议会中随机选出30名成员。
- 从这30个人中，随机抽签选出一个由9人组成的委员会。
- 由这9人投票组成一个40人的委员会，每个委员需要获得7张赞成票。
- 将40人委员会通过抽签减少到12人，再由后者选出一个25人委员会，每个委员需要获得9张赞成票。
- 将25人委员会通过抽签减少到9人，再由后者选出一个45人委员会，每个委员需要获得7张赞成票。
- 将45人委员会通过抽签减少到11人，再由后者选出一个41人委员会，每个委员需要获得9张赞成票。

• 最后，这 41 人中的简单多数票者为总督。[1]

虽然看起来过于复杂，但这个系统有一定的优势。最近的一项数学分析表明，该机制为选择一个没有多数人支持的赢家创造了很大的可能性，这将保护少数人的利益，同时仍然确保更受欢迎的候选人更有可能获胜。[2] 由于它的多层概率性质，这一过程可能还阻止了腐败的产生，因为任何试图出卖自己的选票以换取帮助的人几乎无法保证他们所青睐的候选人能够兑现承诺。即使是前任总督的高级顾问也不能对结果施加多大影响，这限制了他们任命继任者和建立自己的王朝的能力。

选举过程还包括引人注目的隆重仪式，就像他们的拜占庭邻居一样，威尼斯人并不以热爱简约而闻名。每一次随机选拔都是通过从陶瓮中挑选一个球来完成的。（我们的英文单词 "ballot"，即选票，也来自这个威尼斯词 "balota"。）取球由一个被半随机选择的男孩完成，他被称为巴罗蒂诺（balotino），是选举当天某一特定议员在圣马可大教堂做完祷告后看到的第一个男孩。

现在假设你是 1457 年的一名威尼斯贵族。最后一任总督弗朗西斯科·福斯卡里在他的儿子被判犯有贿赂和腐败罪后被迫退位，不久后弗朗西斯科就去世了。议会准备选举一位新总督。不过你不喜欢巴罗蒂诺的形象。他是个善变的人，而且碰巧是帕斯夸里·马利皮耶罗的侄孙最好的朋友，而帕斯夸里·马利皮耶罗是新任总督的主要候选人。你的家族和马利皮耶罗家族世代不和，你拼命想阻止帕斯夸里的掌权之路。在第一轮抽签选出的 30 人中，约有一半是马利皮耶罗的支持者，这对你来说是个糟糕的开始，但由于选举制度的复杂性，这并不能保证他的胜利。接下来是第二轮抽签，将这 30 人委员会缩减为 9 人委员会。这一阶段至关重要，如果里面有 7 个或更多的马利皮耶罗的派系成员，他们可以完全支配剩下的过程，并通过完全由他们自己组成的后续委员会来推选他为总督。

"取球"开始了，这是一场灾难。前 7 人都是马利皮耶罗的支持者。这怎么可能?！你想大喊犯规，指责巴罗蒂诺腐败，但你的指责没有坚实的证据。也许他耍了什么花招，操纵了抽签过程，或者只是运气好。错误地指责巴罗蒂诺——以及进而质疑新当选的总督——可能会导致你被流放或情况更糟。你要做什么?

正是这个问题促使雅各布·伯努利用他生命的最后时光来研究概率，并提出了许多最重要的观点。尤其困难的是，这是一个推断问题。我们有一个陶瓮取球的样本，我们需要对陶瓮里的东西作出总结：这是公平的，还是被操纵的？从一个陶瓮里"取出"一个马利皮耶罗的概率应该只有 50%，连续得到 7 个马利皮耶罗的概率很容易计算。困难的是另一个方向：我们如何用观察到的东西来对我们不知道的东西做出概率陈述？

在本书中，如果事情按照计划进行，你应该会被说服相信两个不可避免的命题：（1）最好将概率理解为给定某些假设信息的陈述的可信性，而不仅仅是事件发生的频率；（2）正确的概率推断过程涉及对背景信息和假设的真实描述，这在概念上是非常棘手和困难的。

然而，正如我们在上一章中简要提到的，并不是所有人都这么认为。还有一个与之竞争的思想学派——事实上，是现在占主导地位的思想学派——认为所有概率问题都可以用频率来回答。伯努利先于这一学派出现，且在很大程度上启发了后者。在某种程度上，频率主义都始于伯努利的建议，即人们可以通过多次重复这个过程并记录它发生的频率来测量一个事件发生的概率——比如从陶瓮中取出一个特定的球。在这个结构中，将"测量概率"替换为"定义概率"，你就可以简单地得到频率主义的解释。

但伯努利也说了一些更微妙的东西。他不仅确定了当试验的次数增加到无穷大时，观察到的频率最终会收敛到真正的概率，还设定了对任何给定有限样本大小的估计的准确性的界限。也就是说，他计算了一个实际能实现的概率估计值在一定程度上符合事实的可能性有多大。正如我们将看到的，这使他更有信心地说，一个未知的概率很可能与观测到的频率很接近。伯努利的论证相当于一种仅使用抽样概率（给定可能的陶瓮混合物，获得某些样本的概率）进行推断的方法，这种概率是可以用频率测量的。换句话说，他可以作出一个推断性陈述——他可以指控假设的巴罗蒂诺存在腐败——而其唯一的论据是每个人都同意的基本概率。

这种程序的吸引力（如果可能的话）是显而易见的，因为它表明，在进行概率推断时，我们可以绕过精确描述我们的知识状态、列举我们所提出的所有背景假设等艰难工作。我们可以简单地计算抽样概率或根据经验测量它，转动"推断机器"的"手柄"，然后接受机器给出的任何答案。

在本章中，我们将更仔细地检查那台"机器"的内部工作原理。由于我们考察过的例子，所以我们已经知道它产生的答案有时肯定是不合逻辑的。不过，通过观察这个过程的慢动作，我们可以了解到很多东西，看看它到底在哪里失控了。更有趣的是，当用正确的方式描述时，这种推断方法看起来是多么诱人。特别地，我们将从伯努利的陶瓮取石问题开始，在这个问题中，在适当的"光线"下，所有的采样概率——也就是频率——实际上都是可以从中作出推断的充分信息。先把所有抽象的数学术语放在一边，从直觉上看，它确实是显而易见的。你想知道陶瓮里有什么吗？拿一个大样本看看。

但即使在这个人为的简单例子中，也有很多事情要做。如果我们非常缓慢地通过分析一个类似的问题，并将贝叶斯／逻辑结论与伯努利方法给我们的结果进行比较，我们就能开始意识到对于抽样和学习的直觉是如何误导我们的。在这个过程的最后，我们将会揭示伯努利遗漏了什么以及为什么他的答案一开始看起来很直观。伯努利的方法忽略了先验信息的作用和备择假设，之所以感觉它正确，是因为它给出的答案与贝叶斯方法在备择假设明确并且没有重要的先验信息时（这通常是我们讨论陶瓮时的情况）的答案一样。

然而，当我们有很强的先验信息时，就像现实生活中经常发生的那样，真正的问题就开始出现了。当这种情况发生时，我们可以预期，任何忽略这一信息的推断都会使我们得出一些非常糟糕的结论。正如我们将看到的，伯努利论证的核心谬误——抽样概率对于作推断是足够的——已经渗透到各种引人注目的情况并造成严重的损害。不幸的是，现代统计学就是其中之一。

伯努利的交易

我们带着这个故事回到大约 1700 年，回到伯努利的《猜想的艺术》和他的"黄金定理"——大数定律。这个定理的主要内容是，任何事件的真实概率都是实验次数趋向无穷时事件发生的频率。

然而，在有限的时间内，观测到的频率总是可能出现一些波动，这只是一个几率问题。投掷均匀硬币 100 次，我们可能不会正好看到 50 次正面和 50 次反面。我们能看到 55 次和 45 次、60 次和 40 次，甚至 100 次和 0 次吗？这个问题有几个变化的部分：观测的数量可以改变，观测到的波动的大小以及这种波动的频率也可以改变。为了证明理想的收敛会发生，伯努利必须理解这些部分之间的确切关系。在给定的观测数据中，我们能预期多大的变化，以及这种变化发生的频率是多少？

在伯努利提出他的定理之前，人们已经普遍认识到，更多的观测量往往会减少频率的总体变化。正如他所写的那样："即使是最愚蠢的人，在没有任何初步指导的情况下，在某种自然本能的指引下（这是极其神奇的），也会确信，这种观察进行的次数越多，偏离目标的危险就越小。"[3] 令人困扰的问题是，足够的观察是否最终能够产生足够高的确定性，或者它是否会在某个水平上达到上限。也就是说，对于任何一种对"接近"的解释，是否存在某种不可跨越的确定性上限——比如 95% 或 99%——我们可以将其称为观察到的比值接近真实概率？正如伯努利所说："当观察的数量增加时，是否有可能使某些事件发生或不发生的次数达到实际比率的可能性不断增加，以致最终超过任何给定的确定程度，这当然仍有待探究。"[4]

为了回答这个问题，他不得不进行一些艰难的概率计算。首先，他将某一特定事件可能发生的方式数（"可生育的"情况）与可能不发生的方式数（"不生育的"情况）的比值表示为 $r:s$，从而使事件的真实概率为 $r/(r+s)$。指定变化的下限 $(r-1)/(r+s)$ 和上限 $(r+1)/(r+s)$，在给定的样本容量 n 下，他计算了在这些极限之间得到观察到的比值的概率。通过观察这些比值随 n 的变化，他可以证明如下："有可能进行如此多的实验，以至于在任何次数（例如 c 次）下，有效观察的数量更有可能出现在这些界限之间，而不是超出界限。"[5]

举一个数值例子，假设一个事件——比如一个特定类型的灯泡在明年某个时候烧坏——的真实概率是 40%，或 2/5。这个概率可以被认为是 2 的任意倍数除以 5 的任意倍数，比如 20/50、200/500、2000/5000，等等。把其中一个固定在脑海中——比如说 20/50——我们可以在分子上加减 1，得到一个接近真实概率的小区间——在这个例子中，区间是从 19/50 到 21/50，或者是从 0.38 到 0.42。伯努利表明，有了足够大的观察样本，我们可以非常确定观察到可能发生的方式的数量，总数量的比率将落在这个区间内。也就是说，有了足够多的灯泡，我们可以非常肯定，其中 38% 到 42% 的灯泡会在明年烧坏。我们需要多大的样本取决于我们所需要的确定程度，伯努利将其表示为观测值在区间内和在区间外的可能性，他称之为 c，例如，我们要求的可能性是 99:1，这意味着 99/100 的几率在我们的容忍范围内，而 1/100 的几率在我们的容忍范围外。[6]

因此，伯努利对大数定律的证明不仅证实了观察到的频率与长期的真实概率大致相符的观点，而且给出了一个人需要在特定的可能性下达到特定的测量精度的一个具体观测值。通过研究样本大小如何依赖于真实概率值，他发现最坏情况的概率（需要最大的样本）总是 0.5。在这种情况下，无论该案例需要多少样本量，实际上都会同时适用于所有概率。

事情就是从这里开始失控的。因为他的样本容量适用于任何概率，伯努利更进一步提出，我们可以通过特定的观测，在一定范围内确定地了解概率。他的定理似乎涉及项目管理中的权衡问题："快、好，还是便宜。选两个。"在这里，伯努利提出了这样一个条件："精确的估计、高确定性，或小样本。选两个。"如果我们愿意为高质量的样本付出代价，他可以保证我们可以获得任何我们想要的准确性和确定性的组合。

为了了解这在实践中是如何运作的，想象一个真有一定比例的白色鹅卵石的陶瓮，但我们现在不知道具体的数字。我们同意这个比率决定了抽到白色鹅卵石的概率。我们想通过观察从陶瓮的大样本中取出的白色鹅卵石与取出的鹅卵石总数的比例来了解这个运作方式。

假设我们设定一个足够大的样本容量，不管伯努利之前引证了什么，样本比有 99% 的概率在真实比率的 2% 范围内。[7] 这意味着，如果陶瓮的比例实际上是 40%，我们有 99% 的机会观察到 38% 和 42% 之间的样本比例。对于陶瓮比例的任何假设值也是如此。通常，如果假设陶瓮的比例为 x%，那么在 99% 的概率下，我们预期将看到样本比例处于（x − 2）% 和（x + 2）% 之间。假设实际做实验时，我们得到样本比例为 35%。伯努利的推断声称——作为他的证明的一个结果——我们现在有理由以 99% 的概率得出结论：真实陶瓮比例在 33% 到 37% 之间。大数定律是伯努利的保证，它保证了我们能得到我们想要的东西。

有那么简单吗？

撇开技术细节不谈，伯努利定理可以解释为：

> 样本中观察到的比例将有很高的概率接近真正的陶瓮比例。

伯努利保证的核心思想是，这个表述中的接近度概念是对称的：如果 X 接近 Y，那么 Y 也接近 X，所以这个定理可以被改写为：

真正的陶瓮比例将有很高的概率接近样本中观察到的比例。

采样完成后，我们难道不能得出结论：样本比仍然可能接近真实值吗？也就是说，如果我们知道观察结果很有可能在真实值附近 2% 的范围内，难道我们不能同样肯定地宣称，真实值就在任何我们实际观察到的情况的 2% 范围内？

嗯，不完全是。从数学上讲，难点在于每种概率的条件是什么。简而言之，这就是"我们得到的任何样本都可能接近真相"和"这个特定的样本可能接近真相"之间的区别。要理解这种区别，我们需要明确伯努利定理究竟说了什么，没说什么。这是一个很棘手的领域，所以我们要慢慢来，小心行事。

首先，我们需要一些符号。令 F 代表白鹅卵石总数与陶瓮里鹅卵石总数的实际比例。这个比例对我们来说是未知的，所以我们可以用概率来表达我们对其真实值的不确定状态。尽管 F 是一个固定常数，但在通常令人困惑的数学术语中，我们的不确定使得它成为一个可以与概率联系起来的随机变量。根据我们现有的信息，我们可以作出这样的陈述："F 可能在 20% 到 30% 之间"或者"F 是 74% 的概率是 0.1"等。

我们也可以在作其他概率陈述的过程中，假设 F 有一个特定值，这意味着我们可以出于计算的目的而暂时对它作出假设。例如，我们可以将这种概率称为"在陶瓮中白色鹅卵石的比例为 60% 的条件下，抽取出白色鹅卵石的概率"。

我们关心的另一个数量是样本中白色鹅卵石与总鹅卵石的比例。在抽样之前，这对我们来说也是未知的，我们用 S 表示最终得到的真实样本比例，我们可以讨论 $S = 0.4$ 的概率或者说 S 在 0.12 到 0.15 之间的概率，等等。从重复样本的角度来考察 S 的概率似乎更为自然，但实际上，假设抽样只发生一次也无妨，我们只是不知道结果而已。我们也可以以 S 有一个特定值为条件形成概率陈述，就像我们对 F 做的那样。当我们实际做了这个实验或打开陶瓮数所有的鹅卵石数时（比如，我们现在确实知道 S 或 F 的真实值），或者当我们想做一个临时的"如果—怎样"假设（比如，如果我们观察到一个可能的样本 S 或如

果 F 等于 0.5，探究结果如何），这样做可能是有用的。条件作用过程看起来是一样的，不管我们知道信息是真的还是只是为了计算而作出假设。

最后，我们可以作出包含两个未知量的概率声明，通常情况下，我们会以其中一个具有特定值为条件，并观察这如何影响我们对另一个未知量的不确定性。伯努利定理采用这种形式。就像我们前面的例子一样，假设对于一个适当大的样本，陶瓷中鹅卵石的比例 F 是 0.40，那么样本比例 S 在 0.40 上下 0.02 范围内的概率大于 0.99。事实上，伯努利定理对 F 的不同假设值同时产生了无限类这样的概率陈述，而不仅仅是 0.40。结果表明，同样的样本量也保证了如果 F 为 0.62，S 将以同样的确定性在 0.62 上下 0.02 范围内，对 0.417 也是如此，以此类推。为了避免每次都必须重写所有的无限个陈述，我们让 f 作为一个占位符来代替我们想要代入的每一个可能值。无论我们假设的值是多少，伯努利定理中的概率陈述都是成立的，或者，从数学的角度来说，它对所有的 f 都成立。

保留这些惯例，继续忽略其他技术细节，我们可以这样陈述伯努利定理的实际结论：

对于所有的 f，P$[S$ 接近 $f|F=f]$ 是高的。

（对于任何特定陶瓷中实际鹅卵石的比例假设，我们的待观察样本比例
接近陶瓷中实际鹅卵石比例的概率都很高。）

这是在假定的假设下汇总获得不同样本数据的概率的结果。我们把这些概率称为抽样概率。问题是，前面的陈述与推断概率陈述完全不同，[8] 推断概率陈述说，根据任意给定的样本比例 s，陶瓷中鹅卵石的实际比例可能接近 s：

对于所有的 s，P$[F$ 接近 $s|S=s]$ 是高的。

（无论特定的观察样本比例是多少，陶瓷中鹅卵石的真实比例接近
任何特定的已观察到的样本比例的概率都很高。）

得到伯努利定理保证的第一个陈述是 S 在假定 F 条件下的概率陈述；第二个，也就是我们想要用来进行推断的陈述是 F 在假定 S 条件下的概率陈述。伯努利对条件概率缺乏清晰的概念，也没有简明的表示法，这导致他错把其中一个当成了另一个。

事实上，符号问题一直持续到今天。在大多数概率论和统计学教科书中，条件概率通常被视为不同于普通的无条件概率，除了那些明确的条件概率例子之外，任何其他概率陈述中都不包括"条件"部分。对我们来说，所有的概率都是条件概率。如果没有这种思维习惯，忘记了它们来自不同的条件假设，将前面两个陈述中的概率错误地描述为"S 接近 F 的概率"也是可以理解的。[9]

但是，对于任何不像数学家一样喜欢精确符号的人来说，这可能只是一个非常小的区别。如果抽样概率陈述和推断概率陈述不完全相同呢？当然，样本比例和陶瓮鹅卵石比例很可能非常接近，这一事实一定能让我们从前者推断出后者，即使伯努利定理技术上只指向另一个方向。

你和伯努利不是唯一这么想的人。人们在试图使用概率思维从数据中学习的任何地方都出现过对抽样概率和推断概率论证的混淆。例如，几年前，我在一所非常著名的技术型大学旁听了一场计算机科学讲座。会议的主题是机器学习理论，其中特别讨论了一个基本问题：是否有一种方法可以证明，在有足够数据的情况下算法最终会收敛到对真相的正确理解？教授构建了一个模型来学习一个被他称为 μ 的未知常数，并用一个从数据 ν 推导出的量来表示它，他证明了［用一个稍微花哨一点的伯努利论证，叫做霍夫丁不等式（Hoeffding's inequality）］ν 非常可能接近给定的 μ。所以，在下一行中，他只是简单地把这两个颠倒过来，声称 μ 很有可能接近给定的 ν……

统计学家罗纳德·费雪从 1930 年的论文《逆概率》（Inverse Probability）开始，就把这种推断方法称为"基准"（fiducial）。[10] 术语"fiducial"的意思是"忠实的"，它源自天文学和土地测量，描述了一个确定位置或距离的固定参考点。就像伯努利一样，费雪的想法是，当人们试图从样本中了解未知量时，要么是取未知量为固定量，而样本值与之接近，要么样本值可以是固定的，而未知量必须与之接近。无论从哪个角度来看，两者相互接近。

在费雪的例子中，这不是单纯的混淆。我们稍后会更详细地看到，费雪极力主张，基于概率的意义及其在科学中的地位，推断可以只使用抽样概率。

我们发现推断概率陈述和抽样概率陈述不一样的问题根本不是个小问题。

如果用贝叶斯定理来解释这个问题，我们就能开始理解这个问题的实质。对于任何假设 H 和观测数据 D，定理告诉我们：

$$P[H|D] = P[H] \frac{P[D|H]}{P[D]}$$

推断概率在等号的左侧（给定数据，假设的可能性有多大？）。伯努利唯一关注的抽样概率是右侧第二项的分子（给定作出的假设，数据的概率是多少？）。抽样概率对推断概率的影响取决于方程中的其他项。特别地，我们需要知道 $P[H]$（在不知道数据的情况下考察假设的可能性有多大）和 $P[D]$（同时考察所有可能的备择假设，数据的可能性有多大？）。

这两项都涉及我们可能拥有的关于假设及其备择假设的其他背景信息。为了在前面的两个概率陈述之间打开一个"缺口"，我们需要做的就是想象不同的信息状态可能会导致我们得到不同的先验概率分配。就像我们在上一章中考察的问题一样，先验概率和抽样概率共同决定了观测数据的路径概率，这立即给了我们不同未知值的后验概率。

一旦抽样和推断之间的"缺口"被打开，我们将把它扩大成一个巨大的"深渊"，并将把大多数现代统计数据以及令人不安的大量已发表的科学结果扔进这个"深渊"。现在，我们让伯努利打破他的承诺。

糖果厂的事故

举一个比在陶瓷里数鹅卵石更生动的例子，想象我们受雇在一家糖果工厂做质量控制，我们正在从一个巨大的箱子里抽样彩色糖果。这些糖果都是为圣诞季特别制作的，既有绿色糖果也有红色糖果。假设绿色糖果与箱子里的糖果总数的比例 F 有两种可能：1/3 或 2/3。工厂里的机器应该每生产两个绿色糖果就生产一个红色糖果，但也可能会发生颜色弄混了的情况。我们认为箱子里绿色糖果的比例可能是 2/3，但不完全确定。我们从箱子里拿出一勺糖果，数一数样本中红色和绿色的糖果。

在这些假设下，我们仍然有理由依据伯努利大数定律声称：如果 $F = 1/3$，那么我们应该期望在我们的样本中看到接近 1/3 的糖果是绿色的，如果 $F = 2/3$，我们应该期望看到接近 2/3 的糖果是绿色的。

为了给出一些数字，假设我们获取了 $n = 30$ 个糖果的样本。根据伯努利的计算，我们在样本中得到绿色糖果的数量 G 有一个二项分布，也就是说得到

特定值 $G = g$ 的概率取决于任何假设值 $F = f$，由以下公式给出：

$$\binom{30}{g} f^g (1-f)^{30-g}$$

公式开头的二项式系数表示，我们可以按任何顺序为糖果计数；它是 g 个绿色糖果和（$30 - g$）个红色糖果的不同序列数。剩下的项表示每个糖果是两种可能颜色之一的概率，我们假设糖果的抓取是独立的，意味着我们可把这些概率相乘。

图形化的二项分布有一条钟形曲线与一个围绕着精确比例 F 的值的中心。假设 $F = 1/3$，概率分布如图 2.1 所示，每一条对应的高度代表在 30 个样本中观察到这么多绿色糖果的概率。钟形曲线的峰值——也就是最有可能的值——是在 $G = 30 \cdot F = 10$ 处，这将使样本中正好 1/3 是绿色糖果，与箱子里的比例完全一致。对于 $F = 2/3$，我们有一个类似的图，该图以 $G = 30 \cdot F = 20$ 为中心。

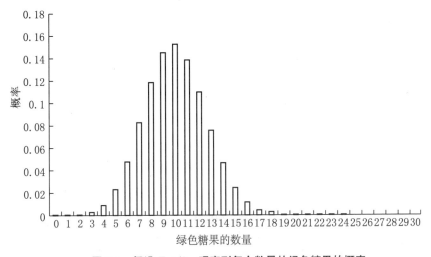

图 2.1　假设 $F=1/3$，观察到每个数量的绿色糖果的概率

然后我们可以遵循伯努利的思想，在这个峰值附近找到一个几乎构成所有概率的区间，也就是说，它在道德上是确定的。假设道德确定性的临界值是 97%，我们发现从 $G = 5$ 到 $G = 15$（含）的范围是有效的。也就是说，假设箱中绿色糖果的比例是 1/3，我们可以道德上确定样本中有 5 到 15 颗绿色糖果。

对于 $F = 2/3$，我们也会得到类似的结果，而对于 G，它的取值范围很可能在 15 到 25 之间。这意味着，无论哪种情况，我们的样本比例 $G/30$ 道德上肯定在箱子的真实比例 F 的上下 5/30 或者 17% 之内。

所有这些都没有争议。到目前为止，从布莱斯·帕斯卡到埃德温·杰恩斯，每个概率理论家都会同意我们的计算。只有当我们开始使用这些概率进行推断时，问题才会出现。

假设我们得到一个接近 1/3 的样本——30 颗糖果中有 8 颗是绿色的。对于我们的推断，伯努利将会怎么说呢？好吧，伯努利的想法是将之前给出的关系颠倒过来，这样就能在道德上确定我们观察到的比例 $G/30$ 在 F 的 5/30 以内。如果我们承认接近的概念是对称的，也就是说，如果我们认为这句话为 F 而不是 G 提供了一个概率，那么我们会说，对于箱子中绿色糖果的比例在 8/30 的 5/30 以内或在 10% 到 43% 之间，我们大约有 97% 的把握。在这种情况下，这似乎是一个非常模糊的结论。

让我们看看贝叶斯分析的概率是怎样的。问题是，到目前为止，我们还没有考虑到最初期望的比例是 2/3。也许条件 $F = 1/3$ 对应的是一个不太可能的生产错误——比如有人把红色和绿色的食物色素混在一起了——我们给这个错误分配了一个非常低的先验概率，大概 0.01%，或者 1/10000。

如我们在上一章所见，将这些概率放入一个推断表，就会得到表 2.1。所以，在 30 个样本中只抽到 8 个绿色样本后，我们将给混合假设分配 62% 左右的概率，因为这个错误发生的极小可能性大致平衡了错误没有发生时得到这个样本的极小可能性。但我们仍然允许比例为 2/3 的概率为 38%，远远超出了伯努利从 10% 到 43% 的道德确定性范围。

表 2.1 糖果厂的推断：不太可能的混淆

假设 H	先验概率 P[H|X]	抽样概率 P[D|H 且 X]	路径概率 P[H|X]P[D|H 且 X]	相对比例 P[H|D 且 X]
$F = 1/3$ "混合"	0.0001	$\binom{30}{8}\left(\frac{1}{3}\right)^8\left(\frac{2}{3}\right)^{22} = 0.1192$	$1.192e^{-5}$	$\approx 62\%$
$F = 2/3$	0.9999	$\binom{30}{8}\left(\frac{2}{3}\right)^8\left(\frac{1}{3}\right)^{22} = 0.000007$	$7.277e^{-6}$	$\approx 38\%$

或者，如果一开始这些可能性对我们来说是无差异的——我们不知道是两个红色对应一个绿色，还是相反——因此，分别为比例 1/3 和 2/3 分配相同的概率，我们将用相同的抽样概率和新的先验概率构建如表 2.2 所示的推断表。这给出了 $F = 1/3$ 的后验概率约为 99.99%。也就是说，我们确信确切值 $F = 1/3$ 的几率是 10000:1，而不是给出 F 在 10% 到 43% 之间的几率大约为 32:1。这里，我们再次看到了强先验信息的影响。伯努利的结论包含了一系列我们知道不可能的值——也就是说，任何不精确等于 1/3 或 2/3 的值——所以引用的概率太保守了。

表 2.2　糖果厂的推断：初始无差异

假设 H	先验概率 $P[H|X]$	抽样概率 $P[D|H 且 X]$	路径概率 $P[H|X]P[D|H 且 X]$	相对比例 $P[H|D 且 X]$
$F = 1/3$	0.5	0.1192	0.0596	≈ 99.99%
$F = 2/3$	0.5	0.000007	0.000003	≈ 0.01%

贝叶斯推断使得我们有能力解决这个问题，而伯努利的分析囿于报告同样的结论和同样的准确性，却没有办法整合这些额外的信息。这些例子表明，伯努利的分析可能会让我们得出某种程度上合理的推断，当然也可能会以惊人的失败告终，这取决于我们为问题提供了什么样的背景信息。伯努利的方法完全忽略了这些信息。

这就是我现在所说的伯努利谬误——一种认为抽样概率足以决定推断概率的错误想法。贝叶斯分析表明，这种思维方式忽略了另外两个重要因素：（1）我们可以用什么样的可用假设以及与其相关的抽样概率以其他方式解释数据；（2）我们给各种假设分配什么样的先验概率。伯努利的错误不只是混淆了其定理中的抽样陈述和他想要作出的推断陈述，尽管这隐含了伯努利谬误。他真正的错误是以为自己一开始就掌握了所有必要的信息。再多的聪明操作也无法纯粹从抽样概率中推断出关于假设的概率。在所作假设之下得到样本数据的可能性不足以得出推断的信息。

在深入探究伯努利谬误可能给我们带来的可怕结论之前，让我们暂停片刻，思考一下为什么它最初看起来是合理的。我们已经看到，强先验信息会在伯努利的答案和贝叶斯的答案之间造成差异。伯努利感兴趣的是那些可以合理地说不存在先验信息的情况。

也就是说，想象一下我们对箱子中真实比例的初始了解均匀覆盖从 0 到 100% 的概率。如果我们只知道箱子里有红色和绿色的糖果，但完全不知道比例可能是多少，那么这种情况是合理的。然后，贝叶斯推断过程将涉及不同比例的每个抽样概率乘以相同的先验概率。这将产生与给定样本比例的伯努利抽样概率成正比的路径概率。但再把这些表示成相对比例后，这些先验概率就被抵消掉了！

例如在我们前面的例子中，假设观察到的 30 个糖果中有 8 个是绿色的，那么我们就可以用如图 2.2 所示的图形来表示箱中比例的后验概率分配（x 轴缩放为 30 个糖果中绿色糖果的数量）。我们会画出和伯努利分布几乎一样的图（把中心移到 8 而不是 10，这与伯努利的对称接近性思想一致），得到几乎完全相同的结论！在这种情况下，我们确实有 97% 的信心认为箱中比例在 3/30 到 13/30 之间，正如伯努利的分析所得出的结论。[11]

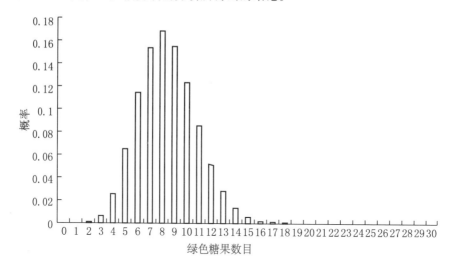

图 2.2　假设均匀先验概率情况下，30 个糖果中绿色糖果真实数目的后验概率

所以，为伯努利说句公道话，尽管我们现在要批判他，但考虑到他所考察的问题，他推荐的方法并非一点也不合理。我们可以说，这是一种伪装的贝叶斯推理，它假定了一种对真实的单事件概率完全无知的状态。这很可能解释了为什么它看起来（现在仍然看起来！）是一个普遍正确的程序，可以为他想到

的玩具样本产生良好的结果，比如从一个未知比例的陶瓷中取样，这个比例可能是 0 到 1 之间的任意值。他的成果比托马斯·贝叶斯提出的推断和条件概率的关键见解早半个世纪（比皮埃尔-西蒙·拉普拉斯的方法更是早 20 年），伯努利当时还没有概念工具来质疑他所作的潜在假设。另一方面，20 世纪的统计学家拒绝接受贝叶斯思想，并加倍支持伯努利的错误，他们没有任何理由。我们稍后会讲到。

首先，将伯努利的"抽样概率"方法与贝叶斯方法产生的各种推断之间的距离拉大，将具有解释性。我们将考察一些现实生活中的例子，如从法庭到医生办公室和其他地方的概率推断实例。在这些实例中，与伯努利相同的基本谬误造成了灾难性的结果。

不可能事件一定会发生

在一些人们感兴趣的"奇闻趣事"中，一个常见的比喻是"难以置信的巧合"：一对夫妇的三个孩子出生在不同年份但生日相同，一个男人和他的兄弟在不同国家骑行却在同一日与列车相撞，一个女人在机场和一个陌生人搭讪，结果这个陌生人刚刚给她留了一条语音留言等。通常，这些故事还会引用一位统计学教授的话来说，这种事情发生的概率——百万分之一、十亿万分之一等——或者有时将其与其他罕见事件的概率进行比较——就像中了强力球彩票，然后被闪电击中一样。关于这一普遍现象，人们写了很多文章，这些巧合实际上比我们想象的要常见得多，主要是由于每个巧合都有可能发生（如世界上有很多有三个孩子的家庭）以及如果有机会，我们会认识到此类事件的数量（把例子中的这对兄弟换成姐妹，或者他们是被汽车而不是火车撞了等，我们同样会关心）。佩尔西·戴康尼斯和弗雷德里克·莫斯特勒称之为"真正的大数定律"：给定一个足够大的样本容量，任何不可思议的事情都必然会发生。[12]

然而，这些例子经常没有说明的是，为什么一些极不可能发生的事情本质上应该值得注意。例如，有一种方法可以产生人类历史上几乎肯定从未出现过，而且几乎肯定不会重复的结果：洗牌。如果正确地洗牌，所得到的排列应该大约每 52 的阶乘次洗牌出现一次——即 52·51·50·…·2·1——因为这是可能的洗牌次数，所有这些排列都应该是等可能的。这个值的数量级

是 10^{68}，或者是 1 亿万亿万亿兆。在宇宙的预期寿命内，即使地球上的每个人都可以每纳秒洗牌一次，这个数字也丝毫没有减少。那么，为什么没有在每次洗牌的时候，就刚刚发生的天文学意义上不太可能发生的事件写一个新闻故事呢？为什么没有统计学家来评论说这概率就像连续 8 次中强力球彩票一样呢？

原因是，绝大多数可能的洗牌并不包含任何可识别的、隐含着除"纯粹的几率"之外的任何其他备择假设的模式。这些备择假设通常隐藏在背景中，看似不太可能，直到一些特别不可能的数据揭示了它们的存在。例如，在假设一枚硬币是均匀的情况下，投掷 20 次硬币的序列

正正反正反反正反正正正反反反反正反正正反　和
正正正正正正正正正正正正正正正正正正正正

具有完全相同的概率：$(1/2)^{20}$，或者说 1/1000000，这是一个非常小的概率。但只有后者暗示了一个备择假设：硬币是有偏差的，甚至两面都是正面，这将使观察到的结果是确定的。同样的属性也决定了"伪随机"数字生成器的成败。一个好的生成器产生的结果（如左侧所示）不触发任何可用的模式识别假设（如右侧所示）。

贝叶斯推理可以帮助我们检测这些模式——但只有当我们在推断表中添加可能的备择假设和它们的先验概率时。举个例子，如果我们最初只假定硬币可能很公平，但有万分之一的可能是双正面的（也许我们听说过这样的硬币，但认为它们的存在极为罕见），于是我们根据连续 20 次出现正面的情形所构建的贝叶斯推断如表 2.3 所示。双正面硬币理论上的后验概率分配是 99%。所以概率假设下的数据是如此不可能，这使得我们重新想到了备择假设，事实上，我们可以几乎完全相信它是正确的。

表 2.3　连续抛出 20 次正面后的硬币概率推断

假设 H	先验概率 $P[H|X]$	抽样概率 $P[D|H且X]$	路径概率 $P[H|X]P[D|H且X]$	相对比例 $P[H|D且X]$
公平硬币	0.9999	$(1/2)^{20} \approx 9e^{-7}$	$9e^{-7}$	$\approx 1\%$
双正面硬币	0.0001	1	0.0001	$\approx 99\%$

伯努利谬误：不合逻辑的统计学与现代科学的危机

当然，并非所有不太可能的数据对任何给定的假设都有这种影响。一项观察是否与一项假设相悖，完全取决于备择假设。也许一个不太可能的事件甚至使假设变得确定。例如，如果 H 表示命题"史密斯先生买了一张彩票"，D 是事件"史密斯先生中了彩票"，即使 D 在 H 前提下的概率非常小（假设只买一张彩票的情况下不太可能会中奖），我们也不太会认为 D 使得 H 根本不可能发生。恰恰相反；你需要一张彩票才能赢！

这就是为什么特定形式的不太可能发生的事件如此值得注意。它们就像一个卷起来的弹簧，携带着可以被释放出来的潜在巨大势能，将一个不太可能的备择假设（比如，除了几率因素，还有其他因素在起作用的假设）提升到近乎确定的高度。我们人类是乐观的生物，通常非常善于发现事物的模式，所以当看到一些表明世界不是完全随机的证据，一些潜在的秩序正在引导事件时，我们自然会感到兴奋。这种感觉是一种被提升的不太可能的备择假设，但不太可能的数据本身并不足以让我们产生这种感觉。

即使观察到这种不太可能的模式的数据的可能性，以及它将对我们的推断产生的影响，我们也能知道一些关于我们目前的心理状态的信息。在前面抛硬币的例子中，我们知道一个类似的连续出现 20 次反面的序列暗示了另一种对反面的倾向。但除非它被包含在我们现有的先验概率不为零的假设中，否则无论看到什么，我们都无法得出这个推断。所以，除了前面给出的两个假设，我们还应该包括第三个假设，比如一个双反面硬币。一旦开始思考这个问题，我们就应该承认一些奇怪的可能性，比如硬币总是交替出现正面和反面（或者是由于抛硬币的人耍了一些花招），这样的序列就像：

正反正反正反正反正反正反正反正反正反正反

它们可能对我们有一些推断意义，而不是我们认为的它们不可能出现。虽然这可能令人不安，但我们必须有一个先验概率，它可能接近 0，即这样的硬币可能存在。

概率和超常现象

假设有人，比如斯图尔特女士，声称有超感官知觉。她的意思是，如果你想到了一个 1 到 10 之间的整数，她可以肯定地告诉你这个数字。你认为她的说法为真的概率是多少？

如果从一开始你就觉得答案肯定是零，那你就是不相信超感官知觉，打住！——也许接下来的思维实验可以从你这引出一个不为零的概率。想象一下，你正在进行一个完全由你控制的实验。你可以随意设置条件，但基本框架应包括你想好的一个数字，斯图尔特猜测它，并将结果如实记录下来。实验的控制应该只允许两种可能性，这意味着你的背景设定允许的唯一假设是 E——"斯图尔特女士拥有她所声称拥有的能力"，以及 C——"斯图尔特女士只是在随机猜数字"。在这些条件下，她连续猜对多少次才会让你对 E 和 C 不确定？

如果答案是任何有限数字，那么我们可以用它来逆向处理，推导出超感官知觉能力假设 E 的先验概率。例如，如果你说需要连续猜对 10 次——一个相当值得怀疑的答案——那么 E 的先验概率一定是 10^{-10}，或者说一百亿分之一，因为这是先验概率，当把 E 和 C 放入推断机器时，会产生大约 50：50 的后验概率，如表 2.4 所示。路径概率接近相等，所以后验概率都是 1/2 左右，这意味着你在相信和怀疑之间犹豫不决。

表 2.4　超感官知觉推断：从最初的怀疑到不确定

假设 H	先验概率 P[H|X]	抽样概率 P[D|H 且 X]	路径概率 P[H|X]P[D|H 且 X]	相对比例 P[H|D 且 X]
E = 斯图尔特女士 具有超感官知觉	10^{-10}	1	10^{-10}	≈ 50%
C = 她只是猜测	$1 - 10^{-10}$	10^{-10}	≈ 10^{-10}	≈ 50%

当然，在任何真实的实验中，我们总是得承认存在某种使用诡计的可能性，所以之前的条件实际上永远不会被满足。

在 20 世纪 40 年代，超心理学家塞缪尔·索尔和凯瑟琳·戈德尼进行了一系列著名实验以证明超感官知觉的存在。在几次长时间的实验中，他们的实验对象之一格洛丽亚·斯图尔特，能够从 5 个符号中猜出哪个符号（一个动物的图片）是隔壁房间里的助手想到的，其成功率比纯粹的几率要高一些。她答对了 37100 次中的 9410 次，正确率约为 25.3%，而预期的几率为 20%。

这个结果有多么不可能？假设 C 表示"她是纯粹靠猜测"，伯努利公式给出了她答对这么多次的概率：

$$P\left[37100\ 次中\ 9410\ 次正确 \mid C\right] = \binom{37100}{9410}(0.2)^{9410}(0.8)^{27690} \approx 10^{-139}$$

也就是说，概率是小数点后以 138 个 0 开头的数字。这甚至让我们的洗牌概率都相形见绌！

但根据前面的教训，我们知道应该将其与备择假设下的概率进行比较。为简单起见，假设这里超感官知觉的含义是将正确猜牌的几率增加到这个程度，我们可以再次使用伯努利公式计算得到这个结果的概率。把回答正确想象成从陶瓮里取出一颗白色的鹅卵石，这就好像她是从一个有 25.3% 白色鹅卵石的陶瓮里抽样，而不是像我们其他人从一个只有 20% 白色鹅卵石的陶瓮里取鹅卵石一样。用 $E_{0.253}$ 表示她有超感官知觉能力的假设，我们会发现：

$$P\left[37100\ 次中\ 9410\ 次正确 \mid E_{0.253}\right] = \binom{37100}{9410}(0.253)^{9410}(0.747)^{27690}$$

$$\approx 0.005$$

所以这个备择假设下的概率相对于几率假设下的概率，要大 136 个数量级，或者说比可观测宇宙与单个质子体积之比大 1000 亿倍。那么，为什么这不能使我们近乎肯定地得出它为真的结论呢？

这当然是塞缪尔·索尔希望人们得出的结论，而且很多人确实得出了这个结论。在相当长的一段时间里，索尔-戈德尼实验被认为是超感官知觉能力存在的有力证据。这些都不是卑劣的幻想。索尔是一位受人尊敬的数学家，曾在牛津大学和伦敦大学玛丽女王学院授课，并在那里获得了博士学位。他是富布赖特学者，并获得了伦敦大学伯克贝克学院心理学荣誉奖学金。在他的一个兄弟于第一次世界大战中丧生后，他开始对神秘学感兴趣。就像当时许多在战争中失去亲人的英国人一样，他寻找与逝者沟通的方式。不同的是，索尔用科学的方法进行了观察。他用严格的统计方法分析了以前许多关于心灵感应的实验，每次都得出结论：他没有看到心灵感应的效果。他的研究成果发表在《自然》杂志上。[⑬]

索尔煞费苦心地设计他的实验方案，使之看起来没有作弊空间，甚至不可能在无意中给实验对象提供帮助。在每次实验中，他的助手进行"心电传递"时，会收到一张卡片，告诉他该思考哪种动物。卡片是从 1 到 5 的一系列随机数字中选择的，与任何特定数字对应的卡片也经常被随机分配。最后一张卡片只有助理能看到，他和斯图尔特隔着一堵墙。实验由一组观察员监督。正如哲学家 C.D. 布罗德所写的那样："索尔博士的研究成果非常出色，将为防止故意欺骗或通过正常手段在不知情的情况下传递信息而采取的预防措施描述得非常详细，而且似乎是绝对无懈可击的。"[14] 耶鲁大学的生物学教授 G. 伊夫林·哈钦森写道："索尔的研究是在尽可能谨慎的情况下进行的。"[15] 如果有任何实验能够科学地证明超感官知觉的存在，那么这个实验就是最佳的选择，而塞缪尔·索尔就是完成这个实验的最佳人选。

为了质疑他，我们需要用一些其他的假设来解释这些数据。假设我们承认有一种剩余的可能性，即这些结果是由某种伪造造成的。令 F 表示这个假设，假定它解释了给定的数据以及斯图尔特确实有超感官知觉的假设，所以它的抽样概率在 0.005 的数量级。索尔的问题是，无论他的实验被置于多么严格的审查之下，我们都很可能会给 F 分配一个比我们对超感官知觉假设的先验概率大几个数量级的先验概率。假设他的所有预防措施有效，我们得到了一个保守的 $P[F|X]$，即万分之一，或 10^{-5}。我们的贝叶斯推断表将类似于表 2.5。

表 2.5　超感官知觉与欺骗可能性的推断

假设 H	先验概率 $P[H\|X]$	抽样概率 $P[D\|H且X]$	路径概率 $P[H\|X]P[D\|H且X]$	相对比例 $P[H\|D且X]$
$E_{0.253}$ 斯图尔特女士具有超感官知觉	10^{-10}	0.005	$5e^{-13}$	$\approx 0.001\%$
C 她只是猜测	$1 - 10^{-10} - 10^{-5}$	10^{-139}	$\approx 10^{-139}$ [有效为 0]	$\approx 0\%$
F 造假	10^{-5}	0.005	$5e^{-8}$	$\approx 99.999\%$

因此，尽管观测数据已经完全否定了"几率"假设，但它提升了虚假假设，就像提升了受试者真的有超感官知觉的假设一样，结果是，我们给出的后验概率仍然有五个数量级的差异。简单地说，索尔无法动摇我们的怀疑，即实验结果是由于某种欺骗而不是超感官知觉，因为我们从一开始就对超感官知觉的说

法深表怀疑，这反映在我们之前的概率中，而欺骗解释了数据以及他的理论。

大卫·休谟在《人类理解研究》中写道（其观点可能启发了贝叶斯去证明我们刚才应用的定理）："任何证言都不足以证实神迹，除非证言的虚假比证言试图证明的事实更不可思议。"[16] 索尔似乎也认识到了这一点。他在《现代心灵感应实验》(Modern Experiments in Telepathy) 一书中写道，如果实验者"不值得信任，那么他们做实验就毫无意义"。[17]

作为结语，数年后，人们发现索尔篡改了他的数据，以逐步提高斯图尔特的猜测成功率。他有策略地在他的随机数字列表中添加额外的 1 来生成卡片序列；然后，如果对这些卡片的猜测对应 4 或 5，他就在 1 上面写上 4 或 5 来匹配猜测。[18] 所以 F 假设最终被证明是正确的。

归谬法又能怎样？

从这些例子中得到的更重要的教训是，为了从数据中得出任何结论，即使是对非常不可能的数据，我们也需要考察正在检验的假设和备择假设。这些备择假设可能不是我们想要的，如果我们根据一些可能具有启发性的观察得出什么结论，我们就往往会发现这些备择假设。但是，如果只指定一个假设，我们根本无法作出任何推断。我们看到《君臣人子小命呜呼》(Rosencrantz and Guildenstern Are Dead) 剧中可怜的吉尔登斯特恩已经死了，他在抛硬币中连续输了 90 次。我们不知道是否应该将他的坏运气解释为神的干预、自然法则的中止，或者"这是对一个原则的有力证明，那就是，每一个单独旋转的硬币都有可能出现正面和反面概率相同的情况，因此应该不会让每个人感到惊讶"。[19]

因此，伯努利谬误的一部分是所提出的推断方法根本没有明确提到备择假设。例如，他认为，在陶瓮中白鹅卵石与黑鹅卵石的比例为 2:3 的情况下，在任何大样本中"道德上确定"的比例接近 2:3 本身就毫无意义。道德上可以确定的是，如果我们洗好一副牌后发一手五张牌，它不会是梅花 A、黑桃 J、红桃 8、方块 5 和方块 3，但这并不意味着如果是这样，就一定发生了什么值得注意的事情。不太可能发生的事情一直都在发生，就像理查德·费曼在一次关于科学方法的演讲中讽刺地描述的那样："你知道，今晚在我身上发生了最神奇的事情……我看到一辆车牌是 ARW357 的车。你能想象吗？这个州有几百万个车牌，我今晚能看到那个车牌的几率有多大？神奇吧！"[20]

费雪在他的最后一本书《统计方法与科学推论》中，描述了他所认为的使用统计检验拒绝几率的基本逻辑："从逻辑上说，支持这一结论的力量是简单的析取：要么出现了非常罕见的几率，要么随机分布理论不成立。"[21]在可能最迂腐的意义上，费雪的说法是正确的。对于他所考察的情况，另一种表达方式是，"如果几率假设是真的，那么我们观察到的情况是非常不可能的"。因为根据逻辑规则"A意味着B"等价于"B或非A"，我们可以承认费雪的析取是正确的，但这种非此即彼的逻辑真理从来都不是重点。

费雪有意让我们厌恶接受一个不太可能的命题从而得出另一个结论：如果我们认为一些不太可能发生的事情很可能从未发生，那么我们就应该得出几率假设很可能错误这一结论。但他和他的门徒误解的是，"非常罕见"的事物并不一定意味着很有意思，我们也不应该把它视为任何事物的有力证据。极其罕见的偶然性经常发生，它们罕见的事实可能与我们根据亲眼所见得出的结论毫无关系。特别地，费雪的"或"的表述肯定不是排他的"或"；即使拒绝了几率假设而支持其他理论，我们也可能会发现，我们给定的观察仍然是极不可能的。不幸的是，我们稍后会看到，这个错误的观点被认为是现在统计学中很多概念的基础。

我们很容易想到，如果一个假设让某件事不太可能发生，而我们却观察到了它，这一定意味着这个假设的某些方面是错误的。在普通的演绎逻辑中也存在着类似但有效的推理链条。如果我们有一个前提，即如果P为真，那么Q是不可能的，但我们也知道Q为真，那么我们可以得出P为假。例如，如果地球是平的，我们就不可能绕着它航行；然而，我们可以绕着它航行，所以我们知道地球不是平的。作为一种证明方法，这种论证形式被称为"归谬法"，古希腊苏格拉底之前的哲学家就开始使用它了。形式上，它可以写成如下的推导式：

如果P为真，那么Q是不可能的。

Q为真。

∴ P为假。

伯努利谬误：不合逻辑的统计学与现代科学的危机

在这个公式中，我们似乎可以把"不可能"改成"非常不可能"，而且不会损失太多。也许我们不认为 P 为假，但我们至少可以作出一个有效的推论——P 是非常不可能的。[例如，乔丹·艾伦伯格在《魔鬼数学》(*How Not to Be Wrong*)一书中称之为"不太可能"(reductio ad unlikely)论证。[22]] 然而，小小的改变却能改变世界！正如我们所看到的，不太可能发生的事件有时不值得关注，而且它们甚至可能肯定会发生。那又怎样？一切都取决于其他可用的假设，以及它们是否能更好地解释假定的观察结果。

在伯努利的例子中，我们隐含地要考察的备择假设是那些对应陶瓷中鹅卵石的不同比例的假设。把注意力限制在这些假设上，我们可以说，样本中的比例具有一些推断的内容。但是仍然需要知道这些假设的先验概率来得出任何结论，我们现在会更详细地讨论这一点。

忽视基础概率

假设在例行检查之后，你的医生告诉你，你的一种罕见疾病的检验结果呈阳性，不幸的是，对这种疾病的检测非常准确。当被问及细节时，他们会告诉你，当某人患有这种疾病时，检验结果总是呈阳性，而 99% 没有患病的人的检验结果都是阴性。你估计你患这种疾病的几率有多大？如果你的回答是 99%（或者任何数字，根据现有的信息），你就犯了一个常见的谬误，而且你不是唯一这样理解的人。当面对这个问题时，许多人，包括许多医生，都会得出相同的结论。一项非正式的调查曾经显示，在 100 名医生中，有 95 名在类似的情况下作出错误推断，他们的答案错了 10 倍或更多。[23]

事实上，对你来说，这可能是个好消息。取决于该疾病在人群中的总体发病率，即使你的检测呈阳性，你患有该疾病的可能性也会非常小。为了了解这在贝叶斯推理中是如何发挥作用的，考虑一个可能的假设：

Y："你患这种病" 和 N："你没患这种病"

然后我们可以用概率表示给定的检测准确率（X 代表了所有引导我们完成这些任务的假设）：

$$P\left[\text{"你的检验结果呈阳性"}|Y\text{且}X\right]=1$$
$$P\left[\text{"你的检验结果呈阴性"}|N\text{且}X\right]=0.99$$
$$\text{所以}P\left[\text{"你的检验结果呈阳性"}|N\text{且}X\right]=0.01$$

然而，最常被忽视的关键因素是假设 Y 和 N 的先验概率，即该疾病在人群中的总发病率。在这个假设中，这种疾病非常罕见，所以 1/10000 的发病率可能是一个合理的评估。由此得出以下先验概率：

$$P\left[Y|X\right]=0.0001;\ P\left[N|X\right]=0.9999$$

到目前为止，我们已经是经验丰富的专家，能够将所有这些给定条件转化为我们真正想要的贝叶斯推断概率，$P\left[Y|\text{"你的检验结果呈阳性"}\text{且}X\right]$。也就是说，我们以观察到的情况，即命题 D："你的检验结果呈阳性"为条件（见表 2.6）。

表 2.6　罕见疾病检验结果阳性后的推断

假设 H	先验概率 $P\left[H|X\right]$	抽样概率 $P\left[D|H\text{且}X\right]$	路径概率 $P\left[H|X\right]P\left[D|H\text{且}X\right]$	相对比例 $P\left[H|D\text{且}X\right]$
Y 得病	0.0001	1	0.0001	≈ 1%
N 未得病	0.9999	0.01	0.9999 · 0.01 = 0.009999	≈ 99%

作为一个相对比例，从第一个路径推至数据的概率略低于 1%。也就是说，即使经过了非常准确的检测（如这些事情），你的疾病检验结果呈阳性，你真正患病的几率仍然不到 1%。我们只是看到，任何假阳性的可能性，加上绝大多数人之前没有患病的可能性，导致任何给定的阳性检验结果是假阳性的可能性非常高。

现在，所有这些都可能受到其他检测或其他观察结果的影响，比如你出现了一组特定症状，导致你首先要进行检测。我们这里的后验概率分配可能成为第二轮检测的新的先验概率，最终的结论可能是你很可能患有这种疾病。但总的来说，不太可能的假设需要大量的证据才能使它们变得可信。任何特定的观察结果都可能不会起作用，尤其是如果有一个更可信的备择假设可以更好地解

　　　　　　伯努利谬误：不合逻辑的统计学与现代科学的危机

释它的话。但是许多人，包括从业者，并不待见这个事实。

在医学领域，这种谬误被称为"忽视基础概率"，因为我们的直觉答案没有考虑到人口中的基础发病率。这种例子在现实生活中的痴呆症和各种癌症的筛查检验中一直存在。假设一名40多岁的健康女性每年去做一次乳房X光检查，扫描发现了一个与乳腺癌相关的异常结果。她该有多担心呢？假设一些现实的检验精度的数字，如扫描能够正确识别90%的癌症和使7%的没有癌症的女性出现假阳性——至关重要的是，与这名女性情况相似的乳腺癌的发病率低，如0.5%，我们可以用贝叶斯推断来处理这个几率问题。从表2.7中我们可以看出，患癌症的后验概率只有6%。因此，这可能是令人担忧的原因，或许也足以证明患者需要进行进一步的检验，但即使考虑到检验结果，这个癌症诊断是真的可能性也很小。

表 2.7　低基础概率对癌症筛查检验的影响

假设 H	先验概率 P[H|X]	抽样概率 P[D|H且X]	路径概率 P[H|X]P[D|H且X]	相对比例 P[H|D且X]
癌症	0.005	0.9	0.0045	≈ 6%
不是癌症	0.995	0.07	0.06965	≈ 94%

其他的例子还有很多，当我们试图通过不完美的检验来检测一些罕见的情况时，这些例子就会出现。例如，假设高速公路上设置了一个识别醉驾司机的检查点，而筛选检验（例如，接受酒精检测或必须读字母表而不是唱字母歌）有一定的误报率。假设这些被检查的人中有很低的比例（比如0.1%）是真正的醉酒驾驶，我们可能会得到一个如表2.8所示的推断表，在检验结果呈阳性的情况下，某人是醉酒驾驶的后验概率只有大约2%。

表 2.8　对醉酒驾驶的筛选测试：一个较低的基础概率

假设 H	先验概率 P[H|X]	抽样概率 P[D|H且X]	路径概率 P[H|X]P[D|H且X]	相对比例 P[H|D且X]
醉酒司机	0.001	1	0.001	≈ 2%
非醉酒司机	0.999	0.05	0.04995	≈ 98%

或者假设机场安检处安装了一些安检程序，它试图根据出行模式或其他个人信息来识别恐怖分子。由于恐怖分子的人数非常少，低基础概率将有效地扭曲任何不完善的检验标准的结果（所有这些检验都将如此）。表 2.9 中的数字似乎是合理的。

表 2.9　机场对恐怖分子的筛查：一个极低的基础概率

假设 H	先验概率 P［H｜X］	抽样概率 P［D｜H 且 X］	路径概率 P［H｜X］P［D｜H 且 X］	相对比例 P［H｜D 且 X］
恐怖分子	0.000001	1	0.000001	≈ 0.01%
非恐怖分子	0.999999	0.01	0.00999999	≈ 99.99%

如果一个人符合所有标准，那么他是恐怖分子的后验几率约为 0.01%，即万分之一。世界各地的机场已经进行了多少这样的检查？你认为安检人员对待他们认定的嫌疑人，会认为后者被一张不完善的"网"错误地捕获，几乎肯定是无辜的吗？对非法移民或选举欺诈的类似筛查呢？

不幸的是，使这些问题复杂化的模式是：越罕见的事情，通常越严重，所以风险评估会使我们倾向于采用谨慎的方法允许更多的假阳性，从而避免假阴性。也就是说，从统计学的角度来说，我们应该希望对癌症、醉驾或恐怖主义等严重问题的检测具有高敏感性，而这通常会导致低特异性。贝叶斯分析立即显示了这种谨慎方法的副作用：作为一个相对比例，我们最终会得到大量被错误诊断的患者或被错误指控的嫌疑人。如果我们作为一个社会集体接受这些数字的含义，我们甚至有可能接受这一切，但首先我们需要用推断工具来拼装这些（信息）碎片。

检察官的谬误

在法庭辩护中发现的同样类型的逻辑错误是另一个不幸的例子。因为案件的情况是如此不可能，所以受审的嫌疑人几乎肯定是有罪的。

萨莉·克拉克是一名相当富有的女性，她在接受律师培训前曾在伦敦的银行工作，并于 1994 年加入了英国曼彻斯特的一家律师事务所。1996 年 9 月，她生下一名看似健康的男婴，不到三个月，男婴突然死亡。当时克拉克独自和孩子在一起，她声称在她把孩子放在床上后不久后者就失去了意识并停止了呼吸。事件发生后，她陷入了严重的抑郁，寻求心理咨询。1997 年 11 月，她又生下一个男孩时尚在康复期，这个男孩早产了三周。不幸的是，他在出生后 8 周内就去世了，情况与她的第一个孩子相似。值得注意的是，第二个婴儿出现了一些创伤的迹象，克拉克解释说，这可能是由于她在护理人员到来之前试图抢救孩子，或者是护理人员的抢救尝试造成的。1998 年 2 月，她和丈夫史蒂夫双双被捕，萨莉被指控犯有两项谋杀罪（对史蒂夫的指控已被撤销）。

在这样一个家庭中，一对婴儿的死亡极不可能是因为婴儿猝死综合征（即偶然发生），这一事实在审判期间被作为一项关键证据提出。儿科医生罗伊·梅多曾是利兹大学的教授，也是"代理孟乔森综合征"一词的发明者。他在作证时声称，出生于一个富裕的英国家庭的两个孩子死于婴儿猝死综合征的概率大约是 7300 万分之一。他生动地将这一概率与在胜算为 80∶1 的全国赛马大赛中连续四年获得冠军的几率进行了比较。[24] 正如他在关于这个问题的《儿童虐待 ABC》(*ABC of Child Abuse*)（后来被称为梅多定律）一书中所言："一个家庭中一个婴儿突然死亡是悲剧，两个婴儿死亡是可疑的，如果没有其他证据，三个婴儿死亡就是谋杀。"[25] 在很大程度上，基于这份证词和"闪电不会击中同一个人两次"的观点，克拉克被判有罪，并被判处终身监禁。当时的媒体都辱骂她是杀害儿童的凶手。

她的丈夫也是一名律师，他辞去了工作，专注于为妻子上诉。通过梳理控方的记录，他发现为第二个孩子的医学检查结果作证的病理学家对陪审团隐瞒了关键证据——具体来说，孩子脑脊液细菌感染的检测结果呈阳性。基于这些调查结果，在克拉克被监禁三年多之后，对她的定罪于 2003 年 1 月被推翻。

梅多的统计证词也受到了广泛的批评。他提供的 7300 万分之一的概率数字是基于这样一个估算：在任何一个与克拉克一家相似的家庭中，一个孩子死于婴儿猝死综合征的概率是 1/8543；由此，他推断出一个家庭中发生两次因婴儿猝死综合征死亡的概率为 $1/8543^2$ 或 1/72982849。这个推断假设的两个事件是独立的，所以第二个孩子死亡的概率不受第一个孩子死亡的条件假设的影响。家庭内部可能存在的任何共同原因，例如遗传条件或环境健康问题，都否定了这一假设。2001 年 10 月，英国皇家统计学会发表了一份声明，批评梅多的独立性假设："有非常充分的理由认为这个假设是错误的。很可能有未知的遗传或环境因素使家庭新生儿易患婴儿猝死综合征，因此家庭中出现第二个病例的可能性比另一个明显相似的家庭中出现病例的可能性大得多。"[26]

此外，梅多引用的这个奇怪的精确初始数字 1/8543 来自英国卫生部委托进行的一项研究，这是对当时婴儿猝死综合征的总体发病率——大约 1/1300——进行调整的结果。调整基于我们所知道的克拉克一家的某些因素：他们是一对富裕的夫妇，关系稳定，萨利 26 岁以上，克拉克一家不吸烟，所有这些因素都被认为可以降低婴儿猝死综合征的发病率。索尔福德大学数学教授雷·希尔等批评者指出，梅多忽略了一些使得克拉克家中新生儿患婴儿猝死综合征的可能性增加的因素，包括两个孩子都是男孩这一事实。[27]

所有这些批评都很重要，而且都有充分的依据。但梅多的证词存在一个最大的问题，也是萨莉·克拉克应该极力为自己辩护的地方，那就是他计算了错误的概率。也就是说，用我们的话来说，梅多一直只关注某一特定事件（同一家庭中两个显然健康的孩子在婴儿期突然死亡）的抽样概率，而他本应该考察两个孩子被谋杀这一假设的推断概率。他认为，在备择假设下，他们被照顾得很好，这种照顾会让他们的死亡变得非常不可能，他用这个作为证据，证明假设本身是不可能的。

但这就像前面给出的忽视基础概率的例子一样。两名儿童以任何方式死于婴儿期已经是极不可能的事情，但这是我们必须以其为条件的观察数据。为反映必须处理一种极其罕见的情况这样一个事实，我们的整个概率分配需要改变。在考察证据之前，我们应该合理地分配给命题"萨莉·克拉克谋杀了她的两个孩子"的先验概率本身是非常低的，因为发生在一个家庭内的双重谋杀也是非常罕见的！在这些推断中，我们还应该注意到，一些使像克拉克夫妇这样的夫妇的孩子不太可能死于婴儿猝死综合征的因素同样也降低了我们对"他们是凶手"的概率分配。

通过贝叶斯推断（这也纠正了梅多的抽样概率中的错误推断），希尔在《儿科和围产期流行病学》(*Paediatric and Perinatal Epidemiology*) 杂志的一篇文章中估计，婴儿猝死综合征假设的后验概率在 70% 到 75% 之间。[28]也就是说，抽样概率低并不意味着婴儿猝死综合征假设不可能解释这两个儿童的死亡；这实际上使它成为更有显著可能的解释。

上诉法院的法官们指出，梅多的计算基于一系列有问题的假设，而他没有

　　　　　　　伯努利谬误：不合逻辑的统计学与现代科学的危机

向陪审团说清楚这些假设。此外，他们指出，"我们甚至怀疑，梅多教授用图解说明连续多年在胜算极低的全国大赛马中获胜的几率，可能对（陪审团的）思维产生了重大影响，尽管初审法官在努力淡化这一点"。[29]

2003 年，萨莉·克拉克成功上诉后，司法部长下令对所有类似案件进行复审，另外两名被判不止杀害一个自己孩子的女性唐娜·安东尼和安吉拉·坎宁斯的定罪被推翻。第三名被告特鲁普蒂·帕特尔被判无罪，当时对她谋杀三名儿童的审判正在进行中。在这三个案件中，梅多作为专家证人作证说，一个家庭多次有新生儿死于婴儿猝死综合征的可能性微乎其微。

在 2005 年的一场听证会后，英国医学总会以执业不当为由将梅多从英国医学登记册上除名，不过他在向英国高等法院提出上诉第二年后又被恢复了职务。尽管如此，对萨莉·克拉克来说，梅多的报应来得太晚了。萨莉·克拉克身边的人说，她一直没有从被错怪害死孩子的痛苦经历中恢复过来。2007 年，她被发现在家中因酒精中毒而死亡。

在法律界，梅多在这些案件中提出的观点——假设嫌疑人是无辜的，那么案件的事实就不太可能发生，因此，嫌疑人不太可能是无辜的——被称为检察官谬误。一个著名的、经常被引用的例子是 1968 年的人民诉柯林斯案。该案涉及两名嫌疑人——马尔科姆·柯林斯和珍妮特·柯林斯，他们在洛杉矶因抢劫被捕，依据是他们与犯罪目击者给出的某些特征相匹配：凶手之一是一个非裔美国人，最近可能长了胡须和小胡子，另一个是一个金发女人，通常梳着马尾辫，他们开着一辆部分黄色的车。附近州立大学的一名数学教师在审判中作证说，根据公诉人提供的估计概率（见表 2.10），随机选择的一对夫妇符合所有给定特征的概率是 1200 万分之一。

表 2.10 人民诉柯林斯案：声称每个特征匹配的概率

观　察	概　率
留胡子的男人	1/4
金色头发女人	1/3
马尾辫女人	1/10
有胡子的非裔男人	1/10
车中的跨种族夫妇	1/1000
半黄的汽车	1/10

就像梅多在萨莉·克拉克一案中的证词一样，这份证词中存在着明显的概率计算问题，主要是因为这些有着明显依赖性的因素在概率计算中被视为独立。一个留着胡子的非裔美国人，比如他有胡子，他是车里的跨种族夫妇的一员等，应该有更高的条件概率。

但是，即使撇开这些问题不谈，控方认为低可能性使得柯林斯夫妇无罪的可能性极低的推断仍然是有缺陷的——原因与梅多有缺陷的推断相同。概率正好相反。如果我们假设，例如，如果我们只知道马尔科姆·柯林斯和珍妮特·柯林斯是洛杉矶地区的一对情侣，那么我们认为他们有罪的先验概率分配（不以他们是否符合给定的描述为条件）应该是 1 除以当时区域内所有情侣的数量，大概是 500 万。

那么我们甚至可以同意控方的说法，假设柯林斯夫妇无罪，符合证人描述的所有特征的概率是 1200 万分之一。如果他们有罪，匹配的概率是 1。得到的推断表见表 2.11。

表 2.11　人民诉柯林斯案：具有低先验概率的后验推断

假设 H	先验概率 P［H｜X］	抽样概率 P［D｜H且X］	路径概率 P［H｜X］P［D｜H且X］	相对比例 P［H｜D且X］
有罪	1/5000000	1	1/5000000	≈ 70%
无辜	4999999/5000000	1/12000000	4999999/（5000000 × 12000000）≈ 1/12000000	≈ 30%

我们对无罪可能性的事后评估可能得出概率大约为 30% 的有力证据，但肯定不是超越合理怀疑的证据，这与控方显然希望自己在陪审员头脑中巩固的 1200 万分之一的数字相去甚远。在这里，我们再次看到，某些事情"偶然"发生的小到令人难以置信的可能性不能完全克服对备择假设的先验概率。

加州最高法院在上诉中以 5:1 的结果同意并推翻了对柯林斯夫妇的判决。法官雷蒙德·沙利文代表多数意见评论道："毫无疑问，陪审员对数学论证的神秘性印象深刻，但无法评估其相关性或价值。"[30]

另一个更近的例子是荷兰儿科护士露西娅·德·伯克的案件，她在 2003 年基于间接证据被判犯有谋杀和企图谋杀几名她所护理的病人的罪行。控方的论据之一是法律心理学家亨克·埃尔弗斯的计算，在同一名护士值班期间偶然发生这么多的死亡或濒死事件的几率是 3.42 亿分之一。根据刑法教授西奥·德·鲁斯的说法，"在露西娅·德·伯克案中，统计证据是非常重要的。我不明白，没有它，怎么能定罪"。[31]

最终，露西娅案被重新调查，每个病人死亡的医疗细节都用更好的诊断工具进行了更仔细的检查。在 2010 年的上诉听证会上，证人作证说，病人的死亡是由自然原因和医院管理不善共同造成的，露西娅被正式宣告无罪。但是，错误的统计观点——这一系列的死亡不可能是偶然的，因此，嫌疑犯不可能是无辜的——从一开始就不应该被允许出现。正如马克·布坎南 2007 年在《自然》杂志上发表的一篇文章中所描述的那样：

> 法庭需要权衡两种不同的解释：谋杀还是巧合。关于死亡不太可能是偶然发生的观点（无论是 1/48 还是 3.42 亿分之一）本身就没有意义——例如，在同一家医院发生 10 起谋杀案的可能性更低。重要的是这两种解释的相对可能性。然而，法院只给出了对第一种情况的估计。[32]

随着基于数据科学的概率工具的证据变得越来越普遍（想想社交媒体活动、浏览历史、定位服务等），有多少其他陪审团会因为涉及微小概率的类似观点而被错误推断所迷惑？

一个有很多名字的错误

"忽视基础概率"和"检察官谬误"是一回事，两者都是伯努利谬误的例子。在诊断一种疾病时，似乎检验本身的准确率就足够了，但所有的概率都指向错误的方向：P［检查结果 | 患者的病情］而不是 P［患者的病情 | 检查结果］。这和"检察官谬误"中犯的错误完全一样，检察官谬误认为，抽样概率 P［案件的事实 | 嫌疑人是无辜的］在某种程度上就是我们为无罪假设分配一个概率所需要的。同样的错误也出现在伯努利的陶瓮取石问题中，在这个问题中，概率 P［样本比例 | 陶瓮比例］被认为决定了概率 P［陶瓮比例 | 样本比例］。

如果我们用伯努利的语言——道德上的确定程度——来重新表述它们，我们可以让这些谬误看起来更诱人。以医学诊断为例，我们可以得出这样的结论：

> 无论一个人是否真的阳性，检验结果（阳性或阴性）与疾病状态（阳性或阴性）匹配的概率都很高。

换句话说，无论我们是否患有这种疾病，我们都有极高的几率，甚至以道德确定性得到符合我们基本情况的检验结果。根据这种说法的明显对称性，在得到一个阳性的检验结果后，我们可能会得出这样的结论：

> 我们的疾病状态（阳性或阴性）符合我们给定的检验结果的概率很高。

也就是说，如果检测结果呈阳性，我们会认为自己患有这种疾病的道德确定性很高。

但我们已经证明，这种思维过程遗漏了关键信息。这两种陈述的概率分配基于不同的假设：一种假定给定的假设，另一种假定给定的观察结果，它们完全不同。没有认识到备择假设的必要性及抽样概率和推断概率之间的区别使得伯努利的观点有错误，并导致我们今天出现无数医疗建议有误、风险评估错误和司法不公的例子。

它还以一种不同的伪装，形成了我们现在所认为的标准统计实践的基础。我们将在接下来的章节中探讨的问题是，如今统计分析的主要模式不是贝叶斯模式。自 20 世纪 20 年代以来，评判科学理论的标准方法一直是费雪所普及的显著性检验。毫无疑问，他的方法及其衍生产品如今已成为科学数据分析的通用语言。他声称，显著性检验是科学推断的通用工具，"在所有实验中都是通用的"[33]，这一主张似乎被它在所有学科中的广泛应用所证实。

费雪对贝叶斯推断深恶痛绝，认为这是一个巨大的历史错误："这是数学界唯一深陷其中的错误。"[34]因此，他的方法没有任何先验概率的位置，他认为先验概率不是进行推断所必需的。显著性检验只使用假定假设为真的数据的概率，也就是说，仅使用贝叶斯规则的抽样概率部分。如果观察到的数据（或更极端的数据）在零假设（通常是假设无效）下不太可能出现，则该数据被视为显著，并被认为有足够的证据拒绝该假设。

为捍卫这种方法的逻辑，费雪写道："一个人如果习惯性地暂时'拒绝'一个假设，当其显著性在1%或更高的水平时（也就是说，当这种极端的数据可能只有1%的时间出现时），错误的决定肯定不会超过1%。因为当假设正确时，他只会在1%的情况下犯错，而当假设错误时，他永远不会在假设被拒绝时犯错。"[35]

然而，这一论点掩盖了一个关键点。为了理解哪里出了问题，考察以下疾病检测例子中对事实的完全真实摘要（没有假阴性，1%的假阳性率）：

> 假设我们对100万人进行了这种疾病检测，我们告诉每一个检测呈阳性的人他们患有这种疾病。那么，在那些真正患病的人当中，我们每次都是正确的。对于那些没有患病的人，我们只有1%的概率是错的。所以总的来说，我们的检验不正确的概率不到1%。

听起来有说服力，对吗？但这里还有另一个同样真实的事实摘要，包括了万分之一的基础概率：

> 假设我们对100万人进行了这种疾病检测，我们告诉每一个检测呈阳性的人他们患有这种疾病。那么我们就能正确地告诉所有100名患了这种疾病的患者他们得了这种病。在剩余的999900名未患此病的人中，我们将错误地告诉9999人他们患有此病。因此，在我们确定患有这种疾病的人中，大约有99%会被错误诊断。

想象一下，你或你爱的人收到了一个阳性的检测结果。你觉得哪个摘要对你更有意义？

忽略假设的先验概率，显著性检验的作用相当于仅根据病人在没有病情时检测呈阳性的频率来诊断某种疾病，或者仅在嫌疑人无辜的情况下，根据案件事实的可能性有多大来作出法律裁决。简而言之，显著性检验会告诉我们假想的病人可能患有这种疾病，并错误地判定萨利·克拉克有罪。

最后，假设在我们的例子中，那些得到阳性检测结果和假定诊断的人再次通过其他方法进行检测。我们会看到大多数最初的结果无法重复,这是诊断中的"复制危机"。这正是今天科学界正在发生的事情。几乎所有使用统计学的实验科学领域现在都不得不面对这样一个事实:它们的许多既定结果是不可复制的。

一旦我们探究现代统计方法的历史起源,我们就会把注意力转向它们几十年来对建立在其基础上的科学学科所造成的——以及正在继续造成的伤害。

不过,在此之前,最大的问题是频率主义统计学的扭曲逻辑最初是如何成为标准的。部分原因是,当论证以某种方式被提出时,伯努利的推断方法听起来很诱人,正如我们在这里看到的。但我们将看到,这在很大程度上也是由于当它从赌徒和天文学家的工具变成处理人和社会问题的工具时,概率引发了极端反应。事实上,伯努利谬误在我们这里所考察的严肃应用(医疗诊断、刑事司法、执法等)中持续到今天并不是偶然。当关键时刻到来时,人们会求助于频率支持的概率,以获得一种稳定的感觉。为了理解这种动态,以及频率主义和社会科学是如何共同成熟的,我们首先需要回到 19 世纪,与概率论的主要"桥梁"建造者阿道夫·凯特勒见面。

注释

① 在 1229 年的选举中出现平局后,这个数字从 40 增加到 41,你猜对了,这是通过抽签决定的。

② Miranda Mowbray and Dieter Gollmann, "Electing the Doge of Venice: Analysis of a 13th Century Protocol," in 20th IEEE Computer Security Foundations Symposium (Los Alamitos, CA: IEEE, 2007), 295–310.

③ Jacob Bernoulli, *On the Law of Large Numbers*, trans. Oscar Sheynin (Berlin, 2005), 19, http://www.sheynin.de/download/bernoulli.pdf.

④ Bernoulli, *On the Law of Large Numbers*, 19.

⑤ Bernoulli, *On the Law of Large Numbers*, 28.

⑥ 对于我们选的这些数,答案是 n = 4046。拿一个陶瓮试试吧!

⑦ 对于这里给出的数字,最小的样本是 n = 16700 左右,但因为他对样本上限的讨论,伯努利的答案会更大。

⑧ 我们在上下文中使用"抽样"和"推断"标签,分别表示与实验结果(样本)相关的概率,以及与我们希望对其进行推断的实验假设相关的概率。但这并不是说这些是不同的概率"类型"。正如前一章所讨论的,概率只有一种类型。一个人的抽样概率可能是另一个人的推断概率,这取决于所处的具体情形。

⑨ 更令人沮丧的是,我们可以在 F 的任何概率分布上整合第一个陈述,并得出"P〔S 接近 F〕是高的"的结论,但这仍然不是我们想要的推断概率陈述。

⑩ Ronald A. Fisher, "Inverse Probability," *Mathematical Proceedings of the Cambridge Philosophical*

Society, vol.26, no.4 (Cambridge: Cambridge University Press, 1930): 528–535.

⑪ 技术细节：如果我们的陶瓷比例的先验概率分布在［0，1］上是均匀的，那么在观察到 8 个绿色和 22 个红色之后，我们的后验概率将有一个 β（9，23）分布，其在 3/30 和 13/30 之间的概率约为 0.963。

⑫ Brian Everitt and Anders Skrondal, *The Cambridge Dictionary of Statistics* (Cambridge: Cambridge University Press, 2002).

⑬ S. G. Soal, "Experimental Evidence for Extra-Sensory Perception," *Nature* 185 (1960): 950–951.

⑭ Charles Edward Mark Hansel, *The Search for Psychic Power: ESP and Parapsychology Revisited* (Buffalo, NY: Prometheus Books, 1989), 106.

⑮ Hansel, *The Search for Psychic Power*, 106.

⑯ David Hume, *An Enquiry Concerning Human Understanding: A Critical Edition*, ed. Tom L. Beauchamp (Oxford: Oxford University Press, 2000), 87.

⑰ S. G. Soal and Frederick Bateman, *Modern Experiments in Telepathy* (New Haven, CT: Yale University Press, 1954), 203.

⑱ Hansel, *The Search for Psychic Power*.

⑲ Tom Stoppard, *Rosencrantz and Guildenstern Are Dead* (New York: Grove, 1967), 16.

⑳ Richard P. Feynman, Robert B. Leighton, and Matthew Sands, *Six Easy Pieces: Essentials of Physics Explained by Its Most Brilliant Teacher* (Reading, MA: Addison-Wesley, 1995), xxi.

㉑ Ronald A. Fisher, *Statistical Methods and Scientific Inference* (Edinburgh: Oliver and Boyd, 1956), 39.

㉒ Jordan Ellenberg, *How Not to Be Wrong: The Power of Mathematical Thinking* (New York: Penguin, 2015).

㉓ David M. Eddy, "Probabilistic Reasoning in Clinical Medicine: Problems and Opportunities," in *Judgment Under Uncertainty: Heuristics and Biases* (Cambridge: Cambridge University Press, 1982), 249–267.

㉔ Leila Schneps and Coralie Colmez, *Math on Trial: How Numbers Get Used and Abused in the Courtroom* (New York: Basic Books, 2013).

㉕ Roy Meadow, *ABC of Child Abuse*, ed. Roy Meadow, 3rd ed. (London: BMJ Publishing Group, 1997), 29.

㉖ Royal Statistical Society, "Royal Statistical Society Concerned by Issues Raised in Sally Clark Case," news release, October 23, 2001.

㉗ Ray Hill, "Multiple Sudden Infant Deaths—Coincidence or Beyond Coincidence?," *Paediatric and Perinatal Epidemiology* 18, no.5 (2004): 320–326.

㉘ Hill, "Multiple Sudden Infant Deaths."

㉙ R v. Clark,［2003］EWCA Crim 1020.

㉚ People v. Collins, 68 Cal. 2d 319, 438 P.2d 33, 66 Cal.Rptr. 497 (1968), 9.

㉛ "Statistiek in het strafproces," NOVA/Den Haag Vandaag, Petra Greeven and Marcel Hammink (Hilversum, Neth.: VARA/NOS, November 4, 2003).

㉜ Mark Buchanan, "Statistics: Conviction by Numbers," *Nature* 445, no.7125 (2007): 255.

㉝ Ronald A. Fisher, *The Design of Experiments*, (London: Oliver and Boyd, 1935), 11.

㉞ Ronald A. Fisher, "On the Mathematical Foundations of Theoretical Statistics," *Philosophical Transactions of the Royal Society of London*. Series A, Containing Papers of a Mathematical or Physical Character 222 (1922): 311.

㉟ Ronald A. Fisher, *Statistical Methods and Scientific Inference*, 41–42.

第3章
阿道夫·凯特勒的钟形曲线之桥

> 这种（概率）演算在道德问题上的应用令人反感。例如，它相当
> 于用数字来表示一个判决的正确性，因此把人当作骰子来对待。
>
> ——路易·潘索（1836）

正如我们在第1章中看到的，概率在早期主要用于回答关于几率游戏的问题。19世纪初，当皮埃尔-西蒙·拉普拉斯等人完成他们的工作时，人们已经开始在天文学和大地测量学（研究地球形状的学科）等"硬"科学中应用概率方法。一百年后，它成为心理学、社会学、经济学、法学、人口生物学等"软"科学的重要部分，直到今天它仍存在于这些学科中，但这段旅程并不容易。促成这一转变的人可能是比利时科学家阿道夫·凯特勒。

雅各布·伯努利和拉普拉斯本人都预示了这一举动。在他18世纪70年代早期关于概率的著作中，拉普拉斯首先考察的例子之一是几率游戏之外的东西：分析巴黎男孩和女孩的出生率。在那时，这个问题已经有很长的历史了。1710年，诙谐的苏格兰作家约翰·阿巴思诺特（他在没与乔纳森·斯威夫特和亚历山大·波普这样的人交往时，也涉足数学）曾考虑过这样一个问题：出生的男性和女性数量是否可以被视为纯粹的几率结果。他查阅了从1629年到1710年82年间伦敦受洗仪式的记录，发现每一年出生的男孩都比女孩多。他的推理是，如果只是几率在起作用，那么结果应该像抛一次均匀的硬币一样，他得出了$(1/2)^{82}$的概率，或者说大约是4.8万亿分之一，就像大自然不知怎么一连抛了82个正面一样。他把这个难以置信的小概率作为足够的证据来拒绝几率的解释，并把他的结果写在了一份笔记中，标题毫不隐讳地叫"对神意

的论证"。

尼古拉·伯努利等对概率有更微妙看法的人指出，几率可能不仅仅意味着50/50 的硬币抛掷。例如，即使结果像从一个放了不均等混合物的陶瓮里抽取一个球（这是他叔叔也曾深入思考过的一类问题），几率仍可能发挥作用。在接下来的几年里，一些作者对出生和死亡记录有着明显规律性这一事实进行了评论，如威廉·德厄姆和约翰·苏斯密尔西，这两位牧师将这种规律性解释为神性存在的证据，还有威廉·斯格拉维桑德，他的作品得到了雅各布的弟弟约翰·伯努利的赞扬。

我们并不完全清楚是什么促使拉普拉斯特别思考这个问题，除了他最终认为骰子和陶瓮游戏没有那么重要。在投身于数学之前，他曾打算学习神学并成为天主教会的神职人员，因此，也许他对赌博有着挥之不去的宗教厌恶感。或许他像雅各布·伯努利一样，看到了概率不仅仅可被用来解决赌博纠纷的潜力。他后来在《概率分析理论》的序言中写道："生命中最重要的问题，在很大程度上，不过是概率问题。"[①] 在其 1780 年关于概率的回忆录中，他介绍了出生率的例子，他说："由于这个问题是我们能够应用概率微积分的最有趣问题之一，因为它的重要性，我得设法谨慎对待。"[②] 这也正好给了拉普拉斯一个机会，他可以用一个相当简单的框架和大量的可用数据来尝试用他的技术解决一个现实世界的问题。

拉普拉斯查阅了法国科学院 1745 年至 1770 年的记录，结果发现，在此期间，巴黎共有 251527 名男孩和 241945 名女孩出生。这似乎表现出了一种轻微的偏差，大约 51% 的婴儿是男孩。问题是，这是否可能是由于几率变化，即使真实概率是 50%。用他用来解释陶瓮取石问题的同样方法，他发现男孩的真实出生率小于或等于二分之一的概率约为 10^{-42}。换句话说，他几乎可以肯定地得出结论，在巴黎出生的新生儿更有可能是男孩而不是女孩。尽管观察到的偏差很小，但庞大的样本量表明，这几乎肯定是一个真实的效应。他根据覆盖了更长时间跨度的数据对伦敦的出生率也得出了类似的结论，他甚至能够计算出伦敦的男孩出生率高于巴黎的男孩出生率的概率很高。他认为，伦敦一定有某种特征"促进了男孩的诞生，这可能取决于气候、食物或习俗"。[③]

虽然它没有上升到证明上帝存在的水平，就像有些人希望的那样，但概率从陶瓮取石扩展到与社会相关的实际问题完全符合伯努利最初的雄心，它恰好与一种为社会公益服务而收集数据的新趋势相吻合。约翰·格朗特，白天是一名服装小贩，晚上则是一名人口学家。1662 年，他在伦敦取得了重大突破，利用每周的死亡率记录设计了一个发现伦敦爆发黑死病的早期预警系统。尽管该系统从未被实际部署，但它让人们看到了数据收集的丰富可能性及其对国家的有用性。到了 18 世纪 40 年代，德国哲学家戈特弗里德·阿亨瓦尔等著名思想家开始称这种数据为统计（德语中为 *statistik*），其词根是拉丁词 *statisticum*，意思是"国家的"。

早期的统计实践通常是纯描述性的，但一旦需要从数据中作出任何推断，通常的不确定性、测量误差和几率变化等问题就会出现。所以统计和概率从一开始就注定在一起。概率论似乎为解决这些问题提供了一些有用的策略，但将概率论应用于统计问题则涉及某种逻辑上的飞跃。

简单的例子，如猜测陶瓮里的东西，已经相当符合概率模型，而将同样的思想应用于容易出错的物理测量，如行星的位置，似乎也是足够合理的，但我们真的可以用同样的推断过程来处理关于人的问题吗？在某种意义上，决定一个婴儿是男孩还是女孩的众多因素真的就像陶瓮里的黑白鹅卵石一样吗？一个人可以对陶瓮里的东西作出明确和可证伪的陈述（如果你想知道真正的真相，只要看看陶瓮里面），但谁又能确定地建立任何关于人类倾向的命题呢？

这就是凯特勒的切入点。碰巧的是，由于其个性和在历史上的地位，他是唯一有资格在两个不同领域之间架起桥梁的人，将概率的概念引入另一个领域，并在此过程中创建了社会科学的学科。那座桥的建造以及概率论和统计学卓有成效的结合，都要归功于一个叫做正态分布的数学函数。如果凯特勒的桥有形状的话，那将是钟形曲线形状。我们会看到，如果没有它提供的支持，硬科学和软科学之间的桥梁必然会倒塌，因为有太多的人反对概率论和统计学的结合，他们正在努力"拆毁"这座桥。

但跨越这座桥的概率不同于我们开始旅程的概率。主要因为刚才提到的反对意见，概率不得不掩饰其贝叶斯的一面，并表现出最频率主义的一面，以便获得进入新领域的许可。对拉普拉斯和与他同时代的科学家来说，概率有时是一个基于无知程度的量，有时是一个通过观察频率来测量的量。对概率的双重性质的解释使得拉普拉斯既能处理我们现在理解为"纯粹的贝叶斯推断"的有关太阳的出现问题，又同时能思考大自然使得事件"可能性越大，发生的频率就越高"的能力。正如我们在第 1 章中看到的，这两个观察结果都让他受到了约翰·维恩的嘲笑。

拉普拉斯和其他持尖锐立场的人士享受了概率的所有方面，根据情况的需要，在贝叶斯和频率主义的思维方式之间自由切换，而持温和立场的科学家出于与自身争取合法性的斗争有关的原因，只能在概率意味着频率的情况下接受概率。因此，概率论和统计学的首次相遇也标志着严格频率主义的诞生，我们将在下一章中看到，这是一种概率哲学，将在 20 世纪中期的某个时候进入成熟期。受到凯特勒在 19 世纪 40 年代的工作的启发，频率主义第一次开始吸引严肃的追随者，当概率在具有社会重要性的问题，即人们的生命和幸福感受到威胁的问题上应用得越多，频率主义就越占主导地位。

远超普通的人

凯特勒于 1796 年出生在根特，当时根特还是新法兰西共和国的一部分。他在根特学习，擅长数学。1819 年，他完成了一篇关于圆锥曲线的论文，从新成立的根特大学获得了第一个科学博士学位。后来他搬到布鲁塞尔，开始在雅典学院教书。他在职业生涯中非常多产，在纯数学、天文学和社会学等领域完成了约 300 部作品，并创办了众多统计组织和期刊《数学和物理通讯》（ *Correspondance mathématique et physique* ）。毫无疑问，他是 19 世纪最有影响力的比利时科学家。在业余时间，他还写了一部歌剧剧本、几本诗集以及一部关于浪漫主义的历史研究。

1820 年左右，凯特勒认为，布鲁塞尔需要一座天文台来巩固其作为知识中心的地位。因此，他开始筹集资金并获得政府官员的支持，建立一个自己担任主任的天文中心。在当时，唯一的问题是他对天文学一无所知，但他并没有因此受到阻碍。1823 年，他（设法让政府出钱）前往巴黎进行为期三个月的旅行。在巴黎，他向著名的科学家和天文学大师如弗朗索瓦·阿拉戈和亚历克西斯·布瓦尔等学习，他们都是拉普拉斯的学生。这些天文学家又把凯特勒介绍给他们在城里的知识分子圈子里的朋友。正是通过这些朋友，凯特勒发现了拉普拉斯的概率理论及其应用，这对他的职业生涯产生了深远的影响。

凯特勒在 1828 年成功建立了他的布鲁塞尔天文台，同时成为一名地区统计事务顾问。那时，比利时是荷兰联合王国的一部分，计划在 1829 年进行人口普查。过去由于该区域动荡的政治条件和由移徙造成的不完整的人口变化记录，估计人口的努力受到阻碍。在巴黎的时候，凯特勒学会了一种不用进行全面人口普查就可以估计人口的拉普拉斯新方法。

拉普拉斯的想法是这样的：从可以找到可靠记录的每年出生人数开始（如他在分析男性和女性的出生率中看到的那样），然后把这个数字乘以估计的人口与年度出生人数的比率。这一比例可以通过对较小但相似的地区或社区的全面普查来估计。拉普拉斯已经证明，用这种方法估计法国的人口是很精确的。凯特勒看到这种方法节省了进行全面人口普查的费用而只在准确性上稍有损失，因此建议自己的国家也采用这种方法。

最后，凯特勒被担任国家事务顾问的巴伦·德·凯弗伯格说服，放弃了这种做法。本质上，巴伦·德·凯弗伯格的观点（见凯特勒的回忆录）是不同的社区会有不同的人口比例，即由于每个地方独特的因素，出生率也会不同：

> 影响死亡率的规律由许多因素组成：城镇和平原、富裕的大城市和不那么富裕的小村庄的情况不同，而且取决于当地人口是密集还是稀少。该规律还取决于地形（高或低），土壤（干或湿），与大海的距离（近或远），人民的幸福与痛苦，他们的饮食、服装和一般生活方式，在存在众多当地特色的情况下，任何事先的列举都是不可能的。关于生育的规律几乎是一样的。因此，根据不完全的和推测性的知识，预先精确地确定所有这些存在的因素的组合实际上是极其困难的，甚至可以说是不可能的……那么，在这方面，我们经常会发现人口稠密的地区能被同化，并被合并在同一个类别中，这是值得怀疑的。[④]

我们可以在凯弗伯格的关注点中看到与伯努利曾经顺便承认的引用类问题完全相同的问题。每当概率被应用到简单几率游戏之外的复杂生活时，这将成为频率主义解释的一个麻烦。从概率的角度来看凯特勒的问题，如果我们想以观察到的出生人数为条件为一个国家的人口分配概率值，我们可以试着根据相关的人口比例进行推断：在类似的社区观察到出生的频率。但怎样算相似呢？正如凯弗伯格所阐述的，一群人，甚至一个人，可以被认为是无数变量的组合，每个变量都与手头的问题有关。我们有什么权利无视这些特质，把人们归为一类？事实证明，这个概念上的障碍比任何数学问题都要严重，它是将概率应用到统计问题上的最大障碍。

人口普查遭遇问题令凯特勒感到震惊，但他却对收集和分析社会数据产生了新的兴趣。在接下来的几年里，他将各种令人眼花缭乱的数据集制成表格并以图形显示出来：按城市、季节、职业和时间划分的出生率和死亡率；测量得到的人的身高、体重、力量和成长率；犯罪报告和酗酒率；自杀；结婚率与受孕率的季节变化等。或许是受到了巴伦·德·凯弗伯格的怀疑态度的反作用，他的目标就是用分析的方法研究所有人的相同或不同之处，并创建一个管治社会的社会物理学理论，相当于开普勒的行星运动定律和其他自然科学中不可改变的原则。在这一过程中，凯特勒就是他自己的第谷·布拉赫，他为自己收集了大量的数据，就像布拉赫为开普勒收集数据一样。

1835 年，凯特勒将他的许多观察结果汇编在两卷本的《关于人和他的能力的发展，或关于社会物理学的论文》（ *Sur l'homme et le développement de ses facultés, ou Essai de physique sociale* ）中。从某种意义上说，它是将社会科学作为定量学科的第一部著作。引人入胜的题材和凯特勒雄辩的写作风格使其一举成名。《雅典娜神庙》（ *Athenaeum* ）上一篇热情洋溢的评论将这一著作的出版描述为"在文明的文学史上形成了一个时代"[5]，这引起了查尔斯·达尔文的注意，并（连同凯特勒后来的作品）帮助他发展了自然选择理论。[6]

在其学术生涯的剩余时间里，凯特勒继续收集社会数据并拓展他的分析方法。凯特勒现在闻名的社会科学的主要思想是"普通人"思想。对凯特勒来说，"普通人"是一个类似于物理重心的概念。对于一群完全不同的人，他们会有这样或那样的行为，有这样或那样的身体特征或者经历这样或那样的生活事件，"普通人"决定了他们的集中倾向。在数值上，它只是他所考察的任何数据集的平均值，这是一种直接来自平均天文观测数据以获得更高精度的标准实践的技术。但是，这些平均倾向在时间上和地点上的明显稳定性给了我们一种人类社会终究是有秩序的感觉。即使个人的生活是起伏不定的，"普通人"的生活也是可以预测的。正如凯特勒所解释的那样，他的社会物理学的一个基本原理是："观察到的个体越多，个体的特性，无论是生理上的还是道德上的，被抹掉的就越多，而普遍的事实就会占主导地位。社会是靠它存在和保存的。"⑦ 这是一种平等主义的理想，与革命后法国的政治心态非常契合。

凯特勒自己偶尔会对"普通人"的美德作诗意的描述，从而得出这样一些崇高的特征描述："如果一个人在任何一个特定的社会时代拥有'普通人'的所有品质，他就代表了所有伟大、善良或美丽的东西。"⑧ 一些批评家指出，"普通人"（实际上大约一半是男人，一半是女人？）不一定是道德最高尚的人，而是平庸的人。值得赞扬的是，凯特勒并没有只关注一个"普通人"，而是根据不同的分组方式，考察了许多不同的"普通人"。事实上，这个概念最有用的地方在于它允许凯特勒比较不同群体的平均水平（比如普通法国人与普通比利时人或普通英国人），或者将一个因素与另一个因素联系起来。

但现实中的人往往会偏离平均水平，这仍然是一个问题，凯特勒还没有完全解决凯弗伯格关于将不同的人放在同一组的危险的担忧。我们能不能对不同程度的个体差异的规律性说点什么呢？凯特勒的回答是肯定的，他又从天文学的一个工具中得到了启发：拉普拉斯误差分布定律（law of the distribution of error），也就是我们现在所说的正态分布。

正态分布有一个我们所熟悉的钟形曲线形状，用数学上的函数来描述为：

$$f(x) = Ce^{-(x-\mu)^2/(2\sigma^2)}$$

这表明，任意给定的 x 的概率随着 x 离某一称为 μ（均值）的值（即曲线从左到右的顶点位置）越远而（随距离的平方）呈指数衰减。衰减速率由数字 σ（标准差）控制，σ 决定了曲线的宽度，σ 越大钟形越宽。常数 C 只是确保概率加起来的和是 1。⑨ 由于曲线的形状特征，大部分概率集中在中间附近：在这种分布下，一个量有 68% 的几率在均值的一个标准差范围内，即在 μ 两侧距离 σ 范围内。

要理解为什么凯特勒或拉普拉斯会关心这个函数，我们需要暂时地回到 18 世纪早期，还要回到 1810 年的巴黎天文学。

"我们的方法"

亚伯拉罕·棣莫弗是第一个提出用正态分布来近似伯努利陶瓮取石问题所需的二项分布的人。记得伯努利说过，假设陶瓮中白鹅卵石的比例是 p，从 n

个鹅卵石中取出 k 个白鹅卵石的概率由以下公式给出：

$$\binom{n}{k} p^k (1-p)^{n-k}$$

这也可以被认为是 n 个随机数的相加，每个随机数取 1 或 0 的概率分别为 p 或（$1-p$）。这些总和可以代表在一个样本中多添加一块白鹅卵石，在威尼斯委员会中多投一票，或者一般来说，在一系列试验中多一次"成功"，而这些试验成功或失败的概率都是固定的。

作为 k 的函数，在最小值 0 和最大值 n 之间，绘制出的二项分布也呈现钟形曲线形状，并在均值 $p \cdot n$ 附近有一个峰值。

问题是，对于任何相当大的 k 和 n，这个函数的计算在没有计算器帮助的情况下是非常费力的。例如，就像我们在上一章的例子中所做的那样，假设陶瓮中白色鹅卵石的比例为 1/3，陶瓮中总共有 30 个鹅卵石。我们想要手工计算从陶瓮中取出 5 颗到 15 颗白色鹅卵石的概率，首先需要考察 30 次中命中 5 次的概率：

$$\binom{30}{5} (1/3)^5 (2/3)^{25}$$

为了说服自己这有多难，假设你是 18 世纪的数学家，拿出你最好的羽毛笔和羊皮纸，开始工作。首先，你需要展开二项式系数：

$$\binom{30}{5} = \frac{30!}{5! \cdot 25!}$$

你将得到 142506。

但现在你还需要处理（1/3）^{5}（2/3）^{25} 部分，这可以记为 $2^{25}/3^{30}$。将这些幂展开，再乘以之前的系数，就得到了最终的答案。别忘了约分。

你得到 $\dfrac{177100292096}{7625597484987}$ 了吗？

很好，现在对 k 的不同值重复这个过程 10 次或更多，然后把所有得出的分数加起来（因为有公分母，所以运气好），得到最终的概率。

实际上，这对任何具体的例子来说都是一场噩梦，而伯努利和其他人试图证明这类和式的一般定理，让事情变得更加困难。所以他并未采用30、5、1/3，相反将使用 *n*、*k*、*p*，然后试图用代数方法把二项式系数相加求和，看它们是否符合他所希望的模式——也就是说，对于较大的 *n*，大部分概率都集中在峰值附近，在这里"大部分"和"附近"都有精确的含义。伯努利对大数定律的证明之所以令人印象深刻，是因为他实际上做到了这一切。

棣莫弗，凭借一种非凡的灵感，大大改进了这个过程。他证明了，前面给出的正态分布函数（本质上只是他猜测的）是对二项分布一个很好的近似，至少在 *p* = 1/2 和 *k* 接近峰值 *n*/2 的对称情况下如此。然后，任何概率计算所需的求和可以使用对数表或积分学的技术（至少是近似地）得到。

拉普拉斯对棣莫弗的结果进行了扩展。他表明，对于任何成功概率 *p*，正态分布都能很好地逼近二项分布，更一般地说，可取任意值（而不仅仅是 1 和 0）的任意较大值的独立变量的和的分布都会遵循相同的定律，就像伯努利例子中那样。这是一个很常见的框架，所以实际上，这意味着人们应该期望能够在各种情况下发现正态分布。特别是，如果例如天文观测中的误差可以被认为是大量小独立误差的总和——比如观察者望远镜的小缺陷——那么可以预期最终误差的总体概率分布遵循钟形曲线。

差不多在拉普拉斯证明这个普遍结果的同时，伟大的数学家卡尔·弗里德里希·高斯正在研究一个完全独立的涉及正态分布的推导。一段时间以来，实验物理学领域的人们已经知道，将相同数量的多个观测结果平均，通常是获得准确估计的一个很好的做法。算术平均是一种令人满意的物理模拟，它与一组点的质心相似，而且它碰巧是使误差平方和最小的值。

例如，假设某未知量的三次观测结果是10、12和17。如果我们猜真值是 x，那么我们测量的误差必然分别是（*x* – 10）、（*x* – 12）和（*x* – 17）。使误差平方和项 $(x-10)^2 + (x-12)^2 + (x-17)^2$ 最小的 *x* 的值，是三个观测值的平均值：[10]

$$x = (10 + 12 + 17) / 3 = 13$$

18 世纪和 19 世纪早期的天文学家试图了解太阳系的某些动力学，比如木星和土星的加速度，以及月球绕地球轨道的离心率，他们都面临着类似的问题。这些问题都涉及某些未知量的线性方程组，比如木星到太阳的距离，其系

伯努利谬误：不合逻辑的统计学与现代科学的危机

数由他们可以观察到的事物决定，比如所有行星的相对位置。通常，如果收集了很多观测数据，方程数量就会比未知数多。这意味着方程组是超定的，但每个方程组都必然包含一些由观测的测量误差产生的误差。就像前面的例子一样，求解未知量相当于为这些误差赋值。

1805 年，法国数学家阿德里安-马里·勒让德公布了一种解决这类问题的通用方法的推导，这种方法可以最小化误差平方和，很明显，这一方法即最小二乘法。他基于美学来宣传他的方法："通过这种方法，我们在误差之间建立了一种平衡，因为它防止了极端值的支配性，所以适合于揭示最接近真理的体系的状态。"⑪ 但是，最小平方和误差规则并不是唯一具有这种"适当"性质的规则，勒让德没有（很可能也不能）用更严格的数学证明来补充这个论证。

众所周知，高斯是有史以来最杰出、最具影响力的数学家之一，尤其是在代数和数论领域。但他也是一位有成就的经验主义科学家，对光学和天文学特别感兴趣。他对科学的一些最大贡献是处理这些学科的实际困难，特别是测量误差。例如，在 1801 年，意大利天文学家朱塞普·皮亚齐发现了小行星谷神星（Ceres），引起了相当大的轰动。但在这颗小行星和地球的运行轨道结合在一起导致它消失在太阳后面之前，皮亚齐只能记录下几次观测结果。那么，最大的问题是，它将在哪里重新出现。预测它何时何地会回来，意味着要结合可用的稀疏数据对小行星的轨迹进行估计，这在天文学界成了一种竞争。当时 24 岁的高斯用一种更难处理的最小二乘法解决了这个问题。那年晚些时候，天文学家发现谷神星几乎就在他预测的位置。

几年后，高斯将对这类问题的研究方法正式化，并为其建立了坚实的理论基础。在他于 1809 年出版的拉丁文版的《天体运动论》（*Theoria Motus Corporum Coelestium in Sectionibus Conicis Solum Ambientium*）一书中，高斯描述了最小二乘法，简单地称之为"我们的方法"。他声称，在勒让德论文发表之前，他已经使用这个方法至少 10 年了，可以理解的是，勒让德并没有很好地接受这个说法。⑫

不过，高斯的主要创新之处是，他用概率术语表示了他的推导过程。在高斯看来，一般情况下，天文学家需要计算出几个未知参数的值，比如某些小行星轨道的偏心率和倾斜度，而这仅仅是基于一组"嘈杂"的观测结果。但由于这些观测结果都包含误差，所以不可能找到一个完全符合数据的完美解。相反，我们应该做的是给未知数分配一个概率分布——也就是说，说出它们在某个范围内的可能性有多大。

这使得贝叶斯分析的问题变得成熟，高斯遵循贝叶斯步骤来推断出解。首先，他必须考察参数的先验分布应该是什么：在进行任何观察之前，他应该给未知物理量分配什么概率？为了简单起见，他认为这些都是均匀分布——也就是说，扁平的先验分布，代表了一种完全均匀的无知状态。

根据我们的标准贝叶斯程序，逻辑上的下一步是考察我们所作的观察的条件概率，假设给定任何未知数真实值，就像从一个假定鹅卵石比例的陶瓮中得到一个特定的样本。因此，这相当于为测量误差分配概率分布。正如我们已经多次看到的，贝叶斯定理会告诉我们未知数的后验概率——也就是说，我们可以从数据中合理地得出什么推断。

然而，高斯表现出了标志性的独创性，决定扭转这个问题。他从他想要的答案开始——最小二乘解，他知道这个解在经验上表现得很好——然后问了这个问题：我们需要对测量误差作出哪些假设才能在某种程度上证明这个答案是正确的？特别是，如果它给出了最有可能的未知数的解，即后验概率最高的解，那就特别有吸引力了。高斯能够计算出的是，所有的东西都将完美地排列在一起，这意味着当且仅当测量误差可以被假设为正态分布时，最小二乘解也是最有可能的。

高斯推导的消息在 1809 年的某个时候传到了巴黎的拉普拉斯那里。对其他人来说，高斯的结果可能看起来很聪明，但实际上毫无用处。他已经证明，为了证明最小二乘解的合理性，测量误差需要遵循钟形曲线，但他没有理由证明为什么误差首先要遵循这样的分布。但当拉普拉斯听到高斯的研究成果时，他立刻明白了如何将这些碎片以正确的顺序组合在一起。拉普拉斯在他自己的定理中表明，当一个值可以被认为是大量小的、独立的影响的集合时，可以期望出现正态分布。这里，高斯证明如果假设天文观测的误差呈正态分布，那么使用最小二乘法的实践将得到事实的支持，它同样也令后验概率最大化——也就是说，它产生了由数据表明的最可能的解（此外，正态分布是唯一具有这种吸引人的特性的误差曲线）。因此，通过合理地论证天文观测中的误差实际具有这种性质，拉普拉斯能够证明将误差归为正态分布，然后高斯的结果就适用了！当需要观测到的量服从线性方程组时（这几乎总是如此），使用最小二乘

伯努利谬误：不合逻辑的统计学与现代科学的危机

法将天文观测结果结合起来的整个实践可以得到坚实的理论支持。

拉普拉斯在他 1810 年发表的一篇论文中仓促地添加了一个引用高斯的成果的补遗来更清晰地阐述他自己的定理，并用它来证明误差正态分布的假设的合理性。

最小二乘法——今天仍然被广泛使用，我们现在称为普通最小二乘回归——在随后的几十年里是如此成功，高斯对误差分布的推导证明了它是如此巧妙，以至于正态分布后来被称为高斯分布，许多人现在仍然用这个名字来称呼它。证明正态分布普遍存在的拉普拉斯定理也得到了广泛的赞扬，在 1920年，乔治·波利亚给它起了一个看起来很"高大"的名字——中心极限定理，直到今天它仍然（以某种广义的形式）存在。

凯特勒主义

这又把故事带回了凯特勒。他可能是在 1823 年去巴黎学习天文学时接触到拉普拉斯的思想的。在 19 世纪 40 年代早期，他受到启发，尝试将它们应用到自己的社会物理学研究中。凯特勒在天文学实践方面的经验，以及他对开发适用于社会数据的类似规律的兴趣，使他处于一个独特的位置，可以将一个学科的想法转化为另一个学科的想法。考虑到自凯弗伯格否决了他的人口普查建议以来一直困扰凯特勒的问题，我们马上就能明白为什么拉普拉斯推导的钟形曲线作为一个广泛适用的误差定律会有很大的吸引力。

与其思考通过望远镜得到的观察误差，不如想象把同样的想法应用到一个人的物理特征上。比如，如果一个人的身高可以被认为是大量小的、独立因素的总和——如遗传因素或环境——这可能因人而异，但都共享一个对于给定类型的所有人而言是个常数的固定的基本事件概率，那么，可以预期这类人群的总体分布遵循钟形曲线。这就好像每个人的身高是通过从同一个给定鹅卵石比例的陶瓮中抽取大量鹅卵石来确定的，每一颗白色的鹅卵石使他们变高，每一颗黑色的鹅卵石使他们变矮。由于每个人都有相同的概率，并且净效应是独立抽取的小增量的总和，拉普拉斯定理保证了结果将是一个正态分布总体。通过这种方式，每个人都可以同时是相同的，即受到相同的潜在概率因素的影响，同时仍然是独特的，就像所有的因素都是为那个人实现的一样。

凯特勒开始在他所有的数据集中寻找正态分布，并且几乎在所有的数据集中都找到了。在一个著名的例子中，他研究了5738名苏格兰士兵的胸部测量数据分布，这些数据取自1817年的《爱丁堡医学与外科杂志》(*Edinburgh Medical and Surgical Journal*)，他发现正态分布可以很好地拟合这些数据。凯特勒开发了一种新型技术计算分布的最适合的一组 μ 和 σ 值，发现这一特定数据集的分布的分散度与人们通常在粗略测量任何一个人的胸围时所期望的测量误差是相同的阶数(约33毫米)。

也许是回想起了他作为天文学家的日子，凯特勒从这个想法中获得了巨大的灵感，并将5738名士兵的胸部尺寸分布与5738次测量同一名士兵的胸部尺寸的误差分布进行了比较，两者都是正态分布。所以他认为，我们可以把现实生活中的士兵想象成"就好像胸部是按照同一种类型、同一个人的模型制作的，如果你希望的话，这是一个理想的模型，但我们可以从足够长时间的研究中了解其比例。"[13] 换句话说，所有人，至少是某个特定群体中的人，都是不完美的、容易出错的理想对象：普通人。

正态分布及其与天文学误差定律的关系正是凯特勒所需要的，为他的社会物理学奠定了坚实的基础。它赋予普通人"数学真理的特质"。[14] 如果任何人类特征偏离平均值，从纯身体方面，如身高或臂长，到更受社会影响的变量，如死亡或婚姻，都可以被认为是测量误差，然后在这些误差被消除后，剩下的将是当时所考察的人口的真正类型。随着时间的推移，这种类型的变化将与这些趋势的运动相对应，它们与其他社会变量的运动的总体轨迹可以被描述为就像小行星绕太阳的轨道一样。正态分布规律甚至可以适用于离散变量，例如，一个人是否被判有罪，如果统计数字按社区或亚群体分组为人均比率，在这种情况下，误差法则可以描述局部比率与全局平均值的偏差。

凯特勒将正态分布的存在（他称之为 la courbe de possibilité，意思是"概率曲线"，或 la loi de possibilité，意思是"可能性法则"）作为证据，证明在他发现的任何群体中存在某种同质性。他推断说，因为当一个特征的产生是同类型的大量偶然偏差的总和时，这个分布就会显示出来，这意味着正态分布数据集的每个实例都必须根据这样的过程产生。正如他所写的那样，"数据中的这种对称性只存在于并且只能存在于同时给出均值的元素可以追溯到单一类型的情况下"。[15]

不幸的是，这个观点在数学上并不正确。还有许多其他非同质的数据生成方式，使得最终结果仍然是呈正态分布的。凯特勒错误地依赖于拉普拉斯定理的逆命题。但是他被同质性的暗示所吸引，这种暗示几乎出现在他对数据分组的每一种方式中，以至于他无法分辨这种同质性何时只是一个幻影。他对正态分布的青睐后来被一些统计学家狠狠地嘲笑。例如，弗朗西斯·埃奇沃思在 1922 年写道："（误差）理论应该与这种错误的学说区别开来，即一般来说，只要有一个顶点的曲线代表一组统计量……曲线就必须是'正态的'形状。该学说被戏称为'凯特勒主义'，理由是凯特勒夸大了正态法则的普遍性。"[16]

　　尽管如此，凯特勒尝试将正态分布与数据拟合的做法在所有学科中仍成了一种标准。这种分布对如此众多不同类型的数据都很有效，以至于科学家们开始对它失效的情况更感兴趣，因为在逻辑上，非正态分布可以被解释为对同质性假设的违背。1863 年，阿道夫·贝蒂隆发现驻扎杜省的法国士兵的身高呈双峰分布，他的同事古斯塔夫·拉尼奥将此作为证据，证明杜省的人口一定由凯尔特人和勃艮第人这两个不同的种族组成。[17] 让这种区别性分析更加精确的愿望引起了统计学家，尤其 19 世纪末卡尔·皮尔逊的注意，我们将在下一章中看到，这在很大程度上启发了对显著性检验技术的研究。

　　1861 年，英国物理学家威廉·斯波蒂斯伍德发表了一个正态分布拟合的特别奇怪的例子，他试图用一条钟形曲线来拟合 11 座山脉的方向，以观察这些山脉是否按照一个共同的理想"类型"产生。[18] 他的尝试根本没有成功。要不是被他的一位名叫弗朗西斯·高尔顿的朋友注意到了，这项工作本来是不值得关注的。我们将会看到，高尔顿是令统计学发展到今天这个面貌（无论其好坏）的最重要的人物之一。

频率主义的诞生

　　在连接天文学和社会物理学的凯特勒之桥的某个地方，概率的含义主要从主观主义演变为频率主义。特别地，如果将凯特勒对他钟爱的正态分布的使用与它的起源——高斯和拉格朗日的最小二乘法——进行比较，我们就能看到这种转变的发生。高斯的观点是：当面对一个线性方程组时，测量误差的正态概率分布与未知数的均匀先验概率分布相结合，会使最小二乘解也最有可能具有最大的后验概率。通过使用"先验"和"后验"这两个词，我们把它变成了一个明显的贝叶斯概念。但考虑到正态误差分布的假设，我们可以用两种方式来解释它：要么这个分布是我们指定的，在贝叶斯理论中它是我们了解或缺乏知识的结果，要么它可以是我们观察到的频率主义意义上的分布在真实观察中的体现。

举个简单的例子，想象一下，我们看到一个神秘的盒子，我们被告知盒子上面有一盏灯，每分钟闪烁一次红色或绿色。如果这就是我们所知道的关于盒子运作的全部信息，那么根据埃德温·杰恩斯的无差别理论，因为我们的无知，我们被迫赋予两种结果相等的概率。此外，没有任何信息让我们有理由将一个闪光的结果与下一个闪光的结果联系起来，所以我们必须将它们视为彼此独立。因此，只要将这些假设根据概率规则以数学的方式组合在一起，再将一段时间内绿色闪光的次数分配为二项分布，在长时间的分钟数内，该分布就可以很好地近似为正态分布。

然而，这个数字是否随时间呈钟形分布，取决于盒子内部的实际工作情况。也许这些闪光是偏红色倾向的随机过程的结果，或者它们实际上被设定为遵循某种模式，使得连续的结果不是独立的。或者可能每第一千天，一整天的闪光都是绿色的，从而造成分布的高度偏斜，因此是非正态分布的。基于我们所得到的信息，即使有我们不知道的潜在动态特征，我们的概率分配以及我们从中得出的任何结论仍然可能是正确的。

如果我们把误差理解为一些我们知之甚少的因素的总和，那么这种误差也同样适用于实验中某些测量的累积误差。我们对正态分布的分配可能是完全有效的，也可能与一系列实际观察结果不一致。然而，如今几乎所有研究科学统计推断的人都在讨论误差分布，仿佛它们的频率而非我们赋予它们的概率才是重要的。例如，人们经常听到科学家和统计学家谈论参数假设，包括数据实际上呈正态分布的假设，推定数据可以以某种方式被验证为正确或错误。我们将在下一章讲到，这在很大程度上是 20 世纪频率主义推断学派所产生的主流影响的结果，在这个学派的眼中，概率只不过是一系列试验中观察到的频率而已。

然而，回过头来看，我们至少要把这一转变部分归功于拉普拉斯。他的误差分布理论以及可以安全地将最小二乘法应用于天文学问题的推论，涉及天文测量的误差实际上服从正态分布，而不仅仅是我们能够正当地为它们分配正态分布的论断。这是一个他和其他人可以从经验上支持的主张。如果对同一个量进行一系列的测量，即使人们不知道确切的真实值，也会发现大多数测量结果倾向于聚集在某个中间点附近，越往外的值出现的频率越低，这与正态分布曲线是一致的。不过，拉普拉斯收敛定理（中心极限定理）中没有任何事物需要这种经验主义；任意数量的具有相同概率分布的自变量，在任何概率解释下，只要满足基本规则，其总和就会收敛于正态分布。

不过，在这些天文学应用中，正态分布在现实世界中得到了证明，至少得到了很好的近似。人们甚至认为与预测的正态分布偏离太大是发生了令人震惊的事情的迹象，这个数据点应该被抛弃。这也是一个明显的事实，像士兵的身高或胸围这样的真实数据似乎符合这种分布，这让凯特勒可以借用其社会物理理论的想法，开始混淆概率和频率。举个例子，使用凯特勒的方法，提问明年发生 100 起以上谋杀的概率是合理的，但提问真实的谋杀率每年超过 100 起的概率是没有意义的。

然而，拉普拉斯不会作出这种区分，尤其在推断问题上。对于拉普拉斯、高斯以及他们那一代的天文学家和物理学家来说，他们最感兴趣的是固定的未知量，比如木星的真实位置，他们可以很轻松地根据他们所作的观测为这些未知量分配"逆"先验和后验概率，这完全符合贝叶斯定理的规定。

所以，在某种程度上，这似乎是一个不幸的历史事故，就像经典定义和几率游戏的情况一样，分配的概率与频率相匹配，因为这使得后来的作者可以将频率作为概率的含义。但也正是这种对应性让这些观点更容易被接受。

毫无疑问，对于许多与凯特勒同时代的知识分子来说，将概率应用于深刻社会问题的想法，一开始是非常令人不快的——毕竟概率是一种起源于赌博的数学工具。例如，凯特勒考察的最具争议的数据集之一是陪审团审判中按年份、犯罪类型、被告的性别和年龄以及被告是否识字进行细分的定罪率。（他的结论是，如果你在 19 世纪 20 年代的法国被指控犯罪，最好的情况是你是一个受过良好教育的 30 岁以上的女性，自愿出庭回答针对某人的犯罪指控。）基于凯特勒的观点，数学家西莫恩·德尼·泊松（1781—1840 年）对相同的数据进行了概率分析[19]，试图回答以下问题：定罪率是否一直稳定，定罪率意味着被告的实际有罪概率是多少，改变陪审团的规模或改变定罪所必需的"多数"规则会产生怎样的影响等；所有这些都与拉普拉斯最初的目标完全一致，即把概率思维应用到所有几率似乎起作用的地方。

著名科学哲学家奥古斯特·孔德对概率可以在社会科学中发挥任何有意义的作用的说法感到恼火，称其为"大量几何学家的虚荣自负，认为社会研究可以通过从属于虚幻的概率数学理论而得到肯定"。[20] 他没有提及拉普拉斯的名字，但他以自己的方式提出了尖锐的批评："难道还能想象出一种比这个以一个假定的数学理论作为它的哲学基础，或作为它扩展到整个社会科学的主要方法，其中……我们竭力将数值概率这一必然复杂的思想用于计算的概念更不合理的吗？"[21] 孔德的追随者之一，数学家路易·普安索则公开批评泊松研究陪审团的工作是"对数学科学的错误应用"。[22]

悄然始于17世纪50年代的布莱斯·帕斯卡和皮埃尔·费马讨论最早的概率问题，在伯努利和拉普拉斯的工作中变得愈加清晰，归功于凯特勒和他的继任者，概率越来越多地开始侵入（影响）人们的日常生活且存在感愈发明显——在这些道德上的反对以及由他们所引起的回应中，我们听到了一个主题的延续。这个主题是：一个问题对社会越重要，对使用概率来回答这个问题的反对就会越激烈，使用概率的人就会越多地退回到频率这个理由上来。频率主义分析把观察者排除在外，耸耸肩说，不管你喜不喜欢，这些概率是我们观察到的，这是数据告诉我们的。

所以在这同一时间，19世纪的大约三分之一时间里，哲学家和数学家开始认真考虑概率的性质，推动关于概率是我们观察到的而不是基于我们的知识的内部东西的解释，这可能不是巧合。例如，1837年，泊松在包含他对陪审团的分析的研究中就已经区分了主观概率和客观概率。

在1842年到1843年的短暂时期，这些思想特别流行。伟大的哲学家约翰·斯图亚特·穆勒在他于1843年出版的《逻辑系统、推理和演绎》(A System of Logic, Ratiocinative and inductive)一书中写道，为了让几率理论适用于任何给定的问题，"必须有从大量实例的观察中获得的数值数据"，否则，"企图计算几率就会给单纯的无知披上知识的外衣，使其变成危险的错误"。[23] 英国数学家和哲学家罗伯特·莱斯利·埃利斯在他于1842年向剑桥哲学学会宣读的一篇论文《论概率理论的基础》(On the Foundations of the Theory of Probabilities)中也提出了客观概率理论，并于一年后发表。[24] 1843年，法国数学家安托

伯努利谬误：不合逻辑的统计学与现代科学的危机

万·奥古斯丁·古诺批评了一些使用拉普拉斯方法的人（尽管他不像孔德那样严厉），他写道："概率演算的真正重要性在于它适用于足够大的数字以至于人们必须求助于近似公式。"[25] 在 1842 年，德国哲学家雅各布·弗里德里希·弗里斯认为，概率应该只从频率的角度来考察，并限制在保险和天文测量等问题上，它尤其不应该被用于伯努利式的应用，比如法庭证词，因为"无法计算的东西不应该被用作伪计算"。[26] 1854 年，逻辑学家乔治·布尔在《思维规律的研究》(*An Investigation of the Laws of Thought*) 中包含了一个概率的逻辑理论，即不允许某些不是基于具体知识的概率分配。1866 年，约翰·维恩对概率进行了详细的基于频率的处理，并对拉普拉斯进行了批判，许多人认为这篇文章是他对这个问题的盖棺定论。

完全无知的问题

19 世纪的频率主义哲学家们都以自己独特的天赋研究这个问题，但他们反对贝叶斯推断的核心是一个统一的关注点：先验概率从何而来？贝叶斯的原始问题涉及对扔到桌子上的球的下落进行猜测（基本上是我们在第 1 章中考察的掷骰子游戏的连续版本），出于能够被频率主义观点支持的原因，球的未知位置的正确先验概率分布显然是均匀的。如果你用足够大的力气把一个台球扔到一张水平的桌子上，你会发现，从长远来看，它停下来的地方或多或少会均匀地分布在桌子表面。所以任何从先验概率开始的推断似乎都可以通过经验证明。但是如果你面对的是一个你没有先验知识的系统呢？如果你什么都不知道该怎么办？

拉普拉斯曾试图将同样的推理扩展到那些先验分布显然不是频率结果的问题，比如恒星的真实位置或地球的真实曲率的概率分配。他用均匀先验概率分布的贝叶斯规则来解决这些问题，因为他认为我们对真相的无知是一致的。因此，均匀分布（可能被限制在一定范围内）将在概率中发挥作用，就像零在计数中发挥作用一样，这是当你一无所知时的自然起点。后来，约翰·梅纳德·凯恩斯在他 1921 年的著作《论概率》中称其为"无差别原则"。但在 19 世纪中期，它被嘲笑为不充分理由原则，嘲笑的人中最著名的是布尔和维恩。埃利斯诗意地声称它违反了"无中生有就是无"(*ex nihilo nil*) 的基本思想。[27]

然而，它在科学上仍然是一个被接受的实践，这主要是因为没有更好的选择。正如天文学家威廉·菲什伯恩·唐金在 1851 年所指出的那样："如果有人对将我们的信念平均分配到我们同样无知的假设是否合适提出异议，那么我们就应该通过让他说出哪个更合适来反驳他。"[28]也就是说，任何偏向这一假设或另一假设的理由，都等于承认，事实上，我们从一开始就不是对情况一无所知。

但事实证明，完全无知并不是一个简单的概念。这取决于你如何看待它，对于某些问题，完全无知可能会导致矛盾的概率分配。在第 1 章中，我们简要地提到了约瑟夫·伯特兰德在其《概率计算》(*Calcul des probabilités*) 中介绍的著名的伯特兰德悖论。悖论的主旨是连续变量的均匀概率分布不是每个可能的函数都能保持的。因此，就像前面的例子一样，如果我们考察一个未知的正方形，我们可以说我们对正方形的边长或面积的无知是均匀的，但不是对两者都无知。由于这两个测量值由函数 $A = S^2$ 联系在一起，它们不可能都是均匀分布的，而是任何一个都可以合理地用来描述正方形的大小。

布尔实际上提出了一个更简单的反对意见，这个意见甚至适用于离散概率分布。[29]我们可以用一个简单的例子来说明布尔的想法，比如从一个陶瓮里取两个球。假设我们知道每个球是黑的或白的，但除此之外，我们一无所知。陶瓮中白球个数的概率分配是多少？一种思路是，我们可以说有三种情况：白球的数量是 0、1 或 2。所以完全无知的状态可能会要求我们为这些情况分配相等的概率 1/3。我们把这种情况称为第一类无知。

但是，考虑一次一个单个的球，我们可以令第一个球为两种颜色的概率相等，所以每种颜色的概率都是 1/2。因为我们完全无知，所以我们没有理由把第一个球的颜色和第二个球的颜色联系起来，进而给第二个球为白色一个独立的概率 1/2。这就好像我们认为球是二进制数字（1 表示白色，0 表示黑色），没有理由偏好任何四种可能的情况之一：00、01、10 或 11。我们称之为第二类无知。

把这些假设放在一起，我们会看到，在第二类无知下，白球数量的概率会像表 3.1 中那样。所以我们的概率分配不是均匀的！我们更确信有一个黑球和一个白球而不是两种极端情况，因为这种情况有两种发生的方式而不是一种。

　　　　　　伯努利谬误：不合逻辑的统计学与现代科学的危机

表 3.1　第二类无知下的概率赋值

白球数	概　　率	推　　理
0	$1/2 \cdot 1/2 = 1/4$	第一个球和第二个球必须是黑球
1	$1/2 \cdot 1/2 + 1/2 \cdot 1/2 = 1/2$	第一个球是黑球和第二个球是白球，反之亦然
2	$1/2 \cdot 1/2 = 1/4$	第一个球和第二个球都是白球

　　基于这两个同等可辩解的先验概率分配，我们在从陶瓮中取出一个球时所作的任何推断都将是不同的。那么哪种类型的无知才是正确的呢？布尔用这样的例子来驳斥不充分理由原则，称其为"一种武断的程序方法"。[30]

　　这是一个合理的担心，我们可以把它推到一个极端情况：如果我们令球的数量非常大，大数定律就会再次出现。按照第二类无知进行推理，我们可以说，在一个包含 N 个球的大陶瓮中，我们将独立地分配每个球为白色的概率为 1/2，陶瓮中白色球的比例将取决于这些独立增量之和，因此服从伯努利的二项分布。我们知道，当 N 很大时，它开始看起来像一个正态分布，钟形曲线的峰值在 1/2 附近。当 N 变大时，钟形曲线的宽度就会变得越来越窄，这意味着我们越来越确定陶瓮中小球的比例接近五五开。例如，表 3.2 显示了我们给出的概率，即白球的比例在 49% 到 51% 之间，这是球的总数 N 的函数。所以，对于 N 的值，在百万及以上的范围内，我们非常非常肯定，从小数点后的 88 个 9 开始，陶瓮比例在正负 1% 以内均匀混合，尽管事实上，我们也应该完全不知道它里面的东西！

　　这两种类型的无知在某种意义上是相互"对偶"的：在第一类无知情形下，我们完全不知道陶瓮中白球的比例，但这种无知使得连续取球不是独立的，这对我们通过抽样进行推断的能力至关重要。我们了解了每次连续取球的

表 3.2　第二类无知下大陶瓮的概率分配

球的数量（N）	白球比例为 49%—51% 的概率
1000	0.472684
10000	0.954494336625
100000	$1 - 10^{-9}$
1000000	$1 - 10^{-88}$

比例，这影响了我们下一次取球的概率分配。

在第二类无知情形下，我们似乎尽可能地无知，因为我们对每个球的状态或它们之间的任何依赖关系都没有任何假设。然而，不知为何，我们的无知使最终比例的概率分配急剧达到顶峰，以至于我们几乎可以确定比例一开始就是相等的。在此信息状态下，连续的取球是独立的。事实上，这种先验的无知状态意味着我们没有从陶瓮抽样中了解到任何东西，因为所有剩下的球的状态即使在抽样之后仍然是独立的。即使从一个装有 10 万个球的陶瓮取出 99999 个球并发现它们都是白色的，我们仍然会为剩下的球为黑色分配 50/50 的几率。因此，对于这种先验信息状态，通过抽样进行推断是不可能的。

因此，我们似乎不可能同时对一切都一无所知，在问题开始的时候，我们想象自己处于哪种信息状态能对我们从数据中得出的推断——甚至能否得出推断——产生巨大的影响。在任何实际问题中，问题都是，我们处于哪种无知状态？如果我们有理由断言这些球的颜色之间有某种逻辑上的联系——假设我们知道它们是由一个固定比例的装配过程生产出来的，尽管我们不知道是什么过程——那么我们就处于第一类无知。如果我们没有理由把任何一个球和任何另一个球联系起来，我们可以说我们处于第二类无知；如果我们知道这些球的颜色是由一群猴子在没有任何交流的情况下分别上色的，也许就会出现这种情况。正如我们在第 1 章中讨论的那样，解决这类问题的关键始终是仔细考察我们的背景信息中存在什么样的对称性——因此，问题的转换类型必须对我们无差异。但是，直到 1973 年杰恩斯最终解决了伯特兰德悖论的一个问题，这种对任何特定问题的无知的确切含义的剖析才开始变得清晰起来。[31]

几个世纪以来，完全无知是贝叶斯定理的一大缺点。如果像这样简单的问题也能导致无知的含义存在明显矛盾，为什么人们要相信任何复杂概率推断的结论呢？这就好比我们的会计是从假设 0 = 1 开始计税的。除非它以某种方式建立在经验观察的基础上，否则整个概率似乎在任何时候都处于崩溃的边缘。当所有的利害关系都在于猜测一个陶瓮里的东西时，除了逻辑学家之外，这可能对任何人都没有多大意义。但当这些问题开始对社会产生影响时，严肃的人们开始要求真正的答案。我们接下来会看到，在 20 世纪，概率找到了解决最重要的社会问题的方法。这些关于先验概率分配的细节以及那些试图在如此大的舞台上使用概率的人心中产生的不适，让我们之前听到的频率主义主题开始变得震耳欲聋。

注释

① Pierre-Simon Laplace, *Théorie analytique des Probabilités*, 2 vols. (Paris: Courcier Imprimeur, 1812), i.

② Pierre-Simon Laplace, "M.moire sur les probabilités," *Mémoires de l'Académie Royale des sciences de Paris* 1778 (1781), trans. Richard J.Pulskamp: 227.

③ Stephen M. Stigler, *The History of Statistics: The Measurement of Uncertainty Before 1900* (Cambridge, MA: Belknap Press, 1986), 135.

④ Stigler, *The History of Statistics*, 165.

⑤ Stigler, *The History of Statistics*, 170.

⑥ Silvan S. Schweber, "The Origin of the Origin Revisited," *Journal of the History of Biology* 10, no.2 (1977): 229–316.

⑦ Stigler, *The History of Statistics*, 172.

⑧ Stigler, *The History of Statistics*, 171.

⑨ 这是一个连续的概率分布，从正态曲线得到概率的方法是积分，也就是求曲线下的面积。一个正态分布在 a 和 b 之间的变量的概率等于 $f(x)\mathrm{d}x$ 从 a 到 b 的积分。

⑩ 这里有一个可以在尾注中填入的证明：误差平方和对 x 的导数为 $2(x-10)+2(x-12)+2(x-17)=2[3x-(10+12+17)]$。将其设为 0，解出 $x=(10+12+17)/3$。QED。

⑪ Stigler, *The History of Statistics*, 13.

⑫ Stigler, *The History of Statistics*, 145.

⑬ Stigler, *The History of Statistics*, 214.

⑭ Stigler, *The History of Statistics*, 214.

⑮ Stigler, *The History of Statistics*, 214.

⑯ Stigler, *The History of Statistics*, 203.

⑰ Stigler, *The History of Statistics*, 217.

⑱ William Spottiswoode, "On Typical Mountain Ranges: An Application of the Calculus of Probabilities to Physical Geography," *Journal of the Royal Geographical Society of London* 31 (1861): 149–154.

⑲ Sim. on Denis Poisson, *Recherches sur la probabilité des jugements en matière criminelle et en matière civile* (Paris: Bachelier, 1837).

⑳ Stigler, *The History of Statistics*, 194.

㉑ Stigler, *The History of Statistics*, 194–195.

㉒ Stigler, *The History of Statistics*, 194.

㉓ John Stuart Mill, A System of Logic, Ratiocinative and Inductive, *Being a Connected View of the Principles of Evidence and the Methods of Scientific Investigation* (London: John W. Parker, 1843), 2: 81.

㉔ Robert Leslie Ellis, *On the Foundations of the Theory of Probabilities* (London: John W. Parker, 1843).

㉕ Antoine Augustin Cournot, *Exposition de la théorie des chances et des probabilités* (Paris: L. Hachette, 1843), ii.

㉖ Jakob Friedrich Fries, *Versuch einer Kritik der Principien der Wahrscheinlichkeitsrechnung* (Braunschweig: F.Vieweg u. sohn, 1842), v–vi.

㉗ Robert Leslie Ellis, "Remarks on an Alleged Proof of the 'Method of Least Squares,' Contained in a

Late Number of the Edinburgh Review," *London, Edinburgh, and Dublin Philosophical Magazine and Journal of Science*, 3rd ser., 37, no.251 (1850): 321–328.

㉘ William Fishburn Donkin, "On Certain Questions Relating to the Theory of Probabilities," *London, Edinburgh, and Dublin Philosophical Magazine and Journal of Science*, 4th ser., 1, no.5 (1851): 353–368.

㉙ 布尔的论点是通过两个相关的离散分布来反对连续变量的贝叶斯均匀先验分布：n 次试验的成功数量和任意 n 次试验的成功和失败序列。我们的例子以更少的开销捕捉了相同的基本思想。

㉚ George Boole, *An Investigation of the Laws of Thought: On Which Are Founded the Mathematical Theories of Logic and Probabilities* (London: Walton and Maberly, 1854), 370.

㉛ Edwin T. Jaynes,"The Well-Posed Problem," *Foundations of Physics* 3, no.4 (1973): 477–492.

第 4 章
频率主义者的"圣战"

社会事实是可以测量的，因而也可以用数学方法来处理，它们的帝国绝不能被支配理性的言论、取代真理的激情、压制启蒙的主动无知所篡夺。

——卡尔·皮尔逊

为了理解统计学这门学科是如何发展成现在这副模样的，我们现在需要遵循刚刚起步的数据分析思想。它们将阿道夫·凯特勒在法国和比利时的社会物理学搬到了英国，形成全新的统计学应用。这股大多数新统计工具发展背后的主要驱动力也将我们带入了进化时代。在这种背景下，与我们在凯特勒那里看到的对"普通人"的抒情描述不同，对人类差异的量化开始呈现出一种威胁性的基调，充满了种族主义、健全中心主义和定居者殖民主义。

我们将重点放在 19 世纪末和 20 世纪对统计学产生最大影响的三个人上：弗朗西斯·高尔顿、卡尔·皮尔逊和罗纳德·费雪。在现代统计学中，他们分别扮演了祖父、父亲和在离婚中得到孩子抚养权的另一个父亲的角色。他们的职业生涯大致从 1860 年到 1960 年，当他们的工作完成时，我们现在所认为的统计学的所有主要概念都已经就位（包括了其他人的主要贡献）。他们的生活以复杂的方式交织在一起，有时他们是合作者，有时是对手。然而，让他们团结在一起的是他们对新统计学机器按他们的议程塑造社会的力量的理解，这台机器又可以反过来将统计学塑造成他们所需的东西。除了是具有深远影响力的统计学家之外，他们三人在其职业生涯中都是优生学运动的积极倡导者。实际上，我们有六个角色：作为优生学家的高尔顿、皮尔逊和费雪，他们想用定量的方法来表达关于人类遗传和选择性繁殖的观点，而作为统计学家的高尔顿、皮尔逊和费雪响应了这个号召。

在这里，我们也将见证统计"客观性"的增长和频率主义的胜利。直到20世纪，贝叶斯方法仍被广泛使用，关于贝叶斯主义和频率主义的优劣存在着激烈的争论。要不是高尔顿、皮尔逊和费雪，这可能仍然如此，但这些统计学家孕育出的主流学派完全是频率主义的。其方法的核心是对概率的解释，即一个事件的概率等于它在长期的重复试验中发生的频率，或者更准确地说，在这个例子中，从一个群体中重复抽样。正如我们所看到的，当我们需要回答推断问题时，这种对概率的短视观点会直接将我们引向伯努利谬误。稍后我们将看到这在当今统计实践中引起的逻辑问题，以及它通过复制危机给科学带来的严重后果。在本章中，我们将尝试回答如下问题：为什么这些学科的创始人如此武断地认为，概率必须首先作为频率被测量？一种可能的解释是，他们对自己想用统计学做什么同样固执己见，因为他们需要维护一种建立在他们声称的客观事实基础上的权威。在我们已经观察到的趋势的延续中，随着统计数据在政治上越来越重要，他们的方法变得更加客观，直到最后，他们不再允许任何主观性的暗示。高尔顿、皮尔逊和费雪是数学的宗教原教旨主义者，他们声称要严格按照字面意思解读他们的圣经。

天性、教养和梅花形钉板

1822 年，弗朗西斯·高尔顿出生于英国伯明翰的一个富裕家庭。他父亲那边的祖先依靠制造枪支和银行业积累了大量财富。他的外祖父是伊拉斯谟·达尔文，他和查尔斯·达尔文是同时代颇有成就的内科医生和自然哲学家，曾拒绝担任国王乔治三世私人医生的邀请。高尔顿是一个"神童"，他在六岁的时候就开始阅读莎士比亚和诗集。十几岁时，他曾在伯明翰总医院和伦敦国王学院医学院学习过一段时间的医学，后来在剑桥大学三一学院学习数学。他在刚成年的那段时间，依靠遗产的资助四处旅行，一个人冒险穿越东欧，然后在他人陪同下去了埃及、苏丹及贝鲁特和大马士革等城市。38 岁时，他加入了英国皇家地理学会，并发起了第一次由欧洲人对非洲西南地区，即现在的纳米比亚（今天那里还有一所以他的名字命名的小学）的远征。他的《旅行的艺术》(The Art of Travel，1854)是当时的畅销书，现在仍在印刷。1864年，他和其他几位著名的科学家创办了一份名为《读者》(The Reader)的周刊，旨在向受过教育的读者传播最新的科学思想；几年后它停刊了，但以新的名字《自然》重新发行。

无论走到哪里，高尔顿都有一个习惯，那就是对人和物进行计数和测量。在一次特别无聊的会议上，他记录了与会者在座位上坐立不安的频率，后来将结果发表在《自然》杂志上。在1879年的埃普瑟姆德比赛马会中，当其他赞助人在观看比赛时，高尔顿看着他们，并记录下他们兴奋到什么程度时脸会变红。他小心翼翼地记录了他在街上遇到的女性，将她们划分为"迷人、冷漠或令人厌恶的"，从而绘制了一幅英伦三岛的"美女地图"(他发现伦敦的美女排名最高，阿伯丁最低)。在去南非旅行期间，他给弟弟达尔文·高尔顿写了一封信，信中描述了他用六分仪从远处测量一些特别苗条女性的比例的过程："女士们都像她们常做的那样转过身来让人欣赏，我便从各个方面打量她们，随后测量了到她们站的地方的距离——我顺手算出了结果，并把结果制成了表格。"[①]他的记录中没有提到女性对"各方面"接受调查的看法。

高尔顿是一个古怪的、有创造力的思想家，他的兴趣从气象学到心理学、生物学和刑事法医学；他有许多发明，包括绘制天气模式的技术、分析指纹的方法和狗哨。他还是一个令人难以置信的种族主义者——在某些方面，也许只有维多利亚时代的英国"绅士科学家"才能做到这一点。也就是说，他的种族主义是属分类学的，驱使他研究世界上各种各样的人，并把他们按等级排列以服务英国殖民主义，他试图用科学和统计学来支持这一切。他的堂兄[②]于1859年出版了《物种起源》一书，这对高尔顿在这一问题上的思想产生了深远的影响，尤其是在有关揭示动物和人类最佳性状的"选择性育种"方面。

高尔顿的种族理论建立在"适者生存"的基础上，这是他对达尔文进化论的解读——"适者生存"的意思不是"最适应他们的环境"，而是"最健康的环境"。他认为人类的历史功绩应归功于他们战胜了恶劣的环境，而欧洲白人征服了最恶劣的环境，因此是最"适合"的。

但在前瞻性的基础上，高尔顿认为积极的人类干预而不仅仅是自然选择，可以使人类物种向有利的特征进化。如果"选择性育种"的速度不够快，可以通过让不同的群体互相竞争，看看谁会获胜来实现。例如，1873年，他写了一封信给《纽约时报》，主张将东非海岸交给中国"殖民"，因为，他认为，中国人在文明建设方面的天赋使他们能够"繁衍后代，取代'劣等的'黑人种族"，他称呼黑人为"懒惰、废话连天的野蛮人"。他的结论是，全人类都将从这种努力中获益，与他同时代的人没有抱怨，这充分说明了当时这种观念被普遍接受。《纽约时报》刊发的对高尔顿的提议的唯一回应是由吉尔伯特·马尔科姆·斯普罗特所作的，他反对高尔顿将中国人描述为"勤劳"和"热爱秩序"的人。③

优生学是高尔顿留给世人的遗产之一。1883 年，高尔顿在他描述高地位家庭的著作《探究人类能力及其发展》(*Inquiry Into Human Faculty and Its Development*)中发明了这个术语。这是他在过去 20 年的研究中不断完善的一个概念。他的理论是，一个成功家庭的大部分特征（如果不是全部的话）是天生（nature）的，而不是后天培养（nurture）的（这也是他发明的一个短语），所以国家应该鼓励在这些家庭中培养子女。相反，素质较低的人，特别是那些"精神失常、智力低下、习惯性犯罪和贫困"④的人口之间的生育，应被劝阻甚至禁止。他的梦想是一个乌托邦，在那里，通过遗传的智力和道德品质的提高，民众可以摆脱社会的弊病，生活在天堂般的和谐中。在早期题为"遗传天赋和性格"(Hereditary Talent and Character, 1865)的论文中，他把这比作饲养牲畜："如果把花在改良马和牛品种上的费用和精力的二十分之一花在改良人类的措施上，我们会创造出多少天才啊！我们可以把先知和文明的大祭司引入世界（各地）。"⑤

或许是受到自己家族的启发，高尔顿对杰出家族传承能力的兴趣，激发他创作了大部分作品。他在 1869 年出版的《遗传的天才》(*Hereditary Genius*)一书中全面介绍了科学、诗歌、政治、司法、体育等各个领域的名人的一生及其亲属，试图研究名望（对高尔顿来说，名望意味着天赋）在家族中可以传递到何种程度。显然，他认为遗传天赋的一些影响已经体现在他所认为的欧洲白人比世界上其他民族优越的地方。在不同的家庭职业章节之后，《遗传的天才》还包括题为"不同种族的比较价值"的一个章节，根据他自己的评分标准，高尔顿认为："黑人的平均智力水平比我们（指盎格鲁—撒克逊人）低两个等级。"对他来说，也许唯一能胜过盎格鲁—撒克逊人的"种族"就是古雅典人："雅典人的平均能力，根据可能的最低估计，几乎比我们高出两个等级——也就是说，就像我们的种族高出非洲黑人两个等级一样。"⑥

他使用的评分系统是基于正态分布的，后来被称为误差频率，高尔顿在威廉·斯波蒂斯伍德对山脉的不成功研究中第一次遇到这一概念。他在 1892 年版《遗传的天才》的序言中解释了这一概念，并对凯特勒的理论进行了限定，即人们必须"属于同一种族"，才能适用于这种分布：

> 所采用的方法基于数学家所熟知的"误差频率"定律，因为它是由数学家设计的，目的是发现在天文和大地测量操作中可能出现的各种不同比例的误差的频率。这样，就可以从对同一事实的一大堆稍有不一致的测量中，估计出可能最接近真实的值。凯特勒将其应用扩展到了人体比例，理由是，同一种族的男性之间的差异，比如身高差异，理论上可以被视为大自然在试图按照相同的理想模式塑造同一种族的男性个体时产生的误差。在没有充分解释的情况下，将这样的一个概念用这些简单的术语表达出来似乎是荒诞的，但它可以被证明建立在一个完全公正的基础上。⑦

乍一看，像价值这样的特征似乎不可能符合正态分布，但高尔顿声称，他能够利用他创造的一种称为"相互比较统计量"的方法，将正态分布应用到人类生活中这些明显非定量的方面。⑧ 基本思想是这样的：根据凯特勒的方法，找一组，比如说，随机选择 101 个人，根据身高等可测量数量的正态分布，他们可以被认为是同质的。然后研究感兴趣的其他素质，如才能或天赋，对他们进行排序。由于他们在一个方面是同质的，高尔顿推断他们的所有其他特征，甚至难以被量化的特征，也将遵循正态分布。

这是一个非常可疑的断言，但高尔顿声称，这不仅仅是类比。相反，他认为人类的认知能力必须有大脑化学或其他类似因素的物理基础，他认为偏差定律（law of deviation）应该始终适用：

> 现在，如果身高是这样的话，那么其他的身体特征也同样如此——如头的周长、脑的大小、灰质的重量、脑纤维的数量等；因此，在智力方面，通过一个没有任何生理学家会犹豫的台阶……偏离平均水平

的偏差——向上走向天才，向下走向愚蠢——必须遵循控制偏离所有真实平均值的规律。⑨

如果这种关于分布的假设成立，那么评分就可以简单地由排序的百分位数来决定。也就是说，被高尔顿判定为101人中排名第51位的人会被设定为量表的均值，排名第16位的人会比平均值高出一个标准差，排名第84位的人会比平均值低一个标准差，以此类推。这为以前无法测量的指标提供了一个参考尺度。在可能的情况下，他试图用考试成绩等可测量的数据来检验这种预测的分布。他将量表分为16个类别，"a"至"g"在低于平均水平的一端（然后将一个特殊类别"x"留给最差的人），"A"至"G"在高于平均水平的一端（"X"代表最好的人）。一个正态分布的表格显示了在一个给定的总体中每个等级可能出现的频率。将一个组的"A"与另一个组的"C"进行比较（根据高尔顿的判断），以此类推，他就可以确定每个种族的相对"价值"。

高尔顿对正态分布的应用很有信心，因为他知道拉普拉斯定理，也就是他之前提到的"完全公正的基础"能保证正态分布在一般情况下存在。由于他对测量和分类的狂热，因此他是这个定理的忠实粉丝。在1889年出版的《自然遗传》（*Natural Inheritance*）一书中，他对其大加赞赏：

> 据我所知，几乎没有什么比"误差频率定律"所表达的宇宙秩序的奇妙形式更能打动想象力的了。如果希腊人知道这个定律，他们就会把它拟人化并神化。在最狂暴的混乱中，它以宁静和完全的谦逊统治着秩序。乌合之众越庞大，表面上的无政府状态越明显，其摇摆越完美。它是非理性的最高法则。每当人们拿起一个大样本的混沌元素，按照它们的大小排列起来，就会发现一种意想不到的、最美丽的规律性一直潜伏在此。⑩

简而言之，对于高尔顿这样的想法来说，它是一个完美的工具，可以从人类多样性的混乱中寻找结构和有序的层次。从某种意义上说，他对分布的兴趣和凯特勒完全相反。凯特勒用正态误差法则来美化普通人，而高尔顿则专注于极端情况。在他看来，更关心普通人的人"对多样性的魅力的感知，就像英国平坦地区土生土长的人一样迟钝，他们对瑞士的回忆是，如果能把山扔进湖里，就能同时消除两个麻烦"。[11] 他想确切地知道，人们可以预测自己离平庸有多远，以及多久会变得平庸。多样性是自然选择进化的必要组成部分，因此也是优生学的必要组成部分。通过将社会分布改变一两个等级，还能产生多少天才？如果他的优生学计划能够成功，这是一个需要回答的问题。

然而，在其敏锐的观察中，高尔顿也注意到一个问题：正如我们在凯特勒那里看到的那样，有一些明显的非同质总体的例子，但却符合正态分布。在一个例子中，高尔顿考察了在明显不同的条件下——主要是在阳光照射下——果实大小的分布。将这些"方面"分为不同的组（小、中、大）可以清楚地看出，每一类水果的大小与其他类水果的大小不同，每一类水果都符合不同平均值大小的正态分布。尽管如此，当所有水果被视为一组时，总体分布也是正态分布。用高尔顿的话来说："问题是，为什么一些完全不同序列的一个混合序列会在许多情况下给出与简单序列明显相同的结果。"[12]

高尔顿最终意识到，假设每组内的分布都是正态分布，如果各"方面"的分布也是正态分布，那么组合分布仍然可以是正态分布。例如，如果暴露于阳光的角度本身就是大量独立因素的总和（生长朝向、土地的倾斜度、树叶覆盖的密度等），中度条件会比极端条件发生的频率更高，导致水果的平均大小至少近似于正态分布。因此，导致水果大小服从正态分布的每一个"方面"都意味着整个分布将是（近似）正态分布的正态混合，高尔顿表明，这也将是正态分布。

从数学上讲，这是拉普拉斯可以轻而易举证明的事实。[13] 但是高尔顿的数学能力不如拉普拉斯强。相反，他设计了一个巧妙的物理论证，涉及一种被他称为梅花形钉板的机械装置。梅花形钉板是一种由间隔相等的木钉组成的板，从左边或右边，每一排木钉都能以相等的概率弹起从上面落下的小球。[14] 底部是收集掉落的小球的通道，小球静止的位置是每个可能的向左或向右反弹的一些独立伯努利变量的总和，它由二项分布给出且在中间形成一个高峰，因此根据亚伯拉罕·棣莫弗的老观点，这可以很好地近似于正态分布。

然而，高尔顿的创新之处在于，他设想另一组陷阱被放置在大约一半以下的木钉上，这样小球就会在从上到下的过程中被捕获。他意识到会发生两件事：（1）这个中间水平的分布也将是二项分布，因此近似于正态分布；（2）当每个通道内的小球从左到右被释放时，它们将以该通道的位置为中心呈（近似）正态分布。也就是说，每组都有一个有特定均值的正态分布，且这些均值本身服从正态分布。当然，释放所有通道的结果就像从未放置过陷阱一样，所以它们会重现原来的正态分布。总之，正态变量的正态混合是正态分布——证毕。这样，一个正态分布的总体可以由不同类型组成，只要这些类型本身可以被假设为正态分布，这可能是几个独立效应的贡献。

作为一个思维实验，梅花形钉板也帮助高尔顿解决了另一个涉及人口中正态分布数据的难题：某些分布随时间呈明显稳定性。统计学家指出，通常情况下，人口某些特征的分布在一代与下一代之间往往具有相同的平均值和标准差，这意味着随着时间的推移，分布是相同的。一代人中处于第 75 百分位的男性的身高非常接近其子女一代中的第 75 百分位，以此类推。但是，把上一代人的身高看作一个方面，就像水果大小模型中水果被暴露在阳光下一样，这似乎违反了直觉。如果孩子的身高总是按照以父母的身高为中心的分布变化，那么总体分布应该随着时间的推移而加宽：非常高的父母应该继续有非常高的孩子，其中有一半可能会比他们的父母还高，这设定了下一代的平均值，以此类推。中间有一排陷阱的高尔顿梅花形钉板也显示出了这种加宽行为：在板子中间的小球分布会更紧密地集中在中间而不是底部，如果板子进一步扩大，随着小球下降，分布将继续变宽。

1875 年，高尔顿在一些朋友的帮助下，用不同大小的种子种植甜豌豆来研究这一现象。他把亲本种子按大小分成 7 组，把每组种子分给几个人，让他们把种子培育到成熟，然后收获种子，他再对被交还给他的种子进行测量。他发现，从每一组培育出来的下一代种子的大小遵循正态分布，每一组的标准差与其他组的大致相同，但均值不同，这取决于亲本种子的大小。但关键的区别在于，各组后代种子大小的分布并不以其亲本种子大小为中心。相反，每一组的平均大小比其亲本种子的大小更接近整个种群的平均大小。如果亲本组的种子大小大约是 40、50、60、70、80、90 和 100，而平均大小是 70，那么从最小组生长出来的种子的平均大小就不会是 40，而可能是 45——也就是说，更接近于均值。类似地，最大组的种子后代的平均大小大约是 95。亲本种子的尺寸在分布中越远，这个均值校正就越大。事实上，高尔顿发现，校正行为与亲本种子大小偏离总体均值的程度呈线性关系。他根据亲本种子和子代种子的

伯努利谬误：不合逻辑的统计学与现代科学的危机

分布的差异，推导出了一个方程来说明这种漂移是怎样使得总体在一段时间内保持稳定。

高尔顿发现，这种情况在儿童身高与父母身高的对比数据中成立（他计算平均身高得到一个单一"中等"父母的身高）。这种趋势是，处于身高分布的极端的父母所生的孩子的平均身高介于他们自己的身高和整体人口的平均身高之间，其偏差大致与父母对平均值的偏离成正比。他把这想象成一个梅花形钉板，中间水平的通道向中间倾斜，将小球的分布集中到中心，然后再向外扩大。

高尔顿称其为"复归"（reversion），后来将其名称改为"回归"（regression），正如总结其研究结果的论文《遗传身高向中等身高的回归》（Regression Towards Mediocrity in Hereditary Stature，1886）所述。最初，他是从遗传的角度来思考这种现象的，他的理论是，这种回归是前几代人表现自我的产物（因此，孩子"回归"到他们的"根"）："孩子部分遗传了父母，部分遗传了祖先。一般来说，越往前追溯他的家谱，他的祖先就越多，变化也会越多，直到它们不再不同于随便从整个种族中取来的任何同等数量的样本。"[15]

但随后他注意到，如果将数据倒序排列，同样的现象也会出现。也就是说，儿童一代中的极端成员更有可能出生于比孩子更接近平均水平的父母。最终，他意识到，在任何两个变量之间都可以看到同样的效果，即使是那些与代际继承毫无关系的变量。在发表他最初的发现几年后，他创造了一个更普遍的术语"相关性"（最初的相关关系），用来指代任何两个倾向于一起出现的变量的关联，比如一个人的身高和他们的鞋码，他还提供了一个相关性公式，可以重现他从遗传研究中得到的"回归系数"。这和这个术语今天的用法很接近。在现代语言中，我们会说孩子和父母的身高或者身高和鞋码这两个特征是呈正相关的。"回归"这个名字（拉丁语的意思是"回到过去"）在"回归均值"这个短语和线性回归（提取变量之间线性关系的通用工具）的概念中也依然存在。这种线性关系的系数是通过一个公式与相关关系联系起来的，这正是高尔顿所揭示的方式。[16]

对于拉普拉斯来说，双变量分布的所有这些数学性质都是微不足道的，因为他拥有巨大的技术能力。另一方面，高尔顿的天才之处在于他在实际数据中发现了这些数学结构，并通过具体的实物例子，比如梅花形钉板或几代豌豆种植来概念化效果。他可以将这些例子作为演示，帮助他向不太懂技术的观众传达他的想法。高尔顿采用的这些事实并不是抽象的数学定理，而是具有全新的含义，并激发了早期统计学家的想象力。

第一位职业统计学家

如今，与相关性概念联系最紧密的人或许是卡尔·皮尔逊（1857—1936年），他是高尔顿的知识继承人。和高尔顿一样，皮尔逊在剑桥大学读书时就擅长数学，但在许多学科上也是一个求知若渴、雄心勃勃的学者。从剑桥大学毕业后，他在海德堡大学学习物理，然后前往柏林，沉浸在哲学、法律、文学、历史和政治科学中。后来他回到英国，在伦敦大学学院担任应用数学教授。他就所有这些话题写了大量的文章。1893 年之前，当他第一次开始在他的主要研究领域——统计学中发表文章时，他的文献目录列出了大约 100 种出版物，其中包括 9 本书。皮尔逊的一生出版了令人震惊的 648 份作品。

皮尔逊第一次接触高尔顿的作品是在为伦敦大学学院的一个男女俱乐部准备演讲时。在这个俱乐部里，成员们阅读并讨论当时的社会问题。起初，皮尔逊对高尔顿（和凯特勒）将数学应用于社会问题的计划持怀疑态度。在他为俱乐部准备的手稿中，他写道：

> 我应该说，在我看来，将精确科学的方法用于描述性的科学问题，无论是遗传问题还是政治经济学问题，都有相当大的危险；数学过程的优雅和逻辑的精确很容易让描述性科学家着迷，以至于促使他寻求符合其数学推理的社会学假设，而没有首先确定其假设的基础是否与该理论将应用到的人类生活一样广泛。[17]

然而，在接下来的几年里，随着他对高尔顿的想法越来越了解并开始看到它们的前景，皮尔逊最终改变了主意。他继续为不断壮大的理论统计体系作出许多重要贡献。事实上，他的影响力如此之大，以至于许多人认为是他创立了这门学科。1901 年，皮尔逊与高尔顿和拉斐尔·韦尔登一起创办了《生物计量学》（*Biometrika*），这份期刊至今仍是备受推崇的统计方法和理论相关的杂志。皮尔逊一直为其担任主编，直到去世。1911 年，他在伦敦大学学院建立了世界上第一个数理统计系。

著名的卡方检验是皮尔逊在统计学中加入理论严谨性的一个很好例子。回到凯特勒时期及更早时期，一个主要的问题是，是否可以合理地说一组数据遵循一个特定的分布，如正态分布。在皮尔逊之前，人们所能做的最好的事情就是仔细观察——也许可以将结果按直方图排列，然后看看形状是否正确。皮尔逊检验提供了一个精确的数字指标，即 χ^2 统计量，它代表了实证结果与理论分布之间的一种"距离"。如果一个值过高，统计学家就有理由拒绝数据来自该分布的假设。它是显著性检验的先驱，我们将在后文看到，显著性检验现在是大多数统计学的支柱。

皮尔逊是最早强调因果关系和相关性之间区别的人，后者是用现在被称为皮尔逊相关系数的 rho 来衡量的。例如，在《科学的规范》（The Grammar of Science，1900）第二版的脚注中，他评论道："我们所定义的所有因果关系都是相关性，但反过来未必正确，也就是说，当我们发现相关性时，我们并不总是能预测出因果关系。在一个非洲黑人[18]和欧洲人混合的总体中，前者可能更容易得天花，但断言皮肤黝黑（而不是没有接种疫苗）会导致天花是没有用的。"[19]

但皮尔逊并不是以我们现在所认为的方式发出这一警告：这提醒我们，不要将相关变量误解为具有因果关系。相反，他认为这是一开始使用高尔顿的想法进行数据驱动调查的理由！也就是说，有了高尔顿的方法工具箱，人们不需要任何因果假设就可以研究相关变量，这仍然是一个值得理论家去做的富有成果的事业。皮尔逊在 1934 年回顾他的统计学生涯时说，他的重大顿悟是"一个比因果关系更广泛的范畴是相关性，因果关系只是其中的一个限度，这种新的相关性概念将心理学、人类学、医学和社会学在很大程度上带入了数学处理领域。正是高尔顿第一次让我摆脱了这样一种偏见，即可靠的数学只能应用于因果关系范畴下的自然现象。"[20]

皮尔逊在种族和优生学问题上也与高尔顿意见一致，并毫不犹豫地将优生学论述提高了几个等级。他认为进化是人类社会中的一种强大力量，优生学给了他一个强有力的词汇来为涉及国家利益的极端立场辩护。

皮尔逊高度依赖于这样一种观点，即遗传法则是客观的，是科学真理，

"就像万有引力定律一样不可避免"，在名为《从科学的角度看国民生活》（National Life from the Standpoint of Science，1901）的书中，皮尔逊写道："我的观点——我认为它可以被称为一个国家的科学观点——是作为一个有组织的整体，通过确保其成员是从更好的种群中大量招募而来的以保持较高的内部效率，通过竞争，主要是通过与低等种族的战争来保持高水平的外部效率。"[21]他主张"有意识地尝试改变我们社区乃至整个世界的（劣等者）比例"。[22]按照皮尔逊的说法，自然选择——也就是"适者生存"——是推动人类进步的引擎，它不断地消除人类身上的杂质。在他看来，这意味着，对于"低等种族"来说，唯一富有成效的未来是种族间的斗争，这将驱使他们取得与"优越白人"类似的进步，但即使这样也可能不够：

> 多少个世纪，多少千年以来，卡非尔人和黑人在非洲的大片地区没有受到白人的打扰？然而，他们的部落间斗争并没有创造出一种与雅利安人具有丝毫可比性的文明。即使你尽你所能地教育和培养他们，我也不相信你会成功改变这群人。历史告诉我一种方式，而且只有一种方式，才能产生高度的文明状态，即种族与种族的斗争，而身体和精神更健康的种族生存了下来。如果你想知道低等种族能否进化成更高的类型，我担心唯一的办法就是让他们自己去斗争，即使这样，个人与个人、部落与部落之间为生存而进行的斗争，也可能得不到这种物质选择的支持，因为雅利安人的成功很大程度上取决于特定的气候。[23]

关于大西洋彼岸美洲原住民的遭遇，皮尔逊写道："我们有一个伟大的民族来取代那些对于世界的工作和思想毫无贡献的'红种人'，我们的民族精通多种艺术，聪明能干，以其年轻的想象力和新鲜的自由自在的冲动，为人类文明的共同财产作出贡献。"[24]他举美国和澳大利亚殖民地种族灭绝的例子作为"人类进步的伟大胜利"，因为白人殖民者驱逐了土著种族，更好地利用了现有的自然资源。他在《科学的规范》一书中写道：

> 一个国家的占有者是否未耕种其土地，不开发其自然资源，整个人类群体不能对此漠不关心。为一个能干而坚定的白人种族应该取代

一个既不能为人类的全部利益利用其土地、也不能为人类的共同知识贡献自己的份额的深色皮肤部落而感到遗憾，这是一种错误的人类团结观点、虚弱的人道主义，而不是一个真正的人本主义。㉕

皮尔逊补充了一个脚注，说这不应该被视为种族灭绝的普遍理由，而只是因为"这种加速适者生存的模式的反社会效应可能会大大破坏幸存者的优势体能"。

皮尔逊的统计工作和他的优生学观点完全交织在一起。他所考察的最早的统计例子之一，也是后来许多统计学例子中的典型，是一套从5世纪到7世纪德国南部赖亨格拉贝尔文化坟墓中采集的头骨测量数据。通过对数据进行新的非正态性检验，他提出，头骨分布的不对称表明存在两个种族的人，其中只有一个与现代德国人非常接近。像这样的例子在优生学中有明显的潜力。头骨的测量可以表明种族之间的差异，进而延伸到智力或性格上的差异，这对优生学思想来说几乎是不言自明的。以一种看似科学的方式确立这些差异，是为种族优越感辩护的有力一步。

皮尔逊在描述他对非正态数据进行统计检验的动机时写道："然而，在某些生物学、社会学和经济指标中，存在着明显偏离这种正态形状的情况，因此确定这种偏离的方向和数量变得非常重要。这种不对称可能是由于被测材料中组合在一起的单元实际上不是同质的。"㉖然而，几乎同时，他也在描述他的民族理论时说："为斗争而组织起来的国家必须是一个同质的整体，而不是优等和劣等种族的混合体。"㉗因此，"同质"这个将纯粹的统计陈述与优生学陈述联系起来的词语具有一种特殊的意味，带有种族纯洁和种族清洗的含义。数据的同质性以及它所表明的人的同质性从一开始就带有种族色彩。

犹太人给皮尔逊提出了一个特别棘手的问题。从1910年左右开始，他和许多英国反犹太主义者一样，对为逃离东欧大屠杀而涌入英国的犹太移民感到担忧。他从创办的另一本杂志《优生学年鉴》(Annals of Eugenics)第一期的创刊号开始，发表了一系列题为"俄罗斯和波兰犹太儿童研究所说明的英国外来移民问题"的文章，他表达了对"这些移民将发展成一个寄生种族"的担忧。㉘在这些文章中，皮尔逊试图以严格和定量的方式证明这种恐惧是正确的。在一项针对大约600名在伦敦东区犹太人免费学校上学的孩子的大型研究中，他和合著者玛格丽特·莫尔对这些孩子的智力、健康、整洁度和读写能力进行了评估，以确定英国政府基于种族偏见拒绝犹太人入学是否合适。他们证明了自己的判断是恰当的，只有几个值得注意的例外：

> 平均而言，无论男女，这些外来的犹太人在生理和心理上都略逊于本地人……但我们必须面对现实；我们知道并承认，从学术角度来看，这些外来犹太人的一些孩子做得很出色，但他们是否具有本土种族的持久力则是另一个问题。然而，没有一个养牛人会因为指望能找到一两头好牛而愿意买一整群牛。[29]

我们在这里看到了高尔顿式的人与牲畜的对比。大概作为例外，皮尔逊可能也想到了像阿尔伯特·爱因斯坦和巴鲁赫·斯宾诺莎这样的犹太知识分子。他全面地研究了斯宾诺莎，并在1883年为《心灵》(Mind)写了一篇关于迈蒙尼德对斯宾诺莎哲学的影响的文章。我们不禁要问，高尔顿对杰出人才的热爱，是否会同意皮尔逊的风险评估。

当谈到他对犹太人的研究时，皮尔逊很快就改变了他的基本立场，即斗争造就了优越的血统。相反，他担心的是英国将被留给那些能在迫害中幸存下来的犹太人（最不适合的人幸存下来？），因为"这样的对待不一定能让一个种族的最佳特征幸存下来。它确实有可能淘汰那些精神上和身体上更健康的人，只有这些人才有勇气反抗他们的压迫者"。[30]他也抛弃了传统的优生学思想，即什么是理想性状。在之前的比较种族的工作中，优生学家声称，家庭储蓄收入的比例较高而花费（例如，在衣服上）较少象征着节制，是优良血统的特征。然而，皮尔逊和莫尔发现，平均而言，犹太家庭比非犹太家庭消费更少，储蓄更多。所以他们将其重新解释为一种负面的特质，认为犹太人低标准的着装会让他们在经济上削弱劳动力市场上的英国工人："很明显，外籍犹太儿童远远低于非犹太儿童的平均水平，实际上还低于较贫穷地区的非犹太人……人们经常说，他们在劳动力市场上以低于当地人的价格出售劳动力，因为他们的生活水平较低，这种说法似乎是有根据的。"[31]

皮尔逊和莫尔在未经同意的情况下对这些犹太儿童进行了几次体检，结果发现他们的颈部腺体出奇地健康，这可能表明他们对结核病的抵抗力比同龄的非犹太人更强。这与先前的研究结果一致，即伦敦的犹太人的结核病死亡率低于平均水平。因此，皮尔逊和莫尔编造了一个没有任何经验基础的理论，认为这意味着犹太人在出现疾病征兆时，会更快地去看医生，这使他们免于死于肺结核，但使其成为一种慢性疾病，而不是一种致命的疾病。很自然地，他们认为这是针对犹太人的又一次打击，因为"长期受影响的人群可能不如未受影响但死亡率较高的人群效率高"。[32]

总的来说，通过阅读这些论文，我们可以清楚地看到，皮尔逊声称自己没有受到一般偏见的影响，但他已经提前决定了这些数据应该支持什么样的结论，而且还找到了一种方法使其能够支持这样的结论。

皮尔逊和高尔顿多年来关系密切，尽管他们见面时高尔顿已经 70 岁了。皮尔逊对这位老人深表钦佩。皮尔逊为高尔顿写了一部三卷本的传记，在这本传记的开头，他暗示，高尔顿，而不是查尔斯·达尔文，最终将是两位表兄弟中更出名的一个，因为达尔文只是收集事实并提出假说，而高尔顿则提供了检验这些假说所需的理论，并"以先知的热情看到了这些理论在未来人类定向和自我意识进化中的应用"。[33]

1904 年，高尔顿资助建立了优生学记录办公室，作为优生学数据和研究的交流中心。几年后，为了强调优生学在促进国家利益方面的作用，它被重新命名为高尔顿国家优生学实验室。高尔顿在 1911 年去世时，将其巨额财产的余款留给了伦敦大学学院，用于组建优生学系。皮尔逊，此时已经是高尔顿实验室的主任了，被高尔顿钦定为这个系的第一个主席——高尔顿国家优生学主席。高尔顿实验室仍然存在，现在并入了伦敦大学学院的生物系，高尔顿优生学主席已经（明智地）更名为高尔顿人类遗传学主席。

凭借实验室主任和教授的双重身份，皮尔逊对英国第一批统计学家产生了巨大的影响。由莫里斯·肯德尔和艾莉森·多伊格所著的《统计文献书目》（*Bibliography of Statistical Literature*）中只列出了 1900 年至 1914 年间活跃在英国统计学理论领域的 26 人，其中 12 人与皮尔逊有某种直接联系。[34]皮尔逊以前的学生、统计学家梅杰·格林伍德在皮尔逊去世后为《1931—1940 年国家人物传记大辞典》（*Dictionary of National Biography 1931-1940*）撰写了一篇文章，对皮尔逊的教育生涯和个性作了总结：

> 皮尔逊是他那个时代最具影响力的大学教师之一……他对思想自

由有着强烈而真诚的信念，但却倾向于将思想上的分歧归因于愚蠢甚至道德上的偏差。多年来，他有时会痛苦地中断和学生之间的私人关系；但令人高兴的是，这些破裂的友谊大多最终又愉快地恢复了……他被许多人钦佩和惧怕，而不是爱戴，也引起了一些人的强烈敌意。[35]

皮尔逊对其中一个人产生了强烈的敌意，这人随后成为高尔顿主席——一个我们已经提过几次的统计学家，他可能是唯一一个可以声称在 20 世纪统计学发展方面比皮尔逊影响更大的人：罗纳德·艾尔默·费雪。

小样本的天才

1890 年，费雪出生于伦敦的东芬奇利。在他的童年时代，他的家庭很富有。父亲乔治经营着一家堪比苏富比或佳士得的成功的艺术品拍卖行，全家住在汉普斯特德地区富丽堂皇的因弗福斯宅邸（Inverforth House）。费雪的母亲凯蒂在他 14 岁的时候去世了，次年他父亲的生意也倒闭了。他们不得不搬到斯特里瑟姆的一所小房子里，那是镇上比较贫困的地区之一。费雪只能靠他获得的奖学金在哈罗公学继续深造。

像高尔顿和皮尔逊一样，费雪在早期就表现出了数学天赋。他在全校数学小论文比赛中获胜，老师们都认为他是他们见过的最聪明的学生之一。他一出生就视力极差，医生禁止他在电灯下阅读，这通常就要求他不用纸和笔来学习数学。但这也帮助他发展了一种几何直觉，他可以在脑海中想象出别人无法想象的问题。他养成了一种习惯，不需要写下中间步骤就能看到问题的结果，这对他的导师来说是相当讨厌的。

与高尔顿和皮尔逊一样，费雪也曾在剑桥大学冈维尔和凯斯学院学习，当时的校长是约翰·维恩。费雪在天文学上获得了一等荣誉，并于 1912 年毕业。他在还是一名本科生时，发表了第一篇论文，引入了一种通过最大化似然估计参数的方法，这将成为他对统计学理论的标志性贡献之一（我们将回到这里）。那一年，他开始与威廉·戈塞特通信。戈塞特是一位研究化学家，在都柏林的吉尼斯酿酒厂担任首席实验酿造师的职务。由于有来自雇主的压力，戈塞特以"学生氏"的笔名在皮尔逊的《生物计量学》上发表了一项新的统计检验，我们知道这个检验是"学生氏 t 检验"。他开发了自己的方法来解决酿酒厂遇到的实际问题，比如如何选择产量最好的大麦品种。他在数学上还得到了皮尔逊的帮助，戈塞特曾在皮尔逊的实验室里学习过两个学期，而皮尔逊为戈塞特的思想奠定了许多数学基础，但没有认识到它们的实际重要性。

另一方面，费雪立刻对戈塞特留下了深刻的印象，他后来称戈塞特的工作是一场"逻辑革命"，与欧几里得时期演绎推理的诞生不相上下[36]，这也是费雪自己许多作品的灵感来源。[37]戈塞特的创新之处在于，他开发了一种适用于总体中的小样本的方法，这需要用一种全新的方式来思考以前统计学家所管理的数据。

从高斯开始，人们已经习惯了用正态分布来预测观测值偏离真实值的频率，这种预测在识别天文记录中的异常值方面很有用。作为样本大小的函数，同样的公式将规定一个数据集的观测平均值与真实理论平均值的差异频率。问题是，要进行这些计算，典型的误差大小（即误差分布的标准差）必须从以前的经验中获得。对于凯特勒、高尔顿和皮尔逊这样的统计学家来说，这通常不是问题，因为他们的研究对象是成百上千的大量受试者，他们可以简单地将观察到的标准差作为理论偏差的代理指标。

而戈塞特在研究不同品种的大麦样本时，可能只能用少量的数据点来进行推断。因此，从数据本身显示的可变性来估计误差大小是有误差的：不同的样本可能会产生不同的估计标准差，从而产生不同的可能误差。他的革命性想法是计算这些估计的标准差本身的可变程度，也就是说，找出估计误差的误差。假设数据来自正态分布，如果仅以观测到的数据变化的尺度来衡量的话，戈塞特能够推导出一个近似的公式来说明观测到的样本均值离真正的理论均值之间的距离的概率。换句话说，他的概率解释了观测到的均值的可变程度以及观测到的可变性的可变程度。这在现在被称为学生氏 t 的汇总统计量中得到了体现。

费雪看到了统计学应用于这类问题的巨大潜力。这意味着可以将所有可能只有少量样本的主题纳入统计范畴。两人是通过费雪在剑桥大学的天文学导师 F.J.M. 斯特拉顿教授发现对方的。[38]38 岁的斯特拉顿教授当时也在为剑桥大学的农学家提供建议，教他们如何处理只有 4 个样本的统计估计问题。这引起了戈塞特的注意，他的这些农学家朋友向他介绍了斯特拉顿，斯特拉顿给他看了费雪的关于最大似然法的论文。

有趣的是，戈塞特起初对它不屑一顾，认为它是一种"整洁的，但据我所知，非常不实际和无用的看待事物的方式"。[39]但在和费雪反复讨论之后，戈塞特纠正了费雪笔记中的一个错误，费雪又纠正了戈塞特修正的一个错误，费雪为戈塞特提供了一个对他的工作至关重要的推导：t统计量的精确抽样分布的证明。戈塞特发现费雪推导中最令人印象深刻的是他在高维空间中处理计算的能力，并意识到自己在数学上有点力不从心，于是将推导过程转交给皮尔逊进行检查：

> 随函附上我的 z（$=x/s$）频率分布公式的一个证明，其中 x 是 n 个观测值的均值到一般均值的距离，s 是 n 个观测值的标准差。您能帮我看看吗？我即使能理解，也对三维空间之外没有把握。

> 这个问题的出现是因为这个人的导师是凯斯学院的，我在拜访剑桥大学农业领域的朋友时遇到过他，这个叫费雪的家伙写了一篇论文，提出了"一种新的概率标准"或者类似的东西……现在他把这个发给我。在我看来，如果可以的话也许你可以把证明写在便条里。这很好，也很"数学"，可能会吸引一些人。无论如何，我都很荣幸知道你对此事的看法。[40]

因此，正是通过与戈塞特的共同联系，费雪和皮尔逊才第一次相识。当时，皮尔逊没有采纳戈塞特在《生物计量学》上发表费雪的研究报告的建议，但他同意发表费雪1914年寄给他的研究结果。那时，费雪已经在伦敦的商业和综合投资公司（Mercantile & General Investment Company）担任统计学家，除了做自己的研究外，还教授数学和物理（大家都说他讨厌数学和物理）。

1914年费雪给皮尔逊的那个便条在技术上很复杂，它包含了对两个正态分布变量的样本相关系数分布的推导（稍后我们会解释这意味着什么以及费雪为什么对它感兴趣）。最令人印象深刻的是，费雪通过视 n 个样本的集合为 n 维空间中单个点的坐标，[41]然后运用他的几何直觉来理解它的性质完成了这个推导。他的解包含了诸如"两个半径向量夹角的余弦"这样的几何短语。皮尔逊的第一反应是告诉费雪，这个解看起来是正确的，而且"非常有趣"，在花

　　伯努利谬误：不合逻辑的统计学与现代科学的危机

了一段时间对细节进行更多的审查后，他回信给费雪："我现在已经充分阅读了你的论文，认为它标志着一个明显的进步，并且在性质上具有启发性。我非常高兴能够发表它，因为我相信它将带来（统计学的）发展。"⑫他甚至还写了一篇诚恳的附言，建议费雪去找自己住在附近的侄子。

皮尔逊建议高尔顿实验室的研究小组进行一系列的计算，将费雪的精确解与以前已知的近似方法进行比较。费雪的论文于 1915 年 5 月发表在《生物计量学》杂志上，在接下来的一年里，两人继续通信，讨论计算研究的进展和费雪的进一步想法。在 1916 年的一封信件中，皮尔逊表示担心《生物计量学》可能由于第一次世界大战无法继续发行。该杂志已和欧洲大陆的订户切断联系，皮尔逊的几个（男性）研究人员被征召入伍。（费雪因视力问题被拒绝服役。）他担心该杂志可能需要改变所有权，甚至可能搬到美国去。费雪同情地回答说："如果这个国家不能支持如此重要和有价值的研究机构，这将是一个非常可怕的损失，也是一种骇人听闻的侮辱。"⑬

这种互动之所以值得注意，只是因为这可能是费雪或皮尔逊对彼此说的最后几句好话。

接下来发生的是一连串有点奇怪的事情，起因是皮尔逊主要基于一个误解而作出的编辑决定，以及两人之间恶性争执的开始。1917 年，当皮尔逊终于准备发表他的计算研究结果时，在费雪不知情的情况下，他在文章中增加了一个小节，专门批评了费雪在 1912 年首次发表的最大似然法。这一节题为"关于确定抽样总体中相关性的'最大似然'值"，其中称费雪的方法是贝叶斯方法，然后从逻辑基础上攻击贝叶斯推断的思想。⑭

皮尔逊和费雪（！）都是忠实的频率主义者，通常会避免使用贝叶斯方法进行推断，他们称之为"逆概率"（inverse probabilities），因为贝叶斯规则是从观察到的数据逆向推断，为一个假设分配一个概率。

在论文这一节的剩余部分中，皮尔逊对他所理解的费雪贝叶斯方法的结果进行了批评。他的论证是，费雪的方法假定了对任何未知量（在本例中是指总体中两个变量之间的相关性）都是均匀分布的先验无知。但正如任何研究科学家从经验中知道的那样，相关性往往是温和的，很少为接近 1 或 −1 的极端值。因此，在假设一个均匀的先验分布并对这个参数进行贝叶斯推断后，皮尔逊证明其结果将是反直觉的。

不过，这完全无关紧要，因为费雪的方法实际上根本不是贝叶斯方法。可能让皮尔逊感到困惑的是，费雪提出了一种新的推断方法，这种方法基于一种叫做似然性的东西，如果在特殊情况下以正确的方式看待这种方法，它可以被视为贝叶斯方法（我们将在下一章讨论这个问题）。但是费雪在发展这个方法时的哲学取向是频率主义的，我们稍后会详细解释。

他们还在皮尔逊钟爱的"卡方检验"的技术问题上发生了争执。费雪要求在《生物计量学》上刊发他的评论；皮尔逊拒绝了，说（如果他刊发了费雪的评论）他到时候需要刊发（皮尔逊）自己的回应，而（杂志）篇幅有限。由于皮尔逊的影响，费雪很难找到愿意刊发他的评论的人。就这样，他们的友谊走到了尽头。1919 年，皮尔逊请费雪担任高尔顿实验室的首席统计学家，但费雪拒绝了。相反，他在伦敦北部偏远小镇哈彭登的洛桑实验站从事农业研究。他们关于卡方检验的技术争论持续了很多年，现在的共识是费雪是正确的。

在洛桑实验站的 14 年里，费雪通过指导众多的研究助理和访问学生在统计学领域获得了巨大的影响力。他还编纂了他最重要的统计著作《研究者的统计方法》(*Statistical Methods for Research Workers*，1925)，这本书包含了一系列实用的方法，供科学家，特别是生物学家，在处理小样本的推断问题时使用——这是费雪自在剑桥大学学习以来的专长。正如他在序言中所描述的那样（对皮尔逊的大样本进行了巧妙的抨击）："建立在无限大样本理论基础上的复杂机制对于简单的实验室数据来说不够精确。只有系统地处理小样本问题的优点，似乎才有可能对实际数据进行准确的检验。这至少一直是本书的目标。"[45]

自序言起，这本书读起来就很像一本现代统计学教科书。它首先简要讨论了统计学的含义及其在科学推断中的作用，然后针对可能用于不同类型问题的不同检验，提出了一系列没有数学证明的方法，其中最常见的就是显著性检验。下一章我们将会看到一个关于显著性检验的详细例子，其模板是：检验一个理论，如一种新的肥料提高了作物产量，费雪会说，先建立一个零假设，即在这种情况下，作物产量没有得到改善。然后，它会要求寻找一个检验统计量——例如，根据给定的规则进行标准化处理的施新化肥作物的平均产量与施旧化肥作物的平均产量之间的差。最后，费雪的方法会告诉我们需要多大的统计量才能安全地拒绝零假设并得出该（增产）效应为真的结论。

这些检验大致按复杂性增加的顺序排列，并辅以许多数值示例和相关分布表。对于一个没有受过高等数学训练的实验科学家来说，这本书简直是天赐之物。这些人所要做的就是找到与他们所研究问题相对应的程序并遵循费雪的方法。因此，《研究者的统计方法》取得了巨大的成功。它在 1925 年到 1970 年间出版了 14 个版本，并且成了行业标准，任何不遵循费雪方法的人都很难发表其结果。这与他的后期著作《实验设计》(*The Design of Experiments*，1935)一起奠定了费雪在统计学领域的主导地位。费雪最杰出的弟子包括统计学家和经济学家哈罗德·霍特林，后者又对两位诺贝尔经济学奖得主肯尼斯·阿罗和米尔顿·弗里德曼，以及在艾奥瓦州立大学建立美国第一个统计学系的乔治·斯内德克产生了重大影响。⑭

同时，在洛桑实验站工作期间，费雪对进化论作出了最大的贡献，这在《自然选择的遗传学理论》(*The Genetical Theory of Natural Selection*，1930)一书中得到了总结。当时，距离罗莎琳德·富兰克林发现 DNA 双螺旋结构还有 20 年，关于进化的确切动力学过程仍存在激烈的争论。达尔文已经确定，物种可以随着时间的推移而进化，以更好地适应环境，但自然选择作用于小几率突变，作为驱动机制远未被接受。相反，各种相互竞争的理论，如新拉马克主义（生物体一生中获得的性状的遗传）、定向进化学说（朝着特定目标作用的一些内力所引导的进化）、突变论（新形态以单一大增量自发进化），以及认为进化是由上帝引导的有神论，这些观点在 20 世纪初占据了主导地位。

与此同时，格雷戈尔·孟德尔的基因遗传理论越来越被人们所接受，因为它解释了性状在连续几代生物体中自我表达的过程，这取决于在其父母身上看到的性状。将这两个想法结合在一起是 20 世纪进化生物学的一个宏大项目，现在被称为现代综合进化理论。实现这一综合的主要障碍之一是，某些特征，如身高或头骨大小，似乎在一个群体中不断变化。它们不是像孟德尔豌豆植株的紫色和白色花朵这样的简单二元表达，也没有像眼睛颜色这样的显性／隐性动态特征。相反，这些特征似乎融合在一起，并具有一系列的取值。皮尔逊和其他人一样，主张进化的"生物计量学"理论——他的期刊《生物计量学》的名字就是从这个理论来的——在这个理论中，儿童有机体的指标（身高、头骨大小、智力等）与其父母的指标在某种程度上是相关的。因此，进化是一个过程，通过这个过程，这些指标的某些范围比其他范围更受青睐，种群的总体分布往往随着时间的推移而缓慢漂移。

费雪则站在相反的阵营，他认为进化是由基因驱动的，等位基因被划分成不同的类别。也许可以追溯到凯特勒对苏格兰士兵的胸围的研究，费雪在他的研究工作表示，当许多这些基因同时作用时（我们现在称之为多基因或一组数量性状位点），它们的总相互作用就会产生某些性状的明显连续分布。因此，分布会随着时间的推移而稳定漂移，且仍然受到自发突变的离散增量的影响。自然选择进化论与孟德尔遗传学是一致的。在实现这种综合的过程中，费雪基本上建立了一门新的生物学学科——群体遗传学，并为这门学科提供了强大的数学基础。他证明了他所谓的自然选择基本定理："任何有机体在任何时候的适应能力的增长速度等于它在那个时候的适应能力的遗传变异。"[47]

这为通过基因频率变化产生作用的自然选择动力学赋予了精确的含义。费雪毫不谦虚地将其与统计力学的物理研究，特别是与神圣的热力学第二定律（封闭系统的熵总是向均衡方向增加）作了比较："爱丁顿教授说'熵总是增加的定律（热力学第二定律）是成立的，我认为，这在自然界的定律中占有至高无上的地位'。如此相似的定律在生物科学中占据至高无上的地位，这是非常有启发意义的。"[48]由于在生物学中阐述和证明了类似的重要结果，并帮助将种群生物学确立为一门定量学科，费雪受到了广泛的赞扬——而且这是理所当然的。2011年，理查德·道金斯甚至称他为"自达尔文以来最伟大的生物学家"。[49]他在这一领域的贡献如此巨大，以至于今天的生物学家有时会惊讶地发现，费雪同时也是一位统计学家。

然而，我们也在费雪关于遗传学的著作中发现了同样的优生学思想，这些思想在他之前激励着高尔顿和皮尔逊，特别是他们关于社会经济阶层遗传因素的理论。

在成为生物学家或统计学家之前，费雪是一位优生学家。当他还是剑桥大学的学生时，他就成了优生学的拥护者，在那里，他倡导成立剑桥大学优生学协会。该协会成立于1911年，费雪担任本科生委员会主席。这个委员会在他的学院房间里开会，定期向协会介绍进化论的最新发展。在第一次公开会议上，协会邀请了威廉·拉尔夫·英奇牧师作为嘉宾演讲，他最近写了一篇关于下级阶层的威胁的论文，警告说："城市的无产阶级可能会削弱我们的文明，就像它摧毁了古罗马的文明一样。这些没有生存价值的退化动物，只要能偷鸡摸狗就能活下去。"[50]该协会的会议记录显示，演讲结束后，他得到了"凯斯学院的 R.A. 费雪"的感谢。

1912 年到 1920 年从毕业到开始在洛桑实验站做农业研究这段时间，费雪为高尔顿的期刊《优生学评论》写了 91 篇关于优生学的文章。[51] 他最早的发表之一是一篇题为"优生学家的一些希望"（Some Hopes of a Eugenist，1914）的文章，文中他暗示了民族主义的优生学理论：

> 最终优势的压倒性条件无非是成功的优生学；制度、法律、传统和理想最倾向于培养出更好、更健康的人的国家会很自然地和不可避免地取代，首先是其组织倾向于滋生堕落的国家，以及后来的那些，虽然自然健康但仍然没有看到具体优生思想学的重要性的国家。[52]

这将是贯穿费雪职业生涯的主题。《自然选择的遗传学理论》中的最后五章（约占全书的三分之一）是费雪的遗传理论，该理论解释了文明的失败或成功主要是由"劣等"亚种群的高生育率驱动的。这些章节包括"精神和道德品质决定生育""阶层差别的经济和生物学方面"，以及"统治阶级的腐朽"。

利用英国 1911 年人口普查的数据，费雪发现底层社会的人往往更有生育能力，他将这种现象称为"出生率倒置"（inverted birth-rate）。他还展示了几代人的生育率之间的正相关关系，表明这些生育率是遗传的。与高尔顿的"先天比后天培养更重要"的观点相呼应的是，费雪声称，阶层划分与人和人之间的生物差异相对应，就像水果品种或狗的品种一样，迫于社会压力，人们不得不在自己的阶层内通婚。正如他写道：

> 社会上不同职业的人在经济上的区别在于他们获得的报酬不同。从生物学角度来看，通过主流观点、共同利益的影响和它们提供的社交机会，它们在不知不觉中控制配偶选择方面非常重要。因此，社会阶层就有了基因上的差异，就像一个物种的本地品种一样，尽管这种差异主要不是由阶层之间在选择上的差异，而是由控制社会地位升迁或降级的机构决定的。[53]

因此，他担心由生物学决定的"较低阶层"中较高的生育率最终会导致任何文明的衰落，包括大英帝国："由于出生率是人类在社会中生存的主要因素，在出生率倒置的社会中，生存斗争的成功与人类努力的成功是背道而驰的。被选为子孙后代的祖先的人，是最不可能因对所属社会的有益服务而赢得赞赏或奖励的人。"[54]

为了解决这个问题，他提出了一套针对社会地位低下的大家庭的抑制措施。他还建议对移民家庭的规模加以限制，因为他们没有遗传到既能适应新家园气候又能抵抗新家园疾病的基因。而且，就像皮尔逊一样，如果种族灭绝意味着用一个"优等"血统的"部落"取代一个"遗传特性较低"的"部落"来改善社会，他会支持偶尔的种族灭绝："在一些独立竞争的小部落群体中，消灭那些社会无能力者比例过高的部落，并由较成功部落的分支取而代之，可能在很大程度上有助于维持适合该社会状态的平均能力标准。"[55]

正是在费雪的有生之年，优生学运动在纳粹德国达到了最可怕的最终形式。事实上，阿道夫·希特勒的优生学"计划"的元素，经由美国，以一种令人惊讶的直接方式继承了高尔顿的思想，因此也是费雪优生学思想的"表亲"。

优生学概念通过学术生物学家和统计学家的努力迅速传播到美国，如哈佛大学教授查尔斯·达文波特。他直接从伦敦的高尔顿和皮尔逊处学习了优生学及其数学基础，并曾短暂担任《生物计量学》的联合编辑。1910年，达文波特成立了优生学记录办公室（Eugenics Record Office，ERO），该办公室在某种程度上与高尔顿实验室非常相似，继续收集和分析几十万人的数据，这些数据涉及各种社会和医学特征，如智力、头骨大小、犯罪、酗酒、识字率、生育率和疾病的发病率。

达文波特通过运用他从高尔顿和皮尔逊那里学到的方法，将这些数据作为众多公开发表成果的基础。这些公开发表论证了"劣等"基因群体国家之间通婚和移民的危险。在卡内基研究所、洛克菲勒基金会和哈里曼家族的铁路财富等资金的支持下，优生学记录办公室和其他类似的专业组织致力于向公众传播优生学的福音。

迄今为止，这类组织中最负盛名的是以弗朗西斯·高尔顿的名字命名的美国高尔顿学会。这也是由达文波特和美国优生学领域的其他杰出人物共同创立的，这些人都是科学界的重要人物，有着极具影响力的关系网。高尔顿学会中大约三分之一的成员同时也是美国国家科学院的成员，一半以上的成员是美国科学促进会的成员。在 20 世纪 20 年代和 30 年代，他们利用自己的权力地位引领着美国的科学研究进程，并成功游说政府采取限制移民，禁止异族通婚，对精神病患者、残疾人和其他被视为对社会有害的人进行强制绝育等做法和立法措施。这些做法以许多官方和非官方方式成为标准。例如，在优生学项目中取得最大成果的加利福尼亚州，1909 年到 1963 年间，大约有 2 万人被强制绝育，他们主要是州立精神病院的患者；墨西哥、美洲原住民和亚洲人被认为是"不受欢迎的"，是国家福利体系的沉重负担；女性被归类为"性欲过度"或"性放纵"。

纳粹很大程度上从美国优生学家和高尔顿的追随者那里获得了灵感。在《我的奋斗》一书中，希特勒写道："今天，有一个国家至少在移民问题上取得了初步改善，这是显而易见的。当然，它不是我们的模范德意志共和国，而是美利坚合众国。"[56] 他对美国各州政府大规模实施绝育等政策的能力表示钦佩。他说："我饶有兴趣地研究了美国几个州关于防止后代毫无价值或对种族群体有害的人生育的法律。"[57] 在一封写给美国高尔顿学会联合创始人麦迪逊·格兰特的粉丝信中，希特勒把格兰特的著作《伟大种族的消逝》(*The Passing of the Great Race*, 1916) 称为"我的圣经"。[58] 同一家资助美国优生学研究的机构也在德国资助了类似的研究项目。例如，1926 年，洛克菲勒基金会向凯撒·威廉精神病学研究所捐赠了 25 万美元（约合今天的 350 万美元），该研究所的主任、精神病学家恩斯特·鲁丁，是为纳粹德国的种族暴行提供"科学"辩护的主要贡献者之一。

当时，类似的绝育政策在英国是非法的，但费雪和其他英国优生学家正在努力改变这一现状，这与纳粹计划的相似并非巧合。1930 年，费雪和英国优生学协会的其他成员组成了优生绝育合法化委员会，该委员会制作了一份宣传小册子，主张对"高度低能缺陷者"进行绝育的社会效益。[59] 根据美国人收集的数据，费雪为证明绝育手术的好处作了统计分析。为了用更多的数据来加强他们的论点，优生学协会直接联系了鲁丁，后者反过来对费雪委员会的工作表示了钦佩。[60]

美国优生学家与德国优生学家保持着密切的联系，并为纳粹实施了他们梦寐以求的计划而欢呼。正如美国优生学协会执行秘书利昂·惠特尼所说："当我们在畏首畏尾的时候……德国人在直言不讳。"[61] 特别是在希特勒掌权后，达文波特在两家有影响力的德国期刊担任编辑职务。他的作品被奥托·雷切等纳粹学者引用，后者主张以"种族科学"为由对波兰人民进行种族灭绝。因基因"劣等"而被纳粹杀害的1200万人，在很多方面都是19世纪高尔顿优生学建议的自然逻辑延伸的受害者。

即使在二战后，费雪仍与纳粹科学家保持着令人不安的密切联系。他发表公开声明，帮助恢复纳粹遗传学家、种族卫生思想倡导者奥特马尔·弗赖赫尔·冯·费许尔的形象，弗赖赫尔·冯·费许尔曾是约瑟夫·门格勒的导师，并在奥斯威辛集中营实验中使用了门格勒收集的数据。费雪在为冯·费许尔辩护时写道："我毫不怀疑，纳粹党真诚地希望造福于德国种族群体，特别是通过消除明显的缺陷者，如精神缺陷者，来实现这一点，我毫不怀疑冯·费许尔对这一运动的支持，换我也会这么做。"[62]

作为对大屠杀的回应，联合国教育、科学及文化组织（教科文组织）于1950年发表了一份题为"种族问题"的声明，澄清当时对种族的实际科学理解，并基于科学理由谴责种族主义。综合了社会学、生物学、心理学和人类学等领域著名思想家的意见，该声明称，人与人之间明显的种族差异往往会出现、消失和波动，而且与智人（Homo sapiens）物种所有成员之间的巨大相似性相比，这些差异微不足道。"我们所感知到的，"声明中写道，"在很大程度上是先入为主的，因此每一个群体都武断地倾向于误解这种可变性是将这个群体与其他群体区分开来的根本差异。"[63]特别是，大多数可察觉的差异应被认为是族裔群体之间的文化差异，而不是由基因决定的种族特征：

> 国家、宗教、地理、语言和文化群体不一定与种族群体一致：这些群体的文化特征与种族特征没有明显的遗传联系。由于"种族"（race）一词在通俗用语中经常会犯这种严重的错误，所以在谈到人类种族时，最好干脆放弃"种族"一词，而直接讲民族（ethnic groups）。

费雪强烈反对，并写了一份反对意见，联合国教科文组织在1951年发布的修订版声明中纳入了该意见（以及其他许多批评性的回应）。费雪声称，科学证据表明，人类群体"在智力和情感发展方面的先天能力"存在巨大差异，并得出结论："实际的国际问题是学会与本质不同的人友好地分享这个星球的资源。"他声称，像联合国教科文组织这样的声明只会造成伤害，因为它忽视了种族差异的真相，因为"这个问题被完全出于善意的努力所掩盖，以尽量减少存在的真正差异"。[64] 在 1945 年早些时候的一封信中，他明确指出，他所指的差异"不是皮肤和头发所提供的表面迹象，而是影响道德本质的气质差异"。[65]

尽管费雪一生致力于优生学，但他从未原谅皮尔逊在背后中伤他的批评，以及它对费雪早期职业生涯造成的伤害，也从未原谅皮尔逊拒绝自己对卡方检验的纠正的顽固。1933 年皮尔逊退休时，费雪这位当时最杰出的统计学家接任了伦敦大学学院高尔顿优生学主席的职位。然而，这所大学实际上分割了这一职位，并任命皮尔逊的儿子埃贡领导新成立的统计学系。

费雪把他对皮尔逊的怨恨转移到埃贡和他的主要合作者、波兰数学家耶日·内曼身上。尽管这两个部门位于同一幢大楼的相邻楼层，但高尔顿实验室和统计系之间的关系不断恶化。当内曼拒绝教费雪教科书上的课程时，费雪变得特别愤怒。费雪威胁道："从现在开始，我将全力反对你。"[66] 情况变得非常紧张，敌对阵营的学生在下午组织了两次院系茶会，一次在 4 点，一次在 4 点半，这样费雪就不必和内曼或皮尔逊待在同一个房间。两人互相谩骂了几十年，甚至在内曼搬到地球另一端的加州大学伯克利分校后也是如此。

他的最后一本书——《统计方法与科学推论》写于卡尔·皮尔逊去世 20 年后，在这本书的前言中，费雪讲述了高尔顿任命皮尔逊来继承他的衣钵的故事，他毫不留情地说：

> 通过对皮尔逊教授领导的一个研究实验室的支持和捐赠，高尔顿有意将个人财富用于统计方法的系统改进及在生物变异和遗传研究中的实用性的发展。

> 皮尔逊所表现出的独特的综合素质在某些方面使这一选择令人遗憾，尽管他在其他方面非常成功……在某种意义上，他无疑赞赏高尔顿对统计在科学服务中的潜在贡献的伟大构想，并将其作为一种手段，使传统上不属于自然科学的一系列研究具有严格的科学性，但正如他所看到的那样，这种伟大并不容易与皮尔逊本人的伟大区分开来。

> 他在数学和科学研究上的可怕弱点源于他缺乏自我批评的能力，以及他不愿承认自己有可能从别人那里学到东西，即使是在他知之甚少的生物

学方面。因此，他在数学方面虽然总是精力充沛，但通常很笨拙，而且常常误导人。在他所沉迷的争议中，他不断表现出对正义感的缺乏。⑥⑦

埃贡·皮尔逊则试图在 1968 年发表于《生物计量学》上的一篇文章中找到调和的基调，他已接任该杂志的编辑。这份笔记包括了费雪和皮尔逊在 1914—1916 年这段重要时期的一些通信，试图追溯他们误解的根源，并解释他父亲决定不再发表费雪的作品的背景：

> 皮尔逊和费雪都有一种根深蒂固的强烈愿望，即对任何他认为是错误的、可能对学科发展有害的观点作出回应。但如果这篇"错误"的文章没有在他自己的杂志上发表，那么至少回复的必要性就不会那么强烈了！不时在统计领域展开的"激烈的"斗争或许让旁观者感到振奋，但它们是非常真实的，我认为对参与者来说是有害的。我们希望历史会忘记他们。⑥⑧

历史至今还没有忘记（他们）。

融　合

皮尔逊和费雪都有很强的技术能力，他们致力于把统计学建立成一门严谨的学科，继续推进着高尔顿几年前就开始的项目。皮尔逊 1920 年对其事业使命的描述被保存在他儿子所写的传记中，这同样适用于费雪：

> 使统计学成为应用数学的一个分支，拥有自己的技术和术语，把统计学家培养成科学工作者……总的来说，要把这个国家的统计学从业余爱好者和争议家的游戏场变成一门严肃的科学，没有足够的训练，任何人都无法有效地利用它，就像没有数学知识的人不可能使用微分学一样。⑥⑨

两人都雄心勃勃，且非常自负，都通过写作和教学对下一代产生了巨大的影响。因此，现在任何学统计学的学生都知道皮尔逊和费雪这两个名字。相关系数是皮尔逊系数 ρ，这是现在几乎所有包含两个变量的数据的标准计算方法。皮尔逊因多元正态分布、列联表、卡方检验、矩量法和主成分分析等标准工具而获得好评。他还发明了显著性检验和 p 值，p 值是衡量统计显著性最常用的方法，我们将在下一章中介绍。我们从费雪那里学到了 F 检验、充分统计量的思想、最大似然法、参数的概念、线性判别分析、方差分析、费雪信息量和费雪精确检验等。

尽管他们在一些技术问题上存在激烈的分歧，但当涉及统计推断的一般实践时，他们的方法基本上是相同的。例如，皮尔逊在他的卡方检验中引入了 p 值，但是费雪将其作为一种实用工具推广开来，并将 $p = 0.05$ 作为统计显著性的阈值。他打算把它作为一种工具，使实验科学家能够了解他们的数据中的哪些特征是令人惊讶的，或者值得重新审视的。

在下一代中，埃贡·皮尔逊和内曼通过决策理论引入了一种不同的、更数学化的假设检验方法。也就是说，他们根据接受或拒绝一个假设而支持备择假设的决定来看待统计检验的结果，如果作出错误的选择会受到惩罚。这种思维模式中产生了无偏估计量、统计功效、第一类和第二类错误以及置信区间等概念。特别是内曼，他否认统计学的任何部分都涉及归纳法，试图宣称所有的统计学都是数学的一个分支。他写道："在统计估计的常规过程中，不存在与'归纳推理'描述相对应的阶段……所有的推理都是演绎的，可以推导出某些公式及其性质。"[70]

费雪强烈反对归纳法在科学中的作用，以及整个内曼—皮尔逊假设检验框架，声称其作者"对自然科学的工作缺乏真正的了解，或者对观测记录的那些特征缺乏意识，而这些特征有助于提高科学理解"。[71]他将内曼的观点比作思想控制："对于一个在早期自由的知识氛围中长大的人来说，意识形态运动中有一些相当可怕的东西，其代表性教义是，正确地说，推理不能应用于经验数据来得出在现实世界中有效的推断。"[72]

在冷战时期令人印象深刻的"柔术"中，他说假设检验决策理论版本背后的意识形态让人想起苏联的五年计划和美国典型的强调底线结果：

俄罗斯人熟悉这样一种理念，即在国家五年计划的全面组织努力中，纯科学研究能够而且应该与技术性能挂钩。在这样一个系统中，我们不知道从观察到的事实中进行个人推断在多大程度上是被允许的……我认为，在美国，有组织的技术的重要性也使得人们很容易对得出正确结论的适当过程与那些旨在加快生产或节省资金的过程产生混淆。[73]

对于费雪来说（我们只能假设他以英国的方式），推断不是作出正确的决定，而是思考正确的事情。

虽然这些纷争仍在继续，但应由研究科学家、期刊编辑和统计学教科书作者来决定哪些技术将成为行业标准。由于费雪学派和内曼—皮尔逊学派的巨大影响，答案是科学工作者采取了一种混合方法，并结合了两个阵营的想法。最值得注意的是，当前的零假设显著性检验标准程序是将费雪的 p 值显著性指标塞进内曼和皮尔逊的假设检验框架的结果。

对费雪、内曼和皮尔逊的工具和方法的组合使用变得非常普遍，几乎成为所有实验科学的通用语言。这种杂交集合现在形成了大部分我们所认为的正统统计学方法。表 4.1 显示了截至 2020 年，谷歌学术搜索检索到的各种统计关键词的被引次数。这些数字简直荒谬可笑。相比之下，目前被引用次数最多的论文的纪录保持者是奥利弗·H. 洛瑞等人在 1951 年撰写的《用福林酚试剂测量蛋白质》(Protein Measurement with the Folin Phenol Reagent)。[74] 该论文被引用的次数约为 21.3 万次，约为费雪和皮尔逊的 p 值概念被引用次数的 1/20。没有一篇论文可以作为这一术语的来源，但如果有一篇是，它将很容易成为有史以来被引用最多的学术成果。

表 4.1　与皮尔逊和费雪相关的统计术语的引用数

搜索值	搜索结果
"p 值"	4580000
"皮尔逊" + "相关性"	3100000
"ANOVA"	2750000
"置信区间"	2700000
"最大似然"	2680000
"$p < 0.05$"	2210000
"零假设"	974000

这些作者的影响是如此之大，以至于他们几乎淹没了与之竞争的贝叶斯学派思想，频率主义者之间的技术争论反而占据了中心舞台。这些争论的结果，也是一个由费雪作品中的贝叶斯主义暗示引发的结果，即正统统计学可能是没有任何作者会认识到的邪恶的混合体，但它是一个完全频率主义的混合体，我们将在下一章详细讨论这个问题。在这个问题上，他们意见一致。尤其是费雪，每当有人提起逆概率的话题时，他就会勃然大怒。弗雷德·霍伊尔是一位熟知费雪的天体物理学家，他说，这个话题会"在最短的时间内把费雪从举止极端温文尔雅变成一锅沸腾的怒火"。[75]埃贡·皮尔逊甚至有一次拒绝了与内曼合著一篇论文的请求，因为它提到了先验概率——具有讽刺意味的是，他认为如果数据集足够大，先验概率的选择并不重要——他太害怕费雪会如何回应了。[76]

从某种程度上说，皮尔逊和费雪都曾是频率主义者，这似乎很令人惊讶，因为他们在思想上与拉普拉斯和高斯这样的数学家有着密切的关系，而拉普拉斯和高斯至少对贝叶斯的概率思想很熟悉。

皮尔逊对将贝叶斯推断作为一个概念框架只是有些勉强。首先，他在伦敦大学学院的教学中总是包含贝叶斯定理。他面临的主要问题是对于任何感兴趣的未知量通常都要分配一个均匀的先验概率分布（也就是不充分理由原则），正如上一章中的乔治·布尔等人那样。皮尔逊在 1917 年批评了费雪的最大似然法，而正是这引发了他们之间的激烈争执，例如，他（错误地）认为费雪是从相关系数的一个均匀的先验概率出发进行贝叶斯推断的，而实际经验会导致任何科学家得到不同的先验赋值，也许更集中于 0。皮尔逊甚至对这种备择先验假设的结果进行了贝叶斯分析，这很有帮助。戈塞特曾是皮尔逊的学生，他在自己有关相关系数的研究中也表达了同样的观点："很明显，为了解决这个问题，我们必须知道两件事：（1）样本内相关系数 r 的值的分布，它来自有一个给定的总体相关系数 R 的样本；（2）总体 R 位于任何给定极限之间的先验概率。"[77]如果问题有需要，戈塞特对于均匀分布之外的先验分布持开放态度。

在他具有里程碑意义的著作《科学的规范》中，皮尔逊用弗朗西斯·埃奇沃思所提出的一个论证为拉普拉斯方法进行了辩护，即对于许多类别的问题来说，未知量实际上确实或多或少地趋于均匀分布。[78]因此，即使他不能说均匀分布是正确的，它也可以作为缺乏更好的分布的一个合理替代，而根据经验，其他分布可以很容易地取代它。皮尔逊是一个真正的频率主义者的唯一原因是，他认为这些概率假设（及其推断结果）最终需要与观察到的频率相吻合。也就是说，他并不反对布尔的观点，即概率赋值需要以实际经验为基础才有意义；他只是回避了批评，认为均匀分布或许毕竟是经验性的。

费雪确实是第一个认真尝试将贝叶斯推断从统计学中完全剔除的人。他在洛桑实验站时的那一代学生，以及更多从他的课本上学习统计学的学生，根本没有学过贝叶斯方法。在《研究者的统计方法》一书中，费雪写道："逆概率（即贝叶斯推断）建立在错误的基础上，必须被全盘否定。"[79] 但在他早期关于概率和统计学的著作中，费雪甚至承认他欠拉普拉斯的人情：

> 如果不是因为拉普拉斯和泊松等奠定了现代统计学理论的基础的老作者接受这些假设，并在他们对这一主题的讨论中引入了类似的思想，鉴于布尔、维恩和克里斯特尔对这些假设提出了决定性的批评，就无需强调它们在"逆概率"和"贝叶斯定理"标题下所作假设毫无根据了。[80]

显然，对费雪来说，拉普拉斯的影响被布尔、克里斯特尔，尤其是维恩的影响所超越，正如我们之前提到的，维恩可能对费雪在剑桥大学时的影响很大。费雪认为维恩永久地解决了主观主义者和频率主义者之间的争论，而支持了后者。在他自己的研究中，费雪用非常像维恩的语言定义了概率，即假设无限总体和假想无限次骰子序列：

> 概率是最基本的统计学概念。它是一个参数，指定了无限假设总体中的一个简单二分法，它代表既不大于也不小于我们想象的这样一个总体所呈现的频率比。例如，当我们说骰子掷出 5 的概率是 1/6 时，我们不能认为掷出 6 次骰子的结果中有一个且仅有一个必定是 5；或者在任何 600 万次投掷中，正好有 100 万次是 5；但如果骰子处于初始状态，无数次抛掷出 5 的概率恰好是 1/6。我们的陈述不会像从有限样本中估计概率那样包含任何关于实际骰子的错误假设，如连续使用而不会磨损，或任何近似的概念。一旦理解了概率的意义，这个概念就

可以在逻辑上得到发展。[81]

因此，对于费雪来说，概率和统计学完全是关于总体和随机抽样的研究。真正的总体往往是有限的，这一恼人的技术问题被忽视了，因为人们认为它们好像是无限的。任何衍生出来的数量，比如样本的均值，也可以通过将其视为一个理论的无限测量总体的采样而得到概率："总体的概念不仅适用于活着的个体，甚至也适用于物质的个体。如果一个观察（例如一个简单的测量）被无限地重复，结果的聚合就是一个测量的总体。"[82]

当然，费雪会允许在先验概率本身由总体中已知的频率或比例给出的特殊情况下使用贝叶斯推断。在《统计方法与科学推论》一书中，在排除逆概率的过程中，他用遗传学给出了这样一个例子：假设在黑鼠中有两种遗传类型，纯合子（BB）为黑色，杂合子（Bb）为黑色和棕色。如果两只杂合子小鼠交配，根据孟德尔理论，其后代的比例 BB:Bb:bb 将为 1:2:1。如果已知一只老鼠是这种交配的产物，那么就会知道它拥有每个基因型的先验概率，这可以作为基于其后代的贝叶斯推断的基础。正如他经常处理遗传数据时所做的一样，费雪可以毫无困难地根据贝叶斯定理处理这些概率。[83]

顺便说一句，被费雪誉为推翻贝叶斯推断的三位英雄之一的苏格兰数学家乔治·克里斯特尔不会同意这种推断，即使它如此简单。费雪声称，正是克里斯特尔决定将逆概率从其 1886 年的《代数》（*Algebra*）一书中删除，这标志着拉普拉斯思想的死亡，但他指出，克里斯特尔并没有给出他真正的理由。然而，克里斯特尔于 1891 年在《爱丁堡精算学会学报》（*Transactions of the Actuarial Society of Edinburgh*）上发表了一篇鲜为人知的论文，其中他解释说，他反对贝叶斯定理本身，因为他认为自己找到了一个例子，其中给出的答案不合逻辑。这个问题是，假设袋子中有三个球，每个球不是黑色就是白色，现在从袋子中连续取出了两个白球且不放回，推断袋子此时的状态。基本上，他被一个概率难题难住了，这个难题的水平与我们在第 1 章看到的男孩或女孩悖论相同。他用贝叶斯定理计算出正确的答案，然后得出这不合逻辑的结论，因为这是违反直觉的。西北大学的统计历史学家桑迪·萨贝尔推测，费雪不知道克里斯特尔的这部后期作品，如果他知道的话，他会感到羞愧。[84]

和其他很多人一样，费雪只是对在没有频率数据的情况下分配概率的想法提出异议，而这种频率数据是在推断假设或未知常数时自然出现的。因为一个假设只是简单的真或假，所以它根本没有基于频率的概率。这就是科学家们数百年来一直试图作出的推断，正是这一事实使得皮尔逊和其他人没有完全抛弃贝叶斯原理。

即使是费雪的频率主义三巨头中的另外两个成员布尔和维恩，他们在后来的研究中也软化了这一点。布尔在 1862 年写道，"不充分理由原则"或"知识或无知的平均分配原则"实际上是一个基本的概率规则，它"涉及我们实际知识的平均分布，并使我们能够从最终假设中构建问题且将其简化为对组合的计算"。[85] 在 1888 年出版的《机会的逻辑》的第三版中，维恩考察了一个涉及两个比例未知的陶瓮的推断例子，该推断来自一位医生提出的关于防腐剂在预防术后感染方面的有效性问题。问题是，是否可以从 10 个或 15 个病人的样本量中作出任何推断，其中一些病人使用了防腐剂，而另一些则没有。维恩也许是屈服于为如此严肃的问题作出一些推断的需要，只是临时决定对两个陶瓮的问题采用不充分理由原则，而他的反对意见仍然适用于一个陶瓮的问题。[86]

费雪的与众不同之处在于，他认为自己找到了解决这一问题的方法，这要归功于他的新推断方法不依赖于贝叶斯先验概率。他之所以这么做，是因为他对小样本的实验感兴趣，因为在小样本的实验中，先验概率会发挥更大的作用。对于皮尔逊来说，先验概率在很大程度上是一个学术问题，因为大量的数据往往会把它们"清洗"掉。对于费雪来说，最重要的实验可能只包含少量的数据，需要极其小心地处理。

1930 年，他写道："我认为，尽管逆概率理论的基础不尽如人意，但它仍然存在了这么久，因为直到最近，批评它的人还没有提出任何可以取代它的一种经验学习的理性理论。"[87] 费雪提出的替代方法是显著性检验、最大似然估计和基准推断（fiducial inference）。正如我们在第 2 章提到以及将在下一章更详细地看到的，这些方法中的第一个基本上只是重新包装了雅各布·伯努利的谬误论证并将其扩展到不同的问题上，而其他方法虽然仍是伯努利谬误的受害者，但秘密地成为另一个名字的贝叶斯推断。

　　　　伯努利谬误：不合逻辑的统计学与现代科学的危机

这和豌豆无关

因此，归根结底，现代统计学成为频率主义流派主要归功于费雪。但在很多方面，他只是在践行一个世纪前由许多人开始的思想——可以一直追溯到伯努利——并与高尔顿和皮尔逊的统计观保持一致。在回答为什么他们最终得出的统计方法是频率主义的这个问题时，最简单也是最正确的答案是费雪认为他们可能是。他的前辈可能希望所有的推断都完全依赖于可观察到的事实，因为这符合他们的整体科学哲学，但费雪是那个将其作为承诺来酿造数学"万金油"的人。布尔和伯特兰德等人的批评进一步鼓励了他。伯特兰德和布尔指出，无知的不同含义可能导致不一致的先验概率分配，而均匀概率分布不可能适用于所有问题。正如我们在上一章中看到的，这些都是困难的问题，需要许多年才能被解决——在某些情况下仍然没有得到解决。内曼和埃贡·皮尔逊补充了一套费雪反对的额外观点，但即便如此，他们也屈服于费雪的教条主义观点，即概率只能意味着频率。

但是，对于为什么频率主义盛行这个问题的答案，留下了一个更深层次的问题：为什么费雪从未看到这些严格的频率主义方法的逻辑缺陷。毫无疑问，他是一个数学天才，拥有丰富的数学历史知识。到目前为止，我们看到的例子以及我们将在下一章考察的例子肯定不会超出他的理解范围。统计学家伦纳德·"吉米"·萨维奇于 1954 年出版的《统计学基础》(*The Foundations of Statistics*) 一书发挥了重要作用，使贝叶斯统计从因费雪而濒临死亡的困境中复苏。他说，他曾经直接询问费雪关于概率反证法的逻辑谬误，即不可能的数据必须以某种方式作为反驳假设的证据，正如我们在第 2 章看到的。他说，费雪的回答含糊其辞："萨维奇，你可以看到你在试图蒙蔽我们的眼睛。你为什么认为我们也看不见呢？"[⑧]难道他没有一个好的答案，还是他认为答案太明显，不值得大声说出来？

毫无疑问，费雪的动机至少在一定程度上也是出于人际关系的考虑。从适当的角度来看，他的整个职业生涯中的许多研究都是对皮尔逊的否定。他对小样本问题的关注削弱了皮尔逊的技术，后者只适用于大数据集；他的最大似然法是一种比皮尔逊矩量法更有效的方法；他花了数年时间，在皮尔逊著名的卡方检验中，反复强调了同样的技术缺陷；类似的角度还有更多。因此，皮尔逊部分地赞同贝叶斯推断的事实（尽管是从严格的频率主义者的角度来看）可能促使费雪试图将其从历史中抹去。他还必须考虑自己的遗产。如果显著性检验、最大似然估计和基准推断都被认为是浪费时间，正如我们会认为它们应该是这样的，那么费雪对各种检验统计量的抽样分布的出色推导就会被遗忘。这些都是他花费了大量精力来回答的问题，所以很自然地，他就会形成一种世界观，认为这些问题是最重要的。

还有一个事实是，对于他所考察的许多实际问题，他的方法似乎确实有效。正如我们在第 2 章中看到的，同样的现象也出现在伯努利身上，并为伯努利谬误奠定了基础：当先验信息较弱时，推断可以忽略该信息，并可能最终仍然得到合理的结果。费雪的科学问题大多局限于调查抽样和其他情况，在这些情况下，无论如何都不存在强有力的先验信息来进行贝叶斯推断。不管理论上有什么反对意见，实际结果都不言而喻。傲慢使他声称，这些方法因此必须普遍适用于所有问题。事实上，我们将在下一章中看到，费雪所钟爱的最大似然法只是贝叶斯推断的一个特例，它的先验反映了均匀的无知状态——所以费雪有时会意外地进行贝叶斯推断。

然而，考虑到他们从事研究的社会和历史背景以及他们关于优生学的议程，我们可能会对为什么高尔顿、皮尔逊和费雪如此坚持认为概率必须是可测量的长期频率有不同的理解。将概率视为频率的关键优势始终在于它使其具有客观性，因此从数据中得出的任何结论似乎都不会受到进行推断的人的偏差或偏见的影响。正如费雪所写的那样："由显著性检验引起的感觉有一个客观的基础，因为它所依据的概率陈述是一个可以传达给其他理性头脑并可由它们验证的事实。"[89] 根据他的观点，概率是"有关物质系统的物理属性"[90]，它是固定的、可测量的，"因为物体的重量和导体的电阻都有一个客观值"。[91] 因此，测量概率的正确方法是频率；费雪认为，维恩的频率论的主要成就是"将概率的概念发展成为一个客观事实，可以通过观察频率来验证"。[92]

因此，构建一种仅使用频率概率的推断方法，将使所得出的任何结论看起来都没有偏差。例如，如果一个人试图建立一个有争议的新学科，这种客观性可能是有用的。如果一个人试图将怪诞的想法变为"常识"，例如，"一个种族天生就比另一个种族优越"，"殖民征服土著人民是为了后者的利益"，或者"残疾人应该被强制绝育"等，这也可能是有用的。

对于高尔顿、皮尔逊和费雪来说，优生学目标所处的背景是统计学的所有关键概念都在讨论当中。高尔顿被引导去研究显赫家族的能力遗传，因为他想给"上流社会的血统应该以牺牲底层社会为代价被保存下来"这样一种建议提供科学的力量。他提出了回归的概念，因为他想预测每一代的优点或缺点是如何传递给下一代的，并理解为什么高等阶层和低等阶层之间的差距没有以他预期的方式扩大。他被正态分布吸引，因为它提供了一个量化尺度以比较种族和衡量他认为的盎格鲁—撒克逊人相比于其他人种的优越性。他发展了相关系数，用来比较和衡量欧洲白人中被认为可取的特征或者非洲人或亚洲人中被认为不可取的特征一起出现的趋势。

驱使高尔顿的种族主义和贵族假设可能在当时的英国精英社会中普遍存在，但他为这些假设提供了所谓的科学依据。他拥有一种世界旅行家的权威，他按照维多利亚时代博物学家的传统，研究他们居住的地方的其他文化，就像他的表兄在贝格尔号上所做的一样。因此，他对其他人群相对于英国上级阶层的"低劣"程度进行的定量评估是朝着将这些态度奉为"常识"而迈出的重要一步。在亚洲、非洲和美洲，英国殖民地的人民遭受了不可估量的暴力，而这些暴力被这些种族主义信念所合理化。

皮尔逊继承了高尔顿的统计工作，他试图提供一种客观的方法，"科学地"建立群体间性状的相关性，目的是"剔除劣质性状"，以保持国家的效率。他之所以对统计学感兴趣，只是因为他看到了统计学可以支持其历史理论的潜力，即自然选择是决定一个国家成功与否的驱动力。在《曼彻斯特卫报》的一篇名为《从科学的角度看国民生活》的评论文章中，编辑们指责他越过了自己的界限，将生物学理论应用于政治。对此，皮尔逊怒不可遏："我问你，你有什么理由认为我的历史是'生物意识'的产物，而不是我对遗传学的兴趣是因为我相信它与历史研究有关。"[93] 皮尔逊的"初恋"是历史学和政治科学，他的统计学为其争论的目的提供了手段，而争论的目的就是优生学。

通过将优生学与统计学作为一门学术学科相结合，并发表大量的研究结果，皮尔逊为这些观点提供了一种难以反驳的制度支持。任何想要批评研究结果的人都必须先阅读数百页的公式和技术术语。这些发表在实际上相当于皮尔逊 20 年来的私人杂志《生物计量学》上的论文除了以带有种族主义色彩的进化论命名之外[94]，在优生学问题上绝不是中立的。他利用该杂志，用头骨大小、智力和不同种族的发病频率等示例数据来说明回归和相关分析等概念。这些论文在理论上的重要性值得怀疑，但却成为他以统计理论为幌子传播优生学教条的论坛。例如，在 1900 年，他提出了一种名为"四分相关"（tetrachoric correlation）的新技术，用于测量分类数据的关联——如教育水平和婚姻状况，这些数据必然属于若干离散类别之一。几年后，他在一项对 4000 对兄弟姐妹进行的大规模研究中发现，兄弟姐妹之间在眼睛颜色等明显遗传特征方面的联系强度，与"活泼""果断"和"内省"等心理特征方面的联系强度大致相同。他的结论是，这意味着它们都具有同等的遗传能力："我们是被迫的，我认为是字面上的被迫，从而得出一个普遍的结论，即人的生理和心理特征都以同样的方式、同样的强度被遗传下来……我们继承了父母的脾气、责任心、害羞和能力，就像我们继承了他们的身材、前臂和宽度一样。"[95]

皮尔逊最后发表了一篇关于英国基因库赶不上美国和德国的傲慢声明，建议道："补救办法首先在于让我国的知识分子认识到，智力可以被帮助和训练，但没有培训或教育可以创造它。你必须培育它，这是治国之道的广泛结果，它来自对人的精神和物质特性的平等继承。"[96]换言之，他发明了一根量尺，并用它来测量两件事：兄弟姐妹的身材相似的频率和他们的性格相似的频率。在发现测量结果是相等之后，他得出结论，他们的遗传方式一定是完全相同的，由此他直接得出了最极端的优生学结论。

在《优生学年鉴》中，皮尔逊甚至更不圆滑。他利用杂志的第一期来宣传他关于犹太移民"低人一等"的观点，并且在必要时扭曲数据来支持这一论点。他知道这些想法会有销路。例如，阿瑟·亨利·莱恩在他的反犹太著作《异族的威胁》（The Alien Menace）中称皮尔逊的结论"意义深远，影响着我们国家的利益和福利，所有英国人，尤其是所有政治家和政客都应该拥有《优生学年鉴》"。[97]保持客观的表象至关重要。皮尔逊声称，他只是利用统计数据来揭示关于人的"基本真理"，这些就像自然法则一样不容置疑。在介绍关于犹太儿童的研究时，他写道：

> 我们认为，没有任何机构比高尔顿实验室更能进行公正的统计调查。我们没有可磨的斧头，我们没有管理机构可以通过宣传良好的发现来安抚民众；没有人付钱给我们，让我们达成某一特定偏差的结果。

我们在市场上没有选民，也没有订阅者。我们坚信，我们没有政治、宗教和社会偏见，因为我们发现自己反过来也会被每个群体和机构偶然虐待。我们为数字和数字本身而欢欣鼓舞，在人类易犯错误的情况下，收集我们的数据，就像所有科学家必须做的那样，以找出其中的真相。[98]

《优生学年鉴》的副标题是达尔文的名言："除了实际测量和'三的法则'（Rule of Three）之外，我不相信任何事情。"根据皮尔逊的说法，只有让数字讲述它们自己的故事，而不借助我们的帮助，我们才能看到这些真相。如果有人反对皮尔逊的结论——例如，"种族灭绝是进步的工具"——那他们就是在用"激情取代真理"去反对冰冷的硬逻辑。[99]我们甚至在他就费雪对卡方检验的纯数学批判的回应中看到，他希望形成一个统一战线和一个没有争议的理论。

同样地，费雪也有动机使用统计学来了解种群遗传学的动态，因为他担心底层社会的"劣等"基因或由外国人引入的"劣等"基因会威胁到英国基因库的完整性。在费雪的传记中，他的女儿琼·费雪·鲍克斯把他早期在优生学协会的一次演讲称为"风向标……表明了其科学兴趣的主要方向是把遗传学作为人类遗传的机制，把统计学作为思考遗传和其他人口问题的适当方式。他的主题是优生"。[100]他关于文明兴衰的遗传原因的观点是傲慢而非历史性的。当纳粹将类似的理论付诸实践时，费雪目睹了这些理论令人恐惧的逻辑结论，但他仍然坚持错误的信念，即经验证据已经证明了种族之间的根本差异。那么，如果这些有争议的推论依赖于主观假设，会引起多大的动荡呢？

费雪坚持把客观作为一根棍子，当它符合他的利益时，他可以使用它来对付对手。作为一名终身吸烟者，他在晚年——直到死于癌症——为烟草业奔走，声称吸烟和肺癌之间的关系并不一定证明两者存在因果关系。例如，可能是一种炎症性疾病导致了更高的癌症发病率和身体不适，而吸烟可以缓解这种不适。[101]那么，为什么同样的论点不适用于他所观察到的生育率与社会阶层之间的相关性，或与其他任何一种的相关性呢？

进化论和优生学为这三个人的职业生涯提供了贯穿始终的线索。起初，进化论需要捍卫，由于他表兄的影响，高尔顿是早期采用者，而皮尔逊补充了当时急需的量化支持。在 1893 年到 1912 年之间，他以同样的标题《进化论的数学贡献》（Mathematical Contributions to the Theory of Evolution）写了 18 篇独立的论文，在这些论文中，他运用了当时许多最重要的统计理论工具。当费雪还是一名年轻的学生时，其中一项研究就引起了他的注意，激发了他对统计学和遗传学的兴趣。如今，生物学家们印象最深的是费雪对现代达尔文进化论和孟德尔遗传学的综合贡献。这门学科固有的各种概率问题使得频率主义理论得以发展，因为缺乏强有力的先验信息意味着贝叶斯结论不会与之相矛盾。

这三个人也都认为他们看到了利用进化来塑造人类社会的潜力，而且他们并不羞于将这些观点公之于众。这些不仅仅是脚注。他们都在各自的主要著作中花了大量篇幅来阐述人类可以通过基因改良的观点。高尔顿的《自然遗传》、皮尔逊的《从科学的角度看国民生活》和费雪的《自然选择的遗传学理论》表明他们从未远离优生学的思想。皮尔逊在《科学的规范》一书中写道："进化论不仅仅是一种被动的理性自然观；它适用于社区中的人，就像适用于所有形式的生命一样。它教会我们生活的艺术，教会我们建立稳定的、占统治地位的国家的艺术，它对议会中的政治家和慈善家，就像对实验室中的科学家或该领域的博物学家一样重要。"[102]1885 年，高尔顿在英国协会人类学分会发表演讲时，回顾了他的豌豆植物实验，他说："我想要的是人类学证据，我只关心种子，并把它作为揭示人类遗传的一种手段。"[103]

虽然他们的种族主义和阶层歧视可能与同时代精英的观点大致一致，但他们明白他们的优生学思想是激进的，尤其是因为他们可能会被视为与基督教价值观（比如"温顺的人将继承世界"的观念，或《圣经》中关于"繁衍生息"的指示）相冲突。（当然，并不是每个人都这么认为，比如费雪，他一生都是一个虔诚的宗教人士，还有威廉·英奇牧师，正如之前我们提到的，他是费雪在剑桥大学的优生学会议上的第一位嘉宾。）作为一种先发制人的行动，优生学团体在 20 世纪初寻找基督教神职人员来帮助形成其信息，并证明优生学与宗教是相容的。[104]其中一位受邀者是著名的英国国教牧师詹姆斯·皮尔，他于 1909 年在优生学教育学会上发表演讲，谈到优生学的信条"处理那些使无知的人感到震惊的术语和短语；它忽视或明确拒绝了一些教会人士认为必不可少的东西"。皮尔勒认为，优生学与传统的基督教慈善事业相冲突，但慈善的概念无论如何都应该被更新，因为认为每个生命都值得被拯救的旧观念不幸地与医学科学的进步相结合，造就了"一大批智力和身体都很低能的人。这些人在严格意义上被人为地维持生命，而不考虑国家的优生利益"。[⑩]

优生学建议意味着在某种程度上干涉家庭内部的亲密关系以服务国家，这种想法可能会合理地冒犯人们。例如，皮尔逊说："我担心我们目前的经济和社会条件还没有成熟到可以进行这样的运动；最重要的出身问题仍然在很大程度上被认为仅仅是家庭问题，而不具有国家重要性……站在国家的立场上，我们想要给那些病弱者的父母灌输一种羞耻感，无论他们是精神上还是身体上不健康。"[⑩]

为了与早在高尔顿时代就存在的关于家庭神圣性的观点保持一致，天主教会对优生学，尤其是强迫绝育的做法，不出意外地采取了特别严厉的态度。在 1930 年的通谕中，教皇庇护十一世强调国家无权决定谁适合结婚或生儿育女，根据基督教神学，这是上帝赐予人类的一种圣礼，"公共裁判官对其臣民的身体没有直接权力；因此，如果没有发生犯罪，也就没有理由对其进行严重惩罚，则无论出于优生学或任何其他原因，都不能直接伤害或破坏人体的完整性"。[⑩]

英国优生学家成功地将他们的一些想法变成了现实，主要是通过各种限制移民的法律和一项糟糕的国内政策，即 1913 年的《智力缺陷法》（Mental Deficiency Act）。该法案建立了一个程序，通过这个程序，任何被认为是"弱智"或"有道德缺陷"的人都可以在政府委员会的指导下被送入某个机构。哪些人被送入的标准是出了名地模糊，包括任何需要被监管的人，任何被虐待或忽视的人，以及任何被判有罪的人。该法案一度使得有超过 65000 人生活在国家运营的"殖民地"上。它在国会仅以三票反对被通过，其中一票是由乔赛亚·韦奇伍德所投，他称该法案"是一种可怕的优生社会的精神，它把工人阶层当作牲畜来饲养"。[⑩] 作为对该法案的回应，著名作家 G.K. 切斯特顿写了一本名为《优生学和其他邪恶》（*Eugenics and Other Evils*, 1922）的书，在这本书中，他嘲笑优生学家干扰人们的生活，"好像有权强制和奴役同胞，并把这些当作一种化学实验"。[⑩]

科学界对优生学最显眼的抵制来自兰斯洛特·霍格本，他是 20 世纪 30 年代伦敦政治经济学院社会生物学系的主任，和高尔顿、皮尔逊和费雪一样，他也是伦敦皇家学会的会员。他反对把优生学作为一项科学事业的整个想法，因为它不可能在伦理上保持中立，他写道："种族的优点是什么？什么是理想的社会品质？什么是'道德和精神健康'的人？这些是品味的问题，与科学无关。"[110] 他同意遗传学的研究可以给人类带来巨大的进步，但是由于高尔顿的"贵族偏见"，优生学运动只是为"阻止改善工人阶层状况的一套巧妙的借口"提供掩护。[111] 他在《医学和科学中的遗传原理》(*Genetic Principles in Medicine and Science*) 一书中主张要更仔细地理解环境因素是如何影响人类特征的，并使用新的家庭数据的数学分析证明。例如，失聪并不是严格遗传的，这推翻了优生学家一段时间以来一直认为的"贫穷由遗传原因造成"理论。《新政治家与国家》(*New Statesman and Nation*) 杂志上的一篇文章直言不讳地说：

> 当优生学家假定，遗传和环境因素的复杂组合具有简单的遗传特征，从而导致智力低下、犯罪甚至赤贫，因此他们大胆地混淆经济和生物因素以证明穷人应该被绝育时，科学情绪已经抛弃了他们……他们在全世界的书架上堆满了大量的道听途说、虚假的专家意见和可疑的结论，这些都建立在由简洁的系谱图说明的足够有趣的家族史基础之上。[112]

最后一句话瞄准的是高尔顿。去世前，85 岁的高尔顿于 1907 年在牛津大学发表了赫伯特·斯宾塞演讲，题为"概率论，优生学的基础"(Probability, the Foundation of Eugenics)，感叹公众还没有回心转意——尤其是，人们仍然与"几乎任何人"结婚，而不考虑他们的基因——他预测，公众舆论最终会受到影响，"当收集到足够的证据，使所有人都能清楚地了解真相时"，而且"到那时，才会有合适的时机来宣布一场'圣战'，或向损害我们种族身体和道德品质的习俗和偏见发动圣战"。[113] 作为神圣事业的战士，皮尔逊和费雪所做的工作是继续努力，使优生学的"真理"昭然于世，为他们所理解的对社会规范的彻底改革作准备。

因此，19 世纪末 20 世纪初的统计学历史与进化论、优生学和科学种族主义有着千丝万缕的联系。正是由于这些深层的联系，现代的概率论和统计学语言中充斥着大量来自种群生物学和优生学的术语。费雪绞尽脑汁才把概率定义为一种"总体（population，亦指人口）研究"，这种方法还包括抛硬币和测量误差，但尽管如此，许多当前的统计学教科书仍然根据总体抽样来定义概率。皮尔逊关于统计学研究的正确操作的想法是测量人类特征之间的联系以确定它们是遗传性的，并发现亚群体之间的异质性和显著性差异。对他来说，这些差异就像犹太儿童和非犹太儿童的卫生差异，但我们仍然用同样的语言来谈论各种与人口无关的统计结果。高尔顿是在后代"回到"他们普通的杂合遗传根源的背景下定义回归的，但在今天，线性回归是用来估计任何两个统计变量之间线性关系的一种万能工具。

种族主义、贵族阶层恐慌、反犹太主义、仇外心理和健全中心主义都是现代统计学的原罪。然而，真正的罪过是对科学权威的贪婪，这种贪婪得到了无可争议的客观方法，以及相信这种事情可能存在的傲慢态度的支持。当然，科学家可能出于很多原因希望他们的方法看起来是客观的，甚至是仁慈的。正如我们在前一章中看到的，随着概率越来越多地侵入人们的生活，这已经成为一个普遍的模式，概率论的使用者越来越倾向于频率主义的解释，因为这使得概率论成为世界上一个可测量的事实，而且数字似乎不言自明。赌注越高，人们对贝叶斯先验概率越怀疑，他们越希望从数据中得出结论的过程能消除任何主观性的表象。高尔顿、皮尔逊和费雪认为他们的工作具有最高的风险，是一场防止社会秩序瓦解和社会本身崩溃的"圣战"，因此，他们的方法将频率主义发挥到极致是很自然的。

然而，在这个过程中，他们同时揭示了这一策略的局限性，以及客观性的神话是多么渺茫，因为他们的优生学结论大多在开始收集数据之前就已经确定了。使用严格频率主义统计方法隐含的主张是，计算中的每一种概率都是客观可测的，因此从这些计算中得出的所有结论也是客观可测的。但这种说法总是带有一些花招。对任何事物的统计估计——例如，头骨大小和测量的智力之间的相关性，或者不同种族之间疾病发病率的平均差异——都可以用不止一种方式来解释。估计过程可能是完全客观的，其相关频率可能是可靠的且可测量的，并且对于具有弱先验信息的问题，估计甚至可能是明智的。然后由科学家来决定从这些估计得出什么结论：它们是否代表了真正的关联或值得关注的差异，或者它们是否可能是一些未被观察到的变量的产物，或受相关量测量方式的偏差影响。高尔顿、皮尔逊和费雪都充分展示了这种灵活性，他们以一种或另一种方式解释相同的统计结果，这取决于什么结论适合他们的议程。指导他们推断的议程是不被承认的主观因素，而他们浮华的统计计算旨在提供误导。

他们非但没有让数据本身说话，反而找到了一种方法，让数据"口述"自己的想法。他们知道自己的研究将不可避免地走向哪里，而且他们可以合理地预期在这个过程中会遇到激烈的抵抗，所以毫无疑问，这些早期的统计学家需要用频率的基石来建立他们的理论。在追求客观性的过程中，他们建立了一种统计推断方法，这种方法不考察先验信息的作用，因为他们认为先验信息对科学推断是不必要的。这相当于说前提对于演绎推断是不必要的，违反了有效逻辑的规则，但有效性不是他们的目标。仅仅让他们的方法在逻辑上有效是不够的；高尔顿、皮尔逊和费雪需要让他们的结论看起来客观真实。我们还不知道这种罪恶的全部代价。但其中一个后果是，科学家们现在在很大程度上被频率主义的统计技术所束缚，这些技术被证明在其衍生的狭窄领域之外是不够的，我们将在下一章开始探讨这一点。

注释

① Karl Pearson, *The Life, Letters and Labours of Francis Galton*(Cambridge: Cambridge University Press, 1924), 1: 229.

② 弗朗西斯·高尔顿和查尔斯·达尔文有共同的祖父，但没有共同的祖母，所以一些资料称达尔文是高尔顿的同父异母表亲。因为这似乎是一个不必要的尴尬和家谱上的精确术语，我暂且称他们为表兄弟。

③ Francis Galton, letter to the editor, *The Times(UK)*, June 5, 1873.

④ Francis Galton, *Memories of My Life*(New York: Dutton, 1909).

⑤ Francis Galton, "Hereditary Talent and Character," *Macmillan's Magazine* 12, no.157–166(1865): 318–327.

⑥ Francis Galton, *Hereditary Genius: An InquiryInto Its Laws and Consequences*, 2nd ed. (London: Macmillan, 1892), 342.

⑦ Galton, *Hereditary Genius*, xi.

⑧ Francis Galton, "Statistics by Intercomparison, with Remarks on the Law of Frequency of Error,"*London, Edinburgh, and Dublin Philosophical Magazine and Journal of Science* 49, no.322(1875): 33–46.

⑨ Galton, *Hereditary Genius*, 31–32.

⑩ Francis Galton, *Natural Inheritance*(London: Macmillan, 1889), 66.

⑪ Galton, *Natural Inheritance*, 62.

⑫ Galton, "Statistics by Intercomparison," 45.

⑬ 这里有一个简短的拉普拉斯证明：对于任何随机变量 X，我们将特征函数 $\varphi_X(t)$ 定义为期望值 $E[\exp(itX)]$，由此可知，如果 X 和 Y 是独立的，则 $\varphi_{X+Y}(t) = \varphi_X(t)\,\varphi_Y(t)$。$\varphi_X(t)$ 的形式为 $\exp(it\mu - \sigma^2 t^2/2)$。将两个这样的函数相乘得到一个相同形式的函数。QED。

⑭ 从本质上来说，这是《价格是正确的》中的游戏"Plinko"。

⑮ Francis Galton, "Regression Towards Mediocrity in Hereditary Stature," *Journal of the Anthropological Institute of Great Britain and Ireland* 15(1886): 252–253.

⑯ 眼尖的读者会注意到，我们在前一章中说过，线性回归是从拉普拉斯和高斯的最小二乘法派生出来的。机械地讲，高斯和高尔顿的方法实际上是完全相同的，但所有组成部分的上下文含义是如此不同，直到多年后皮尔逊和费雪澄清了这一关系，这个事实才被完全理解。

⑰ Stephen M. Stigler, *The History of Statistics: The Measurement of Uncertainty Before 1900* (Cambridge, MA: Belknap Press, 1986), 304.

⑱ 今天，这个词是一种冒犯性的种族诽谤，自南非种族隔离政府时期以来被认为是仇恨言论，但在皮尔逊写作的时候，它没有这样的贬义，只是指非洲的黑人——大约与历史上"negro"一词的用法相当。不过，值得注意的是，在皮尔逊本可以举出的众多例子中，他选择了一个与种族和抗病能力有关的例子；参见后面关于皮尔逊和种族主义的讨论。

⑲ Karl Pearson, *The Grammar of Science* 2nd ed. (London: Adam and Charles Black, 1900), 407.

⑳ Egon S. Pearson, *Karl Pearson: An Appreciation of Some Aspects of His Life and Work* (Cambridge: Cambridge University Press, 1938), 19.

㉑ Karl Pearson, *National Life from the Standpoint of Science: An Address Delivered at Newcastle November 19*, 1900 (London: Adam and Charles Black, 1901), 43–44.

㉒ K. Pearson, *National Life from the Standpoint of Science*, 17–18.

㉓ K. Pearson, *National Life from the Standpoint of Science*, 19–20.

㉔ K. Pearson, *National Life from the Standpoint of Science*, 23.

㉕ K. Pearson, *The Grammar of Science*, 369.

㉖ Karl Pearson, "III. Contributions to the Mathematical Theory of Evolution," *Philosophical Transactions of the Royal Society of London A* 185 (1894): 72.

㉗ K. Pearson, *National Life from the Standpoint of Science*, 48.

㉘ Karl Pearson and Margaret Moul, "The Problem of Alien Immigration Into Great Britain, Illustrated by an Examination of Russian and Polish Jewish Children: Part II, " *Annals of Eugenics* 2, no.1–2 (1927): 125.

㉙ K. Pearson and Moul, "The Problem of Alien Immigration Into Great Britain: Part II," 126–127.

㉚ Karl Pearson and Margaret Moul, "The Problem of Alien Immigration Into Great Britain, Illustrated by an Examination of Russian and Polish Jewish Children: Part I," *Annals of Eugenics* 1, no.1 (1925): 8.

㉛ K. Pearson and Moul, "The Problem of Alien Immigration Into Great Britain: Part I," 49.

㉜ K. Pearson and Moul, "The Problem of Alien Immigration Into Great Britain: Part I," 43.

㉝ K. Pearson, *The Life, Letters and Labours of Francis Galton*, 1:vii.

㉞ Donald MacKenzie, "Statistical Theory and Social Interests: A Case-Study," *Social Studies of Science* 8, no.1 (1978): 35–83.

㉟ George Smith and L. G. Wickham Legg, *The Dictionary of National Biography, 1931—1940: With an Index Covering the Years 1901—1940 in One Alphabetical Series* (London: Oxford University Press, 1949), 683.

㊱ Ronald A. Fisher, "The Bearing of Genetics on Theories of Evolution," *Science Progress in the Twentieth Century* (1919–1933) 27, no.106 (1932): 275.

㊲ Ronald A. Fisher, "Student," *Annals of Eugenics* 9, no.1 (1939): 1–9.

㊳ 他也是一名超心理学家，在塞缪尔·索尔之后两年成为心理研究协会的主席。

㊴ Egon S. Pearson, "Studies in the History of Probability and Statistics. XX: Some Early Correspondence Between W. S. Gosset, R. A. Fisher and Karl Pearson, with Notes and Comments," *Biometrika* 55, no.3 (1968): 446.

㊵ E. Pearson, "Studies in the History of Probability and Statistics," 446.

㊶ 数学界有个老笑话：一位物理学家和一位数学家正在听一场关于九维空间几何的讲座。物理

学家感到困惑，挣扎着跟上讲课的节奏，这时他看到数学家微笑着点头附和。后来，物理学家问数学家："你是怎么在九维空间里想象事物的？"数学家说："简单！我只是把它想象成 *n* 维的然后让 *n* 等于 9"。

㊷ E. Pearson, "Studies in the History of Probability and Statistics," 449.

㊸ E. Pearson, "Studies in the History of Probability and Statistics," 451.

㊹ H. E. Soper et al., "On the Distribution of the Correlation Coefficient in Small Samples. Appendix II to the Papers of 'Student' and R. A. Fisher," *Biometrika* 11, no.4 (1917): 328–413.

㊺ Ronald A. Fisher, "Statistical Methods for Research Workers" . *Biological Monographs and Manuals* No.3 (Edinburgh: Oliver and Boyd, 1925), vii.

㊻ Deirdre Nansen McCloskey and Steve Ziliak, *Cult of Statistical Significance: How the Standard Error Costs Us Jobs, Justice, and Lives* (Ann Arbor: University of Michigan Press, 2010).

㊼ Ronald A. Fisher, *The Genetical Theory of Natural Selection* (Oxford: Clarendon Press, 1930), 35.

㊽ Fisher, *The Genetical Theory of Natural Selection*, 36–37.

㊾ "Who Is the Greatest Biologist of All Time?," Edge, accessed April 28, 2020, https://www.edge.org/conversation/who-is-the-greatest-biologist-of-all-time.

㊿ William R. Inge, "Some Moral Aspects of Eugenics," *Eugenics Review* 1 (1909–1910): 30.

(51) Stephen Stigler, "Fisher in 1921," *Statistical Science* 20, no.1 (2005): 33.

(52) Ronald A. Fisher, "Some Hopes of a Eugenist," *Eugenics Review* 5, no.4 (1914): 309.

(53) Fisher, *The Genetical Theory of Natural Selection*, 226.

(54) Fisher, *The Genetical Theory of Natural Selection*, 227.

(55) Fisher, *The Genetical Theory of Natural Selection*, 182.

(56) Adolf Hitler and Ralph Manheim, *MeinKampf* (Boston: Houghton Mifflin, 1971), 439–440.

(57) Edwin Black, *War Against the Weak: Eugenics and America's Campaign to Create a Master Race* (New York: Four Walls Eight Windows, 2003), 275–276.

(58) Black, *War Against the Weak*, 259.

(59) "Report of Committee for Legalizing Eugenic Sterilization," *Postgraduate Medical Journal* 6, no.61 (1930): 13.

(60) Pauline Mazumdar, Eugenics, *Human Genetics and Human Failings* (Florence: Routledge, 1992), 203–204.

(61) F. William Engdahl, *Seeds of Destruction: The Hidden Agenda of Genetic Manipulation* (Montreal: Global Research, 2007), 81.

(62) Sheila Faith Weiss, "After the Fall: Political Whitewashing, Professional Posturing, and Personal Refashioning in the Postwar Career of Otmar Freiherr Von Verschuer," *Isis* 101, no.4 (2010): 745.

(63) UNESCO, *The Race Question in Modern Science: Race and Science* (New York: Columbia University Press, 1961), 497.

(64) UNESCO, *The Race Question in Modern Science*, 497.

(65) Ronald A. Fisher, *Natural Selection, Heredity, and Eugenics: Including Selected Correspondence of R. A. Fisher with Leonard Darwin and Others*, ed. J. H. Bennett (Oxford: Clarendon Press, 1983), 191–192.

(66) Constance Reid, *Neyman—from Life* (New York: Springer-Verlag, 1982), 126.

(67) Ronald A. Fisher, *Statistical Methods and Scientific Inference* (Edinburgh: Oliver and Boyd, 1956), 2–3.

(68) E. Pearson, "Studies in the History of Probability and Statistics," 456.

(69) E. Pearson, *Karl Pearson*, 53.

(70) Jerzy Neyman, Lectures and Conferences on Mathematical Statistics and Probability (Washington, DC: Graduate School, U.S. Department of Agriculture, 1952), 210.

(71) Fisher, *Statistical Methods and Scientific Inference*, 76.

(72) Fisher, *Statistical Methods and Scientific Inference*, 7.

⑺ Ronald A. Fisher, "Statistical Methods and Scientific Induction," *Journal of the Royal Statistical Society: Series B* (Methodological) 17, no.1 (1955): 70.

⑺ Oliver H. Lowry et al., "Protein Measurement with the Folin Phenol Reagent," *Journal of Biological Chemistry* 193 (1951): 265–275.

⑺ Fred Hoyle, *Mathematics of Evolution* (Memphis, TN: Acorn Enterprises, 1999), 5.

⑺ Reid, *Neyman—from Life*, 82–85.

⑺ Student, "Probable Error of a Correlation Coefficient," *Biometrika* 6, no.2–3 (1908): 302–303.

⑺ K. Pearson, *The Grammar of Science*, 146.

⑺ Fisher, *Statistical Methods for Research Workers*, 10.

⑻ Ronald A. Fisher, "On the Mathematical Foundations of Theoretical Statistics," *Philosophical Transactions of the Royal Society of London*. Series A, Containing Papers of a Mathematical or Physical Character 222 (1922): 326.

⑻ Fisher, "On the Mathematical Foundations of Theoretical Statistics," 312.

⑻ Fisher, *Statistical Methods for Research Workers*, 2–3.

⑻ Fisher, *Statistical Methods and Scientific Inference*, 18–19.

⑻ Sandy L. Zabell, "R. A. Fisher on the History of Inverse Probability," *Statistical Science* 4, no.3 (1989): 247–256.

⑻ George Boole, "XII. On the Theory of Probabilities," *Philosophical Transactions of the Royal Society of London* 152 (1862): 228.

⑻ Zabell, "R.A. Fisher on the History of Inverse Probability," 247–256.

⑻ Ronald A. Fisher, "Inverse Probability," *Mathematical Proceedings of the Cambridge Philosophical Society* 26, no.4 (1930): 531.

⑻ Leonard J. Savage, "On Rereading R. A. Fisher," *Annals of Statistics* 4, no.3 (1976): 473.

⑻ Fisher, *Statistical Methods and Scientific Inference*, 43.

⑼ J. H. Bennett, *Statistical Inference and Analysis: Selected Correspondence of R. A. Fisher* (Oxford: Oxford University Press, 1990), 61.

⑼ Ronald A. Fisher, "Probability Likelihood and Quantity of Information in the Logic of Uncertain Inference," *Proceedings of the Royal Society of London. Series A, Containing Papers of a Mathematical and Physical Character* 146, no.856 (1934): 4.

⑼ Fisher, *Statistical Methods and Scientific Inference*, 25.

⑼ Bernard J. Norton, "Karl Pearson and Statistics: The Social Origins of Scientific Innovation," *Social Studies of Science* 8, no.1 (1978): 21.

⑼ 例如，托马斯·赫胥黎（Thomas Huxley，1825—1895）是达尔文理论的早期倡导者，也是第一个提出人类是从猿类进化而来的人。他对欧洲人和非洲人之间的"生物特征"因素，如头骨和下颌骨的大小，做了大量的比较研究，试图证明非洲人在进化上"更接近"猿类。

⑼ Karl Pearson, "On the Inheritance of the Mental and Moral Characters in Man: II," *Biometrika* 3 (1904): 156.

⑼ K. Pearson, "On the Inheritance of the Mental and Moral Characters in Man: II," 160.

⑼ Arthur Henry Lane, *The Alien Menace: A Statement of the Case*, 5th ed. (London: Boswell, 1934), 50.

⑼ K. Pearson and Moul, "The Problem of Alien Immigration Into Great Britain: Part I," 8.

⑼ Ian Hacking, "Karl Pearson's History of Statistics," *British Journal for the Philosophy of Science* 32, no.2 (1981): 177–183.

⑽ Joan Fisher Box, R. A. Fisher, the Life of a Scientist (New York: Wiley, 1978), 2. *Italics in original*.

⑽ Ronald A. Fisher, "Dangers of Cigarette-Smoking," *British Medical Journal* 2, no.5039 (1957): 297.

⑽ K. Pearson, *The Grammar of Science*, 468.

⑽ Galton, "Regression Towards Mediocrity in Hereditary Stature," 247.

⑽ Graham J. Baker, "Christianity and Eugenics: The Place of Religion in the British Eugenics

Education Society and the American Eugenics Society, c. 1907–1940," *Social History of Medicine* 27, no.2 (2014): 281–302.

⑩⑤ James Hamilton Francis Peile, "Eugenics and the Church," *Eugenics Review* 1, no.3 (1909): 163.

⑩⑥ K. Pearson, *National Life from the Standpoint of Science*, 26.

⑩⑦ Pius XI, "Casti Connubii," *Acta Apostolicae Sedis* 22 (1930): 539–592.

⑩⑧ Jayne Woodhouse, "Eugenics and the Feeble-Minded: The Parliamentary Debates of 1912–14," *History of Education* 11, no.2 (1982): 133.

⑩⑨ Gilbert Keith Chesterton, *Eugenics and Other Evils* (London: Cassell, 1922).

⑪⓪ Lancelot Thomas Hogben, *Principles of Evolutionary Biology* (Cape Town: Juta, 1927), 100.

⑪① Lancelot Thomas Hogben, *Genetic Principles in Medicine and Social Science* (New York: Knopf, 1932), 210.

⑪② "Social Biology," *New Statesman and Nation*, December 26, 1931, 816–817.

⑪③ Francis Galton, *Probability, the Foundation of Eugenics: The Herbert Spencer Lecture Delivered on June 5, 1907* (Oxford: Clarendon Press, 1907), 29–30.

第 5 章
正统统计学的所谓逻辑

> 由于缺乏必要的理论原则，频率主义方法迫使人们从直觉而不是从概率理论中"选择一个统计量"，然后发明不包含在概率论规则中的专门的工具。其中每一种都可以在发明其的小领域内使用，但正如考克斯定理所保证的那样，当应用于极端情况时，这种随意的工具总是会产生不一致或荒谬的结果。
>
> ——埃德温·杰恩斯

我们关于统计学正统观点的故事已经流传到了今天，现在统计学专业的学生所接受的是一种混杂着费雪学派和内曼—皮尔逊学派思想的令人困惑的大杂烩。为了了解这些概念的实际应用，让我们再一次回顾一下 1700 年左右雅各布·伯努利的陶瓮取石问题。正如我们所看到的，伯努利的问题是大多数统计推断思想的起点。在许多方面，这是统计问题的典型例子，传统方法在此类问题方面的表现最好。

我们将暂时采用正统的统计思维方式，逐步对伯努利问题进行现代分析。我们计算的任何内容都是针对这个问题而言的，但是几乎所有标准程序的模板（任何涉及参数估计、显著性检验或置信区间的内容）都是相同的。有些情况看起来很尴尬——因为事实确实如此——但正如我们将看到的那样，这是"概率只能是频率"这一狭隘观点的自然结果。为了澄清这是正统观点，而不是我们自己的观点，我们将把这些话语放进一个虚构人物的嘴里，这是一个名为"超级频率"（SuperFreq）的人工智能计算机。我们将想象计算机和杰基·伯努利之间的对话，杰基·伯努利是一个虚构的大学生，也是雅各布的后代，她试图为她的《陶瓷理论101》课程分析一些数据。

然而，一旦我们以尽可能好的方式展示正统的方法，就到了该"熄灯"的时候了。本章的其余部分包括一系列可怕的事情：将传统方法推到几个不同断点的统计推断，以及贝叶斯方法可能提供的合理答案。在这个过程中，它们揭示了科学家或任何试图使用标准方法来处理比猜测一个神秘陶瓷中的东西更复杂的问题的人所面临的困难。

杰基·伯努利和统计学巫师

不久的将来，雅各布·伯努利的第十二代孙女杰基·伯努利，成了一个当地大学的学生，主修陶瓷理论的研究。她正在写一篇关于陶瓷的论文，并从中收集了一个样本。为了对她的数据进行统计分析，她求助于超级频率，这是一台装载了正统统计学所有标准概念的人工智能计算机。

～

"嗨，我是超级频率，统计计算机！我被设计用来帮助人们进行频率主义统计分析。我能帮上什么忙？"

"嗨，我是杰基·伯努利。我有一个装满黑色和白色鹅卵石的陶瓷，我从中采集了样本，我需要知道如何分析我的数据。"

"我明白了！"超级频率说，"首先，我很高兴你说了'陶瓷'。现在很多人都想问关于罐子、水桶、垃圾桶之类的问题，但陶瓷是我的专长。你对哪种分析感兴趣？"

"嗯，"杰基回答说，"我想我最感兴趣的是陶瓷中鹅卵石的可能混合比例。例如，陶瓷中白色鹅卵石的数量是黑色鹅卵石的两倍的概率是多少？"

"哇，等一下！记住，我是用频率主义逻辑编程的，这意味着，我只接受被描述为一个总体中重复样本的频率的概率陈述。不计算'陶瓷中含有某种混合物的概率'。要么是，要么不是。"

"哦……好吧……，那么我可以作什么样的概率陈述呢？"

"嗯，你可以讨论观察到一个特定样本的概率——比如 10 个白色和 10 个

　　　　伯努利谬误：不合逻辑的统计学与现代科学的危机

黑色的样本。这种情况有时会发生，有时不会，所以它有一个频率，也就是概率。"

"我明白了，"杰基说，"如果你不知道陶瓮里鹅卵石的混合情况，你又怎么知道多久才能得到一次这样的样本呢？"

"嗯，你可以暂时假设一个陶瓮里的混合比例。所以如果假设陶瓮是均匀混合的，你可以讨论得到 10 个白色鹅卵石和 10 个黑色鹅卵石的样本的概率。因为可以想象从这样一个陶瓮中取样，所以我们会知道频率是多少。"

"所以你想象从一个虚构的陶瓮里取一系列的样本。"

"没错。"

"好吧。那这个虚构的陶瓮是如何帮助我了解真实的陶瓮的呢？"

"你可以用显著性检验来拒绝零假设。"

"什么假设和什么检验？"

"零假设是你内心偷偷地想要拒绝的假设；通常是两个群体等价或者治疗没有效果之类的。显著性检验是我们用来推翻零假设的程序。你有一个零假设吗？"

"好吧，在我的概念里，陶瓮几乎总是均匀地混合在一起，我希望这个陶瓮里确实有这样或那样的偏差。所以我想，如果我的陶瓮里是一半黑一半白，那就太无聊了。我们把它作为零假设吧。"

"太好了！现在我们试着拒绝它。你有什么样的数据？"

"我的意思是，我按顺序把取出的鹅卵石的颜色都记录了下来。你想让我告诉你吗？"

"不需要。对于像这样的陶瓮问题，取鹅卵石的顺序并不重要。我只需要知道样本有多大，有多少是白色的。从这里，我将计算样本比。这将作为我们的检验统计量。"

"其实我一直在琢磨这个词。统计量到底是什么？"

超级频率解释说："统计量是由数据推导出来的任何数量。因为它根据你得到的数据而变化，所以它也可能有概率。"

"好的，明白了。因此，样本比是一个检验统计量。但检验什么？"

"我们将检验你的零假设是否成立——也就是说，陶瓮里是否均匀混合。从技术上讲，这里有一个参数，陶瓮中白色鹅卵石的比例。为了方便参考，我

们称它为 F。我们感兴趣的是检验 F 是否等于 0.5。"

"所以我们首先假设它是。"

"但只是暂时。我们会说，'如果 $F = 0.5$，那么我们得到某某样本的概率就是某某'等。我们也可以假设 F 在某一点有其他值。你知道二项分布的概率公式吗？"

"我当然知道！这几乎是我们家族的座右铭。如果 R 是样本比，则 $P\left[R = \dfrac{k}{n} \mid F = f\right] = \binom{n}{k} f^k (1-f)^{n-k}$。"

"对喔，你就是那个伯努利，给我留下了深刻的印象！让我印象深刻的是你在对话中大声说出了那个等式！所以我们可以输入不同的 f 值。可以输入 0.5，也可以不输入。"

"我得说，你对这件事太谨慎了。"

"嗯，问题是……有时，对所有 f 都适用的陈述是有帮助的，例如，你的祖父（乘以 12）表明，对于足够大的 n，该分布的几乎所有概率都集中在 f 附近，不管我们代入的 f 值是多少。"

"是啊，跟我说说。'黄金定理'……等等。"

"对了。这个性质叫做一致性。其概率分布之上的平均样本比也等于 f，不管 f 是多少。这就叫无偏。"

"听起来不错！不是吗？"

"哦，是的！这意味着，如果我们进行一系列的重复试验并对得到的样本比取平均值，不管它是什么，它都收敛于真实的陶瓮比例。所以，对于大样本来说，我们可以很肯定我们的样本比非常接近（陶瓮中的真实比例）。"

"有多接近，有多确定？"杰基问。

"好问题！我想现在是时候问你了。你的实际数据是什么？"

"嗯，我取出 32 颗鹅卵石，得到 20 颗白鹅卵石。这足以拒绝某某玩意儿假设吗？"

"零假设。让我看看……当然，只是提醒你一下，我们永远都不会明确地回答这个问题。有可能对于陶瓮里任何比例的混合物（除了 $F = 0$ 或 $F = 1$），你仍然可以得到这些数据。"

"是的，我没有意见。"

"好了！我们有零假设（$F = 0.5$）和检验统计量 R（样本比），我们现在只需要一个拒绝域。"

"那是什么？"

"它是检验统计量的范围，我们用其作为反对零假设的证据。通常情况下，它类似于概率分布的尾部——远离假设参数值的值。"

"所以它离 0.5 很远。"

"是的，没错。"

"有多远？"

"这取决于你想检验的显著性水平。"

"又是那个词。这里的显著性是什么？"

超级频率回答说："这意味着在假设零假设成立的情况下，拒绝零假设的概率——即假阳性率。"

"现在我完全糊涂了。如果假设是真的，我们为什么要拒绝它呢？"

"原理是这样的。我们使用 5% 的显著性水平，这是默认选项。我们会做一个双侧检验，也就是说，非常高和非常低的值都会导致我们拒绝零假设。我们要做的就是找到分布的两个尾部，它们同等程度地远离 0.5，如果假设零假设为真，样本落在这两个极端区间的概率分别为大约 2.5%，总概率为 5%。这两条尾部加起来就是我们的拒绝域。"

"好吧，我认为这是有道理的。但是等一下……样本比落在这些极端情况下的概率是什么意思？我已经知道了样本比。所以我不是知道它是不是已经在尾部了吗？"

"哦，对了。嗯……这很尴尬，但我需要你忘掉你的数据。"

"忘掉?！"

"是的。你看，我们在定义一个过程。重要的是，我们会多久得到一次导致我们得出错误结论的数据，比如当零假设为真时却拒绝它。所以我们现在并没有使用你的实际数据。"

"哦……好吧……我想我可以试着忘记它。"

"太好了！现在回到拒绝域的计算。让我看看……把二项分布概率表中的概率加起来，直到我从你的样本（$n = 32$）两端各得到 2.5%，我正得到 $R \leqslant 10/32$ 或 $R \geqslant 22/32$ 的拒绝域。这两个尾部组合的概率在 0.05 左右，这可以用于显著性检验。如果我们的数据落入拒绝域，我们会说，'我们在5%的水平上拒绝零假设'。按我们的框架，如果零假设成立，这种情况只有5%的可能性会发生。明白了吗？"

"我想是的。好吧，现在该怎么办呢？"

"你的数据是什么来着？"

"我忘了！"杰基喊道。

"哦，对了。嗯……现在我需要你记住它。"

"什么?！为什么？"

"现在是时候将你的实际数据与我们的程序中得到的尾部区域进行比较了。我们需要看看检验是否表明你的数据足够让我们拒绝零假设。"

"好吧，好吧，幸运的是，我说'忘了'是在撒谎。$R = 20/32$。"

"好吧，太酷了！那么，让我们看看这里……这不落在右尾拒绝域。分界点是22/32。在这里，我做了一个图表（见图5.1），我会生动地向你描述它的细节，就像你自己能看到一样。"

"哇，真生动！我可以看到二项分布的尾部区域显示出来了。这就是我的数据，就在右尾的外面！"

"从数据中可以看出，在5%的显著性水平下，我们无法拒绝零假设。"

"这太糟糕了。"

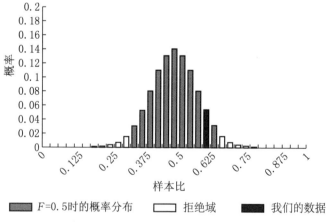

图5.1　在零假设下，陶瓷样本比的概率分布和5%的拒绝域

　　　　　　　伯努利谬误：不合逻辑的统计学与现代科学的危机

"这不是很好。实际上，考虑到你的样本这么小，这只意味着你的数据还不够极端。样本量越大，分布越集中，尾部越靠近。像你这样的样本比在更大的样本中可能会很显著。"

"这都取决于 5% 的显著性水平，对吧？"

"对。"

"有什么能不改变显著性水平，但让尾部变大，让我的数据更显著？"

"没有！实际上，另一种表达检验结果的方式是，为了让数据刚好处于显著性边界，需要多大的显著性水平。这就是 p 值。"

"我的 p 值是多少？"

"好吧，让我看看……我们希望你的数据（$R = 20/32$）刚好在右尾的边缘。这是一个距离假设参数值（$0.5 = 16/32$）$4/32$ 的距离，所以这两个尾部包含了至少 $20/32$ 或至多 $12/32$ 的样本比。计算这些概率，我得到……0.2153。那是你的 p 值。"

"让我搞清楚。也就是说，如果显著性水平是 0.2153，而不是 0.05，我的 R 值就不显著了。所以值是 0.2153。对吗？"

"完全正确！这是另一幅图（见图 5.2）。"

"好吧，这可能是个愚蠢的问题，但为什么我不能用显著性水平来代替 0.05？这样我的数据就会很显著，我就可以把结果发表在《陶瓷科学》杂志

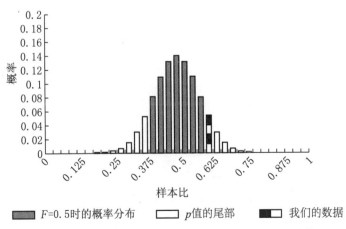

图 5.2　零假设下陶瓷样本比的概率分布及 p 值计算

上了。"

超级频率解释说:"大多数期刊使用 0.05 作为发表价值的临界值。"

"为什么?"

"因为费雪曾经说过。"

"这似乎有点武断。0.2153 有什么问题吗?"

"这不是一个很好的显著性水平。问题是,如果你在这么高的水平上开始拒绝零假设,你就会暴露在大量的假阳性中。"

"怎么会这样?"

"显著性水平的定义是假设零假设为真时拒绝零假设的概率,所以,如果你开始用更高的显著性水平进行检验,你会拒绝更多的真零假设。"

"这不好吗?"

"是的,因为零假设通常对应的是一些无聊的东西,比如没有效果的治疗。拒绝它意味着你认为你的实验中发生了有趣的事情。除非我们非常确定,否则我们不想让人们抱太大希望。"

"好吧,我明白了。所以为什么不把显著性阈值设为 0.00001,以确保我们几乎不会出现假阳性呢?"

"你为什么这么想?与假阳性对应的是什么?"

"假阴性?"

"完全正确!我就知道你是伯努利家的人。如果显著性阈值过低,我们会得到更多的假阴性。也就是说,我们将不能拒绝假零假设。"

"不能……拒绝……一个假的……零假设。有没有一种方法可以不这样说一连串的否定词呢?"

"没有!"

"为什么没有?"杰基问。

"费雪说的。他认为,我们实际上从不接受零假设;我们只是没能拒绝它。"

"好吧,我将考虑接受零假设。"

"啊,我明白了,原来是内曼—皮尔逊的学生!那样的话,你也可以讨论接受或拒绝备择假设。"

"备择假设是什么?"

"如果零假设不成立，备择假设就是你认为必须成立的假设。在这个例子中，备择假设是 $F \neq 0.5$。也就是说，拒绝零假设时，接受备择假设，反之亦然。错误地接受备择假设（假阳性）称为第一类错误，错误地接受零假设（假阴性）称为第二类错误。"

"好吧，就这么定了。所以，保持 5% 的显著性水平，我多久会犯第二类错误？"

"好吧，这个有点棘手。我们不能完全确定。"

"什么？为什么呢？"

"假阴性率是即使零假设为假，备择假设为真，也接受零假设的比率。但是仅仅 $F \neq 0.5$ 并不能给我们足够的信息来计算概率。如果它不是 0.5，我们需要知道 F 是多少。"

"我怎么知道？"

"理想情况下，应该有一些理论可以引导你提前预测效应大小。你知道有什么理论吗？"

"嗯，没有。我有一个陶瓮。"

"我明白了。你总是可以进行事后分析，并声称观察到的样本比是你的理论预测值。"

"这是被允许的吗？"

"呃……算是吧……"超级频率犹豫地说。

"这适合我！所以观察到的比值是 $R = 20/32$，也就是 0.625。这对假阴性率意味着什么？"

"我们将显著性检验的尾部拒绝域设置为 $R \leq 10/32$ 和 $R \geq 22/32$。因此，如果 $F = 0.5$ 之外的唯一选项是 $F = 0.625$，我们需要计算得到介于这两个极端值之间的 R 值的概率——假设 $F = 0.625$。这就给出了接受零假设（$F = 0.5$）的概率，尽管它是假的。从一个 $F = 0.625$ 的二项分布概率表中，我得到的概率是 0.7035。"

"你能不能用图表描述一下？"

"当然！我将生动地用另一幅图（见图 5.3）来描述。"

"哦，我明白了。因为在备择假设中，我们假设陶瓮比例 F 是 0.625，所以概率分布移动了。如果我们在之前建立分布的尾部区域中得到任何样本（这将有 70% 的概率发生），我们不知道是否可以拒绝 $F = 0.5$ 的理论。这就是假阴性率。"

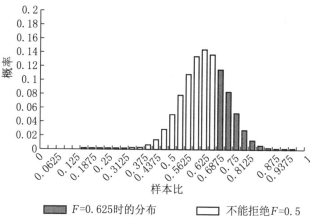

图 5.3　备择假设之下陶瓷样本比的概率分布和拒绝域

"我自己也描述不出来了！"

"嘿，70% 的假阴性率似乎很高。"

"高得不是一点点。人们通常用互补事件的概率来谈论这些事情，即 1 减去假阴性率。这就是所谓的功效。在你这样的情况下，你有大约 30% 的功效。统计检验的整体艺术是平衡假阴性率和假阳性率、功效和显著性。更极端的显著性阈值意味着更低的假阳性率，但也意味着更高的假阴性率和更低的功效。"

"你刚刚是不是说了'艺术'？我以为这是数学。"

"哦，不，这绝对是一种艺术形式。有人可能会说这是行为艺术。"

"好吧，那又怎样……我们谈完了吗？"杰基问道，因为她急于开始她的论文工作。

"还有一件事，你还需要报告一个置信区间。"

"听起来不错。置信区间是什么？"

"置信区间是所有假设参数值在任何显著性水平下都不会被拒绝的记录。在你的例子中，它是所有可能的 F 值，基于你的数据（$R = 20/32$），你不会在 5% 的水平上拒绝，这就是 95% 的置信区间。"

"所以我不必只用 $F = 0.5$ 来检验吗？"

"不，你可以对任何形式的 $F = f$ 的假设应用同样的程序。"

"如何求这个置信区间？"

"它基本上就是呈来回滑动分布。如果你假设一个较低的 F 值，分布向左

　　　　　　　　伯努利谬误：不合逻辑的统计学与现代科学的危机

移动；当F值较高时，分布向右移动。步骤是这样的：首先将分布往左移动，你的数据正好在分布右尾概率为 2.5% 的部分的边界上。它告诉你这就是不拒绝假设 $F=f$ 的 f 的最小值，然后向右移动直到你的数据落在左尾的边缘。它告诉你这就是不拒绝假设 $F=f$ 的 f 的最大值，置信区间是其中的所有值。我就不让你自己做算术了，答案是 0.468 到 0.763 之间。"

"我想我需要再看一两个图表。"

"当然，快来看！一个为最小值，一个为最大值（见图 5.4 和图 5.5）。"

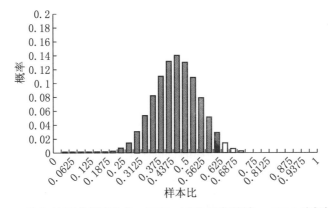

图 5.4 在最小假设值下，陶瓮样本比的概率分布，
给定的数据在 5% 的水平上不显著

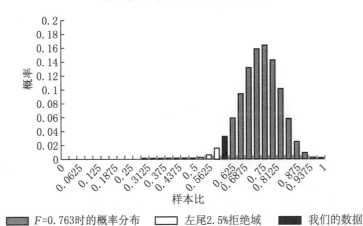

图 5.5 在最大假设值下，陶瓮样本比的概率分布，
给定的数据在 5% 的水平上不显著

"明白了。那么这么做有什么意义呢？"

"它比零假设的单一显著性检验提供了更多有意义的信息。基本上，它同时显示了无数个显著性检验的结果。再加上置信区间的宽度，它显示了样本中实际包含多少信息。"

"这是 95% 置信区间，对吧？我能有 95% 的把握说它包含真实的陶瓷比例值吗？"

"哈哈，不。某种程度上是的。"

"回答得很清楚，谢谢。"

"好吧，事情是这样的，"超级频率解释道，"一旦置信区间已知，你就不能说'它包含概率的真值'这样的话。记住，概率意味着频率。真值是一个固定的常数，一个给定的置信区间是固定的，所以它要么包含真值，要么不包含真值，这里没有频率。"

"好吧。"

"但由于每次抽样都会得到不同的置信区间，所以你可以讨论得到不同区间的概率。区间本身确实有频率。你可以问这样的问题，即'如果 $F = 0.5$，得到包含 0.5 的 95% 置信区间的概率是多少？'等。"

"那答案是什么？"

"我们其实已经说过了！记住，如果我们的数据告诉我们在 5% 的水平上不要拒绝假设 $F = 0.5$，那么 0.5 在 95% 置信区间内。如果我们假设 F 实际上是 0.5，那么这和错误地拒绝假设 $F = 0.5$ 是一样的，即使它是正确的。按照我们设定的框架，概率是……？"

"5%？"杰基迟疑地问。

"完全正确！所以这个不发生的概率是 95%。这和区间的置信水平是一样的。"

"如果 F 不是 0.5 呢？比如说它是 0.6。95% 的置信区间仍然包含真值吗？"

"是啊！同样的道理也适用于任何 f 值。如果 $F = f$，那么根据我们得到的数据，当计算置信区间时，我们将检验所有可能的假设 $F = f$。所以，在某一时刻，我们要检验 F 是否等于 f。我们应该得到使我们只有 5% 的时间（错误地）拒绝这个理论的数据，这意味着，在 95% 的概率下，当 $F = f$ 时，f 值会落在

伯努利谬误：不合逻辑的统计学与现代科学的危机

95% 的置信区间内。"

"哇！要记录的东西太多了。"

"一点都没错！"

"所以 95% 置信区间包含真值的概率为 95%。"

"是的，但这不是定义。这只是它的一个性质。"

"哦？"

"是的，这是一个常见的误解。假设你掷了一个 20 面的骰子而只报告整个实数线作为陶瓷比例的区间，除非骰子掷到 12，在这种情况下，你报告了一个点的区间 {0}。在 95% 的情况下（每 20 次投掷中有 19 次），你将得到真实的参数值。但这不是一个置信区间。"

"好吧，我很高兴知道这个概率——我想。"

"乐意帮助！"超级频率答道，"人们需要人工智能来厘清这一切是有原因的。总之，以下是对你的数据的总结分析：

• 陶瓷比例的无偏估计是样本比，$R = 20/32 = 0.625$。

• 使用样本比的双侧检验，在 5% 的水平下，我们不拒绝真实的陶瓷比例是 0.5 的假设。这个检验的 p 值是 0.2153。

• 如果唯一的备择假设是真实陶瓷比例等于我们观察到的 0.625，前述检验的功效（事后）大约是 30%。

• 根据我们的数据，真实陶瓷比例的 95% 的置信区间是（0.437，0.789）。"

"太好了，我还是不太明白这和我最初关于陶瓷里东西的问题有什么关系，但我希望你不介意我把它复制粘贴到我的论文里。"

"一点也不！每个人都这样。"

"太好了！我只是在想一些事情。你说 5% 的显著性水平是发表成果的标准，这对应着 5% 的假阳性率。"

"是的，没错。"

"那么，这是否意味着只有 5% 的发表结果是错误的呢？如果我们重新检验所有发表在科学期刊上的理论，我们会发现其中只有 5% 是无效的吗？"

"……"

"喂？"

"……"

"超级频率？"

心理语义学陷阱

陶瓮取石这个例子的结果似乎是我们所能得出关于陶瓮的结论的一个足够合理的总结。然而，这些结论看起来合理的原因是，我们隐含地假设没有给出关于陶瓮比例的强先验信息，并以此为起点出发。由于本质上 0 到 1 之间的所有可能性对我们来说都无差异，如果我们遵循贝叶斯过程，我们实际上会得到几乎完全相同的后验分布结论，正如我们在第 2 章看到的那样。

几乎所有其他正统统计方法都遵循同样的程序。通常困难的是决定使用什么估计量或检验统计量来推断我们模型的任何参数或其他特征。对于陶瓮取石问题，我们感兴趣的是陶瓮中白鹅卵石的实际比例，它可以被认为是一个二元变量（即对每个白鹅卵石取值为 1，对每个黑鹅卵石取值为 0）的总体均值。但是想象一下，我们的陶瓮里不止有两种颜色的鹅卵石；我们可能会对所有颜色的不同比例感兴趣，样本比仍然是很好的估计量。或者我们对每个鹅卵石的连续量感兴趣，比如直径或重量；我们可能想要推断出陶瓮中鹅卵石的平均重量。这再次建议使用样本平均重量作为统计量。

然而，问题可能比这复杂得多。例如，假设陶瓮中鹅卵石的重量呈正态分布，我们不仅会对平均重量感兴趣，还会对重量的分布方式（也就是总体标准差）感兴趣。或者更复杂的是，我们可以假设重量和直径这两个量都服从正态分布，其均值和标准差都未知，而且重量和直径的由总体相关系数来衡量的（在高尔顿的意义上）相关程度是未知的。

这是罗纳德·费雪在 1914 年给卡尔·皮尔逊的便条中考察的问题。费雪所能做的是，为这个未知的相关参数选择一个估计量（样本内的类似指标被称为样本相关系数），然后计算包含未知参数的抽样分布函数，就像将样本比的伯努利二项分布作为总体比的函数一样，这是频率主义模式下估计任何此类问题的必要步骤。这之所以是必要的，是因为任何显著性检验都需要知道检验统计量的尾部概率，但样本相关性是一个比数据的简单平均复杂得多的东西。它涉及以下计算：

$$\frac{\sum_{i=1}^{n}\left[\left(x_i - \frac{1}{n}\sum_{i=1}^{n}x_i\right)\left(y_i - \frac{1}{n}\sum_{i=1}^{n}y_i\right)\right]}{\sqrt{\sum_{i=1}^{n}\left(x_i - \frac{1}{n}\sum_{i=1}^{n}x_i\right)^2}\sqrt{\sum_{i=1}^{n}\left(y_i - \frac{1}{n}\sum_{i=1}^{n}y_i\right)^2}}$$

通过给这个统计量赋予一个 n 维空间的几何意义，费雪用一种令人印象深刻的方式解决了这个问题。

因此，大量统计学文献主要由不同统计量的分布构成，这些统计量被认为对不同类型的问题有用。例如，费雪的《研究者的统计方法》对不同类型的模型参数或其他假设进行了各种显著性检验。由于每一种方法都是不同数据的函数，所以每一种方法都必须在某一点重新开发，并计算其抽样分布，因此没有一个可以普遍适用的方法。这为统计学家创造了大量的理论工作，也为他们提供了大量的成名机会。

然而，被检验的模型特征和被认为适合用于检验它的统计数据之间的联系并没有受到任何严格要求的约束。它完全取决于一种直觉，即什么样的数据可以作为反对任何给定假设的证据。例如，当检验陶瓷中是否含有一半对一半的黑白鹅卵石时，我们决定计算远离 0.5 的样本比例的偏差作为反对该假设的证据。假阳性率并不需要这么做。我们也可以将拒绝域设为零假设下概率为 0.05 的任意集合，这对所有相同频率参数都适用。

我们稍后会讨论，拒绝域的选择隐含了备择假设的含义，如果考察不当可能会导致出现困难。当有人需要在单侧检验和双侧检验之间作出选择时（例如学生氏 t 检验，区别在于是平均值两侧的极端数据还是仅一侧的极端数据与假设相悖），这个问题在实践中经常出现。在这里，即使没有得到正确的承认，我们也看到贝叶斯先验概率的微弱暗示发挥了作用。

现在，任何在实践中使用统计学的人都可以简单地查找哪种检验适合他们的问题。社会科学（Social Science Statistics）统计在线向导（超级频率的现实版本）甚至会通过询问一系列关于他们所拥有的数据和他们想要了解的"是 / 否"问题来引导用户。[①]或者他们可以参考如图 5.6 所示的流程图。

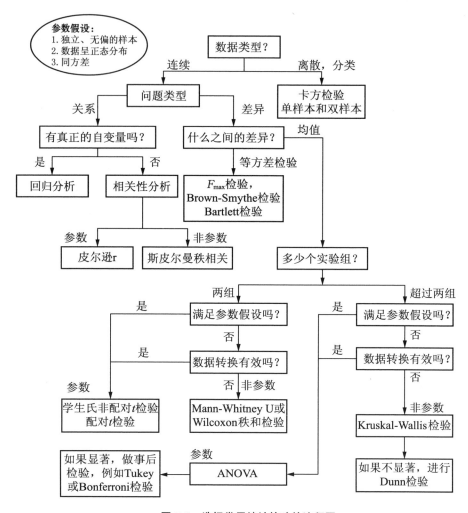

图 5.6　选择常用统计检验的流程图

资料来源：Dr. Robert Gerwien, "A Painless Guide to Statistics," Bates College On-Line Resources, modified January 24, 2014, http://abacus.bates.edu/~ganderso/biology/resources/statistics. html。

　　埃德温·杰恩斯将这个过程比作医患关系：患者表现出一系列症状，医生缩小了推荐治疗方案的范围，但除了医生的经验之外，没有一个统一的原则将两者联系起来。[②]类似地，不存在将一种类型的分析与统计检验联系起来的统一原则，因此，对于复杂的问题，科学家可能需要专业统计学家的指导。或

　　　　　　　伯努利谬误：不合逻辑的统计学与现代科学的危机

许，统计学家一直抵制变革的部分原因在于这种关系所创造的权力，更不用说工作保障了。

同样，我们所描述的理想估计量的性质有些武断。例如，一个估计量是否无偏并不那么重要。对无限长的估计量序列求平均会使它们收敛于真正的参数值，知道这一点可能是有用的，但无偏性质是发生这种情况的充分非必要条件。我们也可以把陶瓷比例的估计值设为有偏估计值 $(k+1)/(n+2)$，其中 k 是我们观测到的 n 中白色鹅卵石的数量；当 n 趋于无穷时，它也将收敛于真实比例。

考虑到统计学文献中估计量和检验的各种属性的名称，我们很容易注意到它们似乎都嵌入了价值判断，这表明这个特定的估计量或检验是好的。我们已经提到了无偏一致估计量。也有有效估计量、可容许估计量、优势估计量、稳健估计量、一致最大功效检验，当然，最好的例子是，最优线性无偏估计量。几乎可以肯定的是，在 20 世纪频率主义统计的世界里，所有这些规范都是政治内斗的副产品，是不同阵营之间为争夺地位而进行的角力。当不同的派别为他们所提出的方法的合法性和被接受为标准而斗争时，他们一定认为给他们的方法起个好听的名字是有利的。谁会想要被视为支持有偏、矛盾、低效、不被接受、服从、脆弱、无力，或……最差呢？

但有时，无偏估计量可能比有偏估计量更糟。例如，另一个衡量估计量质量的标准是均方误差（与真实值的偏差的平方的均值）。杰恩斯给出了一个例子：规模为 203 的样本在"校正"偏差后产生的估计量的均方误差，大约等于样本规模为 100 的有偏估计量所产生的均方误差。[3] 也就是说，通过清除估计偏差，我们有效地"扔掉了"一半的数据。在任何数据很昂贵或难以获得的科学领域，不能尽量有效地利用我们的数据的想法应该是令人不安的，但这就是对偏差的恐惧所能做的。正如杰恩斯所写，坚持使用无偏估计量的统计学家"陷入了他们自己制造的心理语义学陷阱"。[4]

不过，这并不完全令人惊讶，因为正如现在应该越来越清晰的那样，所有的频率主义统计学都是一个巨大的心理语义学陷阱。正统统计学中没有连贯的理论，只有一些不成熟想法的松散混合，这些想法通过暗示性的命名、朗朗上口的口号和民间迷信结合在一起。这些观点共有的唯一统一原则是对幻想的承诺，即只要有足够的创造力和聪明的再安排，统计学家就能以某种方式将抽样概率扭曲成推断概率，从而使所有的统计推断成为测量频率的简单问题。

频率主义方法的细节因问题而异，但伯努利的观点在所有问题中都存在，只是被各种花哨的语言和符号所掩盖。伯努利说，样本内比率是估计总体比例的一个很好的选择，因为随着样本容量的增大，人们可以在道德上确定这两个数字是接近的。这个想法的吸引力在于接近度似乎是对称的。现代方法只是将道德确定性的概念重新包装。零假设显著性检验的模板认为："如果这个假设是真的，估计量将不会离参数值太远，那么这在道德上是确定的（95% 的概率）；因此，如果我们确实看到一个估计量远离假设值，我们可能会拒绝这个假设。"学生们对置信区间或 p 值的定义感到困惑，这与伯努利的困惑是一样的。这似乎相当于说：

"我们不太可能观察到 x 的估计量远远偏离它的真值。"

和

"x 的真值不太可能与我们的观察值相差太远。"

或者相当于说：

"参数真值将以高概率被包含在置信区间内。"

和

"这个置信区间有高概率包含了参数真值。"

伯努利可能错误地认为他已经解决了自己的推断问题，因为他以两种概率似乎相等的方式表达了这些陈述。20 世纪的频率主义统计学家甚至否认推断概率的存在，这给了他一个更好的解释。因此，如果参数的真值实际上不可能被包含在给定的置信区间内，为什么要报告它呢？如果事实上零假设不太可能是假的，我们为什么要拒绝呢？

答案是，通过人为地限制概率的适用范围，频率主义者束缚了自己的手脚。唯一可以使用概率的推断模式是一个完全由数据变化决定的模式，这意味着对参数值或假设的真实性的决定严格地建立在这些隐含的抽样概率基础之上。这就是伯努利谬误的本质。我们已经展示了它可能带来的法律、医疗和其他推断的后果。我们现在可以把同样的批评延伸到正统统计学上。

费雪的贝叶斯"煎蛋卷"

不过，在进一步讨论之前，我们不妨先看看除了显著性检验之外，费雪对推断问题提出的其他答案，看看他在我们提出的相同问题上的挣扎。正如我们所看到的，费雪在职业生涯的大部分时间里，都认为贝叶斯推断是一个重大历史错误，必须予以拒绝。但在某种程度上，他也明白单纯的频率主义是不够的，他花费了巨大的精力试图构建新的推断模式，他声称这种模式超越了概率。尽管费雪的理论很武断，但是出于这个原因，有些人认为如果费雪活得足够长，他最终会成为贝叶斯主义者。

他在与剑桥大学贝叶斯物理学家哈罗德·杰弗里斯的一次著名交流中，明确了自己的反贝叶斯观点，该交流发表在 1932 年至 1934 年的《伦敦皇家学会学报》(*Proceedings of the Royal Society of London*) 上。他们的争论与概率的本质含义有关。杰弗里斯认为概率是"对我们知识状态的一种表达"[5]，他使用了一个聪明的论点来推导先验概率分布，在贝叶斯推断问题中，为了使一些常识和直觉性的结论是正确的，某个参数必须具有先验概率分布；这是后来被称为"杰弗里斯先验概率"的一个早期例子。[6] 那时，费雪只能用"假设的无限总体"中的比率来考察概率。他认为杰弗里斯的想法纯属无稽之谈：因为他可以想象出许多不同的、具有不同参数分布的总体，所以杰弗里斯不可能知道他的答案是正确的。[7]

杰弗里斯反驳说："我说的'概率'，指的是概率，而不是费雪似乎认为的频率。"他还说："如果假设不同，我就会得到不同的答案，因此，他完全没有抓住理论的要点。他还认为这是对我的理论的反对。"也就是说，如果参数的分布是已知的，那么它当然会导致不同的概率。杰弗里斯已经开发了一种在缺乏这种知识的情况下指定概率分布的策略。他的方法的要点不在于"正确"地匹配一些可测量的频率或比率，而是量化我们在收集数据之前的无知的后果，"以经验能够决定的方式陈述待检验的备择假设"。[8] 费雪无法容忍这种概率观以及它所代表的科学知识的本质。他把杰弗里斯的概率论称为"主观的和心理的"，这使得"他的任何推论都不可能通过实验得到证实"。[9] 杰弗里斯说，费雪用频率主义的术语错误地重述了这个问题，已经开始"把我的理论化为谬误"[10]；费雪说，他肯定认为这是一个非常聪明的反驳，这是一项"我不想否认"的指控。[11]

不过，费雪后来在关于概率论基本原理的写作中明显变得语气温和。在《统计方法与科学推论》一书中，他向皮尔逊的坟墓吐了一口唾沫后，开篇就称赞托马斯·贝叶斯"是我们所知的第一次严肃的尝试，将科学推断过程作为理解现实世界的一种手段进行合理解释"。[12]后来，他甚至为皮埃尔-西蒙·拉普拉斯辩护，反对约翰·维恩对继承规则的批评，他基本上是在说，维恩急于批评拉普拉斯的逻辑，却不理解其数学基础。[13]

费雪的贝叶斯倾向的另一个迹象出现在被他称为最大似然估计的估计参数的方法中，这还是他在剑桥大学读书时首次提出的。这些推断的起点与标准方法相同：我们假设数据的概率模型包含一些未知的参数值。关键的思想是，给定一组固定数据，将概率作为参数变量的函数来考察。

例如，在我们的陶瓮取石问题中，假设真实的陶瓮比例为 f，在大小为 n 的样本中，得到样本比为 k/n 的概率为：

$$\mathrm{P}\left[R = \frac{k}{n} \mid F = f \right] = \binom{n}{k} f^{k} \left(1 - f \right)^{n-k}$$

这通常带有一个假定值 f，即陶瓮中白色鹅卵石的比例。但是，现在假设给定了样本，那么 k 和 n 是固定的。我们可以把这个概率看成 f 的函数，费雪称之为似然函数。他认为一个好的估计量选择应该是使这个函数最大化的 f 值——也就是说，在这个值下，给定的观测值是最有可能的。通常，微积分知识可以让他推导出这个最大值解的精确公式。在我们的例子中，对 f 求导并将其设为 0 表明最大似然出现在 $f=k/n$ 时；也就是说，使我们的数据最有可能的陶瓮比例值就是与我们观察到的样本比例完全匹配的那个值。这有一种吸引人的对称性，使费雪认为最大似然法通常会产生良好的结果。

费雪说他是受到逆概率方法（也就是贝叶斯理论）的启发而这样想的。他从卡尔·弗里德里希·高斯那里得到了最大的灵感，后者曾用类似的论证证明假设误差服从正态分布是合理的。实际上，假设未知参数的先验分布是均匀的，费雪的最大似然估计值就是具有最高后验概率的值。从贝叶斯计算中，我们可以立即看到这是如何发生的：如果所有形式为 H_f："$F = f$"的假设都具有相同的先验概率 $P\left[\mathrm{H}_f \mid \mathrm{X} \right]$，那么它们的路径概率将与费雪的似然值成正比。

但后验概率是由每条路径的相对比例给出的，所以它们也和似然值成正比。因此，最大似然估计也将使后验概率最大化。正因为如此，再加上费雪引用贝叶斯理论提出了最大似然理论，皮尔逊觉得有必要在 1917 年那篇决定性的文章中批评费雪。某种程度上，皮尔逊是对的！

但费雪并不是说这些似然值就是概率。继维恩之后，费雪再次否认了概率对这种推断的适用性。或者，正如他所说，需要比概率更重要的东西：

> 关于从中得出已知样本的总体的推断，不能用这种方法以概率来表示……重要的是，在大多数情况下，概率的数学概念不足以表达我们在进行此类推断时的信心或胆怯，而且似乎适合衡量我们在不同可能总体中的偏好顺序的数学量实际上并不遵守概率定律。为了将其与概率区别开来，我使用了"似然值"一词来表示这个量；因为"似然值"和"概率"这两个词在日常口语中都是泛用的，用来涵盖这两种关系。[14]

费雪甚至试图把这个说法归因于高斯，他说，他也不是真的把他的先验概率和后验概率当作概率。[15]一个技术上的区别是他的似然值之和不像一般的概率之和那样等于 1，但如果他愿意将其标准化，这个问题就能被解决，就像贝叶斯后验概率表示为路径概率的相对比例一样。对此，我们已经见过很多次了。

此外，费雪评价最大似然估计量质量的方法完全是频率主义的。也就是说，由于该估计量仍然依赖于数据，因此允许在频率主义解释下具有概率分布。人们可能会问，最大似然估计量接近参数真值的概率有多高，等等。它是贝叶斯思维方式中最可能的值这一事实并不重要。费雪的大部分理论工作都致力于在频率主义的范围内建立这些估计量的分类。例如，在某些条件下，可以证明最大似然估计量是一致且（渐近）有效的，并且其分布对于大样本收敛到一个方差依赖于所谓的费雪信息矩阵的正态分布。

因此，尽管费雪的最大似然法中存在一些贝叶斯成分，但其背后的意图是频率主义的，估计的效用是由频率主义标准来判断的。

然而，费雪最接近支持贝叶斯理论的时刻，是他与统计学界其他成员就一种被他称为"基准推断"的技术进行的一场旷日持久的斗争即将结束之时。[16]

这个想法的灵感来自费雪在洛桑实验站的一位同事对所谓的关键量（pivotal quantity）的巧妙观察，这最好用例子来说明：假设我们要估计一个未知常数 μ，我们知道它可以作为数据 Y 的概率分布的均值——例如，标准差为 1 的正态分布。这意味着我们可以说，例如，根据正态分布概率表，如果 μ 为 0，Y 的概率落入 -1 和 $+1$ 之间的概率大约是 68.27%，Y 的概率落入 -2 和 $+2$ 之间的概率为 95.45% 左右，等等。同样，如果 $\mu = 1$，Y 也有 68.27% 的概率落在 0 和 2 之间，也就是说，在均值的一个标准差范围内。

该想法的主要思想是用距离 $|Y - \mu|$ 来表示这些陈述，例如：

$$P\left[\,|Y - \mu| < 1\,\right] = 0.6827$$
$$P\left[\,|Y - \mu| < 2\,\right] = 0.9545$$

等等。

通过用 $|Y - \mu|$ 表示，我们得到了关于 μ 的特定值似乎不可知的概率命题。因此，概率陈述中的表达式被称为关键量，即数据和参数值的组合，其概率分布不再涉及参数。在我们的例子中，Y 和 μ 之间的距离是一个具有标准正态分布的关键量。

费雪的诀窍是，取这些概率陈述中的任何一个，把 Y 看作是固定的，把 μ 看作是未知的。因此，对于第一行的表达式，费雪不是说 Y 大约有 68% 的机会在距离 μ 为 1 的区间内，而是说 μ 大约有 68% 的概率离 Y 的距离在 1 之内。他将其称为基准参数（fiducial argument）。这个名称来自土地测量中的一个概念，任何固定点都可以作为参考点，正如我们在第 2 章提到的。

问题是（至少）有两种不同的方式来解释这个概率命题。一种方法是，"无论 μ 是多少，因为 Y 是从分布中重复采样的，如果我们考察从 $Y-1$ 到 $Y+1$ 的区间，那么它大约有 68% 的时间将包含 μ 值"。另一种说法是，"在完成一个特定的取样 Y 后，我们有 68% 的把握认为 μ 在 $Y-1$ 到 $Y+1$ 的范围内"。这两种解释之间的差异最终促使费雪几乎接受了贝叶斯理论。

第一种方式完全符合频率主义的思想。它与置信区间的概念没有区别，正如我们之前在显著性检验中定义的那样。只要所讨论的概率与 Y 相关，所构建的区间就将具有其应该具有的包含概率（coverage probability），这意味着它将包含与所要求的一样频繁的参数值。这就是费雪最初证明基准参数合理的

伯努利谬误：不合逻辑的统计学与现代科学的危机

方式，与没有这种可验证频率的贝叶斯方法形成了对比。他把包含频率称为"关于未知参数的确定概率陈述……无论对其先验分布的假设如何，它都是正确的"。[17]

对于所讨论的推断来说，它也几乎毫无意义，其原因与置信区间的相同。做实验的人关心的不是如果实验进行很多次会发生什么，而是从摆在他们面前的特定观察数据中得出什么样的推断。虽然费雪委身于频率主义的概率思想，但他知道科学家面临的实际情况，他甚至很早就把概率看作"理性信念的数字衡量标准"。[18]包含概率为这一信念提供了理论上的经验支持，就像投掷骰子有1/6的几率出现6的说法在理论上是由假想的一系列掷骰子来支持的一样。

对于像正态分布这样的简单例子，这并没有太大困难，因为区间很容易计算并且总是有正确的频率特性。因此，对于一个给定的数据集，科学家可以报告参数的"基准区间"（fiducial interval）而只是不说而已，但这意味着，这个区间一定是对参数实际位置的良好猜测，就像今天人们使用置信区间的方式一样。

问题在于，对于涉及多个参数的更复杂的情况，基准参数不容易扩展。例如，假设我们的正态分布有两个未知参数，均值 μ 和标准差 σ。由于正态分布的变量在均值的一定标准差范围内的概率总是相同的，我们可以使用关键量 $|Y-\mu|/\sigma$ 陈述概率，如：

$$P\left[\ |Y-\mu|/\sigma < 1\ \right] = 0.6827$$

这并不取决 μ 和 σ 的选择。但是现在我们该如何把这个不等式反过来，使它同时表示 μ 和 σ 呢？[19]费雪运用了一些巧妙的技巧，提出了参数对的基准"联合分布"，并用他自己的技术解决所谓的 Behrens-Fisher 问题，该问题涉及两个独立的正态分布的均值之差，且这两个分布都有未知的标准差，总共有四个未知参数。

这就是事情开始瓦解的地方。令费雪惊讶的是，他对多个参数问题的基准区间答案可能具有错误的包含概率。英国统计学家莫里斯·巴特利特特别指出，如果用费雪的方法为 Behrens-Fisher 问题中的两个均值之差构建 90% 的置信区间，经过对附加数据的反复抽样，结果表明包含真实差值的区间所占的比例可能会变成 90% 以外的东西。[20]

在无法令人信服地试图以技术理由驳回巴特利特的反对意见后，费雪彻底改变了路线，并认为包含频率实际上根本无关紧要！在他先前提到的关于"所有可能随机样本的总体"[21]的基准概率的地方，他现在决定，"这种推断的合法性不受关于数据中没有出现的其他样本来源的假设的影响"。[22]他甚至用这个问题来攻击他的对手埃贡·皮尔逊和耶日·内曼："皮尔逊和内曼已经明确地指出，'在同一总体的重复样本中'，检验的显著性水平必须与错误决策的频率相等。这一观点与作者1925年提出的显著性检验方法的发展相矛盾，因为实验者的经验并不在于对同一总体进行重复抽样。"[23]

可以说，这个想法对于费雪早期的工作而言并不"陌生"。那么，如果不是包含频率，那么基准概率陈述的理由是什么？当他继续努力应对频率主义的明显失败时，费雪尝试的一个策略是诉诸纯逻辑。如果像之前正态分布的概率描述：

$$P\big[\,|Y-\mu|<1\,\big]=0.6827$$

被认为是一般 Y 和 μ 的一个"大前提"，那么将它应用到一个特定的观测 Y 并用它来推断 μ 的概率的结果可以通过替换来证明，[24]就像"所有人都有一死"和"苏格拉底是人"这样的前提会证明"苏格拉底有一死"一样。不幸的是，正如内曼很快指出的那样，概率陈述并非如此。例如，如果 Y 是投掷一个公允骰子的结果，我们可以说：

$$P\big[Y=6\big]=1/6$$

但是在观察到我们掷出了一个 1 之后，我们不能天真地把这个值代入结论并得到：

$$P\big[1=6\big]=1/6$$

尽管如此，费雪仍然相信，基准概率陈述必定具有某种推断意义。像杰弗里斯这样的人可以用贝叶斯推断很简单地给出这个道理。如果假设参数具有先验概率分布，那么就像前面提到的关于 Y 的抽样概率陈述，即使没有关键量，也可以利用贝叶斯定理将其转化为关于 μ 的概率陈述。杰弗里斯展示了如何将其扩展到多参数情况，如 Behrens-Fisher 问题，以及对未知量的先验概率的特定选择如何使推断区间具有正确的包含概率。因为费雪的基准方法没有正确地跟踪每个参数的先验和后验概率——也就是说，因为它没有遵守概率规则——他的区间频率最终表现不佳。

也许费雪开始醒悟了。正如桑迪·扎贝尔所观察到的[25]，在1960年《实验设计》第七版出版时，费雪修改了一篇关于贝叶斯和基准推断之间的区别的文章，由：

> 逆概率陈述与基准概率陈述虽然在形式上有相似之处，但它们的逻辑内容却不同，而且它们的真实性还需要通过直接观察所获得的知识前提以外的知识前提才能获得。[26]

改为：

> 逆概率陈述与基准概率陈述虽然在形式上有相似之处，但它们的逻辑基础却不同，而且它们的真实性还需要通过直接观察所获得的知识前提以外的知识前提（着重强调）才能获得。[27]

费雪所说的"知识前提"是指参数的先验分布假设，这是他一直反对的武断的贝叶斯推断的一步。他的论点是，只要关键量的选择满足了某些条件，基准推断就可以进行贝叶斯推断所做的相同类型的后验概率计算，只是不需要先验概率。他还补充了一个明确的要求，即我们事先不知道真值。

对费雪来说，仅仅承认先验知识的作用就是一个巨大的转变。他提到自己早期的观点，如"我们对假设或假设量的概率一无所知"[28]，并认为这是"草率和错误的"[29]，还表示显著性检验中的概率计算都没有"客观现实，都是统计学家想象的产物"[30]。他甚至在《统计方法与科学推论》第三版中提到"特定无知和特定知识在典型概率陈述中的作用"[31]，这一描述可能很容易出自杰恩斯之口。

由于这些原因，贝叶斯统计学家伦纳德·"吉米"·萨维奇后来将基准推断称为费雪"在不打破贝叶斯'鸡蛋'的情况下做出贝叶斯'煎蛋卷'"的尝试。[32]费雪声称，他回避了（例如）完全无知情况下的均匀先验概率这个额外的假设，这一直是他的症结所在。基准推断适用的条件被认为与贝叶斯方法适用的条件互补。如果参数的先验值已知，那么费雪就可以使用贝叶斯定理，这是一个他一直认为有效的过程。如果我们完全无知，从某种意义上说，他试图精确地涉及被他称为可识别子集（recognizable subsets）的东西，假定关键量等必要成分已经到位，那么进行基准推断是可行的。他坚持认为，只有这样，我们才会处于正确的知识状态，我们的基准推断才会有效，我们的基准区间的包含频率也会一致（到那时，他又回到了对包含频率的关注上）。从技术角度来看，事实并非如此；费雪去世一年后，罗伯特·比勒和艾伦·费德森展示了一个例子，在这个例子中，费雪的所有期望假设都得到满足，但50%基准区间的可识别子集的包含概率大约是50.181%。[33]

在最大似然估计和基准推断这两种尝试中，我们可以看到费雪在努力克服他所理解的频率主义概率解释的不足。在探索这两种观点的过程中，他本质上重新创造了贝叶斯推断的很大一部分，但他认为这一定是新的东西，因为贝叶斯推断以一种他无法接受的方式提到了概率。所以他把它们叫做似然值或者基准概率，然后用它们来做推断，就像贝叶斯定理对这些特殊情况所做的一样。最终，他认定后者是贝叶斯主义者一直使用的同一类型的实际概率，但现在，它们以一种避免了贝叶斯主义中他无法忍受的部分的方式得到了证明。这种认知失调显然给他带来了不小的痛苦。晚年时期，他向萨维奇坦白说："我还不明白基准概率有什么用。在我们知道它为我们做了什么之前，我们将不得不忍受它很长一段时间。但我们不应该仅仅因为没有一个明确的解释就忽视它。"[34]事实上，基准推断或多或少随着费雪的逝去而消失了——这是有充分理由的。[35]

费雪对标准技术问题的认识使他部分地走上了贝叶斯主义的道路，但他一直不喜欢把概率等同于频率之外的任何东西，这让他无法再走得更远。

正统统计问题和贝叶斯解

现在，我们将看到，一旦我们试图在狭窄受限的频率主义有效领域之外应用它，频率主义方法背后的思维过程就会造成一些灾难。我们将考察一些稍微不那么标准的统计推断的例子，尽管它们与正统统计学的逻辑是一致的。每一个思维实验都从一个稍微不同的角度探索标准方法，以说明当我们考察不同的

　　　　伯努利谬误：不合逻辑的统计学与现代科学的危机

极端逻辑情况时，它们是如何失败的。但他们本质上都利用了同样的谬误：频率主义者的推断仅仅基于抽样概率——也就是伯努利谬误。

它们的实际范围很广泛，其中一些（如"忽视基础概率或检察官谬误"和"德国坦克问题"）是从实际经验中得出的，而另一些（如"确定事件的假设"，其中一个骰子被掷了6万次）则纯粹是想象。重点不在于这些问题会在现实生活中出现，而在于，比如说，一个科学家试图用统计学来做推断，他面临的问题可能介于这些问题和标准统计学课程中的简单、人为的例子之间。事实是，"逻辑概率"可以处理这些极端情况，同时也涵盖了简单的情形，这应该可以保证它继续适用于所有介于两者之间的一切。

忽视基础概率或检察官谬误：我们赋予假设的先验概率是多少？

在第2章中，我们描述了伯努利谬误是如何导致忽视基础概率或检察官谬误等思维错误的。既然频率主义的统计学逻辑也采用了伯努利谬误，那么，我们可以将这些例子重新想象为正统的统计检验也就不足为奇了。其中所需要的只是标记系统的选择。

例如，假设我们正在考察一种罕见疾病的血液检验结果。我们假设检验的准确性与之前相同，如果有人患有这种疾病，检验结果肯定会呈阳性，如果他们没患这种疾病，检验结果将以99%的概率呈阴性。假设一个病人的检验结果呈阳性，正统统计学将如何处理这一问题？首先，正如我们被告知的那样，我们忘记了这个特定的检验结果。然后假定我们定义一个检验统计量T，它简单地表示血液检验结果：假设如果检验结果呈阳性，$T=1$；如果检验结果呈阴性，$T=0$。根据正统程序，我们为集合$\{1\}$给出的统计量定义一个拒绝域。我们的零假设是"患者没患该疾病"。在给定的假设条件下，我们可以说假定零假设成立，统计量落在拒绝域的概率，即假阳性的概率为1%。回到所讨论的患者，因为他的检验结果落在这个区域，我们可以说在1%的显著性水平下拒绝零假设。也就是说，我们得出结论，该患者确实患有这种疾病，而且我们遵循了任何医学杂志都要求的所有相同的统计程序。毫无疑问，患者听到有这样权威支持的坏消息时会非常难过。

然而，正如我们在第2章看到的，这个推断错得离谱，因为这取决于该疾病在人群中发生的基础概率。如果这种疾病很罕见，那么即使检验结果呈阳性，患者仍然有很大的可能没有患病。在概率语言中，基础概率扮演着假设的先验概率的角色。然而，正统的统计学方法根本不包括先验概率——甚至不承认这种概率普遍存在——所以它在推断中不起作用。

频率主义者声称，遵循这一程序将导致假阳性率只有1%，这甚至仍然是正确的！对于我们检测的100个健康人，我们应该预计平均只有1人的检验结果呈阳性。但这是错误的概率。在观察到一个阳性结果之后，我们会对这个特定的结果是假阳性还是真阳性作出不同的推断。也就是说，当患者是健康的时候，我们从来没有考虑过检验的预期对错频率。我们想知道，是否要根据检验结果来宣布病人生病与否。在这种情况下，正统统计学的回答是肯定的，即使对于一种在绝大多数情况下答案都是错误的罕见疾病也是如此。

同样的情况也适用于检察官谬误，因为这是同一种谬误，只是名字不同而已。如果我们定义一个检验统计量，例如 $N = $ 一个家庭中夭折的孩子的数量，我们认为零假设是 $H = $ "这对父母没有谋杀他们的孩子"，那么我们就可以做出一个正确的概率分配，即给定 H，N 大于或等于 2 的概率非常非常低，甚至是 7300 万分之一，就像罗伊·梅多在萨利·克拉克的案件中计算的那样。因此，将 $\{N \geq 2\}$ 作为我们的拒绝域，在得知一个家庭有两个婴儿死亡后，我们将在极低的显著性水平（约 0.00000001）下拒绝零假设。

但是，我们再次忽略了另一个事实，即"父母杀害孩子"这个备择假设的先验概率本身应该非常低。

现在，任何训练有素的频率主义统计学家都知道这些问题的解。像费雪一样，他们很乐意把先验信息包括进去，这些例子出现在很多标准的统计学教科书中。关键在于，有时通过允许先验概率在推断中发挥作用，频率主义者的行为是虚伪的。他们应该忽略这些问题中可用的任何先验概率，因为严格的频率主义方法声称在所有其他情况下，先验信息是不必要的。例如，如果有一个精确的基础概率，而已知所讨论的这种疾病有点罕见，那该怎么办呢？根据频率主义者的想法，没有中间立场。任何我们不完全了解的东西都可以被安全地忽略，这与概率推断的整个观点是对立的，后者认为将我们所拥有的所有部分知识集合起来，并将它们聚合成可能的最佳推断。

贝叶斯推断以一种正统统计学方法无法处理的合理方式将概率结合在一起。

出现故障的数字秤：我们如何解释极端或不太可能的数据？

即使是在更"正常"的情况下——比如在物理测量中出现的误差——如果我们盲目地遵循拒绝基于极端数据的假设的正统模板，我们仍然可能会得出不合逻辑的结论。

假设我们正在用数字秤测量实验室中某个物体的重量。通常情况下，我们知道这个标准精确到最接近的毫克——也就是 0.001 克。假设我们某个数字秤出现一个恼人的怪现象，有时由于内部误差，显示器上的第一个数字会从 0 翻转到 1；结果显示，实际上增加了 100 千克——也就是 10 万克。假设已知只有 0.1% 的时间会发生这种情况。

假设我们想要检验我们所讨论的物体的重量是 1 克的零假设。现在想象一下，我们把这个物体放在磅秤上，它的读数是 100001.000 克。我们该如何处理零假设？

好吧，按照正统的模式，我们需要忘掉这个单独的测量值并考虑一个可以通过其拒绝零假设的程序。假设测量误差通常具有正态分布——比如说，标准差为 0.001 克——我们可以将拒绝域设为离均值两个标准差范围之外的任何位置，对应于约 0.05 的显著性水平。也就是说，如果测量值小于 0.998 克或大于 1.002 克，我们将在 5% 的水平拒绝零假设。

回到给定的数据，我们将得出必须在这个水平上拒绝假设的结论，因为值 100001.000 克远远大于我们的阈值。然而，此时，你可能会合理地反对，因为我们没有考虑到我们所知道的数字秤和它发生故障的可能性！但正如我们所说，这一事件是非常罕见的，所以即使我们将显著性水平设置为 0.001，我们也可以作出正确的声明，即对于 1 克的一个小邻域外的任何值，我们拒绝只有 0.1% 内的时间出错的零假设。通过检查我们的数据，我们几乎可以确定这是其中一次，因为我们可以非常确信是数字秤出了故障。"这个物体的重量实际上是 100 千克"是唯一可以解释相同数据的备择假设，但我们能够举起它并把它放在秤上这一事实很可能告诉我们真相并非如此。再说一遍，这是一种先验信息，是不被频率主义程序所允许的。

这里的问题是关于极端数据的想法，以及这些数据是否应该被视为反对假设的证据。通常情况下，假设的拒绝域（比如，一些参数有一些特定值，我们可以测量它，但会有一些误差）会以所有远离假设值的测量值的形式出现，但这里出现了一个很明显的情况，一些极端值，比如 1.5 克，是反对重量为 1 克的假设的明显证据，而其他的极端值，比如 100001 克，则不是。无论我们如何为极端情况设定一个阈值，我们都会作出（可能）不正确的推断。为了解决这个问题，我们需要一个拒绝域，在 100001 克左右的数值分布的尾部划出一小段，并且不将这些值视为拒绝假设。

我们也被数据不太可能的事实难住了，所以我们的程序无法解释它。显著性检验的逻辑模板是"如果假设为真，数据的某些方面将非常不可能；我们观察到这一点，所以这个假设有问题"。我们在第 2 章看到，这种诉诸类似反证法的论证在概率的情况下是行不通的。不可能发生的事情的概率是 1。在给定的假设下，一件不太可能发生的事情发生的概率可能非常低，但观察到它并不代表它一定会成为反对该假设的证据。一切都取决于哪些备择假设可以更好地解释数据，以及它们的先验概率是多少。

通常情况下，我们会草率地点头同意一些备择假设陈述，比如"我们用 $m \neq 1$ 克的备择假设来检验零假设 $m = 1$ 克"，但情况往往比这更复杂。事实上，我们可能会无意中检验复合假设，如"$m = 1$ 克，且我们的数字秤没有将测量值增加 100 千克"。正如我们在第 2 章的超感官知觉例子中所看到的，我们的脑海中甚至可能有一些我们没有意识到的备择假设，直到我们看到这样不太可能的数据，使它们从几乎不可能变成近乎确定。也许正是这个实验让我们发现了数字秤的故障！

"确定事件"假设：允许哪些假设？

有效显著性检验的一个标准例子是检验六面骰子的偏差（这可能是一个使用皮尔逊卡方检验的例子）。假设我们决定过度检验这个假设，我们收集了一个给定骰子的 6 万次投掷的样本。但现在想象一下，在我们进行了 6 万次极其漫长的投掷并记录了结果之后，一个陌生人走近我们，并提出了一个荒谬的主张：我们使用的骰子具有这样的属性，即这些结果是预先确定的。陌生人说，由于骰子的某种内部机制，任何时候，只要它被投掷 6 万次，它就会产生恰好被我们观察到的结果序列。从某种意义上说，这是极大的偏差。

由于太过疲惫而无法考察再掷 6 万次骰子的情况，我们求助于正统的统计学理论来帮助我们检验这一说法。假设我们试着拒绝这个"确定事件"的假设 H_{sure}："6 万次投掷的结果是预先确定的，正是我们观察到的序列。"问题是，在 H_{sure} 下，数据完全没有随机性。所以我们要定义的任何汇总统计量，比如 6 万次投掷中有 6 次，在这个假设下的分布将完全集中在一个点上，与我们得到的结果完全吻合。因此，我们执行的任何检验都不会允许我们在任何显著性水平上拒绝这个假设！

我们也绝不能接受它。想象一下，我们试着反转这个脚本，让 H_{sure} 成为备择假设。什么样的零假设会对应这个备择假设？你可以说零假设为骰子是公允的，我们将它称为 H_{fair}。但对 H_{fair} 的简单否定不是 H_{sure}。这是一种无限种骰子可能不公允的组合，包括 H_{sure} 和许多其他情况。假设我们忽略了复杂性，并规定对于这个特定的骰子，我们只考察 H_{fair} 和 H_{sure} 的可能性。我们可以使用什么检验统计量？我们应该寻找的数据的"特征"是，它与我们得到的数据完全吻合。因此，一个自然的选择便是有趣的统计量 F_S，即如果掷骰子的序列与我们所观察到的序列（我们称之为 S）完全匹配，则其值为 1，否则为 0。在概率语言中，这被称为指示函数（indicator function）。这看起来可能有点尴尬，但确实，它是一个从数据（取值为 1 或 0）中导出的量，所以它可以有频率主义概率。

在零假设下，$F_S = 1$ 的概率是公允骰子的 6 万次投掷完全符合给定序列的概率，也就是 $(1/6)^{60000}$，不管 S 是多少。这是一个极低的数字——数量级为 10^{-46689}。我们的数据为 F_S 生成的值是 1，那么我们准备好在这么低的显著性水平上拒绝零假设了吗？

正统的回答是"没那么快"。我们忘记了一个事实，那就是不管我们得到了什么样的数据，陌生人都很可能会宣称这是宿命。这可能并不是因为他是个江湖骗子。也许他只知道骰子的投掷中存在这种有趣的行为，而不知道它注定会产生什么样的结果。所以我们需要相应地调整显著性检验，以反映我们实际上在检验多个假设的事实。也就是说，我们考察所有可能的数据序列相对应的"确定事件假设"族序列 H_{sure1}，H_{sure2}，…，H_{sureN}，其中 N 是序列的个数 6^{60000}。根据标准程序，我们应该取我们想要的显著性水平，通常是 5%，然后除以 N，即同时进行的备择假设的数量。这被称为显著性水平的 Bonferroni 校正；当拒绝零假设而选择任何一个可能的备择假设时，它给出了正确的总体错误率。应用该校正后，我们发现我们没有超过显著性阈值：我们的 p 值是 $1/N$（我们得到了这个概率下可能的最极端值），但阈值是 $0.05/N$。

所以看来我们既不能接受也不能拒绝这个奇怪的理论。它被困在一个由无法验证的假设组成的世界里，不在显著性检验的范围内。

还有其他方法吗？费雪的拟贝叶斯最大似然法（quasi-Bayesian maximum likelihood）告诉我们，我们可以相信陌生人。在所有可用的假设中（比如 H_{fair} 和所有其他的 H_{sure} 家族），使似然函数最大化的假设总是使我们观察到的数据确定的假设。如果我们愿意，我们可以发明一些复杂的数学描述，把它变成某个模型的参数，但基本逻辑是相同的。如果我们所关心的只是一个假设生成某些数据的可能性，那么除非我们真的把自己限制在一种特定形式的备择假设上，否则我们可能会构建一些奇怪的假设，使数据变得非常可能——甚至确定。在统计建模的其他领域，这可能被称为过度拟合或数据疏浚，我们在这里看到的是，标准方法，尤其是最大似然法，并没有对此给我们提供太多的防御。

然而，贝叶斯方法却可以。我们甚至可以允许这种确定的假设，并承认它使我们的数据的概率为 1，而"公平骰子"的假设告诉我们，我们的数据是完全不可能的。为什么这对它来说不是问题呢？因为我们还必须考察确定性假设的先验概率。怀疑这种说法的其他原因（例如，这种内部机制是如何工作的？骰子如何"知道"我们将投掷它 6 万次？）中，正如我们之前所提到的，这个特定的 H_{sure} 并不是唯一可能的"确定事件"。在知道数据的实际结果之前，我们没有理由选择其中任何一个而不是其他，所以无差别原则要求我们给它们分配相同的先验概率，这必然小于 6^{-60000}。非常非常低的先验概率消除了最终分析中的高抽样概率并留给我们一个合理的后验推断。

选择性停止的问题：我们还能得到什么其他数据？

标准方法对我们本可以得到但没有得到的数据有一种奇怪的迷恋。例如，p 值就精确地衡量了这一点：在某个假设条件下，实验的其他实例会产生与此结果一样极端或更极端的结果的概率是多少？但通常在做真实实验时，我们可能不知道我们可以得到什么数据，只知道我们已经得到什么。

例如，假设一个名叫艾历克斯的助手正在我们的实验室中进行一个实验。

伯努利谬误：不合逻辑的统计学与现代科学的危机

这个实验由一系列试验组成，每一次试验都可能以我们称之为好（G）或坏（B）的结果结束。我们感兴趣的是检验零假设，即这些结果是等可能的。我们假设，根据我们的新程序，我们产生的好结果应该多于坏结果；我们希望拒绝零假设而接受备择假设。我们实验室的未来将取决于如果实验成功，我们能得到多少资助。

不过，假设这些试验难度大、成本高。因此，整合了我们所有可用的资源后，艾历克斯进行了6次试验，6个试验结果中5个为好，完整的实验数据序列为GGGGGB。进行实验的博士后比尔对数据的解释如下：

> 这个过程包括进行6次试验，我们使用的检验统计量是6次试验中成功的次数。然后，给定一个成功率 p，观察到 $S=k$ 的概率服从二项分布：

$$P\left[S=k\right] = \binom{6}{k} p^k (1-p)^{6-k}$$

> 在零假设下，假设 p 取值 $1/2$，因此我们有：

$$P\left[S=k|H_0\right] = \binom{6}{k}\left(\frac{1}{2}\right)^k\left(\frac{1}{2}\right)^{6-k} = \binom{6}{k}\left(\frac{1}{2}\right)^6$$

> 我们的拒绝域（对应更高成功率的备择假设）是 S 取大的值。S 的观测值是5，所以这个检验的 p 值是观测到极端值大于或等于5的概率。根据上面的公式，这是：

$$P\left[S=6|H_0\right] + P\left[S=5|H_0\right] = \cdots = 0.109$$

> 由于这个值大于 0.05，我们在 5% 水平上不拒绝零假设。尽管数据表明成功率高于 50%，但我们不能确定，在这种显著性水平上，结果不是偶然的。好吧。

负责实验室的教授夏洛特看了比尔的分析报告，说他错误地解释了结果。她的分析如下：

艾历克斯遵循的程序是这样的，在一个糟糕的结果下，一件实验设备（如一种化学试剂或感光底片）被毁了。我知道在实验的时候，实验室里只有一件这样的设备。艾历克斯会尽可能长时间地继续进行试验。最后的试验结果很糟糕，这一点得到了证实。因此，数据中的变量不是 6 次试验中成功的次数，而是一次失败所需的试验次数。我们称之为统计量 T。

在假设的成功率 p 下，统计量 T 有负二项分布给出的概率：

$$P = [T = n] = p^{n-1}(1 - p)$$

对于 $p = 1/2$ 的零假设，可得：

$$P = [T = n | H_0] = \left(\frac{1}{2}\right)^{n-1}\left(\frac{1}{2}\right) = \left(\frac{1}{2}\right)^n$$

T 的最小可能值为 1，我们的拒绝域（意味着更高的成功率）对应的 T 值较大。我们的 T 观测值为 6。因此这个检验的 p 值是 T 得到任何大于等于 6 的值时的概率，由无穷和给出：

$$P[T = 6 | H_0] + P[T = 7 | H_0] + \cdots$$

它可以根据其补集计算：

$$1 - (P[T = 1 | H_0] + P[T = 2 | H_0] + \cdots$$
$$+ P[T = 5 | H_0]) = \cdots = 0.031$$

由于这个概率值小于 0.05，我们得出结论，我们确实要在 5% 水平下拒绝零假设。我们的方法已被证明在这个显著性水平上是有效的。可以开香槟庆祝啦！

比尔和夏洛特的计算都是正确的。他们得出了不同的 p 值，因为他们对实验可能产生的其他数据使用了不同的理论。这可能会变得更加复杂，并且变得非常愚蠢。试想一下，在《自然》杂志上发表了他们的研究结果后，夏洛特的团队发现了一套备用的实验设备，如果艾历克斯知道该备用设备，那么它可以让艾历克斯在一次失败后继续进行试验。这可能证实了比尔的理论，即艾历克斯一定计划着无论如何都要在 6 次试验后停止试验，这使得结果并不显著。他们应该发表撤回声明吗？如果设备被锁在储物柜里而艾利克斯没有钥匙呢？这可能证实了夏洛特的理论，即艾历克斯计划尽可能长时间地进行试验，但在一次失败后就不得不停止试验。假设，进一步的调查发现，大楼里有一个看门人可以打开柜子。艾历克斯没有要求他这么做，但这是因为艾历克斯不知道他在大楼里（证实了夏洛特的理论），还是因为艾历克斯在 6 次试验之后已经结束了实验（证实了比尔的理论），又或是因为艾历克斯不知道柜子里还有额外的设备（证实了夏洛特的理论）？艾历克斯很久以前就毕业并搬走了，所以没办法确定。或者假设，在第六次试验完成后，大楼里的火警响了，这意味着艾历克斯不得不在 6 次试验后停止实验，而不管计划如何（证实了比尔的理论）。哦，但事实证明，火灾警报实际上是由艾历克斯第六次试验的坏结果所产生的烟雾触发的（证实了夏洛特的理论），如果第一次试验中就出现了这种情况，艾历克斯会无视火灾警报，继续工作，直到记录至少三个数据点（这与比尔和夏洛特的理论相矛盾）。如此等等，不一而足。

关键在于，正统的显著性检验可以关键性地取决于什么会发生而什么不会发生。因为这个过程是用尾部概率和拒绝域来定义的，所以它需要为所有可能的数据建立概率，而不仅仅是实际获得的结果。否则，我们就不可能知道尾部在哪里。因此，检验对模型假设的可能观察到的极端数据过于敏感。实验终止的条件——所谓的选择性停止问题——可能会引起巨大的麻烦。

在贝叶斯体系中，所有的推断概率都是以实际观察结果为条件的。其他观测值的可能性进入抽样概率，因为这些观测值不能被事先确定性地知道。然而，一旦给出，它们就会成为分配概率的背景假设的一部分。任何关于我们本可以得到但没有得到的其他数据的问题都是无关紧要的。选择性停止的不同规则不会给推断带来任何麻烦，因为决定实验为什么终止的数据的任何特征必然会被数据本身揭示出来。

以前面的例子为例，如果我们假设变量是 n 次试验中的成功次数，就像比尔所做的那样，如果我们也假设任何个体的成功率为 p，我们会有（用 B 表示比尔的背景假设）：

$$P[D|H_p \text{ 且 } B] = \binom{6}{5} p^5 (1-p)$$

或者，如果我们假设变量是出现一次失败的试验次数，就像夏洛特所做的那样，我们会同意她的计算（C 表示夏洛特的假设）：

$$P[D|H_p \text{ 且 } C] = p^5 (1-p)$$

到了作推断时，虽然假设比尔和夏洛特为成功率分配相同的先验概率，我们会发现他们得到相同的后验分布，这是因为他们分配给这个数据观测的概率除了一个常数乘数之外其他都是相同的，而这个常数乘数在最后的计算中会被消掉。比尔的所有路径概率的前面都有一个因子 6，而夏洛特的则没有，但由于后验概率是作为相对比例计算的，这些常数就不重要了。也就是说，这个数据的概率包含参数 p，比尔和夏洛特实际上处于相同的信息状态，因此必须作出相同的推断。

数据分割的问题：是否应该忘掉所有不显著的结果？

第二年，比尔在另一所大学找到了一份教授的工作。他的研究重点与他在夏洛特的实验室工作时大致相同，所以他最终进行了一个与夏洛特正在进行的实验相似的实验。假设他们的实验都涉及音乐对老鼠认知能力的影响。他们都感兴趣的是，为老鼠播放特定形式的古典音乐是否会让它们在迷宫中表现得更好。他们使用的是一个标准的迷宫测试，根据已有的研究，未经处理的老鼠平均需要 100 秒才能跑出迷宫。夏洛特专注于莫扎特的音乐，并决定用交响乐、歌剧、协奏曲和弦乐四重奏等一系列音乐进行测试。比尔有一个稍微不同的理论——他觉得真正重要的是小提琴——所以他检验了一系列巴赫、门德尔松、西贝柳斯和莫扎特的小提琴协奏曲。

不幸的是，他们所有的实验都以失败告终。他们播放的音乐中没有一种在统计上对老鼠有显著的影响。这类实验的相关检验统计量为学生氏 t：

$$t = \frac{m - \mu}{s / \sqrt{n}}$$

其中 m 为观测均值，μ 为假设均值（在本例中为 100），s 为观测样本的标准

伯努利谬误：不合逻辑的统计学与现代科学的危机

差。如果 t 的值足够高或足够低，就会导致拒绝不存在影响的零假设。

在那年晚些时候的一次会议上，他们一边喝着咖啡，一边为自己糟糕的运气感到惋惜。但如果他们对比了详细的笔记，就会发现一些有趣的东西。在某一时刻，他们无意中检验了同一首音乐：莫扎特的 A 大调第五小提琴协奏曲（K.219）。他们对这项工作的调查结果分别如下：

比尔：

均值 $= 98.85$

标准差 $= 4.7450$

样本量 $= 30$

t 统计量 $= -1.33$

p 值 $= 0.1951$

夏洛特：

均值 $= 98.67$

标准差 $= 4.8112$

样本量 $= 50$

t 统计量 $= -1.95$

p 值 $= 0.0563$

这两个结果本身都没有统计学意义，但汇集数据将产生以下结果：

比尔和夏洛特的协作成果：

均值 $= 98.74$

标准差 $= 4.7571$

样本量 $= 80$

t 统计量 $= -2.37$

p 值 $= 0.0200$

因为综合数据的 p 值小于 0.05，所以结果在 5% 的水平上是显著的，他们可以将研究成果共同发表在《古典音乐和啮齿类动物认知杂志》(*Journal of Classical Music and Rodent Cognition*)上。发生了什么？注意，这里并没有对抽样分布和检验统计量要什么花招，一切都是完全标准的操作。此外，这不是先验问题。我们可以假定实验者对于它们的效应大小没有很强的先验信息，所以，就像伯努利陶瓮问题一样，频率主义方法给出的答案在本质上与贝叶斯方法相似。

然而，不同之处在于，正统的程序会强制评估一个结果是显著还是不显著。可能发生的情况是，将显著的数据分成两部分，使得每一部分都不显著。因此，研究人员可能会将一项实验视为失败，因为它没有产生显著的结果——但只是因为他们把它四舍五入到一个不显著的0。这都符合费雪的要求。他将显著性检验的目的描述为告诉科学家"忽略那些没有获得显著性结果的所有实验"。[36]对于一个门外汉来说，这个结果似乎已经得到了证实。对于我们的情况来说，一个完全准确但具有误导性的总结是："两个实验室独立研究了相同的处理方法，但都没有发现显著的效果"。

可能会发生这样的情况：一个人的不显著的结果可能会为另一个人提供推动力，使后者自己的结果超过显著性的临界值。考虑到这一点，许多科学领域中出现的实践是，在完成一些检查相同效应，并各自得出存在或不存在该效应的结论的研究之后进行元分析，将所有数据放在一起，得出一个单一的结论。但这需要最初的研究得到发表。就像在我们的例子中，对于许多阴性的结果，很可能不存在进行元分析的可能性，因为这些结果永远不会被公之于众。即使他们这么做了，第三方也需要花费时间和精力来整合这些研究。

使用贝叶斯技术，每个分析都有可能成为元分析，因为我们可以自由地从别人的工作中获得后验概率，并以其作为我们自己开始工作的先验概率。贝叶斯定理保证了我们将得出与元分析相同的结论，因为在数学上，对于任何两个命题A和B，我们有：

$$P[H|(A且B)且X] = P[H|A且(B且X)]$$

将其他实验者的数据作为命题B以及将我们自己的数据作为命题A，我们将得到右侧的概率，先前报告的后验概率$P[H|B且X]$充当了我们的先验概率。将所有数据视为一个命题（A且B）将导致元分析者得出左侧的推断。计算的

逻辑一致性保证了我们会得出相同的结论。

这个方程和所有方程一样，是双向的。所以另一种理解方法认为元分析已经是贝叶斯分析了。他们只是需要另一项研究的额外开销来整理之前的研究数据，然后假设数据存在，就像从零开始一样重新开始检验。有了贝叶斯思维和更好的数据共享，我们可以更有效地利用可用的资源，并能够实时地看到对给定效应的累积研究是决定性的，还是需要更多的调查。（如果这一改进似乎微不足道，不值得关注，那么想象一下，在这个例子中，比尔和夏洛特不是在检验音乐的影响，而是在检验新的癌症疗法，他们不是在测试老鼠在迷宫中的奔跑能力，而是在测量肿瘤的大小。）

德国坦克问题：分布的哪一部分是尾部？

第二次世界大战期间，在诺曼底登陆之前的日子里，盟军面临着一个统计推断难题。德国军方最近推出了一款新型坦克，即潘泽尔五号坦克。在之前的战斗中，美国陆军的谢尔曼坦克相比之前的潘泽尔三号和四号坦克表现不错，但潘泽尔五号坦克的杀伤力要大得多。盟军需要知道他们在法国北部会遇到多少这样的坦克。传统的情报断断续续且不可靠，但谣言流传说潘泽尔五号坦克的产量最近激增。

他们拥有的是缴获或摧毁的潘泽尔五号坦克的各种零件（主要是变速箱、引擎和轮子）的序列号，这将使统计分析成为可能。重要的是，他们假设这些数字是按顺序生成的，所以数字的相对大小可以给他们一些线索，让他们知道敌方在一段时间内制造了多少辆坦克。他们需要知道的是已经生产的最大数字，这将揭示已经生产的坦克的总数量。他们作了进一步的假设：他们发现的坦克部件很可能来自序列中的任何一处，而最终进入坦克不同位置的部件实际上是相互独立的。将数字重新从 1 开始标记（并稍微抽象化处理），问题本质上变成：

给定一个 k 个整数的集合，n_1, …, n_k 为在 1 到 N 的范围内独立均匀抽样所得，且 N 未知，提出一种估计 N 的方法。

在我们之前的语言中，N 值是我们模型的一个参数，数据概率由下式得出：

$$P\left[\,n_1,\,\cdots,\,n_k\,|\,N=n\,\right]=\left(\frac{1}{n}\right)^k,\ 1\leqslant n_1,\,\cdots,\,n_k\leqslant N$$

这表示每个数都有均匀的可能在 1 到 N 之间，且 k 个样本是独立的。我们看到它依赖于假设值 N = n，就像我们的陶瓮鹅卵石样本比例依赖于真实的陶瓮鹅卵石比例 F 一样，那么我们如何使用我们的数据来推断 N 呢？结果表明，统计量

$$\hat{N}=Max\cdot\frac{k+1}{k}-1$$

给出了 N 的一个很好的估计量，其中 Max 为数据 $n_1,\,\cdots,\,n_k$ 中的最大值。这提出了一个直观的想法，即如果我们只观察到一个值（k = 1），我们就会猜测它大约位于列表的中间位置，所以我们可能会考虑将其翻倍作为对最大值的猜测。如果我们观察到两个值，我们可以想象它们的平均距离大致相等，大约在总数的 1/3 和 2/3 处。因此，两者中较大者应该是可能的最大值的 2/3 左右，这意味着猜测值是 Max·（3/2），以此类推。

这个估计量恰好也具有这个参数的最小方差无偏估计量（MVUE）的友好性质，[37]顾名思义，这意味着在 N 的所有可能的无偏估计量中，它就是方差最小的——也就是说，抽样分布最集中的那个估计量。根据频率主义方法，这些性质表明这是我们所能得到的最佳估计。因此，根据我们的坦克数据，我们将知道我们可以估计的坦克数量。

现在，想象一下，我们已经完成了这个分析，并将其提交给盟军军事情报行动的上级，他们随后会问我们一个非常合理的问题：我们对这个估计有多大信心？也就是说，我们可以用什么样的统计检验来排除其他可能的值，比如说，5% 的显著性水平，或者说，真实坦克数量的 95% 置信区间是多少？这在很大程度上取决于盟军是否低估了坦克的数量，因此，虽然单一无偏估计是一个很好的起点，但与我们的数据一致的保守值范围是什么？

我们有一个合理的检验统计量——我们的估计 $\hat{N}$——但问题是我们没有一个明显的拒绝域来回答前面的任何问题。在陶瓮取石的例子中，我们将样本比作为真实的陶瓮比例的检验统计量，并将分布的两条尾巴作为拒绝域，因为伯努利定理保证了这些尾部区域的概率很低。在这里，我们有一个通过之前的抽

样分布表示的参数，它可以一种不同的方式与我们的数据交互。

我们感兴趣的是接受或拒绝 $N = n$ 形式的假设。假设我们牢记上级关于不要低估坦克数量的担忧，所以我们决定拒绝这些假设，优先排除较小的 n 值，并更谨慎地排除较大的 n 值。我们的检验统计量是用一种简单的方法从数据最大值中推导出来的，所以我们可以把这个最大值作为检验统计量。假定我们决定拒绝 n 相对于最大值较小时 $N = n$ 的假设（即 Max 相对于 n 很大）。对于那些可能的 m 值（也就是说，$m \leqslant n$），从 1 到 n 中取 k 个值并观察到 $Max = m$ 的概率为：[38]

$$\mathrm{P}\left[\,Max = m\,\right] = n^{-k}\left[\,m^{k} - (\,m - 1\,)^{k}\,\right]$$

因此，我们建立了一个显著性水平为 5% 的拒绝域，即对那些 Max 的较大值，从 n 开始一直往下，直到概率累积为 5%。考虑到任何可能的 N 值，假设对于某个 i，如果 Max 大于或等于 $(n - i)$，我们将拒绝假设 $N = n$。使用前文的公式，我们将注意到这些尾部概率的一个有趣模式：

$$\mathrm{P}\left[\,Max \geqslant n - i\,|\,N = n\,\right] = 1 - \left(1 - \frac{i + 1}{n}\right)^{k}$$

因此，如果我们有 $(i + 1)/n \geqslant 1 - 0.95^{1/k}$，那么这个尾部区域将至少构成 5% 的概率，这意味着尾部拒绝域在从 1 到 n 的总范围中是一个固定的比例。

对于具体数字，假设我们观察到 $k = 4$ 个坦克零件，最大序列号为 313，因此我们估计坦克的总数量为 $313 \cdot (5/4) - 1$ 或 390.25。我们发现，任何假设 $N = n$ 的 5% 拒绝域由前 $1 - 0.95^{1/4} \approx 1.27\%$ 的最大值组成。因此，例如，如果最大值落在距离顶部 6 个单位内（$Max \geqslant 494$），我们将拒绝假设 $N = 500$，如果最大值落在距离顶部 12 个单位内（$Max \geqslant 988$），我们将拒绝假设 $N = 1000$，以此类推。

问题是，在超过某个点后，n 变大意味着我们永远不会在 5% 水平上拒绝假设 $N = n$，因为我们的观测值 $Max = 313$ 将不在指定的尾部比例之内。我们发现拒绝假设的最大值是 $N = 317$。用我们之前的话来说就是，我们会说，N 的 95% 置信区间为区间 $[\,318, \infty)$，因为这些都是根据我们设计的检验，在 5% 的水平上我们不能拒绝假设 $N = n$ 的值。因此，尽管我们估计坦克的数量大约是390辆，但我们承认，根据我们的数据，它可能是大于318的任何数，包括德国坦克的数量可能比德国士兵、地球上的人口或宇宙中的原子还要多的可能性。

到底是哪里出了错？显然，罪魁祸首就在我们为显著性检验设置拒绝域的某个地方。查看图5.7中的最大值 $Max = m$（假设 $N = 500$）的概率图，我们就会发现为什么这可能是一个糟糕的选择。

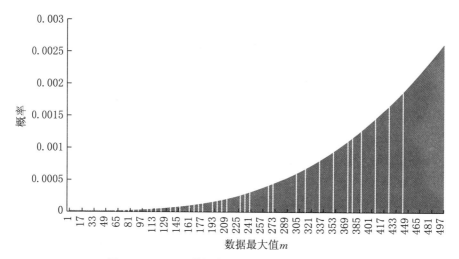

图5.7 $Max = m$ 的概率（为 m 的函数），给定 $N = 500$

尽管最右边的值的概率总和为5%，这取决于我们包含的数量，但我们不能说这真的构成了分布的尾部。事实上，Max 值越大，概率越大！将最左边的值作为拒绝域，我们会发现，假设 $Max = 313$，我们只会在 $N = 662$ 时开始拒绝假设，然后我们会拒绝随后所有更大的值。因此，以这种方式设计的95%的置信区间检验将是更合理的范围 $[313, 661]$。

同样，没有任何关于显著性的检验要求我们必须这样做。分布的左侧看起来更像尾部这一事实并不是使用它而不是使用右侧的客观原因。我们被引导到右侧拒绝域，因为我们认为这是出于保守的考量：我们不想低估坦克的数量。结果是我们的程序太保守，导致了可笑的高估。但是我们构造的95%置信区间的确具有频率主义应该具有的性质：给定 $N = n$ 的任何真值，如果我们反复从 Max 的分布中抽样和构造置信区间，我们会发现，大约95%的构造区间包

　　　　　　　　伯努利谬误：不合逻辑的统计学与现代科学的危机

含真值 n！

正如我们之前提到的，选择检验统计量的分布的哪一部分构成拒绝某个假设的尾部，意味着它隐含了对我们检验该假设时所依据的特定备择假设的承认。原则上，我们可以任意选择分布的任何部分，只要概率加起来等于显著性水平，我们就会一直保持期望的假阳性率。不同的选择自然会给出不同的假阴性率，但这完全取决于如果零假设为假，我们假设什么可能为真。

顺便说一下，贝叶斯过程处理这个问题非常快，而且不涉及任何任意尾部区域的选择问题。在给定 $N = n$ 的情况下，Max 的抽样概率与前式相同。我们关心的是单一观测 $Max = 313$ 如何影响我们对 N 的概率分配。备择假设就是对所有 n 值假设 $N = n$。假设先验概率分布为 [1，1000] 上的一个均匀分布并计算后验概率，给定观测到的最大值 $Max = 313$，得到如图 5.8 所示的分布。

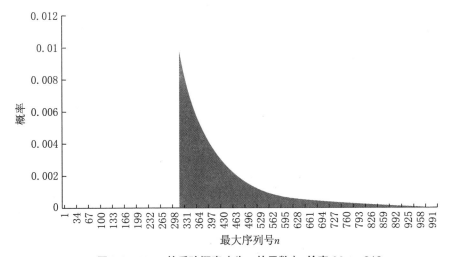

图 5.8 $N = n$ 的后验概率（为 n 的函数），给定 $Max = 313$

对于与数据不一致的所有值（即 $n < 313$），其概率都为 0，从该点开始，它们像 n^{-4} 一样下降，正如数据概率表明的那样。从这里，我们可以很容易地得出其他数值结论。例如，令人惊讶地，我们可以说最可能的值等于观测到的最大值，这意味着我们收集到了生产的最后一辆坦克的部件。这也是对于这个问题的费雪最大似然估计量；和之前一样，如果先验分布是均匀的，它有最大的后验概率。先前给出的频率主义者估计的 390.25 大约是我们的中值。我们

可以说，有 50% 的把握认为坦克数量少于 390 辆，有 75% 的把握认为坦克数量少于 481 辆，以此类推。

如果我们收集了更多的零件，下降的幅度会更大，代表着更大的确定性。给定我们的观察，这个分布代表了我们对坦克数量知识的完整状态（从一个完全无知的状态开始），从中我们可以作出各种军事决策。

独立性检验：我们的数据有什么方向？

有时候，尾部区域的正确选择甚至更不明确了。对列联表中一对变量之间独立性的检验（有多少观测值同时具有这两种特征）是统计推断的一个基本例子。例如，我们对美国选民的家庭收入和政党感兴趣。我们可以对一些人进行抽样，并根据收入（高或低）和党派关系（民主党或共和党）将他们分组。然后，我们的列联表记录了观察到的四种可能组合中的每一种的数量。例如，我们可能有一个 2×2 的表格（见表 5.1），共有 25 名受访者。

表 5.1　关于收入和政党的调查数据示例

	民主党	共和党	总　计
高收入	2	9	11
低收入	10	4	14
总　计	12	13	25

我们的假设似乎从数据处获得了很好的支持，即这两个因素并不是独立的，这意味着两个收入阶层中的人在总人口中的比例在两党之间是不同的。所以要以正统的方式得出这个结论，我们必须拒绝零假设"它们是独立的"。这意味着要想象比表 5.1 更极端的不同的 2×2 表。但怎样做呢？

在这里我们要用的检验方法是费雪精确检验。[39]费雪在 20 世纪 20 年代为他著名的"女士品茶"实验设计了这个检验。他的研究对象是洛桑实验站一位名叫穆丽尔·布里斯托尔的研究员，她声称自己能够分辨出牛奶是在倒茶之前还是倒茶之后加进去的。费雪不相信有人能分辨出其中的区别，于是他给她沏了八杯茶，每组四杯，并让她确认先倒牛奶再倒茶的那四杯。穆丽尔正确地品出了它们。

　　伯努利谬误：不合逻辑的统计学与现代科学的危机

假设：（1）两个特征是独立的；（2）行和列总数是固定的。费雪推导出的公式使检验变得"精确"，它给出了观察这个特定表的确切概率。在我们的例子中，费雪公式给出的概率约为 0.0106，但是这个公式并没有告诉我们更极端的表是什么样的。也许，受这张表所显示的"方向"的启发，民主党人比共和党人更有可能属于低收入阶层，我们可能会提出两个可能的备择表（见表 5.2 和表 5.3）。

表 5.2　与数据同向更极端的表：1

	民主党	共和党	总　计
高收入	1	10	11
低收入	11	3	14
总　计	12	13	25

表 5.3　与数据同向更极端的表：2

	民主党	共和党	总　计
高收入	0	11	11
低收入	12	2	14
总　计	12	13	25

但是，像正常情况下一样，应该有另一个与我们的数据一样极端或更极端的分布尾部——但在另一个方向上。那个方向的尾部在哪？

我们可以考虑把民主党和共和党的数字颠倒一下（见表 5.4），或者把高收入者和低收入者的数字颠倒一下（见表 5.5）。问题是，除了答案不同之外，这两个表的行和列总数都与原始数据相同，所以它们不属于相同的可能样本集合。记住，行数和列数应该是固定的；否则，"精确"的概率就不是这样了。

表 5.4　另一个"方向"：调换民主党和共和党数据？

	民主党	共和党	总　计
高收入	9	2	11
低收入	4	10	14
总　计	13	12	25

表 5.5 另一个"方向"：调换高收入和低收入数据？

	民主党	共和党	总　计
高收入	10	4	14
低收入	2	9	11
总　计	12	13	25

我们可能会关注高收入群体中共和党和民主党的人数差异。表 5.1 的差值为 7，所以我们可以想象把它颠倒过来，找到差值为 –7 的表。这将迫使表如表 5.6 所示。这至少是一个允许的数据表，但问题是，如果我们将相同的过程应用于低收入群体，将差值从 –6 切换到 6，我们将得到一个不同的表（见表 5.7）。

表 5.6 颠倒民主党和共和党在高收入群体中的支持率

	民主党	共和党	总　计
高收入	9	2	11
低收入	3	11	14
总　计	12	13	25

表 5.7 颠倒民主党和共和党在低收入群体中的支持率

	民主党	共和党	总　计
高收入	8	3	11
低收入	4	10	14
总　计	12	13	25

那么到底是哪一个呢？

如果我们将第三个类别（一个或两个变量）包括进来，比如中等收入阶层和无政治党派，事情就真的开始失控了（见表 5.8）。

那么什么是更"极端"的表格呢？我们的数据到底有哪些方向？对于这些问题，我们有一些典型的特别策略，[40]但对于我们用来表示零假设（政党之间的收入比例是独立的）及其隐含的备择假设（它们不是独立的）的统计量必须大于一个维度这一根本原因来说，这些策略没有一个可以被证明是正确的，所以我们无法识别分布的尾部。一组变量之间的独立性是一种分组属性，需要同时考察所有的数据。

　　　　　伯努利谬误：不合逻辑的统计学与现代科学的危机

表 5.8　每个变量包含第三类的调查数据样例

	民主党	共和党	无政治党派	总　计
高收入	2	6	2	10
中收入	4	1	0	5
低收入	6	3	1	10
总　计	12	10	3	25

　　这种情况很常见——许多实验涉及收集一系列因素的分类数据，然后假设它们不是独立的——然而，标准统计方法之所以陷入争议，正是因为没有统一的正统统计学逻辑可以参考以解决争论。如果你自己做这项研究，你不可能自己推导出一种方法，而是需要相信统计学家的建议。计算上的微小差异似乎并不重要，但一个选择可能会导致结果变得显著，而另一个则不会。而且，允许这种不精确的情况发生肯定是一种双重标准。如果伯特兰德悖论问题缺少完全指定的先验概率就足以拒绝所有贝叶斯推断，那么费雪精确检验缺少完全指定的尾部区域难道不是拒绝所有显著性检验的理由吗？

　　这个问题的贝叶斯答案非常简单，即使是 3×3 的例子也一样：令（h_D，m_D，l_D）为总体中民主党成员中高、中、低收入群体的比例，令（h_R，m_R，l_R）和（h_U，m_U，l_U）分别表示共和党和无党派人士高、中、低收入群体的比例。我们可以说，观察表 5.8 中给出的值的概率与

$$h_D^2 m_D^4 l_D^6 \cdot h_R^6 m_R^1 l_R^3 \cdot h_U^2 m_U^0 l_U^1$$

成正比。

　　我们还需要假设这些未知量的先验分布；假设我们给每个三元组一个独立的均匀先验分布，表示一种我们只知道比例加起来是 1 的信息状态。将抽样概率乘以先验概率就得到了数据的路径概率——因此，未知量的后验概率分布是相对比例，一如既往。根据后验分布，原则上，我们可以问任何关于总体中不同收入比例的问题。如果问收入和所属党派是否真的是独立的，那就太傻了。这将对应于表述 $h_D = h_R = h_U$ 等，因为这些参数具有连续的概率分布，所以它们的概率都是 0。零假设通常几乎都是假的，拒绝它是琐碎和无聊的。相反，我们可能会问共和党比民主党有更大比例属于高收入阶层（答：约 97%）的概

率或民主党的低收入阶层比例大于共和党中低收入阶层的比例的概率（答：约51%），或无党派人士在高收入阶层中所占比例比共和党人所占比例更接近民主党人相应比例的概率（答：约29%），或者任何其他类似的问题。这些参数的联合概率分布代表了我们在进行观察后对它们的全面了解，所以我们可以自由地选择研究结果。

幸运的实验者：数据的哪些特征与我们的推断相关？

如果假设数据的某些特征（比如样本量）在某种程度上取决于或由偶然性决定，也会出现类似于选择性停止问题的情况。想象一下，我们正在做一项人口调查，试图确定某些社区中具有某种特征的人口比例。但由于某种原因，这与我们所关心的特质的普遍性没有任何关系，我们不能提前保证会有多少参与者。假设他们穿过一栋有两个可能出口的建筑，A门和B门，我们假设他们是独立随机选择的，但我们的实验的本质要求它在任何人离开B门时就结束。我们被迫作出的假设是，我们的样本大小本身是实验中的一个变量；在调查中我们得到 N 个对象的概率是（$1/2$）^{N}。

现在想象一下，我们费了这么大的劲来安排这些东西，然后一个奇迹发生了：前19个人从A门出去，然后第20个人从B门出去，我们预计这种情况每 2^{20} 次才会发生一次，也就是100万次中出现1次！在对他们进行采访时，我们发现20个人中有17个人具有我们所研究的特征。关于人口比例，我们能得出什么结论？我们能自信地说它是17/20吗？

考虑到任何可能的人口比例 f 并且考虑到我们的样本容量本身是可变的，我们将计算得到样本容量 N 中包括 k 个具有该特征的人和（$N-k$）个没有该特征的人的概率：

$$P\left[\text{观察到}N\text{中}k\text{人具有该特征}\right] = \left(\frac{1}{2}\right)^N \left(\begin{array}{c}N\\k\end{array}\right) f^k (1-f)^{N-k}$$

也就是说，概率是我们熟悉的二项分布，但乘以因子（$1/2$）^{N} 以首先反映样本容量为 N 的概率。

然而，（$1/2$）^{N} 的因子在频率主义框架中产生了一个问题。这实际意味着，我们必须考虑到这样一个事实，如果实验被重复了很多次，我们的数据有一半的时间是由一个单一的样本组成的，因为第一个人会穿过 B 门。所以，如果我们把样本比 k/N 作为估计的人口比例，我们看到它的抽样分布有很大的概率（总计至少 0.5）集中在点 0 和点 1，对应我们调查一个人时他没有或有这种特质的次数。这意味着对于任何零假设——假设人口比例为 50%——我们将永远无法在低于 25% 的显著性水平下识别出我们拒绝零假设的尾部区域。

由于得到各种样本——大部分是小样本——的概率，这个检验统计量的分布被证明有一个非常有趣的形状。在假设人口比例为 50% 的情况下，10000 次实验模拟的直方图产生了如图 5.9 所示的分布。对于这种分布，在哪里设置尾部拒绝域对每个人来说只是一种猜测。

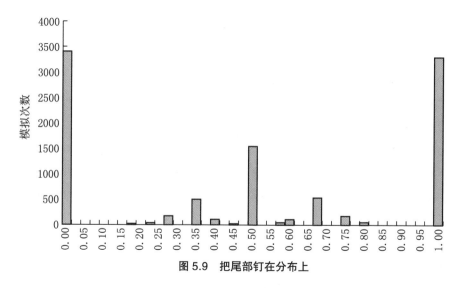

图 5.9　把尾部钉在分布上

虽然这一次我们非常幸运得到了一个相当大的样本，但这个过程需要我们考察其他时候可能会发生什么，老实说，我们必须想象我们通常不会有这么大的样本。因此，我们可能无法从我们的调查中得出任何重要的结论，我们的奇迹被浪费了。

同样，贝叶斯推断程序并不适用于这种幻觉。考察人口比例为 f 的假设 H_f，我们仍然同意使用前式计算得到该数据的概率：

$$P\left[D \mid H_f \text{ 和 } X\right] = \left(\frac{1}{2}\right)^N \binom{N}{k} f^k (1-f)^{N-k}$$

但在给每个 H_f 分配先验概率之后，我们计算出这个给定数据集的路径概率，每个 f 前面都有相同的 $(1/2)^N$ 因子。计算后验概率的相对比例会导致这个因子被抵消，因此，如果我们假设样本量为 20 是数据的固定特征，而不是变量，那么我们实际上得到了相同的后验推断。

问题的关键是：虽然这个问题中的样本大小可能是数据的一个不确定的属性——所以它有一个概率——但各种假设有相同的联系。它有相同的推断内容，所以贝叶斯推断过程导致它被抵消。贝叶斯程序自动识别出那些与推断我们所关心的事物相关的数据特征，这些特征以我们实际观察到的东西为条件，所以我们不必担心那些可能发生而没有发生的事物。

寻找丢失的旋转机器人：如果没有统计量是充分的怎么办？

像上一个例子一样，费雪知道数据中的一些与手头的推断问题无关的随机特征妨碍了显著性检验。对于所有的参数估计问题，他的一般建议是在数据中寻找所谓的充分统计量。这些统计量（也就是数据的函数）捕获所有可能影响对给定参数的推断的有用信息。回到陶瓮取石问题，我们已经指出，尽管完整的数据记录了从陶瓮中按特定顺序摸取鹅卵石的结果，但忽略除样本中白色鹅卵石的样本比之外的所有信息也是可以的。我们分配给数据的概率只取决于这个比率。这是一个充分统计量的例子；我们可以说，对于参数 F，即陶瓮中白鹅卵石的真实比例，样本比是充分的。

费雪是第一个定义充分统计量概念的人，他发现了不同类型的概率模型的例子。他和其他人能够证明充分统计量具有一些吸引人的一般性质。其中最重要的是 Rao-Blackwell 定理，该定理由卡利安普迪·拉达克里希纳·拉奥和戴维·布莱克威尔在 1945—1947 年间分别提出。该定理指出，对于给定的模型参数，从减少其抽样分布的均方误差的频率主义意义上说，任何估计量的选择都可以通过充分统计量的值来改进。因此，本质上，充分统计量，如果存在的话，是一个好的估计量的来源，甚至可以使其他估计量更好。

激励费雪的主要例子是，对于（比如）标准差 σ 已知，但均值 μ 未知的正态分布，数据的均值是 μ 的一个充分统计量。这可以从正态分布的指数函数代数中看出，因为它将独立数据概率的乘积转换为和。在某种意义上，当人们真正关心的是总体均值时，这为将数据平均的做法提供了理由。如果总体分布是正态分布（这几乎总是费雪的假设），这个样本均值包含了所有可以估计均值的数据。类似的论证也适用于总体标准差等。因此，我们可以通过一些简要的描述性统计量来代替整个数据集，这对任何科学家来说都是一种解脱。正如费雪在《研究者的统计方法》一书中所写的那样："没有人的大脑能够完整地把握任何数量可观的数字数据的意义。我们希望能够通过相对较少的量来表达大量数据中包含的所有相关信息。这是统计科学在某种程度上能够满足的纯粹实际需要。"[41]

充分统计量的另一面就是费雪所说的辅助统计量。这是数据的一个方面，就像上一个例子中的样本容量，它完全不依赖于我们关心的模型参数。充分统计量将显示与推断相关的数据的各个方面，而辅助统计量将捕获其他所有特征。有时可能会出现这样的情况：我们想要用于估计的特定统计量（比如样本内比率）实际上对于我们所关心的参数而言是不充分的，但一旦我们以辅助统计量的值为条件，它就充分了。

这就是我们上一个例子中发生的情况：在该问题中，样本内比率不是总体比率的充分统计量，因为具有相同样本内比率的两个不同数据集对于参数可能有不同的概率，这取决于样本的大小，比如样本容量为 2，其中 1 个成功、1个失败，样本容量为 20，其中 10 个成功、10 个失败。每一个都有 1/2 的样本比，但在总体频率为 1/2 的假设下，后者的可能性要小得多，因为它需要在 20个被调查对象中恰好得到 10 个具有该特征的对象。但是，如果样本容量是固定的，我们就回到了普通的陶瓷检验，样本比就是充分的。当这种情况发生时，辅助统计量被称为辅助补充量（ancillary complement）。

费雪对于前面的例子的回答是，为了进行频率主义推断，我们可以以辅助补充量的值（即样本大小）为条件，并且只考察具有这个共同值的数据。因此，我们只需要考虑其他同样幸运并得到 20 名受访者的样本，我们将能够从数据中得出强有力的结论。为什么？因为我们感觉一些与参数无关的东西并不会影响我们声称的估计参数的准确性。杰恩斯将这种对正统方法的即时修补称为"特别对策"[42]，尽管它可能让我们得出我们所希望的结论，但它不是从任何潜在的数学推理中得出的，只是因为未修补的频率主义理论给出了错误的答案。

但如果根本没有充分统计量会怎样呢？例如，如果总体不服从正态分布，而是由不同数学函数的钟形曲线分布描述——这条曲线至少从皮埃尔·费马时代就已为人所知，并被称为（标准）柯西分布、洛伦兹分布，以及"阿涅西女巫"曲线：

$$f(x) = \frac{1}{\pi \left[1 + (x - \mu)^2 \right]}$$

曲线的形状几乎与正态分布相同，但峰值略陡，尾部略肥。参数 μ 将分布的峰值左右移动，但令人烦恼的是，它不能被认为是均值，因为事实证明，柯西分布的均值是没有定义的。也就是说，无穷积分 $\int_{-\infty}^{\infty} x \cdot f(x)\, dx$ 是发散的。由于这个原因，柯西分布经常被视为一个病态的反例，在这个反例中，定理走向了死亡。

柯西分布另一个令人讨厌的特性是，费雪取样本均值得到总体参数的估计值的方法不适用于柯西分布。有趣的是，这个分布中 n 个数据点的样本均值的抽样分布与任意一个数据点的样本均值抽样分布完全相同！换句话说，通过取平均，我们什么也没有得到，除了一个样本，我们有效地抛弃其他所有样本。

那么，如何估计柯西分布的参数对频率主义学派来说是一个困难的问题。同样，以这种思维方式认识到的唯一方法是，首先选择一个估计量，即数据的一个函数，然后根据其分布在参数真值附近的集中程度来判断其质量。如果不是样本均值，我们应该选择什么估计量？费雪通过试错发现，样本中位数比样本均值更倾向于集中在参数真值附近，但没有任何证据表明这是最佳选择。一般来说，计算最大似然估计是不可能的，因为它涉及求解一个困难的 n 次多项式方程。

更重要的是，对于从柯西分布中抽样得到的数据，不存在充分统计量。写出得到 $x_1, \cdots, x_n$ 作为独立样本的概率，就像我们之前对正态分布所做的那样，得到一个不具有指数友好性质的乘积以帮助我们将其改写为 $x_1, \cdots, x_n$ 的汇总统计量。基本上我们被困住了。如果没有一个明确的估计量，并且没有充分统计量[43]来改进这个选择的估计量，频率主义的方法就会不知所措，不知下一步该做什么。

由于这些以及前文提到的其他病理特性，多年来许多统计学家完全忽略了柯西分布，或者声称它没有实际用途。例如，它被称为柯西分布的唯一原因是，在 1853 年左右，奥古斯丁·柯西与法国数学家（也是拉普拉斯的门徒）伊雷内·朱尔·别内梅发生公开争执时，把它作为一个例子，来说明当误差分布不是正态分布时，拉普拉斯最小二乘法是如何失效的。别内梅轻蔑地驳斥了这个例子："人们应该认识到，受类似的概率法则影响的工具不会被普通工匠出售。人们不知道该给一个建立它的机构起什么名字。"[44]

然而，它确实有一些用途。其实不难找到柯西分布的例子。它有一个相当简单的性质，就是作为一个均匀分布的角的正切函数的分布。[45]这意味着柯西分布可能会很自然地出现在任何与从匀速旋转的物体收集的数据有关的问题中。

例如，假设我们身处一个使用自主水下机器人进行海底地质研究的团队。在沿着海底探索一条很深的直线海沟时，我们发现它显然在那里被卡住了。该机器人在其一只手臂的末端有一个定向天线，经过编程，可以在机器人被卡住时旋转天线并发出求救信号。然而，通信系统出现故障，因此该信号只能以非常短的随机间隔发出。在大约一半的时间，天线是指向海底的；另一些时候，它朝向沿着水面的一条直线，我们在那里放置了带有传感器的浮标来检测信号。因此，我们的数据包括沿这条线不同位置放置的传感器的一些已确认触点的位置。我们想再派一辆航行器去接机器人，但情况很危险，而且如果我们选错地点开始搜索，代价会很高，我们该如何确定开始寻找的最佳地点？

事实证明，为了与给出的信息保持一致，我们应该将每个观测值分配为柯西分布。位置独立的假设将我们置于刚才考察的情况中，我们有 n 个来自柯西分布的独立样本，但是有一个未知的位置参数 μ（机器人的位置）。正统的统计学方法在这里几乎是无能为力的，因为在缺乏充分统计量的情况下，不存在典型的最优估计量选择。多年来，人们在特设的基础上尝试了各种选择。例如，1964 年的一篇论文建议使用样本中部 24%（！）的平均值作为估计量，并表明这是合理有效的。[46]

另一方面，贝叶斯推断可以很容易地处理这个问题。一如既往，我们所要做的就是为参数 μ 分配一个先验概率分布——比如在一些可能位置范围内的均匀分布——然后通过我们的贝叶斯推断处理数据概率。我们发现，即使样本大小为 $n = 20$，我们也能很快地缩小机器人所在的最可能位置范围。我们甚至可以给出一系列可能更有用的地方。

图 5.10 说明了此类推断。我们从一个以 0 为中心的柯西分布出发创建了一个 20 个点的样本，然后以 μ 服从均匀先验分布使用贝叶斯方法。这条曲线显示了 μ 的后验分布，这是我们对给定数据的机器人位置的不确定性状态，我们可以看到它相当集中在正确的 $\mu = 0$ 附近，即使数据（沿横轴显示）在 -4 到 6 的范围内变化很大。

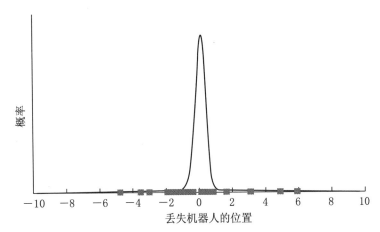

图 5.10 μ 的后验分布：在给定数据的情况下，我们对机器人位置的不确定性状态

因为频率主义者通常每次都要从零开始发明一种新方法，所以不能保证他们仅仅通过纯粹的创造力就能找到一个好的估计量。无论统计量是否充分，贝叶斯方法都是一样的。如果存在充分统计量，则该过程将自动找到它。

<h3 style="text-align:center">小领域之外的生活</h3>

我们在这些例子中故意滥用频率主义统计方法来证明一个观点。频率主义统计方法仅限于某些类型的问题，这些问题具有特定的分布假设和无强先验信息的隐含假设，因此，正统统计学家对其中任何一个例子的反应可能是，我们对此类问题应用了错误的检验。但我们已经说明的是，频率主义方法没有统一的逻辑。举个看起来很成功的例子，比如伯努利的陶瓷取石推断，试着把推断过程抽象化一点，也能让我们构造出遵循同样的思维过程但显然会得出一些糟糕结论的此类例子。那么，当一个科学家面对一个与已知的频率主义例子不完全匹配的问题时，他该怎么办呢？答案似乎总是他应该咨询专业的统计学家，

　　　　　　　　　　　伯努利谬误：不合逻辑的统计学与现代科学的危机

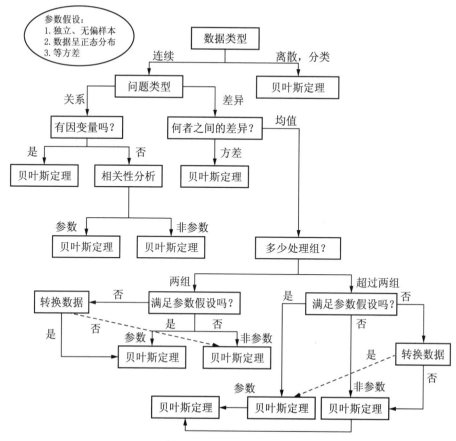

图 5.11　选择常用统计检验的流程图（贝叶斯版本）

后者可能会也可能不会在过程中为他们开发一些新方法。

　　而使用贝叶斯方法使所有的概率推断都有统一的逻辑。图 5.11 是图 5.6 的流程图的贝叶斯版本，这有点枯燥。

　　最重要的是，贝叶斯推断中的概率陈述指向正确的方向：给定一些数据，我们赋予一个假设多大的概率？这个问题对我们来说是有意义的，因为频率主义学派的那些人不允许这样，所以他们永远被仅仅基于数据抽样概率的程序所困，每次都犯伯努利谬误。实际上，我们只关心杰恩斯所说的"**后数据问题**"（postdata questions）：[47]

　　• 我们观察到了什么数据？这有多令人惊讶？

• 有什么备择假设可以更好地解释这一数据？

• 根据这些数据，我们可以得出什么合理的推断？我们的观察最能支持哪些结论？

我们不会问"如果病人没有生病，检验结果呈阳性的可能性有多大？"，而是问"如果检验结果呈阳性，病人没有生病的可能性有多大？"；不会问"如果父母没有谋杀他们，两个婴儿死亡的可能性有多大？"，而是问"如果两个婴儿死了，他们的父母有多大可能没有杀害他们？"；不会问"如果物体的重量是 1 克，测量结果是 100001 克的可能性有多大？""如果一个骰子是公平的（或被操纵的），那么掷出一系列点数的可能性有多大？""如果有 1000 辆德国坦克，我们有多大可能从最初的 313 辆中收集零件？""如果我的实验假设是正确的，我多久会观察到比我得到的数据更极端的数据？""我多久能得到这么大的样本？"；更不会问"作为一般程序，我如何将其他数据转换成对我真正关心的东西的估计？"。不，不，不。我们关心的，我们实际需要处理的，我们被迫为所有的概率设定条件的是，永远都是，我们实际需要的数据。

也许除了建议什么样的概率模型可以应用于特定的数据收集过程，以及什么样的分布可以代表不同的知识状态之外，进行贝叶斯推断不需要专业的指导。一旦确定了这些条件，推断过程就会自动进行，而且只需使用贝叶斯定理。正如杰恩斯和理查德·考克斯指出的，这是用概率表示的一致逻辑推断规则所要求的。因为频率主义方法有时会违反这些规则，它们有时难免会产生不合逻辑的结果。

特别的频率主义方法似乎在一些"小领域"中起作用，但只在非常特殊的情况下有效。有了"逻辑概率"的知识，我们甚至可以准确地知道这些情况是什么。正如我们在伯努利的例子中所展示的，当先验信息较弱（意味着它有一个大致均匀的概率分布）且抽样分布表现良好时，贝叶斯过程可以重现频率主义者的结果。只是这样做的前提是正确理解它所得出的结论以及这些结论所基于的假设。所以，用一个（贝叶斯）工具，我们可以处理这些基本的、病态的，以及任何介于两者之间的例子。

但是，科学家面临的问题实际上属于这一范围吗？难道所有的科学实际上都局限于这些表现良好的频率主义领域之一吗？正如我将在下一章中论证的那样，我们有理由相信，在各个学科中，依靠标准频率主义统计方法的大多数已发表的研究成果是无法被复制的。这表明科学世界已经偏离了正统统计学的舒适区，是时候开始使用适用于小领域以外的生活的技术了。

注释

① "Which Statistics Test Should I Use?," *Social Science Statistics*, accessed April 28, 2020, https://www.socscistatistics.com/tests/what_stats_test_wizard.aspx.

② Edwin T. Jaynes, *Probability Theory: The Logic of Science*, ed. G. Larry Brett horst (Cambridge: Cambridge University Press, 2003), 492.

③ Jaynes, *Probability Theory*, 511–514.

④ Jaynes, *Probability Theory*, 514.

⑤ Harold Jeffreys, "Probability, Statistics, and the Theory of Errors," *Proceedings of the Royal Society of London. Series A, Containing Papers of a Mathematical and Physical Character* 140, no.842 (1933): 529.

⑥ Harold Jeffreys, "On the Theory of Errors and Least Squares," *Proceedings of the Royal Society of London. Series A, Containing Papers of a Mathematical and Physical Character* 138, no.834 (1932): 48–55.

⑦ Ronald A. Fisher, "The Concepts of Inverse Probability and Fiducial Probability Referring to Unknown Parameters," *Proceedings of the Royal Society of London*. Series A, Containing Papers of a Mathematical and Physical Character 139, no.838 (1933): 343–348.

⑧ Harold Jeffreys, "Probability and Scientific Method," *Proceedings of the Royal Society of London*. Series A, Containing Papers of a Mathematical and Physical Character 146, no.856 (1934): 12.

⑨ Ronald A. Fisher, "Probability Likelihood and Quantity of Information in the Logic of Uncertain Inference," *Proceedings of the Royal Society of London. Series A, Containing Papers of a Mathematical and Physical Character* 146, no.856 (1934): 4.

⑩ Jeffreys, "Probability, Statistics, and the Theory of Errors," 532.

⑪ Fisher, "Probability Likelihood and Quantity of Information," 3.

⑫ Ronald A. Fisher, *Statistical Methods and Scientific Inference* (Edinburgh: Oliver and Boyd, 1956), 8.

⑬ Fisher, *Statistical Methods and Scientific Inference*, 25.

⑭ Ronald A. Fisher, *Statistical Methods for Research Workers*, 5th ed. Biological Monographs and Manuals No.5 (Edinburgh: Oliver and Boyd, 1932), 10–11.

⑮ Fisher, *Statistical Methods for Research Workers*, 22–23.

⑯ Sandy L. Zabell, "R. A. Fisher and Fiducial Argument," *Statistical Science* 7, no.3 (1992): 369–387.

⑰ Ronald A. Fisher, "Inverse Probability," *Mathematical Proceedings of the Cambridge Philosophical Society*, vol.26, no.4 (1930): 533.

⑱ Fisher, "Inverse Probability," 532.

⑲ 如果我们有至少两个样本，我们可以使用样本标准差，而不是 σ，并有一个更好的关键量，允许通过学生氏 t 分布进行基准推断。

⑳ M. S. Bartlett, "The Information Available in Small Samples," *Mathematical Proceedings of the Cambridge Philosophical Society* 32, no.4 (1936): 560–566.

㉑ Fisher, "The Concepts of Inverse Probability and Fiducial Probability," 348.

㉒ Ronald A. Fisher, "A Note on Fiducial Inference," *Annals of Mathematical Statistics* 10, no.4 (1939): 386.

㉓ Ronald A Fisher, *Contributions to Mathematical Statistics* (New York: Wiley, 1950), 35.173a.

㉔ Ronald A. Fisher, "Statistical Methods and Scientific Induction," *Journal of the Royal Statistical Society: Series B (Methodological)* 17, no.1 (1955): 75.

㉕ Zabell, "R. A. Fisher and Fiducial Argument," 380.

㉖ Ronald A. Fisher, *The Design of Experiments*, 6th ed. (London: Oliver and Boyd, 1951), 195–196.

㉗ Ronald A. Fisher, *The Design of Experiments*, 9th ed. (London: Oliver and Boyd, 1971), 198.

㉘ Ronald A. Fisher, "On the 'Probable Error' of a Coefficient of Correlation Deduced from a Small Sample," *Metron* 1 (1921): 25.

㉙ Fisher, *Contributions to Mathematical Statistics*, 1.2b.

㉚ Fisher, *Statistical Methods and Scientific Inference*, 1st ed. (1956), 77.

㉛ Fisher, *Statistical Methods and Scientific Inference*, 3rd ed. (1973), 35.

㉜ Leonard J. Savage, "The Foundations of Statistics Reconsidered," in *Proceedings of the Fourth Berkeley Symposium on Mathematical Statistics and Probability, Volume 1: Contributions to the Theory of Statistics* (Berkeley, CA: University of California Press, 1961), 578.

㉝ Robert J. Buehler and Alan P. Feddersen, "Note on a Conditional Property of Student's *t*," *Annals of Mathematical Statistics* 34, no.3 (1963): 1098–1100.

㉞ Savage, "Discussion," 926.

㉟ 有些人继续试图挽救费雪的基准推断思想。举例来说，参见 Teddy Seidenfeld, "R. A. Fisher's Fiducial Argument and Bayes' Theorem," *Statistical Science* 7, no.3 (1992): 358–368.

㊱ Ronald A. Fisher, "The Statistical Method in Psychical Research," *Proceedings of the Society for Psychical Research* 39 (1929): 191.

㊲ 这在技术上并不完全正确；如果样本不允许重复，这只是 MVUE。为了使公式简单，我们允许重复，但对于较大的 N，差异很小。

㊳ 尾注大小的推导：当且仅当所有 k 个样本都 $\leq m$ 时，最大值 $\leq m$，概率为 $(m/n)^k$。取 $P[Max \leq m] - P[Max \leq (m-1)]$，得到 $P[Max = m]$。

㊴ 对于更大的样本，权威的建议是使用皮尔逊卡方检验，但考虑到这里的数字，这种检验被认为是不合适的。

㊵ 提出的方法之一是根据概率对所有可能的表格进行排序，并定义尾部由所有这些表格组成，从最不可能的表格开始，一直到不可能的阈值。然而，正如我们从"故障数字秤"的例子中知道的那样，这通常不是一个好的程序，因为最不可能的数据可能性也许包括一些我们根本不会将其作为反对假设的证据的事件。不可思议的数据本身并不一定有趣。我们怎么能确定同样的现象不会在这里发生呢？

㊶ Fisher, *Statistical Methods for Research Workers*, 6–7.

㊷ Jaynes, *Probability Theory*, 253.

㊸ 从技术上讲，顺序统计量是最低限度的，这意味着我们可以忽略观察的确切顺序，但仅此而已。

㊹ Stephen M. Stigler, "Studies in the History of Probability and Statistics. XXXIII Cauchy and the Witch of Agnesi: An Historical Note on the Cauchy Distribution," *Biometrika* 61, no.2 (1974): 377.

㊺ 尾注大小的证明：均匀分布角的正切值小于任意值 x 的结果的概率由 x 的正切逆给出；求导后得到概率密度函数为柯西分布。QED。

㊻ Thomas J. Rothenberg, Franklin M. Fisher, and Christian Bernhard Tilanus, "A Note on Estimation from a Cauchy Sample," *Journal of the American Statistical Association* 59, 306 (1964): 460–463.

㊼ Jaynes, *Probability Theory*, 500.

第 6 章
复制危机 / 机遇

> 当我们达到这样一种程度，即我们的统计程序成为思维的替代而不是其辅助手段，并导致我们产生谬误，那么我们必须回到常识的基础上来。
>
> ——戴维·巴坎（1966）

由罗纳德·费雪、耶日·内曼和埃贡·皮尔逊在 20 世纪创造的统计方法一直备受争议。这些争议大多是自发产生的，是对立阵营之间对于一个从根本上已经破碎的想法在细节上的微不足道的分歧。但也有一些局外人，自频率主义统计方法出现以来，他们就一直拒绝使用这些方法。例如，20 世纪 30 年代，费雪和哈罗德·杰弗里斯之间的公开争执，几乎是在费雪的思想崭露头角的同时发生的。

对显著性检验——特别是零假设显著性检验（NHST）——的批评有着特别悠久和丰富的历史。在本章中，我们将只讲述有关其中一些批评的故事，主要是试图理解为什么它从未成功地推翻现有体制。可悲的是，这主要是关于科学界普遍存在的冷漠和惰性的故事。总的来说，几十年来，被灌输了正统统计学理论的研究人员对这些警报视而不见，因为无论它们在理论上可能是什么，这些缺陷似乎从未在实践中出现。所以只要它不过多地干扰真正的科学业务，人们就满足于跳过任何统计学上的障碍来发表它。

但这正在改变。现在科学界正在发生一些事情，可能最终会使得人们认真对待这些警告。在显著性检验占主导地位的科学领域，过去一个世纪形成的成千上万的研究结果中，大约有一半可能是非真的，其余的可能远没有之前认为的那么重要。在我们的物种和星球比以往任何时候都更需要科学的时候，这一认识才初现曙光，尽管科学在多个方面的文化和政治冲突中大放异彩。

统计学上的"显著性"被揭露为根本不是这样。统计实践的核心存在一个逻辑谬误，这一可耻的秘密可能最终会被揭露出来。科学和统计学早就应该进行清算了。

阻　力

在 20 世纪 40 年代和 50 年代正统统计学融合之后不久，频率主义方法就在医学和社会科学领域成为标准实践，一些著名的作者对此进行了批评。例如，1942 年，梅奥诊所的约瑟夫·伯克森博士在《美国统计协会杂志》（*Journal of the American Statistical Association*）上写道，显著性检验的逻辑是有缺陷的，因为它总是将不太可能的观察结果解释为反对假设的证据。他认为，只有当存在一个令人信服的备择假设时，这才有意义：

> 把已知会在某一假设中发生的事件（即使是不经常发生的）视为推翻该假设，没有逻辑依据……假设我说："白化病在人类中非常罕见，发病率只有五万分之一。因此，如果你从一群人中随机抽取 100 个样本，并在其中发现白化病患者，这群人就不是人类。"这是一个类似的论点，但如果给出这个论点，我相信理性的反驳应该是："如果该人群不是人类，那它是什么？"[①]

圣奥拉夫学院的心理学教授威廉·罗泽博姆（后来在阿尔伯塔大学任教）在 1960 年的《心理学公报》（*Psychological Bulletin*）上发表了一篇题为《零假设显著性检验的谬误》（The Fallacy of the Null-Hypothesis Significant Test）的文章。在这篇文章中，他认为显著性检验的概率是反向的，而科学推断的真正逻辑是"逆概率"：

> 简而言之，人们争论的是，科学家的任务不是规定行为而是建立理性信念，并以此为基础，从根本上不可避免地致力于明确关注逆概

率问题。给定这个结果，他想知道的是他的假设有多可信，并且只有在他能够对假设的可能性进行反向推理的情况下才对假设赋予观察到的实验结果的概率感兴趣。[②]

芝加哥大学心理学系的戴维·巴坎在 1966 年的一篇文章中指出，"每个人都知道"显著性检验的逻辑谬误和误解，但没有人会大声承认，就像"皇帝的新衣"的故事一样。然而，到那时，显著性检验已经成为行业标准。巴坎认为，人们不愿意批判性地思考统计方法的原因是，这样做会对他们的学科构成生存威胁："显著性检验与心理学研究事业的其他环节紧密地交织在一起，从而构成了整个文化科学'织锦'的关键部分。把显著性检验这一条线拉出来，似乎会使整幅'织锦'分崩离析。"[③]

心理学教授、明尼苏达科学哲学中心创始人保罗·米尔 1967 年在《科学哲学》(*Philosophy of Science*) 杂志上撰文哀叹，显著性检验当时已经成为所有研究人员几乎机械性地在做的事情，他将研究质量的整体下降归因于新的统计方法：

> 与此同时，我们的热切的研究人员，不为科学逻辑的考虑所迷惑，怡然自得地依赖于现代统计假设检验的"准确性"，已经发表了一长串论文，并被提升为正教授。就对持久的心理学知识体系的贡献而言，他几乎什么也没做。他的真实身份是一个强有力但毫无成果的知识分子浪荡子。[④]

米尔同意罗泽博姆对将贝叶斯方法作为备择方法的支持，认为"贝叶斯主义和费雪主义之间"的争论仍在继续。后来，他对费雪的批评变得更加公开敌对。1978 年，他写道："罗纳德先生（费雪）迷惑我们、催眠我们，并带领我们走向享乐之路""几乎普遍把仅仅反驳零假设作为在软领域确证实质性理论的标准方法，是一个可怕的错误，基本上是不健全的、糟糕的科学策略，这是心理学史上发生的最糟糕的事情之一"。[⑤]

1972 年，雷丁大学的社会学家斯坦尼斯拉夫·安德烈斯基写了一本名为《作为巫术的社会科学》(*Social Sciences as Sorcery*) 的书。在对整个社会科学的更广泛批评中，他特别关注了定量方法的兴起。他声称，它们的流行是因为社会科学家对其学科的软弱性感到不安全，尤其是与自然科学相比，他们需要以一种似乎客观的方式来证明自己的结论。他说，这种效应要么是一种"定量伪装"，掩盖了有缺陷的推断，要么是为显而易见的结论提供不必要的定量支持：

> 在几乎所有的例子中，就像"大山生下了小老鼠"一样，当费力浏览完一大堆表格和公式后，我们会得出一个普遍的发现（当然是以一种尽可能深奥的方式表达出来的）：人们喜欢成为受关注的中心，或者他们会受到与其交往的人的影响……我非常相信这一点，因为在我还是个孩子的时候，我祖母多次告诉我这一点。⑥

因此，在最初的几十年里，对正统统计学方法的反对主要是意识形态上的，主要基于理论实例和逻辑批评。到了 20 世纪 70 年代和 80 年代，一些人尝试在实践中推翻这些方法。《人格与社会心理学杂志》(*Journal of Personality and Social Psychology*) 的编辑托尼·格林沃尔德曾试图改变该杂志报告统计数据的标准，但收效甚微。约翰·坎贝尔在担任《应用心理学杂志》(*Journal of Applied Psychology*) 编辑时发表公开评论，其中指出，NHST (又称 p 值检验) 在当时已经根深蒂固，无法被移除：

> 要让作者脱离对 p 值的依赖几乎是不可能的，小数点后的 0 越多，人们就越是执着于它们……也许 p 值就像蚊子。它们在某个地方有一个进化的生态位，再多的抓挠、拍打或喷洒都无法将它们赶走。虽然可能有必要对一项研究结果的抽样误差进行解释，但调查者必须学会在不参考推断统计数据的情况下为他们结果的显著性进行论证。⑦

1986 年，《美国公共卫生杂志》(*American Journal of Public Health*) 的编辑肯尼斯·罗斯曼曾短暂禁止将 p 值作为提交材料的依据，但在他两年后辞职时，这一禁令被解除。1994 年，美国心理学家、统计学家雅各布·科恩在《美国心理学家》(*American Psychology*) 杂志上发表了一篇尖锐的批评 NHST 的文章，题为《地球是圆的 ($p < 0.05$)》[The Earth is Round ($p < 0.05$)]。（他

说，他拒绝称这种方法为统计假设推断检验，因为这会赋予它一个更合适的首字母缩略词。）再一次，他的主要理论观点是显著性检验的逻辑使概率被倒推：

> NHST 有什么问题？嗯，在许多事情中，它并没有告诉我们，我们想知道的东西，而我们是如此想知道我们想知道的东西，因此，出于绝望，我们仍然相信它可以做到！我们想知道的是"给定这些数据，H_0 为真的概率是多少？"。但正如我们大多数人所知道的，它告诉我们的是"假设 H_0 为真，这些（或更极端的）数据的概率是多少？"。这俩不是一码事。[⑧]

科恩详细阐述了为什么 NHST 对类似于概率版的归谬法的隐含诉求在逻辑上不成立（正如我们在第 2 章看到的）。鲁玛·福尔克和查尔斯·格林鲍姆称之为"通过矛盾证明概率的幻觉"或"实现不可能的幻觉"[⑨]，佩尔西·戴康尼斯和戴维·弗里德曼称之为"转置条件的谬误"[⑩]，格尔德·吉仁泽称之为"贝叶斯信息扭曲*的一厢情愿的想法"[⑪]。在 2012 年回顾这场辩论的历史时，查尔斯·兰丁引用了 1919—2007 年间大约 48 篇批评显著性检验的文献，其中包括两篇被认为是针对费雪的文献。[⑫]

那么，为什么批评人士没有更成功地摒弃这些方法呢？安德烈斯基的观点至少给出了一部分答案：统计方法给了"软"科学的研究人员一种客观性的感觉，这是他们迫切希望的可以为其工作提供定量合法性的一种方式。正如我们在第 3 章看到的，自阿道夫·凯特勒的"社会物理学"时代以来，这一学科就已经感受到这种需求，并且这种需求在 19 世纪和 20 世纪统计学发展过程中都是关键动力。客观性是频率主义所承诺的，它在社会科学领域找到了饥渴的消费者。

正统统计学也从这些学科在研究实践和教学之间的强大反馈回路中受益匪浅。正如霍利奥克山学院数学和统计学名誉教授乔治·科布所说："问：为什么这么多大学和研究生院教授 $p = 0.05$？答：因为科学界和期刊编辑仍然在使用 $p = 0.05$。问：为什么这么多人仍然使用 $p = 0.05$？答：因为大学或研究生

---

* 原文为 Id，即指信息扭曲（information）。——译者注

院里就是这样教授的。"[13]同样的观点也适用于所有频率主义的统计方法。标准方法之所以是标准方法，是因为它们就是标准方法。（人们可能会想象，社会学家会被训练来准确地识别这类现象——但可能不在他们自己的范围内。）

权威的声音加强了反馈回路。显著性检验曾被著名的数学大师，如费雪、内曼和皮尔逊们（卡尔和埃贡）所认可，那么谁是质疑他们的心理学家、社会学家、政治学家、人类学家，或任何其他没有受过数学训练的人呢？这些研究人员从这些权威那里得到的令人放心的建议是，为了避免犯下误解 p 值的错误，唯一要做的就是不要误解它们！只要人们有纪律地不断提醒自己，他们实际上并不是在计算零假设的概率，而只是遵循一个基于显著性的程序接受或拒绝它，这样他们就可以放心，不会犯任何逻辑谬误。不要介意整个程序一开始就是建立在一个谬误之上的事实。

但另一个关键因素肯定是推断方法似乎有效。正如我们在上一章雅各布·伯努利的陶瓷比例检验推断中所看到的，正统的显著性检验方法有时似乎给出了"感觉正确"的相当合理的答案。当然，我们现在知道它们感觉正确的原因是它们与贝叶斯方法一致，给出了微弱的先验信息，但这需要很长时间才能被完全理解。因此，即使这种逻辑在某种抽象的方面似乎有缺陷，但对于简单的例子来说，它似乎并不重要，因为结论无论如何都是合理的。

在 2001 年发表于《统计规划与统计推断杂志》(*Journal of Statistical Planning and Inference*) 的一篇题为《为什么临床医生应该关注贝叶斯方法》的文章中，阿斯顿大学的罗伯特·马修斯认为，NHST 成为临床和流行病学研究的精确标准，正是因为多年来它被所有对 NHST 的批评强化了，而继续使用它的研究人员却没有遇到可怕的后果。为了证明放弃显著性检验和投资学习全新的贝叶斯技术是合理的，他说，人们继续像以前那样做需要足够大的成本，但这样的麻烦是值得的。他写道："如果标准的推断方法是如此可怕，为什么整个科学事业没有在我们耳边崩塌？"[14]（在他的辩护中，他接着根据成本效益分析的"效益"方面为贝叶斯方法提供了有力的证据。）

想象一下一位受过正统统计学教育的实用主义科学家所面临的情况，他对跟踪数理逻辑问题的内讧不感兴趣。当听到有人争论并且一方声称过去几十年里所有的统计学研究都是反向进行的时候，可以理解科学家可能会问："那么，所有那些糟糕的统计推断的灾难性影响在哪里？"如果他们职业生涯的"看门

伯努利谬误：不合逻辑的统计学与现代科学的危机

人"都坚持使用这些似乎有效的正统技术，那么科学家又怎么会关心一些深奥的数学逻辑问题呢？不难看出，科学家如何将正统统计学的批评者视为警告所有人天要塌了的"四眼天鸡"[*]，而学术界的大部分科学家精明地忽略了这些警报，并继续使用已被证明有效的方法。

天要塌了（$p < 0.05$）

随着 21 世纪初至 21 世纪头十年中期科学研究的变化，显著性检验的理论问题开始变得非常实用。一方面，研究人员可用的数据量呈爆炸式增长。快速增长的数字存储容量以及共享数据或在线进行研究的能力使全新类型的数据分析成为可能。在那段时间，大数据、数据挖掘和机器学习成了家喻户晓的流行词。约翰·霍普金斯大学生物统计学教授罗杰·彭通过比较斯坦利·米尔格拉姆 1967 年的六度分隔实验与其现代等效实验，总结了研究数据的可用性发生了多大的变化：

> 1967 年，斯坦利·米尔格拉姆做了一个实验以确定美国两个人之间的分隔度。在他的实验中，他向内布拉斯加州的奥马哈和堪萨斯州的威奇托寄去了 296 封信，目标是把信寄给马萨诸塞州波士顿的某个特定的人。他的实验引入了"六度分隔"的概念。2007 年的一项研究将这个数字更新为"七度分隔"——但最新的研究基于在 30 天内收集的 300 亿个即时通讯对话。[⑮]

在这十年中，从金融到市场营销、精算学、通信、医疗保健、药理学等不同行业，试图在大量的数据集中找到有用的相关性的分析性研究突然兴起，特别是在医学领域。2003 年人类基因组计划的完成为研究人员提供了一个广阔的新领域，在这个领域中，他们可以探索数百万个基因组对任何数量的疾病或其他疾病的潜在影响。

也就是在那个时候，这些研究人员开始注意到他们复制结果的能力存在问

---

[*] 《四眼天鸡》讲述了一只年轻勇敢、富于幻想和冒险精神的小鸡，在某一天被一颗橡果意外砸中，由此立刻推断家乡将迎来一场浩劫并决定靠自己来拯救地球的故事。——译者注

题。2003 年发表在《柳叶刀》(*Lancet*) 上的一篇调查文章中，海伦·科尔霍恩、保罗·麦凯格和乔治·戴维·史密斯发现了一个日益严重的问题，"即许多结果无法被复制，这就导致人们越来越怀疑简单关联研究设计在检测造成共同复杂性状的遗传变异方面的价值"。他们认为，尽管新的后基因组时代给他们带来了许多优势，但要探索的可能关系以及进行探索的人数的爆炸性增长导致了许多虚假关联被偶然发现：

> 我们认为，未能排除偶然性是复制复杂疾病基因关联报告的困难的最可能解释。对于大多数我们感兴趣的疾病而言，数百个已知基因是可能的候选基因，在大多数这些基因中，数十个多态性是已知的或者可以通过基因筛查被轻松识别。世界各地的科学家每周都会对数千种这样的多态性进行疾病关联检验。即使这些基因型都与结果无关，我们也可以预计，许多在 5% 或更低水平上显著相关的关联往往只是偶然发生的。[16]

然而，第一个真正令人震惊的事件发生在 2005 年，当时斯坦福大学医学院及其统计学系的教授约翰·约安尼迪斯将复制问题归咎于正统的统计学方法，主要是 NHST。在一篇名为《为什么大多数已发表的研究结果都是错误的》(Why Most Published Research Findings Are False) 的文章中，他用一个简单的贝叶斯论证证明，如果一种关系，如基因与疾病发生之间的关联，其先验概率较低，那么即使它通过了统计显著性检验，其后验概率也可能较低。[17]

例如，他考虑对精神分裂症的基因关联进行检验。关于这种疾病遗传性的先验经验可能表明，在 10 万种可能的基因变异中，大约有 10 种可能确实在一定程度上与精神分裂症有关。因此，分配给任何一个可能理论的先验概率应该是 10/100000，或 0.0001。一个典型的检验将使用 5% 的显著性水平，对于这种规模的效应，可能有 60% 的功效来发现结果，这意味着即使效应是真的，也只有 60% 的几率获得显著的结果。将这些数字放入推断表的结果如表 6.1 所示。这种效应的后验概率约为 0.12%，这意味着即使表 6.1 对一个不太可能的遗传关联的推断给出了统计上显著的结果，也有 99.88% 的概率表明这种关联是不真实的。

伯努利谬误：不合逻辑的统计学与现代科学的危机

表 6.1　给定一个有统计显著性的结果，对不太可能的基因关联的推断

假设 H	先验概率 P[H|X]	抽样概率 P[D|H且X]	路径概率 P[H|X]P[D|H且X]	相对比例 P[H|D且X]
无实际效应： 零假设	0.9999	0.05	0.049995	0.9988
有实际效应	0.0001	0.6	0.00006	0.0012

一般来说，假设任何理论的先验概率为 p，并将假设的假阳性率（α）和假设的假阴性率（β）放在一个推断表中，我们将得到如表 6.2 所示的结果。观察结果 D 表示"观察到的效应具有统计显著性"。

表 6.2　给定有统计显著性的结果，一般推断

假设 H	先验概率 P[H|X]	抽样概率 P[D|H且X]	路径概率 P[H|X]P[D|H且X]
无实际效应： 零假设	$1-p$	α：假阳性	$(1-p)\alpha$
有实际效应	p	$1-\beta$：避免假阴性	$p(1-\beta)$

因此，如果第二个路径的可能性小于第一个，那么通过显著性检验的效应的真实概率将小于 50%。就表 6.2 中的数量而言，如果

$$p(1-p) < \alpha(1-\beta)$$

这就会发生。

因为在大多数显著性检验中，α 通常被认为是 5% 以及一个典型的检验可能有 50% 左右的假阴性率，如果真对假的失验比例低于 10%，这意味着大多数已发表的研究结果将是假的。鉴于在这项"高通量发现导向的研究"中研究了大量可能的影响，约安尼迪斯说，任何给定理论的先验概率都会远远低于这个阈值，这是常态。他进一步表明，由选择性报告或研究人员利益冲突导致的偏差的影响会使这种低后验概率变得更低。

因此，大多数已发表的研究结果都是假的。

或者都是真的？

第三类错误：CRUD 因素

在对基因关联研究的分析中，约安尼迪斯本质上认为，我们应该预料到第一类错误发生的百分比很高，该错误是指拒绝一个零假设（没有影响），即使它为真。他的计算结果显示，第一类错误率（也就是在零假设成立的情况下得到统计显著性结果的概率）与已发表结果中属于第一类错误的真实百分比之间存在明显差异。用符号表示是 $P[显著性|H_0]$ 与 $P[H_0|显著性]$ 的区别。后者反映了给定数据下的零假设的概率，这需要进行贝叶斯分析，包括借助假设的先验概率来理解。这与某种疾病的检测结果呈阳性的健康患者的百分比和检测结果呈阳性但实际上是健康患者的百分比之间的差别是一样的。为了计算真正想要的概率，我们需要包括基础概率，即先验概率。

约安尼迪斯通过考察一种理想化的情况进行了示例计算，在这种情况下，人们可以研究的所有可能的基因关联都被分成两类：一类是真实的关联，对疾病的发病率有一定程度的影响，另一类不是真实的关联，其影响为 0。这使得推断类似于我们的忽视基础概率问题，在忽视基础概率问题中，患病等条件要么存在要么不存在。

然而，对于许多类型的问题，有更多的可能性。在任何两个变量之间，可能会有微小的关联，它们仍然是真实的，但在任何层面上都没有实际意义。例如，用费雪的方法来思考一个关于总体的推断，如果考虑到整个总体，任何给定的一对变量之间都不太可能有精确的 0 关联。[18] 比如，在上一章的例子中，我们研究了政治党派和家庭收入之间的关系，我们有兴趣拒绝零假设，即拒绝认为这些变量是独立的，也就是说，不同收入阶层的人口比例并不会因他们的政治立场而改变。如果我们能够调查每个人，我们几乎肯定会发现比例是不完全相等的，因为任何收入阶层中哪怕有一个人有差距都会破坏这个等式。由于这类调查问题中唯一的随机性来自抽样过程，我们可以近乎肯定地说，如果我们的样本容量足够大，我们会发现一些统计上显著的效应，我们拒绝零假设是正确的！

伯克森早在 1938 年就提出了这个问题的理论。他说，这对统计学家来说应该是真正的麻烦，因为这意味着基于样本拒绝零假设在原则上是没有意义的："我想，统计学家会同意，大样本总是比小样本好。那么，如果我们事先

伯努利谬误：不合逻辑的统计学与现代科学的危机

知道从大样本中得出的 p 值，那么在小样本中这样做似乎是没有用的。但是，由于前一次检验的结果是已知的，所以这根本就不是检验。"[19] 换句话说，如果在理想情况下，我们能够接触到整个总体，收集数据样本的目的是引导我们得出结论。但在不做任何研究的情况下，我们从一开始就知道某些类型的零假设在被应用到整个总体时几乎肯定是错误的。那么取样的意义是什么呢？

1966 年，巴坎描述了同样的现象，并通过对从 6 万人中收集的数据进行统计检验，从实证上证明了这一点。他表明，无论他如何划分他的受试者——密西西比河以东与以西、北部与南部、缅因州与美国其他地区等——这两组受试者之间的差异检验结果总是非常显著，p 值很小。1968 年，明尼苏达大学的戴维·莱肯将此称为"环境噪音水平（即很弱，可以忽略不计）的相关性"。[20]他和米尔通过对 57000 份由明尼苏达州高中生填写的问卷进行分析来证明这一点。这项调查的内容包括学生的家庭、休闲活动、对学校的态度、课外组织等。他们发现，在 105 个可能的变量交叉表格中，每一个单独的关联都具有统计显著性，其中 101 个（96%）的 p 值小于 0.000001。例如，出生顺序（老大、老幺、老二、独生子女）与宗教观点、家庭对大学的态度、对烹饪的兴趣、参加农场青年俱乐部的资格、离开学校后的职业计划等都有显著关联。米尔称之为"CRUD 因素"，意思是"在心理学和社会学中，一切事物都相互关联"。[21]

但正如米尔所强调的，这些结果并非纯粹是偶然获得的："我重申，这些关系不是第一类错误。它们是关于世界的事实，当 $N = 57000$ 时，它们相当稳定。有些从理论上很容易解释，有些比较难，有些则完全让人困惑。'简单'的问题有时会有相互矛盾的多种解释，但通常不会。从一个（罐子）中提取理论，然后异想天开地将它们与变量对联系起来，将产生一批令人印象深刻的反驳 H_0 的'证据'。"[22] 也就是说，根据标准实践，这 105 项发现中的任何一项都可以被包装成一种理论，并发表在期刊上。

随着更容易收集到更大的样本，人们可以预期这类小效应的结果越来越多。例如，2013 年一项针对 1.9 万多名参与者的研究表明，与面对面认识的人相比，在网上认识配偶的人报告的婚姻满意度往往更高，其 p 值很小，仅为 0.001。这听起来像是一个令人印象深刻的、非常热门的结果，直到你看到观察到的差异非常小：在这个 7 分制框架下，平均"幸福得分"为 5.64 对 5.48，相对提升不到 3%。[23]

样本量和统计显著性之间的关系在早期是一个经常被混淆和批评的问题，直到今天也是如此。巴坎描述了 20 世纪 60 年代的期刊编辑在判断研究论文的质量时经常混淆的情况：

> 作者知道一些非常著名的心理学期刊的编辑以没有足够的观察为由，拒绝了 p 值和 n 值较小的论文，这清楚地表明，相同的思维模式在这些期刊中发挥作用。事实上，用一个小的 n 来拒绝零假设表明总体与零假设有很大的偏差，显著性检验的数学过程已经考虑到小样本的情况。增加 n 会增加拒绝零假设的概率；在这些因样本小而被拒绝的研究中，这项任务已经完成。当然，从某种意义上说，这些编辑是这个行业的终极"教师"，他们一直在教授一些明显错误的东西！[24]

也就是说，低 p 值似乎是件好事，而大样本容量也似乎是件好事，所以非常重要的是，结果应该包含这两种情况。但这必然意味着，声称的效应规模可能很小，因为如果不是这样，它就不需要在给定的显著性水平上用这么大的样本来发现它。因此，无论统计分析最初打算支持什么理论，都可能毫无意义。

如果可发表的研究的把关人只关心那些拒绝零假设、具有高功效、低假阳性率的研究，那么使研究得以发表的一个简单程序就是总是拒绝零假设！因为零假设总是假的，你可以声称你永远不会犯第一类错误（拒绝零假设，即使它是真的），而且你因为总是拒绝零假设，也不会有犯第二类错误（接受零假设，即使它是假的）的机会。

所有这些困惑都强调了一点，即如果没有可供检验的备择假设，假设检验是毫无意义的。当假设某一总体相关性正好为 0 或某一总体比例正好为 1/2，用它的简单否定（即相关性不是 0 或比例不是 1/2）来检验该假设时，如果数据量足够大，零假设总是会失败。但这并不奇怪，因为这些假设的先验概率基本上都是 0。相反，我们需要给零假设一个战斗的机会，通过陈述使它们的先验概率不为 0，或者更好的是，在一个连续统上处理假设，并分配先验和后验概率分布。

然而，真正的问题是，仅仅是结果具有统计显著性这一事实，根本不包含关于效应大小的内容。有了足够大的样本量，任何微小的效应（几乎总有一些）都是可以被检测到的，但这不能被视为对任何解释该效应存在的理论的验证。正如心理学家埃德温·博林在1919年首次阐明的，[25] 这是一个科学假设，但它绝不仅仅是一个统计假设，即总体中的两个统计数据彼此不同，两个变量相互关联，一种处理有一些非零效应，同时它也试图解释原因、程度，以及重要性。忘记这一点是斯蒂芬·齐利亚克和戴尔德丽·麦克洛斯基在《统计显著性崇拜》(*The Cult of Statistical Significance*，2008) 中所说的第三类错误。正如他们所说，"统计显著性并不是一项科学检验。这是一个哲学的、定性的检验。它没有问程度，而是问'是否'。是否存在等问题，确实有意思。但这并不科学"。[26]

此外，统计显著性最多只能解决一种可能困扰实验的误差，即抽样误差。在大样本实验中出现的奇怪的相关性表明，其他类型的系统误差，如选择性偏差或混杂变量的存在，也经常在起作用。理解和控制这些因素需要更仔细的思考，而不仅仅像在机械过程中转动手柄那样肤浅。

因此，大约从1930年至今，仅根据统计显著性来判断研究成果是否有发表价值的普遍做法，造成了两种不良科学研究被收录进文献的可能性。一个是简单的第一类错误，尽管不存在真正的影响，但通过侥幸成功的随机抽样，获得的数据通过了一个显著性阈值；根据约安尼迪斯的可怕预测，当研究人员筛选许多可能的关联，直到找到一个有效的关联时，这种情况可能会更常见。另一种可能性是第三类错误，即效应在统计学意义上为真，但实际上并不支持它应该支持的科学理论——也许是因为样本太大，程序发现了一个几乎没有科学价值的微小效应。可能是另一个因素，即研究人员没有想到的特定实验，可以在某种程度上解释这一发现，使其对其他人没有实际用途。1966年，在明尼苏达州的高中里，当被问及某一特定问题时，兄弟姐妹对大学的感觉可能真的不同，但只有当研究结果适用于某一特定的时间和地点之外时，它才有科学意义。

一种找出这两类错误的方法是看检验结果是否可复制，这种方法在21世纪头十年中期开始变得更加流行。如果某项研究声称的效应是真实的，即实际达到了该研究声称的程度，而不仅仅是在偶然达到显著性阈值之前尝试假设的结果，那么高强度的重复实验可能会再次发现它。如果一个小的影响实际上支持某些科学理论，而不仅仅是特定总体的结果，或是研究人员未能解释的某些无法解释的系统性偏差的产物，那么其他人在其他地方对其他实验对象进行的研究也可能会发现它。

长期以来，复制一直是科学真理的基石，也是科学方法的一个组成部分。所以问题的本质是，所有这些新的统计结果是科学还是只是噪音？

2005年，约安尼迪斯回顾了在1990年到2003年间进行的49项医学研究，其中45项研究声称一种疗法是有效的。总的来说，这些研究在研究文献中被引用超过1000次。他发现45项研究中有7项（16%）被后续研究反驳，这意味着没有发现显著的效应；另外7项研究声称比后续研究发现的效应更强；其中20项（44%）基本上被复制；其余的基本上没有受到挑战。[27]这是一些令人不安的证据，但问题仍然可能局限于这类研究，正如他所预测的那样，这些研究的特点是有许多可能的关联需要考虑。

色情图像和超感官知觉

然而，2011年发生的一件事让科学家大开眼界，认识到复制问题可能比一些古老的医学研究更大、更接近现实。当年1月，社会心理学家、康奈尔大学名誉教授达里尔·贝姆在著名的《人格与社会心理学杂志》上发表了一项研究，声称证明了超感知能力的存在。这篇题为"感受未来：认知和情感异常追溯影响的实验证据"的论文，包含了对9个不同实验结果的统计分析，这些实验在10年的时间里进行，参与者超过1000名，都是大学生。[28]

这些实验都涉及某种类型的预知，其中最著名的是一个测试。在这个测试中，受试者试图提前猜测一个图像将在电脑屏幕上出现的位置，要么在左边，要么在右边，真实的位置是随机选择的。根据"效价和唤醒"（valence and arousal）的等级，这些图像被归为不同的类别，包括一些中性图像和一些色情图像。在一项对50名女学生和50名男学生进行的大量研究中，贝姆发现，他们猜测色情图片位置的总体成功率为53.1%，与概率相差很大，p值为0.01。非色情图片的成功率与偶然的几率并无区别。因此，贝姆得出结论，让人兴奋的图像刺激了参与者预测其位置的能力，可能是"预见性机会的须知能力"的进化适应。[29]

贝姆对其选择随机数生成器（RNG）的方法部分的描述，以及这对得出参与者是通灵者（clairvoyant）或仅仅受念力（psychokinetic）驱动的结论的影响，使这篇论文值得一读：

> 例如，在刚刚报告的实验中，对于参与者的左右反应和电脑中色情目标图片的左右位置之间的显著对应关系，有几种可能的解释：
>
> （1）预见性或追溯性影响：参与者实际上是在获取尚未确定的未来信息，这意味着因果箭头的方向已经颠倒。
>
> （2）通灵／遥视：参与者正在实时访问已经确定的信息，这些信息被存储在计算机中。
>
> （3）心灵念力：参与者实际上在影响目标的 RNG 位置。
>
> （4）人为相关性：RNG 的输出没有充分随机化，它包含与参与者的反应偏差偶然匹配的模式。这使得参与者的猜测和计算机对目标图片的放置之间产生了虚假关联。[30]

超心理学和统计学之间的关系可以追溯到很久以前。在第 2 章中，我们遇到了塞缪尔·索尔，他是 20 世纪 30 年代和 40 年代第一个尝试使用统计新技术来评估超自然现象的人。费雪自己在 1929 年写了一篇题为《心理研究中的统计方法》（The Statistical Method in Psychical Research）的短文，在其中，他对当时正在进行的扑克牌实验的讨论进行了评论；他的建议是，任何统计上显著高于几率的偏差都可以作为超感官知觉的证据（犯同样的误解统计显著性的错误，这个问题将困扰一代又一代的研究人员）。[31]

到了 20 世纪 70 年代末 80 年代初，超心理学变得非常流行，此类实验的数量大幅增加，但是该领域正遭受着自身的复制危机。孤立的实验似乎证明了超感官知觉现象，但证据似乎从未经得起审查，也从未在反复试验中显现出来。在 1983 年圣安东尼奥的精神病基金会召开的关于超心理学可重复性问题的会议上，社团成员讨论了使他们的研究结果更有说服力的研究策略，包括对更多的受试者进行研究，并通过元分析进行综合研究。在这些方法论策略中，他们还强调与学术界的怀疑论者接触，将后者作为潜在的合作者，为他们发现的任何积极结果增加合法性。

贝姆的故事与索尔的故事表面上有一些相似之处。和索尔一样，贝姆拥有无可挑剔的学历，在麻省理工学院获得物理学研究生学位后，又获得了密歇根大学的社会心理学博士学位。在 1978 年成为康奈尔大学的教授之前，贝姆曾在卡内基·梅隆大学、斯坦福大学和哈佛大学任职。和索尔一样，他最早接触到超心理学是为了揭穿关于超感官知觉能力的说法。贝姆有舞台魔术师的经验，喜欢偶尔为他的学生表演一些心灵魔术，以此来告诉他们观察是多么容易被愚弄。[32]由于贝姆的学术背景和他揭穿骗子的经验，自认为是严肃科学家的超心理学家向他抛出了橄榄枝。

新泽西州普林斯顿福雷斯特尔研究中心（Forrestal Research Center）的心理物理研究实验室主任查尔斯·霍诺顿联系了贝姆。霍诺顿是一名超感官知觉研究员，其专长是所谓的甘兹菲尔德实验（德语"全域"的意思）。在这些实验中，受试者，也就是接受者，被置于一种感官剥夺的状态——躺在光线昏暗的房间里一张舒适的椅子上，蒙着眼睛，戴着播放白噪音的耳机——而发送者试图通过心灵感应将随机选择的图像传送给他们。霍诺顿的理论是，剥夺一个人的其他感官刺激会增强他们的超感官知觉能力，即超能力（psi）。他声称有实验证据表明，这种能力与偶然性有显著的偏差。

1983 年，贝姆回顾了霍诺顿的实验，令他吃惊的是，他发现一切似乎都是正确的。他无法用任何传统的解释来反驳这些证据，所以他成了超感官知觉的信徒。他有一段打破传统观念的过去，不怕接受传统的心理学教条。根据霍诺顿的研究结果，他曾经对有关超自然现象的研究持怀疑态度，这种态度有可能被转变为对反超心理学的传统智慧的怀疑态度。

两人在 1994 年合著了一篇题为《超能力存在吗？信息传递异常过程的可复制证据》（Does Psi Exist? Replicable Evidence for an Anomalous Process of Information Transfer）的论文，并将它发表在《心理学公报》上。[33]这篇论文之所以能在超心理学界脱颖而出，是因为它读起来并不像典型的伪科学。它首先非常谨慎地承认任何此类研究可能会面临的学科阻力，以及学术心理学家对于无法解释的现象普遍持有的合理保守主义态度。接下来是对所有标准统计学概念的讨论：显著性、统计功效、效应大小、置信区间、多重比较、约安尼迪斯在医学研究中所描述的选择性报告偏差，以及为什么他们正在研究的小规模效应需要更大的样本量和元分析。

他们还检查了之前的超能力研究中的缺陷，并提出了效应的备择假设，包括感知泄漏（sensory leakage），即在两人可能都不知道的情况下，实验者不经意地将信息传递给受试者。他们通过分析得出，甘兹菲尔德实验（或者称为自动甘兹菲尔德实验，即传输的图像是由计算机随机选择的）控制了所有相关变量，在 329 次实验中，受试者从 4 张为一组的图片中猜出图像，获得了 32% 的命中率，而概率预期为 25%，相关的 p 值为 0.002。也就是说，根据他们看似合理的统计方法，他们已经观察到相当大的偏差，并在非常低的显著性水平上拒绝了零假设。

贝姆并不是提出这种主张的唯一一个拥有合法学术背景的人。例如，后来成为美国统计协会主席的加州大学戴维斯分校（现在加州大学欧文分校任教）统计学教授杰西卡·厄茨对当时的已有研究进行了类似的调查，并得出结论：有确凿证据证明超能力的存在。她的论文《超心理学的复制和元分析》（Replication and Meta-Analysis in Parpsychology）发表在《统计科学》杂志上，[34] 其中还对心理学研究中的统计方法的复制性质提出了尖锐的批评。贝姆和霍诺顿也曾以这种方式进行批评。在表示了希望他们的研究能鼓励其他人尝试复制其结果之后，他们警告说，考虑到这么小的效应很容易产生假阴性结果，不要过度解读任何阴性结果来反对他们的理论："还需要提醒想要进行复制实验的人复制小效应的统计功效要求。尽管许多学术心理学家不相信超能力论，但当谈到复制时，许多人显然相信奇迹。"[35]这些论文，包括贝姆在 2011 年得出的结果，让人想起了索尔对猜牌实验的分析（但愿这一次他没有作弊），从各方面来看，这都像是那种将超能力确立为真实现象的分析，如果这种事情真的会发生的话。

或者，它们可以被解读为对心理学研究方法的毁灭性批评。他们的批评是双重的：（1）鉴于贝姆和其他人遵循了完全相同的实验方案，使用了完全相同的统计方法，与其他心理学研究一样，他们得出了一个不合理的结论，即超能力是真实存在的，这一事实可能会对所有心理学研究提出质疑。（2）如果学术心理学机构试图因为没有得到充分的复制而驳回这一超能力研究，那么他们对自己从未认真尝试复制的既定结果又有多大信心呢？斯坦福大学社会心理学教授李·罗斯是贝姆的同行评审人之一，他这样说："这方面的证据水平很普通，有积极的一面和消极的一面。我的意思是，这正是（人们经常看到的）那种传统的心理学分析，有着与大多数研究相同的缺陷和担忧。"[36]

甚至在发表之前，《感受未来》(Feeling the Future) 就已经引发了激烈的争议。一些学者认为这是无稽之谈。俄勒冈大学心理学名誉教授雷·海曼长期以来一直对超感官知觉研究持批评态度，他认为这篇论文"令整个领域感到尴尬"。[37]与此同时，康奈尔大学发布了一则新闻稿，将这个结果描述为贝姆杰出职业生涯的顶点。[38]普通大众比学术心理学家更愿意接受这些结果；调查显示，大约 60% 的美国人已经相信灵媒的存在。科学已经最终证明了超自然现象存在的可能性，再加上"看色情片的大学生尤其具有超自然能力"这一淫秽想法，自然地抓住了公众的想象力。《纽约时报》和《连线》对这篇文章进行了显著的报道，贝姆也被邀请参加《科尔伯特报告》(Colbert Report)。

数　学

阿姆斯特丹大学心理学系的埃里克-简·瓦根马克斯在柏林的一次会议上看到了贝姆的论文的预印本，并与他的三位同事着手撰写反驳文章。他们的文章与贝姆的文章一起发表在《人格与社会心理学杂志》上，[39]他们对贝姆的论文提出了三个主要论点：

（1）鉴于超感官知觉存在的先验概率非常低，即使有强有力的证据支持它，也应该留给读者一个非常低的后验概率。

（2）贝姆的证据实际上并不那么有力，但考虑到他所声称的效应的大小，它为零假设提供了几乎和备择假设一样多的支持。

（3）贝姆可能已经模糊了探索性分析和验证性分析之间的界限，使他能够从其数据中挑选可能的关系。

论点（1）是贝叶斯推断的一个例子。瓦根马克斯等人引用了皮埃尔-西蒙·拉普拉斯的观点，即"特别的主张需要特别的证据"。他们认为超能力的存在确实会构成一种不寻常的主张。首先，我们没有现成的模型来解释超感官知觉是如何按照已知的物理定律运作的。其次，我们有充分的证据表明，世界上没有人能够预测超出几率预期的随机结果的未来，因为世界上所有的赌场都没有因为任何具有超感官知觉的赌徒而破产。（有什么能比一夜暴富更能激发

"预见性机会的认知能力"呢?)

贝姆报告说,当他的实验对象试图猜测图片的位置时,成功率为53.1%,而几率预期为50%。总的来说,这是在1560次猜测中测量的,分为12组或18组,涉及100个不同的受试者。我们暂且不考虑对同一个人进行多次测试的影响,而仅仅将每张图像作为一次独立的猜测,在几率假设下,获得53.1%正确率(即828/1560)的总概率是:

$$P\left[\text{1560 次中 828 次正确|命中率} = 0.5\right]$$

$$= \binom{1560}{828}(0.5)^{828}(0.5)^{7320} \approx 0.11\%$$

假设命中率为53.1%,相应的概率为:

$$P\left[\text{1560 次中 828 次正确|命中率} = 0.531\right]$$

$$= \binom{1560}{828}(0.531)^{828}(0.469)^{7320} \approx 2.02\%$$

第二个概率大约是第一个概率的19倍。但这仍然会让那些之前持温和怀疑态度的人非常不信服。比方说,如果一个人在色情图片的背景下认为轻度超感官知觉理论的概率是千分之一,那么他们的贝叶斯推断将涉及路径概率的比较:(0.999)·(0.0011)对(0.001)·(0.0202)。第一个路径占了总数的98%以上,所以仍然有98%的怀疑者确信这些数据只是偶然发生的,即使它在统计上有显著的偏差。瓦根马克斯等人同意我们多次看到的对NHST的批评,认为用统计上显著的结果证明零假设有很高的概率为假是犯了逻辑谬误。

他们的论点(2)更微妙一些,但也与基于数据的支持或反对假设的贝叶斯推断有关。正如我们所看到的,在NHST中经常得不到回答的问题是:如果零假设不成立,那么什么能更好地解释这些数据?具体地说,这些数据究竟给了这些备择假设多少支持?如果另一个唯一理论是使数据几乎像在零假设下一样不可能,那么即使正统的显著性检验说要拒绝零假设,观察到的数据实际上也根本不是反对它的证据。

例如,如果53.1%的可能命中率是考察中的唯一备择假设,那么数据肯定会被算作某种证据,概率指针至少向那个方向移动了一点。即使像我们粗略估计的那样，它只把怀疑者的概率分配从 1/1000 增加到 1/50，这仍然是一个进步。

但是瓦根马克斯等人认为 53.1% 的命中率并不是能解释数据的唯一备择假设，即使超感官知觉是真实存在的！也就是说，超能力的效应可以使总体从 50% 提高到 50.01%，数据显示的成功率可能是这种效应和偶然性的结合。用打棒球来类比，想象一下，有个队友告诉一名挣扎中的击球手，如果他戴上一双幸运的击球手套，可以把他的平均击球率从 0.200 提高到 0.210。然后，在借了一周手套之后，击球手开始了连胜，在这段时间内他的平均水平达到了 0.350。即使我们的先验概率没有完全排除幸运棒球手套存在的可能性，那么手套到底有多少功劳，而运气又有多少呢？

这一点重要的原因又回到了检验的功效这个概念上。任何具有给定有限样本大小的检验将能够可靠地区分没有影响和存在特定量级的影响。如果真相为零假设是假的，但假的程度很轻——正如我们之前说的，在讨论大总体参数时通常会发生这样的情况——那么，若一个检验没有足够的功效来检验两者之间的差异，则即使零假设是假的，它也往往无法拒绝零假设；也就是说，我们会犯第二类错误。

然而，低功效检验的另一个潜在后果是，即使显著性检验确实在某个显著性水平上拒绝零假设，这可能也不会对备择假设产生太大的影响。我们可以在推断表（见表 6.3）中看到这将如何发挥作用，假设零假设的先验概率为 p，而备择假设的先验概率为（$1 - p$）。因为我们的检验并不能真正区分这些概率，所以我们如何将它们分配给零假设和备择假设并不会真正改变结果，即使我们"拒绝"零假设！这又是显著性检验这种令人困惑的语言与正确的贝叶斯推断相冲突时的副产品。

表 6.3　对功效不足检验的推断

假设 H	先验概率 $P[H|X]$	抽样概率 $P[D|H 且 X]$	路径概率 $P[H|X]P[D|H 且 X]$	比　例 $P[H|D 且 X]$
零假设	p	α	$p\alpha$	$\approx p$
几乎为零假设	$1 - p$	$\approx \alpha$	$\approx (1 - p)\alpha$	$\approx 1 - p$

低功效的另一个副作用是，假设研究确实发现了统计上显著的效应，它的估计大小必然要比实际效应大小大很多倍。例如，在上一章的陶瓮取石实验中，零假设是白色鹅卵石与陶瓮中总鹅卵石的比例恰好是 0.5，样本大小为 $n = 32$，只有样本比落入 5% 的拒绝域，即

$$R \leqslant 0.3125 \text{ 或 } R \geqslant 0.6875$$

时，我们才拒绝零假设。

如果事实是陶瓮中鹅卵石的比例实际上是 0.5000001，那么发生这种情况的真正概率实际上是 5%，因为真正的备择假设非常接近零假设。但假设这真的发生了，且我们发现自己在这 5% 的情况中，例如我们得到 $R = 0.6875$。然后，我们估计的"效应"是（0.6875 - 0.5）或 0.1875，这是 0.0000001 的真实效应大小的 187.5 万倍。

贝姆选择了他的样本大小，所以他将有大约 80% 的功效来检测与他发现的大小相等的效应。他很容易宣称，这个效应大小正好在"超能力文献报告"范围的中间。[40]批评人士则采用了不同的观点，他们认为，即使在假设下，确实可能存在某些偏离几率的情况效应大小的先验概率分布也应该把大部分的概率集中在小的效应上。这是在对可能的新效应的大小知之甚少的情况下的一般推导。[41]在包括了所有可能的小效应及其相关的概率之后，他们得出了在备择假设之下数据的总概率仅比零假设下数据的概率大 1.64 倍，而不是贝姆所声称的因子 19。[42]换句话说，这些数据并不是真正反对零假设的有力证据。

即使瓦根马克斯等人在论证（1）中假设的怀疑先验概率不成立，这种计算是对贝姆的结果的严厉批评。他们在第（2）点中计算的是一种被称为贝叶斯因子的东西，它在频率主义方法和贝叶斯方法之间提供了一种折中。许多受过正统统计学教育的研究人员仍然坚持一些客观性的观点，他们对假设和备择假设的先验概率在整个贝叶斯推断中的重要作用感到不安。为什么把自己对假设的怀疑带入特定研究的分析是合适的呢？如果怀疑被扭转，有人声称超感官知觉真实存在的假设有很高的先验概率，从而导致更高的后验概率，那会怎样呢？如果先验只是感觉，一个人对自己理论的感觉怎么能被判断为劣于或优于另一个人的感觉呢？（正如我们所说的，先验概率与感觉无关，而与信息有关；然而，这种观点还不是最常见的。）

贝叶斯因子回答的问题是：如果从零假设和备择假设的任何相对先验概率出发，单凭数据本身能提供多少支持？在数学上，这可以通过比较零假设（H_0）和备择假设（H_1）的先验概率和后验概率来发现。因为贝叶斯定理告诉我们，每一个假设的后验概率与它的数据的路径概率 D 成正比，如果用其中一个除以另一个，我们会得到：

$$\frac{P\left[H_0 \mid DX\right]}{P\left[H_1 \mid DX\right]} = \frac{P\left[H_0 \mid X\right]}{P\left[H_1 \mid X\right]} \cdot \frac{P\left[D \mid H_0 X\right]}{P\left[D \mid H_1 X\right]}$$

右侧的第二个分数是贝叶斯因子（用我们这里的方法计算时，它被称为 BF_{01}）。它测量了在观察到数据后，零假设的概率与备择假设的概率的比例的变化程度。因此，实际的先验概率最初如何是不可知的。如果贝叶斯因子是 10，则认为零假设的概率是备择假设概率的 1/10 的人会给它们分配相等的后验概率；一开始就认为它们的概率相等的人，现在会认为零假设的概率是备择假设的 10 倍，等等。当然，就像对贝姆的结果的分析一样，计算可能仍然有点"贝叶斯"，因为"备择假设"实际上可能代表了根据某种先验概率分布进行加权的一系列备择假设，但至少这种可能效应大小的分布可以与任何关于超感官知觉是或不是一个真正现象的教条主义分开来讨论。

哈罗德·杰弗里斯在他的《概率论》中首先提出了贝叶斯因子的概念。贝叶斯因子值为 1 表示零假设和备择假设的相对可能性不变。从这里开始，贝叶斯因子越小，对科学理论的支持就越大。杰弗里斯将其解释为，因子小于 1/100 为"H_1 的决定性证据"，因子大于 100 则为"H_0 的决定性证据"，而在 1/3 和 3 之间的因子"不值一提"。[43]

瓦根马克斯等人稍微软化了语言，并按范围对贝叶斯因子进行分类，如表 6.4 所示。[44]他们发现贝姆的色情图像结果的贝叶斯因子为 0.61，这表明这是个轶事证据，对备择假设的支持略高于对零假设的支持。在贝姆的论文的其他八项研究中，他们以类似的方式计算了贝叶斯因子，并发现它们大多是轶事证据，无论是支持零假设还是反对零假设，其中三项研究实际上为零假设提供了"实质性"支持。这九项研究中只有一项对备择假设给出了实质性的支持。因此，考虑到可能的效应大小，即使是对那些没有任何强烈的先入之见的人来说，贝姆的结果也绝不是超能力假说的结论性证据。

表 6.4　瓦根马克斯等对贝叶斯因子的分类

贝叶斯因子	解　释
< 1/100	H_1 的极端证据
1/100—1/30	H_1 的非常强的证据
1/30—1/10	H_1 的强证据
1/10—1/3	H_1 的事实性证据
1/3—1	H_1 的轶事证据
1	无证据
1—3	H_0 的轶事证据
3—10	H_0 的事实性证据
10—30	H_0 的强证据
30—100	H_0 的非常强的证据
> 100	H_0 的极端证据

　　论证（3）声称，贝姆在开始他的研究时，脑子里并没有一个明确的假设，而是允许数据引导他去研究它可能意外支持的任何理论。这方面的证据主要在贝姆提出假设的具体方式中找到，尤其是在只有色情图像才能刺激受试者显著的超能力这一事实中。如果这一说法从一开始就是贝姆的理论的一部分，那么为什么实验还要包括其他图像呢？为什么不在证明效应的存在时，只使用那些最有可能产生效应的呢？尽管这篇论文的目的是暗示分析中发现的所有效应都是贝姆一开始就预料到的，这我们无法确定，但有足够的证据表明，他一直在对数据切片，直到一些统计数据偶然跨越了显著性阈值。

余　波

　　总的来说，瓦根马克斯等人对贝姆的研究结果的评估描绘了一幅相当平淡无奇的画面。贝姆收集的数据对他自己的理论支持不足，可能是根据事实量身定做的，以使数据支持它的程度超过真实情况，而且该理论本身如此令人难以置信，即使证据非常有力，也不应该被认真对待。但正如批评家们所说，更重要的一点并不是这篇论文是胡说八道，而是它所代表的对心理学统计方法的控诉。每个人似乎都同意贝姆遵循了合法研究的所有规则。那么，如果他让自己的数据引导自己对自己的理论作出更具体的假设，又会怎样呢？这在社会科学中是相当普遍的做法，而且考虑到数据收集过程是多么混乱，收集新数据以检验某个狭隘的假设是多么困难和代价昂贵，这往往是不可避免的。找到实验参与者并对其进行测试是一项艰巨的工作，因此在同一时间尝试许多不同的实验变体并记录尽可能多的有用信息以供以后筛选是有意义的。正如贝姆自己曾经写过的：

> 为了弥补与参与者的距离感，至少我们得熟悉他们行为的记录：数据。从各个角度审视他们，分性别进行分析，编制新的综合指数。如果一个数据提出了一个新的假设，试着在数据的其他方面找到进一步的证据。如果你看到有趣模式的模糊痕迹，请尝试重新组织数据，使它们更加醒目。如果有你不喜欢的参与者，或试验、观察者、面试官给了你异常的结果，把他们暂时放在一边，看看是否有任何连贯的模式出现。去钓鱼探险，寻找有趣的东西。[45]

在研究人员进行了这样的钓鱼探险之后，要求他们再进行一项单独的研究来证明这条鱼是真实的，这似乎过于苛刻了。如果这些数据是观察性的（比如说，包括人们在上次金融危机期间的行为记录），那会怎么样？要真正检验这一理论，就必须制造一场全新的金融危机吗？瓦根马克斯关于贝姆假设的先验和后验概率的观点似乎完全出格。之前的研究工作从未涉及先验概率。从人们记事起，频率主义方法就一直是行业标准，而突然之间人们就应该转而信奉贝叶斯主义？这是不是有点主观？

是的，是的。社会科学长期以来一直在使用机械推断方法，如NHST，而且一直声称它们没有造成严重损害，但这就是实际的损害。贝姆的论文敲响了警钟：是时候重新思考这些方法了，对实验设计和数据处理要变得更加严格，并学习如何根据证据对所质疑的假设及其备择假设的意义来解释证据。瓦根马克斯等人的反驳结论是：

> 贝姆被指导学术出版的潜规则所玩弄。事实上，贝姆提出的研究比通常需要的多得多。因此，将我们对贝姆的实验的评估解读为对不可能现象研究的攻击是错误的；相反，我们的评估表明，实验心理学

家设计研究和报告统计结果的方式存在严重错误。令人不安的是，许多在文献中自豪而自信地报告为真的实验结果，实际上可能基于探索性的和有偏的统计检验（另见 Ioannidis，2005）。我们希望贝姆的文章将成为一个改变的路标，一个墙上的标语：心理学家必须改变他们分析数据的方式。[46]

有趣的是，也许贝姆也同意。在他们 1994 年的论文的开头，贝姆和霍诺顿间接地引用了拉普拉斯，说："我们心理学家可能出于几个原因对超能力持怀疑态度。首先，我们认为，特别的主张需要特别的证据。"[47]而结尾段落实际上激励评论者使用贝叶斯方法：

> 更一般地说，我们已经了解到，我们的同事对任何关于超能力的理论化的容忍度，在很大程度上取决于他们被超能力所证明的数据说服的程度。我们进一步了解到，他们对数据本身的不同反应，在很大程度上是由他们对一些相当普遍的问题（有些是科学问题，有些不是）的先验信念和态度所决定的。事实上，一些统计学家认为，应该抛弃在行为科学中使用的传统假设检验方法，转而支持贝叶斯分析，（因为）它考虑了一个人对被调查现象的先验信念……
>
> 然而，在最后的分析中，我们怀疑一个人的贝叶斯先验和一个人对数据的反应最终是由一个人在童年时期是否因第一类错误或第二类错误受到更严重的惩罚来决定的。[48]

1996 年，物理学教授艾伦·索卡尔在哲学期刊《社会文本》（*Social Text*）上搞了一场恶作剧，证明了期刊编辑偶尔在知识上表现出的懒惰和轻信。他成功地提交了一篇毫无意义的文章《超越边界：走向量子引力的变革性诠释学》（Transgressing the Boundaries: Towards a Transformative Hermeneutics of Quantum Gravity），这篇文章充满了科学术语和他知道的编辑们会接受的未经证实的结论，以至于他们不会费心去仔细检查其论点的严谨性。[49]几个月后，他披露了这些信息，这一恶作剧引起了不小的轰动，引发了关于哲学中学术权威和研究方法的激烈争论。

贝姆曾经是一名魔术师，有利用骗术来教训轻信的观众的历史，他是否也在试图为社会科学制造类似的骗局呢？雷·海曼这样评价贝姆："他很有幽默感，我不排除这是一个精心设计的玩笑。"[50] 他的理论是，贝姆根本就不相信超感官知觉，而是利用超心理学研究来引起人们对传统研究缺陷的注意。哥伦比亚大学的统计学家安德鲁·格尔曼说，他从一个认识贝姆的朋友那里听到这样的谣言，他表示，贝姆的结果实际上仅仅刚达到显著性的阈值，这是支持该理论的进一步证据。[51] 他本可以花时间进行一项规模更大、设计更窄、旨在发现更大影响的研究，为什么要急着发表不那么重要的结果呢？

如果这是一个恶作剧，那么它将是有史以来最精心制作的，需要几十年的时间来完成的安迪·考夫曼式的片段。如果对研究方法高度关注的结果是该领域内所有之前建立的成果都受到质疑，包括贝姆的研究成果，这也会毁掉贝姆自己的学术遗产。对于他真的相信超感官知觉这个假设，我们会给出什么样的贝叶斯因子呢？我们可能永远不会知道他的真实意图，但无论如何，贝姆的论文确实引发了心理学家的反思，特别是关于复制的必要性。

为了进一步挑衅贝姆，沃顿商学院的约瑟夫·西蒙斯教授，连同他的同事尤里·西蒙松和来自加州大学伯克利分校的利夫·纳尔逊，一起在 2011 年发表了一篇文章，展示了数据操纵和方法报告的灵活性如何轻易地导致假阳性结果。他们用统计学的技巧来说明使听披头士乐队的歌曲《当我 64 岁时》的学生看起来比听对照歌曲的学生平均年轻一岁的技巧。[52]

就在同一年，出于种种错误的原因，社会心理学领域吸引了更多的公众关注。2011 年 9 月，荷兰蒂尔堡大学宣布暂停迪耶德里克·斯塔佩尔教授的社会与行为科学学院院长的职务，原因是他被指控在几项研究中欺诈性地操纵数据。他指导的由三名研究人员组成的小组在观察到斯塔佩尔存在进行可疑活动的情况后，检举了他，其中包括他可能完全伪造了自己的大部分数据。斯塔佩尔后来也承认了这一点，并声称对自己的行为负全部责任。他曾是社会心理学领域一颗冉冉升起的新星。这一发现的后果是极其严重的，他投稿的大约 58 篇文章不得不被撤回，这意味着多年来不知情的合著者的工作被毁。

聚光灯闪耀在心理学这一学科，2011 年 11 月，弗吉尼亚大学教授布莱恩·诺塞克组织了一个 270 人的合作，试图复制 2008 年发表在著名期刊上的 100 个心理学研究结果，这个项目将需要近四年的时间来完成。2013 年 1 月，诺塞克和杰弗里·斯皮斯成立了一个非营利组织——开放科学中心（Center for Open Science，COS），其使命是提高由数据驱动的科学研究的透明度和完整性。COS 受到 500 万美元的初始拨款资助，为研究人员提供了一种与其他有兴趣改进科学实践的人联系的方式，以及帮助管理与共享数据和方法的工具。例如，他们提倡的研究实践之一是方法的预注册，这意味着特定研究中的数据分析方式都是在收集实际数据之前记录的。这可以帮助科学家避免无意中被引导改变他们根据数据中出现的关系进行的检验，格尔曼称之为"歧路花园"（garden of forking paths）问题。[53]

为了建立他们所认为的良好科学实践的模型，诺塞克和他的合著者马特·莫蒂尔试图复制他们自己的一项研究。[54] 他们的研究涉及持极端政治观点的人是否比持温和观点的人能更准确地感知灰色的阴影。这项研究受到了最近关于具体化（embodiment）的类似研究的启发，调查了令人惊讶的身心联系方式。他们最初在将近 2000 名参与者的大群体中检验了他们的颜色感知理论并发现了显著的影响，p 值为 0.01；持极端政治观点的人从字面意思上看世界是黑白的。这项研究在学术上很性感，对媒体也很友好，这种结果肯定会被发表在一本有影响力的杂志上，并引起广泛的公关热议。

然而，在发表之前，他们决定用另外 1300 名参与者和预注册的方法进行一项复制研究。他们对这个结果可以被复制非常有信心；根据他们的分析，复制有 99.5% 的几率达到显著性，p 值小于 0.05。相反，复制尝试的 p 值为 0.59，这种效应消失了。如果他们没有进行第二次实验，他们可以很容易地发表论文，同时合法地声称他们遵循了学术界的所有标准规则。

2015 年 8 月，诺塞克及其由 270 名合作者组成的团队公布了他们的心理学复制项目的结果。在他们研究的 100 篇论文中，有 97 篇最初声称发现了显著的影响。复制研究在可能的情况下使用了原始材料，并且样本量足够大，这样他们就可以有很高的功效（至少 80%）来检验所声称的效应。实验方案均经过原作者的审阅和批准。他们发现，在 97 个结果中，他们只能复制 35 个（36%），他们将其定义为在与原始结果相同的方向上取得了统计上显著的效应。[55] 在他们的确能复制的效应中，他们发现效应的平均规模大约是原来的一半。

三年后，诺塞克和另一组合作者公布了一个类似项目的结果，该项目旨在重复社会科学中的实验。他们考察的 21 项研究都在 2010—2015 年间发表在著名期刊《科学》和《自然》上。该团队再次尽可能地联系了原作者以获取材料并获得他们对复制工作的批准。这些重复实验是高功效的，样本量平均是原始实验样本量的五倍。他们发现，他们只能成功复制 21 个结果中的 13 个（62%），成功复制的平均效应大小只有原始大小的 75% 左右。[56]

像他在贝姆的论文中所做的那样，瓦根马克斯和另一组同事计算了每一项研究中零假设和备择假设的贝叶斯因子，并表明 21 次尝试的复制中有 8 次的数据更支持零假设而不是备择假设。[57] 记住，这意味着不仅效应在统计上不显著，而且数据实际上应该使零假设更有可能，而不管它的先验概率如何。在剩下的 13 项研究中，有 4 项只对备择假设给予了适度的支持。

复制项目所包含的研究中的一个典型例子是英属哥伦比亚大学的威尔·热尔韦和阿拉·洛伦萨扬的"分析思维促进宗教怀疑"，最初发表在 2012 年的《科学》杂志上。[58] 该研究关注各种认知过程与宗教情绪之间的关系。作者的假设是，如果一个人受到刺激进入一种分析思维模式，他们自我报告的对宗教的怀疑程度就会上升。在一项实验中，受试者必须通过推理解决一些数学问题，然后回答有关其宗教信仰以及他们对上帝、天使和魔鬼的信念的调查问题。另一个检验他们理论的实验使用视觉启动（visual priming）来刺激分析思维。研究人员随机向受试者展示罗丹的雕塑《思想者》或米隆的《掷铁饼者》（对照图片）。之前的初步研究表明，观看《思想者》与提高逻辑推断能力有显著的关联，因此作者假设，观看《思想者》可以激发他们所预期的对宗教信念产生干扰的相同思维。

他们分配了 26 名受试者看《思想者》，31 名受试者看对照图片，然后要求参与者在 0 到 100 的范围内给自己对上帝的信念打分。结果是那些看过《思想者》的人对上帝的信念明显降低，这些研究对象报告的上帝信念得分平均为 41.42，而对照组的得分为 61.55，相关的 p 值为 0.029。作者总结道："总而言之，激发分析思维的新颖视觉启动也鼓励了对上帝的怀疑。"[59] 作者暗示但没有明确地宣称宗教与分析性思想不相容，这使得这篇论文成为可预见的争议主题。无神论者将其视为宗教不理性的科学证据；宗教人士对他们的信念源于缺乏推断能力的说法感到恼火，这是可以理解的。

这项复制研究有 531 名参与者（相比之下，原始实验只有 57 名参与者），其中 262 人观看了《思想者》，269 人观看了《掷铁饼者》。在如此大的样本中，复制实验者预期会发现一个效应，即使它是最初研究中报告的效应的一半，也有 90% 的功效。相反，他们发现这两组人在信仰上帝方面没有显著差异。事实上，《思想者》组的上帝信念的平均得分（62.94）略高于对照组（60.38）。[60]零假设（没有差异）与备择假设（在给定的效应量分布下存在一些差异）的贝叶斯因子计算为 17.78，表明了对零假设的强烈支持。[61]

回顾这段经历，热尔韦说："事后看来，我们的研究完全是愚蠢的。当我们问他们一个关于他们是否信仰上帝的问题时，样本量非常小，而且几乎不显著……我希望它在今天不会发表。"[62]他和洛伦萨扬发表评论，优雅地收回了对最初发现的支持。[63]同样，最初的研究并没有过分或歪曲当代的研究方法。它发表在一份很有声望的杂志上，到目前为止，在其他研究文献中被引用了494 次。

当诺塞克和他的合作者还在进行他们的复制工作时，其他学科的人们也开始对自己领域的复制结果进行更批判性的思考。2012 年，安进公司的生物技术顾问格伦·贝格利和得克萨斯大学的李·埃利斯发表了一篇论文，总结了他们的发现：在 53 项潜伏期癌症研究中，只有 6 项（11%）可以被复制。[64]2013年，约安尼迪斯和诺塞克与来自牛津大学和布里斯托尔大学的五名合著者合作，研究神经科学研究中由低统计功效导致的问题。通过比较 730 个个体研究报告的样本量和 49 个这些研究的元分析证实的效应量，他们估计神经科学研究的统计功效中位数为 21%。[65]这意味着神经科学研究的规模通常太小，无法可靠地检测到设计它们以研究的效果，甚至统计上显著的结果也不能作为反对零假设的有力证据，就像我们之前看到的那样。

更令人不安的是，他们发现动物模型研究（如迷宫中的老鼠）的中位数功效可能低至 18%，而大脑结构异常的神经成像（MRI）研究的中位数功效为8%。他们讨论了由此导致的低效率的伦理含义：

> 关于在实验中使用尽可能少的动物和需要获得稳健可靠的发现之间取得适当的平衡，一直存在着争论。我们认为，重要的是要认识到与一个功效不足的研究相关的浪费——即使一个研究只达到 80% 的功效，仍然有 20% 的可能性（即在研究没有发现潜在的真正影响的情况

下）动物被牺牲了。如果神经科学动物模型研究的平均功效在 20% 至 30% 之间，正如我们在前文的分析中观察到的，其伦理意义是显而易见的。因此，低功效有一个伦理维度——不可靠的研究是低效且浪费的。这对人类和动物的研究都适用。[65]

2014 年，约安尼迪斯和史蒂文·戈德曼在斯坦福大学成立了元研究创新中心（Meta-Research Innovation Center，METRICS），这是斯坦福大学医学院内的一个研究中心，旨在通过研究科学的实践和发表方式以及为科学界开发更好的运作方式，来提高可重复性。

2015 年 6 月发表在《公共科学图书馆·生物学》（*PLOS Biology*）杂志上的一项研究分析了生命科学中不可复制结果的经济成本——特别是新药的临床前试验。主要作者伦纳德·弗里德曼是一位在制药研究方面有丰富经验的科学家，他和另外两位合著者调查了之前发表的文献中临床前试验的不可重复率（重复率越高越好），估计的平均不可重复率约为 50%。[67] 他们确定了导致研究无法被复制的几个关键因素，包括受污染的实验室材料、糟糕的实验设计和不正确的数据分析方法。考虑到制药业的规模，他们估计，仅在美国，每年在复制有缺陷的试验上浪费的资金就达 280 亿美元。

一项由 18 名合作者进行的经济学研究复制项目中，他们发现他们能够复制 2011—2014 年间发表于《美国经济评论》（*American Economic Review*）和《经济学季刊》（*Quarterly Journal of economics*）的 18 个实验中的 11 个（61%）。这些复制研究都有 90% 的功效来检测原始规模的影响。平均而言，他们发现的显著效应是原来的 66%。[68] 约安尼迪斯在 2017 年进行的一项研究表明，"实证经济学文献中的大多数平均效应被夸大了至少 2 倍，至少有三分之一被夸大了 4 倍及以上"。[69]

另一个类似的癌症研究项目"可重复项目：癌症生物学"（Reproducibility Project：Cancer Biology）目前正在进行中。该项目由 COS 和科学交流组织（Science Exchange）协调。研究团队正在调查 2010—2012 年间发表的 54 项影响深远的癌症生物学研究。到目前为止，初步结果与其他复制项目的结果大体一致。[70]

多亏了这些复制项目和其他类似的项目，我们可以开始看到危机的规模。

到目前为止，所有迹象都表明这是个巨大的危机。

不显著的重要性

被称为选择性 COX-2 抑制剂的消炎药（比如西乐葆）会增加患心脏问题的风险吗？如果你以一种显著性检验的心态浏览医学文献，你可能会受到引导，相信在该问题上存在着相当大的疑问。例如，1999—2000 年对 5500 名参与者进行药物"万络"（Vioxx）的试验发现，治疗组和服用萘普生（naproxen）的对照组之间的心脏病发作次数没有统计学上的显著差异。[71] 2013 年的一项最新研究检验了 COX-2 抑制剂（以及其他消炎药）对房颤（一种心律异常）的影响，并得出"选择性 COX-2 抑制剂的使用与房颤的发生没有显著相关性，但慢性肾病或肺部疾病患者除外"的结论。[72]

后一项发现似乎与 2011 年的一项早期研究不一致，该研究发现 COX-2 抑制剂与房颤或房扑的风险增加显著相关，与对照组相比，相对增加约 27%。[73] 那么，到底是显著还是不显著呢？2013 年研究的作者对这种差异的解释是，两者测量的结果略有不同；早期的研究将房扑和房颤都包括在内，这使得研究的范围过于宽泛。对房颤的关注使后来的作者有了一个更具体的发现，一个他们声称是"独特的"发现。[74]

但 2011 年研究的作者（包括肯尼斯·罗斯曼，正如我们所看到的，他试图禁止 p 值出现在《美国公共卫生杂志》上）不同意这一观点。他们说，不仅医学上有理由怀疑所解释的差异，而且这两项研究报告的内容基本相同！[75] 2013 年的研究实际上发现房颤的相对风险增加了 20%。这只是因为样本更小，结果没有跨过统计显著性的阈值。风险增加的 95% 置信区间从 – 3% 到 ＋48% 不等，包含 0 值，因此，该数据以微弱的优势，不足以拒绝无差异的零假设。

尽管有一些额外的数据是捏造的，但 1999 年早期对万络的研究中也出现了类似的情况。该报告解释说，治疗组中有 5 名患者患有心脏病，而对照组中只有 1 名，但这一差异意味着 p 值大于 0.2，因此没有统计显著性。[76] 后来人们发现，实际上治疗组中还有 3 人也患有心脏病，其中包括一名已经死亡的 73 岁妇女。开展这项试验的默克（Merck）制药公司的一名科学家最初判断，她可能死于心脏病发作，但一名高管否定了这一判断，认为她的死因不明，"所以我们不提出担忧"。[77] 万络在 2004 年自愿退出市场，但在此之前，仅在美国，万络就与大约 14 万例心脏病的发病率有关。[78]

然而，从统计学的角度来看，真正关键的是一个不显著的发现——更准确地说，是导致拒绝零假设的缺乏统计显著性的结果——是否可以被认为有意义。也就是说，不显著是否重要？按照正统理论的标准，这个答案有点争议。费雪很清楚，零假设从未得到证实，只是遭到拒绝，但他也说过，显著性检验可以告诉科学家应该忽略什么。[79] 内曼和皮尔逊明确描述了第一类和第二类错误的可能性，这意味着如果零假设实际上是假的，那么不拒绝零假设必然要付出一定的代价。解开这句话中的多重否定，无论如何，在内曼—皮尔逊框架下，对于一个科学家来说，根据未能找到显著差异作出决定，就像他们根据已经发现的差异作出决定一样，都是合理的。因此，因为它没有达到 5% 水平的显著性阈值，所以科学家和药品公司以及政府监管机构可以忽略房颤风险增加 20% 的情况或者心脏病发作次数增加五倍多（一旦他们排除了其他三种因素）的风险，这只是一种错误与另一种错误之间的简单平衡。正如齐利亚克和麦克洛斯基在对万络的案例分析中所描述的那样："统计显著性，正如万络研究的作者们很清楚的那样，被用作建立科学可信性的开关。没有显著性，心脏就没有风险。这似乎就是他们的逻辑。"[80]

诸如此类的事件，已经导致科学界最终表示"受够了"。2019 年 3 月，《自然》杂志上刊登了一篇由 800 多名研究科学家共同签署的文章，呼吁彻底结束统计显著性的概念。用作者们的话说："我们应该搞清楚什么必须停止：我们永远不应该仅仅因为 p 值大于阈值（如 0.05），或者因为置信区间包含 0，就得出'没有差异'或'没有关联'的结论。我们也不应该因为一项研究有显著的统计结果而另一项没有，就得出两项研究冲突的结论。这些错误浪费了研究工作，误导了政策决定。"[81] 据他们估计，这是一个非常普遍的问题。对在五份期刊上发表的 791 篇文章的统计显示，大约一半的文章错误地将该结论的显著性不足解释为证实了零假设。

著名的统计学家也同样认为，是时候继续前进了。2016 年，美国统计协会就 p 值的使用发表了一份声明，其中警示了滥用 p 值的多种形式。[82] 2019 年 3 月，包括美国统计协会执行主任罗恩·沃瑟斯坦在内的《美国统计学家》的编辑们出版了《21世纪的统计推断：$p < 0.05$之外的世界》(*Statistical Inference in the 21st Century: A World Beyond p < 0.05*)特刊，措辞更加严厉。在这期特刊的导言中，编辑们写道："美国统计协会关于p值和统计显著性的声明差一点就建议放弃'统计显著性'了。我们从这里开始。根据对本期特刊中的文章和更广泛的文献回顾，我们得出的结论是，是时候完全停止使用'统计显著性'这个术语了。诸如'显著不同''$p < 0.05$'和'无显著性'等变种也不应该存在，无论它们是用文字表达，还是用表格中的星号或以其他方式表示。"[83]

编辑们似乎准备完全放弃p值的意义："例如，没有p值可以揭示某种关联或某种效应的可信性、存在性、真实性或重要性。因此，统计显著性的标签并不意味着或暗示着一种关联或效应是非常可能的、真实的、对的或重要的。统计上不显著的标签也不会导致关联或效应是不可能的、不存在的、错误的或不重要的。"[84]目前，p值仍然是标准用法，但似乎正在出现的主流观点是对统计方法的整体看法，而p值只是其中的一部分。正如我将在下一章所说的，这是朝着正确方向迈出的一步，只是一小步，除非它导致更激进的剧变，否则不太可能解决任何问题。

这也是一个晚了一百年的举动。特别是，自费雪时代以来，显著或不显著一直是发表的标准，这是一个不可避免的事实。即使"证明零假设"从来没有被宽恕，这也只是选择显著性结果进行进一步调查的实际效果。除了像COX-2抑制剂药物试验这样声称能从缺乏显著性中得出有意义的结论的少数研究外，还有更多的研究因为作者认为不显著而被直接扔掉。以另一种方式回顾米尔的"CRUD因素"例子，零假设在几乎所有情况下几乎肯定是假的。许多备择假设，也就是非零假设的理论，在某种程度上是真的，这并不有趣，因为它们只适用于一个实验的时间和地点，但更多的可能仍然是相关的。这可能意味着，阴影中隐藏着一种完全看不见的复制危机：失败的实验一再失败。我们所知道的（坏的）复制危机是第一类；可能会有一场完全不同的（好的）第二类危机。可能会有大量的结果等着被挖掘。

一旦显著性的概念诞生，这些事件就可以预见了。（问问任何一位预见到它们的作者就知道了。）显著性检验总是基于结果的显著/不显著分类，而不考察效应大小或重要性；现在，任何试图修复它的努力都无法改变这一基本方面，也无法修复显著性检验已经造成的损害。这种"是/否"的二元结构很好地混淆了事物。要想解开这些谜团，我们需要重新想象统计推断的全部意义。

为什么这是一个危机

越来越多的证据表明，长期以来以 NHST 为标准的科学领域现在正经历着广泛的复制失败。这不是巧合。心理学产生了最明显的例子，这主要是因为它的研究对媒体友好，而且当这些研究无法被复制时，它会成为引人注目的头条新闻。但正如各种项目所充分显示的那样，这种危机绝不局限于心理学领域，其他研究领域复制失败的代价可能要高得多。一项像"基质微囊蛋白 -1 对微环境的生物力学重塑有利于肿瘤浸润和转移"[85]的声明是否可复制，可能不会像一项声称"可以通过咬住一支笔来强迫自己快乐"的研究[86]是否可复制那样受到媒体关注，但我们可以说它具有更大的影响。

总结一下我们在本章中看到的复制工作的结果（见表 6.5），没有哪一门学科具有特别出色的历史记录。

表 6.5　关于不同科学领域的复制问题的证据

领　域	估计的复制成功率
医　学	59%（ $n = 34$ ）
心理学	36%（ $n = 97$ ）
社会科学	62%（ $n = 21$ ）
临床前癌症研究	11%（ $n = 53$ ）
临床前药理学研究	$< 50\%$（ $n > 100$ ）
经济学	61%（ $n = 18$ ）

这些复制的失败被一个事实所复杂化，即，即使是确实在那些复制中被发现的效应通常也远小于最初的研究所声称的。这在某种程度上是功效不足的错误，因为低功效的研究必然会报告比实际情况更大的效应，就像我们在陶瓮取石例子中看到的那样。然而，通过扩大样本量来增强功效也不一定是万能的，因为它会引发我们之前看到的各种第三类错误，在这种错误中，统计效应可能在正统意义上是真的，但缺乏科学价值和可复制性。

即使考虑到统计方法的问题，复制危机也不是不可避免的，而且可能仍然

　　　　　　　伯努利谬误：不合逻辑的统计学与现代科学的危机

有非贝叶斯方法来减轻其严重性。例如，约安尼迪斯在 2005 年的论文中提出了一个贝叶斯理论，即如果宣称的效应的先验概率很低，那么即使通过了统计显著性检验，后验概率也应该很低。他预测这种情况将会在研究领域表现出来，这些领域中存在许多可能的效应，它们可以被研究，但我们从一开始就无法知道哪些效应是真实的；实际上，这意味着现实世界的频率将匹配概率分配。但没有什么迫使研究人员以这种方式寻找假设。如果其他一些选择标准使得人们正在检查的效应通常具有很高的真实性，那么我们自然应该期望大多数或几乎所有已发表的研究结果都为真。

特别是，如果将所有在顶级知名期刊之外发表的结果都包括在内，我们可能会认为复制问题比我们目前认为的更严重，因为备受瞩目的研究通常都有一些研究理论支持，这些理论应该会提高它们为真的先验概率。当然，这在某种程度上被对意外结果的偏见所抵消，即使在顶级期刊上也是如此。科学机构和报道它们的记者通常对那些仅仅证实了我们已经相信是真的事实的研究不感兴趣。当这个假设令人惊讶的时候，它才会更有趣。

实际上，仍然没有办法确定这些复制失败实际上是一个问题。没有一项研究具有 100% 的功效，所以很多复制结果肯定是第二类错误——当零假设为假时，不能拒绝它。这可能是由于不正确地重复了原始实验的确切条件，加上运气不好，复制研究未能验证真正真实的效应。（这当然是原始研究的许多作者所持的立场。）但是，既然复制最终被认为是科学方法的一个组成部分，像超心理学这样的伪科学被科学界所摒弃，所有这些发现至少应该是令人不安的。如果一项研究发现了统计上显著的影响，而一项重复研究发现了相反方向的统计上显著的影响，这对科学理论意味着什么？

最终，复制工作将从其他工作中挑选出真正的结果，但代价是什么呢？复制研究费时、昂贵，而且通常与鼓励新的、令人兴奋的结果的学术团体格格不入。根据《自然》杂志 2016 年的调研，在接受调研的 1500 多名不同学科的科学家中，只有 24% 的人在他们的职业生涯中发表过（任何类型的）复制研究，只有 13% 的人发表过失败的复制研究。[⑧]从一个资源匮乏的科学家的角度来看，这完全是有道理的。有多少教授曾经因为试图复制别人的成果而获得终身教职？

然而，真正的问题是，几十年来，决定发表哪些研究结果的方法并没有区分哪些应该具有较高的后验概率，哪些不应该。这就是贝叶斯分析本可以帮助防止大部分复制危机的地方。频率主义方法为那些本不应该被认真对待的研究理论提供了掩护。通过将所有主张（包括像贝姆的超能力假说这样的荒谬观点）混为一谈，仅根据假设生成观察数据的可能性通过显著性检验，正统的统计学方法使得许多假阳性可能污染了发表的结果。贝叶斯分析会要求真正令人惊讶的说法得到真正令人印象深刻的数据的证实，即使如此，这也会提醒我们寻找其他解释，正如我们在第 2 章看到的索尔·戈德尼实验一样。

许多人会反对：我怎么知道应该把标准定得多高？如果举证责任从一个理论变成另一个理论，我怎么知道如何评价任何一个给定的理论？答案是：你要在你所了解的世界的更广泛背景下审视你的观点。也就是，以概率的方式来说，对于假设 H，你需要先验概率 P［H|X］，这个概率取决于 X，即你所拥有的关于你过去的观察和关于你所相信的事物如何运作的理论的所有信息。它使你作为一个人的历史、智慧和经验变得相关。简而言之，它使统计学成为人类理解的工具，而不是一个发布关于显著性的神秘裁决的神谕。有时候你会出错，但这就是生活。

例如，回到热尔韦和洛伦萨扬的《思想者》研究，按贝叶斯的思维方式，我们需要在考察数据之前做一个评估，即与艺术的短暂接触可能对人们的宗教信仰产生影响的可能性。过去的经验，特别是考虑到所声称的影响大小，应该让我们对此非常怀疑：观看雕塑 15 秒后，对上帝的平均信仰减少了大约 33%。如果艺术能产生这样的影响，我们会发现，任何一次博物馆之旅都会让我们在信仰和不信仰上帝之间徘徊。或者，如果《思想者》以某种方式运用了一种独特的无神论力量，那么它于 1904 年在巴黎的揭幕本应与有组织的宗教信众的大规模流失相对应。相反，我们体验到自己的宗教信仰以及我们社会的宗教信仰都随着时间的推移相对稳定。也许我们并不那么教条以至于完全排除《思想者》无神论假设，但是千分之一的先验概率介于在扑克中拿到满牌和四张相同的牌的概率之间，可能是正确的数量级。研究人员声称，这些数据不太可能是偶然出现的，但要想动摇我们的怀疑态度，这些数据的可能性需要大得多。根据这项研究，如果假设观测到的数量级有影响，那么获得数据的可能性大约是纯几率假设的 12 倍。将此声明与我们的先验概率分配一起放入贝叶斯定理，我们最终会认为，基于该实验的效应的概率为 0.012，或大约为 1/83，这是一个有点有趣的信号，但几乎可以肯定这项研究不值得发表。

在复制危机的众多原因中，多重比较是一个问题——一个或多个研究人员能够对数据中可能存在的关联进行排序，直到一个关联偶然地被认为是显著的——但贝叶斯分析有一个内置的保障：先验概率。正如我们在上一章"确定事件假设"的示例中看到的，我们可以从大量可能的检验中选择一个检验来应用于我们的数据，并且只要我们诚实地考察与该检验相关的先验概率，就仍然可以得出合理的推断。也就是说，当我们使统计假设更具体时（投掷 6 万次骰子所得到的序列被预先确定为正是这个序列；大学生具有但仅以这种特定的方式具有超感官知觉），我们必须降低该假设的先验概率，并设定更高的证据标准。无论是一个科学家检查多个假设，以找到一个适用于给定数据集的假设，还是多个科学家都在分别尝试不同的想法，直到其中一个幸运儿获得成功，都没有什么区别。

贝叶斯分析还考虑了"CRUD 因素"，即往往存在于任何两个测量变量之间的微小背景相关性，它在足够大的样本中可以显示出统计显著性。贝叶斯后验分布总是正确地报告任何声称的效应或关联的可能大小，而不是仅仅将结果分类为显著或不显著。因此，研究人员一眼就能判断他们是否发现了真正值得注意的东西，或者只是数据短暂的、很可能在重复实验时消失的变化。这也避免了一个相反的问题，即"因为数据没有统计显著性，所以一定不存在效果"。贝叶斯分析并不追求"是否"的问题，而是立足于"多少"和"可能性有多大"。

现在看来，出于米尔所描述的原因，我们正处于他在 1967 年预测的情况下：各个领域的研究人员积累了大量的成果发表，但几乎没有留下任何价值，因为他们的分析方法从一开始就没有逻辑意义。正统统计学的基本观点是，在假设下观察到不太可能的数据必然是怀疑假设的理由。正如人们多年来无数次指出的那样，这种说法在逻辑上从来都不是正确的，但这似乎是我们注定要学习和反复学习的一课。正如我们所看到的，这个谬误出现在第一个统计推断中，即出现在伯努利对他的陶瓷取石例子的分析中，它直到今天还一直困扰科学界。

伯努利谬误深埋在现代科学实践中。它是由早期的频率主义统计学家提出的，他们特别喜欢把统计学看成一门完全客观的学科，不需要解释或事先判断。他们之所以能够摆脱这种错误的想法，是因为他们所面临的问题，比如估计一个完全未知的总体均值，使得先验信息发挥了相对较小的作用，因此忽略它并没有什么坏处。这里展示的例子表明，对于现代科学的许多问题来说，先验信息往往是必不可少的——就违背我们对世界的先验理解的主张大幅提高标准（如贝姆的超感官知觉实验）；它告诉我们，我们所寻找的效应很可能接近于零，如果想要检测它的任何可能性（如约安尼迪斯等人考察的神经科学研究），我们就需要高功效的研究；它还告诉我们，另一项研究已经对我们的效应做出了合理的估计，所以我们不能把一个不显著的结果作为零假设的证据（比如 COX-2 抑制剂试验）；或者提醒我们，我们正在大海捞针，所以我们经常找到的是干草（就像在遗传学研究和其他地方发生的数据挖掘一样）。人们可以通过方法论上的其他改变来实现微小的改进，但是如果统计技术继续忽略先验信息的必要成分，我们可以预期复制问题将继续存在。

由于像 NHST 这样的频率主义方法产生于对概率的不完全理解，我们发现它们不足以处理科学研究中的所有复杂问题也就不足为奇了。那么，要开始修复现代科学，我们就必须把这些思想连根拔起，代之以遵循概率推断连贯逻辑的方法。

在下一章中，我们将就如何做到这一点给出一个具体说明。复制危机，源自希腊语 *krinein*，意思是"决定"，为我们提供了一个独特的机会，来决定未来的科学家是采用更好的研究实践，还是继续重复过去的错误。这个机会有利有弊。复制危机可能最终会提供足够的动力，让人们充分关心统计学逻辑，倾听批评家近一个世纪以来的持续呼吁，但科学也会从中受益。从频率主义的灰烬中重生的统计学可能帮助科学家避免未来的复制问题，甚至可能做一些更重要的事情：帮助他们理解他们真正热爱的学科。在太长的时间里，统计检验基本上是毫无意义的障碍，研究人员不得不在发表论文的道路上克服它；或者更糟的是，它是一种手段，为那些对世界贡献甚微的粗制滥造的实验披上一层合法性的外衣。如果想让统计学不仅仅是一种空洞的形式，我们就必须让它成为一个真正有用的工具，让科学家能够更好地审查自己和同行的数据。

注释

① Joseph Berkson, "Tests of Significance Considered as Evidence," *Journal of the American Statistical Association* 37, no.219 (1942): 326.

② William W. Rozeboom, "The Fallacy of the Null-Hypothesis Significance Test," *Psychological Bulletin* 57, no.5 (1960): 422.

③ David Bakan, "The Test of Significance in Psychological Research," *Psychological Bulletin* 66, no.6 (1966): 428.

④ Paul E. Meehl, "Theory-Testing in Psychology and Physics: A Methodological Paradox," *Philosophy of Science* 34, no.2 (1967): 114.

⑤ Paul E. Meehl, "Theoretical Risks and Tabular Asterisks: Sir Karl, Sir Ronald, and the Slow Progress of Soft Psychology," *Journal of Consulting and Clinical Psychology* 46, no.4 (1978): 817.

⑥ Stanislav Andreski, *Social Sciences as Sorcery* (New York: St. Martin's Press, 1972), 114–115.

⑦ John P. Campbell, "Some Remarks from the Outgoing Editor," *Journal of Applied Psychology* 67, no.6 (1982): 698.

⑧ Jacob Cohen, "The Earth Is Round (p < 0.05)," *American Psychologist* 49, no.12 (1994): 997.

⑨ Ruma Falk and Charles W. Greenbaum, "Significance Tests Die Hard: The Amazing Persistence of a Probabilistic Misconception," *Theory and Psychology* 5, no.1 (1995): 78.

⑩ Persi Diaconis and David Freedman, "The Persistence of Cognitive Illusions," *Behavioral and Brain Sciences* 4, no.3 (1981): 333–334.

⑪ Gerd Gigerenzer, "The Superego, the Ego, and the Id in Statistical Reasoning," in *A Handbook for Data Analysis in the Behavioral Sciences: Methodological Issues*, ed. G. Keren and C. Lewis (Hillsdale, NJ: Erlbaum, 1993), 330.

⑫ Charles Lambdin, "Significance Tests as Sorcery: Science Is Empirical—Significance Tests Are Not," *Theory and Psychology* 22, no.1 (2012): 67–90.

⑬ Ronald L. Wasserstein and Nicole Lazar, "The ASA Statement on p-Values: Context, Process, and Purpose," *American Statistician* 70, no.2 (2016): 129.

⑭ Robert A. J. Matthews, "Why Should Clinicians Care About Bayesian Methods?," *Journal of Statistical Planning and Inference* 94, no.1 (2001): 44.

⑮ Roger Peng, "The Reproducibility Crisis in Science: A Statistical Counterattack," *Significance* 12, no.3 (2015): 30–32.

⑯ Helen M. Colhoun, Paul M.McKeigue, and George Davey Smith, "Problems of Reporting Genetic Associations with Complex Outcomes," *The Lancet* 361, no.9360 (2003): 868.

⑰ John P. A. Ioannidis, "Why Most Published Research Findings Are False," *PLOS Medicine* 2, no.8 (2005): e124.

⑱ 当然，费雪自己从来没有遇到过这个问题，因为他的总体总是"假设无限的"。

⑲ Joseph Berkson, "Some Difficulties of Interpretation Encountered in the Application of the Chi-Square Test," *Journal of the American Statistical Association* 33, no.203 (1938): 527.

⑳ David T. Lykken, "Statistical Significance in Psychological Research," *Psychological Bulletin* 70, no.3 (1968): 154.

㉑ Paul E. Meehl, "Why Summaries of Research on Psychological Theories Are Often Uninterpretable," *Psychological Reports* 66, no.1 (1990): 204.

㉒ Meehl, "Why Summaries of Research on Psychological Theories Are Often Uninterpretable," 206.

㉓ John T. Cacioppo et al., "Marital Satisfaction and Break-Ups Differ Across On-Line and Off-Line Meeting Venues," *Proceedings of the National Academy of Sciences* 110, no.25 (2013): 10135–10140.

㉔ Bakan, "The Test of Significance in Psychological Research," 430.

㉕ Edwin G. Boring, "Mathematical Vs. Scientific Significance," *Psychological Bulletin* 16, no.10 (1919): 335–338.

㉖ Steve Ziliak and Deirdre Nansen McCloskey. *The Cult of Statistical Significance: How the Standard Error Costs Us Jobs, Justice, and Lives* (Ann Arbor: University of Michigan Press, 2008), 4–5.
㉗ John P. A. Ioannidis, "Contradicted and Initially Stronger Effects in Highly Cited Clinical Research," *JAMA* 294, no.2 (2005): 218–228.
㉘ Daryl J. Bem, "Feeling the Future: Experimental Evidence for Anomalous Retroactive Influences on Cognition and Affect," *Journal of Personality and Social Psychology* 100, no.3 (2011): 407–425.
㉙ Bem, "Feeling the Future," 422.
㉚ Bem, "Feeling the Future," 410.
㉛ Ronald A. Fisher, "The Statistical Method in Psychical Research," *Proceedings of the Society for Psychical Research* 39 (1929), 189–192.
㉜ Daniel Engber, "Daryl Bem Proved ESP Is Real Which Means Science Is Broken," *Slate*, May 17, 2017, accessed April 28, 2020, https://slate.com/health-and-science/2017/06/daryl-bem-proved-esp-is-real-showed-science-is-broken.html.
㉝ Daryl J. Bem and Charles Honorton, "Does Psi Exist? Replicable Evidence for an Anomalous Process of Information Transfer," *Psychological Bulletin* 115, no.1 (1994): 4–18.
㉞ Jessica Utts, "Replication and Meta-Analysis in Parapsychology," *Statistical Science* 6, no.4 (1991): 363–378.
㉟ Bem and Honorton, "Does Psi Exist?," 13.
㊱ Engber, "Daryl Bem Proved ESP Is Real."
㊲ Benedict Carey, "Journal's Paper on ESP Expected to Prompt Outrage," *New York Times*, January 5, 2011.
㊳ George Lowery, "Study Showing That Humans Have Some Psychic Powers Caps Daryl Bem's Career," *Cornell Chronicle*, December 6, 2010.
㊴ Eric-Jan Wagenmakers et al., "Why Psychologists Must Change the Way They Analyze Their Data: The Case of Psi: Comment on Bem (2011)," *Journal of Personality and Social Psychology* 100, no.3 (2011): 426–432.
㊵ Bem, "Feeling the Future," 409.
㊶ Mithat G. nen et al., "The Bayesian Two-Sample t Test," *American Statistician* 59, no.3 (2005): 252–257.
㊷ Wagenmakers et al., "Why Psychologists Must Change the Way They Analyze Their Data," 430.
㊸ Harold Jeffreys, *Theory of Probability*, 3rd ed. (Oxford: Oxford University Press, 1961), 432.
㊹ Wagenmakers et al., "Why Psychologists Must Change the Way They Analyze Their Data," 429.
㊺ Daryl J.Bem, "Writing the Empirical Journal Article," in *The Compleat Academic: A Practical Guide for the Beginning Social Scientist*, ed. Mark P. Zanna and John M. Darley (Hove, East Sussex, UK: Psychology Press, 1987), 172.
㊻ Wagenmakers et al., "Why Psychologists Must Change the Way They Analyze Their Data," 431.
㊼ Bem and Honorton, "Does Psi Exist?," 4 (emphasis added).
㊽ Bem and Honorton, "Does Psi Exist?," 16.
㊾ Alan D. Sokal, "Transgressing the Boundaries: Towards a Transformative Hermeneutics of Quantum Gravity," *Social Text* 46/47 (1996): 217–252.
㊿ Carey, "Journal's Paper on ESP Expected to Prompt Outrage."
(51) "A New Bem Theory," *Statistical Modeling, Causal Inference, and Social Science*, accessed April 28, 2020, https://andrewgelman.com/2013/08/25/a-new-bem-theory.
(52) Joseph P. Simmons, Leif D. Nelson, and Uri Simonsohn, "False-Positive Psychology: Undisclosed Flexibility in Data Collection and Analysis Allows Presenting Anything as Significant," *Psychological Science* 22, no.11 (2011): 1359–1366.
(53) Andrew Gelman, and Eric Loken, "The Statistical Crisis in Science," *American Scientist* 102, no.6

(2014): 460–465.

(54) Brian A. Nosek, Jeffrey R. Spies, and Matt Motyl, "Scientific Utopia: II. Restructuring Incentives and Practices to Promote Truth Over Publishability," *Perspectives on Psychological Science* 7, no.6 (2012): 615–631.

(55) Open Science Collaboration, "Estimating the Reproducibility of Psychological Science," *Science* 349, no.6251 (2015):aac4716.

(56) Colin F. Camerer et al., "Evaluating the Replicability of Social Science Experiments in Nature and Science Between 2010 and 2015," *Nature Human Behaviour* 2, no.9 (2018): 637–644.

(57) Eric-Jan Wagenmakers et al., "Supplement: Bayesian Analyses for 'Evaluating Replicability of Social Science Experiments in Nature and Science,'" accessed April 28, 2020, https://osf.io/nsxgj/.

(58) Will M. Gervais and Ara Norenzayan, "Analytic Thinking Promotes Religious Disbelief," *Science* 336, no.6080 (2012): 493–496.

(59) Gervais and Norenzayan, "Analytic Thinking Promotes Religious Disbelief," 495.

(60) Nick Buttrick et al., "Replication of Analytic Thinking Promotes Religious Disbelief," *Center for Open Science*, accessed April 28, 2020, https://osf.io/r4dve/.

(61) Wagenmakers et al., "Supplement: Bayesian Analyses," 10–11.

(62) Brian Resnick, "More Social Science Studies Just Failed to Replicate. Here's Why This Is Good," Vox, August 27, 2018, accessed April 28, 2020, https://www.vox.com/science-and-health/2018/8/27/17761466/psychology-replication-crisis-nature-social-science.

(63) Will M. Gervais and Ara Norenzayan, "Author Comment," Center for Open Science, accessed April 28, 2020, https://osf.io/q64td/.

(64) C. Glenn Begley and Lee M. Ellis, "Raise Standards for Preclinical Cancer Research," *Nature* 483, no.7391 (2012): 532.

(65) Katherine S. Button et al., "Power Failure: Why Small Sample Size Undermines the Reliability of Neuroscience," *Nature Reviews Neuroscience* 14, no.5 (2013): 365–376.

(66) Button et al., "Power Failure," 372.

(67) Leonard P. Freedman, Iain M. Cockburn, and Timothy S. Simcoe, "The Economics of Reproducibility in Preclinical Research," *PLOS Biology* 13, no.6 (2015):e1002165.

(68) C. F. Camerer et al., "Evaluating Replicability of Laboratory Experiments in Economics," *Science* 351, no.6280 (2016): 1433–1436.

(69) John P. A. Ioannidis, T. D. Stanley, and Hristos Doucouliagos, "The Power of Bias in Economics Research," *Economic Journal* 127, no.605 (2017):F250.

(70) "Reproducibility Project: Cancer Biology," ed. Roger J. Davis et al., eLife, accessed April 28, 2020, https://elifesciences.org/collections/9b1e83d1/reproducibility-project-cancer-biology/.

(71) Jeffrey R. Lisse et al., "Gastrointestinal Tolerability and Effectiveness of Rofecoxib Versus Naproxen in the Treatment of Osteoarthritis: A Randomized, Controlled Trial," *Annals of Internal Medicine* 139, no.7 (2003): 539–546.

(72) Tze-Fan Chao et al., "The Association Between the Use of Non-steroidal Anti-Inflammatory Drugs and Atrial Fibrillation: A Nationwide Case-Control Study," *International Journal of Cardiology* 168, no.1 (2013): 312.

(73) Morten Schmidt et al., "Non-steroidal Anti-Inflammatory Drug Use and Risk of Atrial Fibrillation or Flutter: Population Based Case-Control Study," *British Medical Journal* 343, no.7814 (2011): 82.

(74) Chao et al., "The Association Between the Use of Non-steroidal Anti-Inflammatory Drugs and Atrial Fibrillation," 314.

(75) Morten Schmidt and Kenneth J. Rothman, "Mistaken Inference Caused by Reliance on and Misinterpretation of a Significance Test," *International Journal of Cardiology* 177, no.3 (2014): 1089–1090.

⑦⑥ Lisse et al., "Gastrointestinal Tolerability and Effectiveness of Rofecoxib Versus Naproxen," 543.

⑦⑦ Alex Berenson, "Evidence in Vioxx Suits Shows Intervention by Merck Officials," *New York Times*, April 24, 2005.

⑦⑧ Shaoni Bhattacharya, "Up to 140,000 Heart Attacks Linked to Vioxx," *New Scientist*, January 25, 2005.

⑦⑨ Fisher, "The Statistical Method in Psychical Research," 191.

⑧⓪ Ziliak and McCloskey, *The Cult of Statistical Significance*, 29.

⑧① Valentin Amrhein, Sander Greenland, and Blake McShane, "Scientists Rise Up Against Statistical Significance," *Nature* 567, no.7748 (2019): 305–307.

⑧② Wasserstein and Lazar, "The ASA Statement on p-Values," 129–133.

⑧③ Ronald L. Wasserstein, Allen L.Schirm, and Nicole A. Lazar, "Moving to a World Beyond 'p < 0.05,' " *American Statistician* 73, supp.1 (2019): 2.

⑧④ Wasserstein, Schirm, and Lazar, "Moving to a World Beyond 'p < 0.05,'" 2.

⑧⑤ Jacky G. Goetz et al., "Biomechanical Remodeling of the Microenvironment by Stromal Caveolin-1 Favors Tumor Invasion and Metastasis," *Cell* 146, no.1 (2011): 148–163.

⑧⑥ Fritz Strack, Leonard L. Martin, and Sabine Stepper, "Inhibiting and Facilitating Conditions of the Human Smile: A Nonobtrusive Test of the Facial Feedback Hypothesis," *Journal of Personality and Social Psychology* 54, no.5 (1988): 768.

⑧⑦ Monya Baker, "Is There a Reproducibility Crisis?," *Nature* 533 (2016): 452–454.

第7章
出　路

在此我不能隐瞒，我预见到在这些规则的特殊应用中会遇到许多障碍，如果不谨慎行事，这些障碍往往会导致可耻的错误。

——雅各布·伯努利

在本章中，我们将推荐一些应该采取的具体步骤，以便一劳永逸地摆脱伯努利谬误。这些都是写给一个代表着科学家、统计学家、心理学家、律师、医生、工程师、经济学家、管理专业人士和其他任何用概率进行推断的普遍的"你"，但它也可以被解读为"我们"。这些事情适用于我们所有人，考虑到长期以来对这种概率和统计思维方式的抵制，没有一件事是容易做到的。这样做的好处是，我们将纠正统计这艘船的航向，并为下一代提供一种以逻辑方式处理不确定性的概率推断方法。批评人士对这种风气的抱怨已经够久了。现在是时候做点什么了。

抛弃频率主义的解释和语言

正统统计方法被迫成为现在的样子，是因为它们依赖于频率主义对概率的解释。如果所有概率都意味着一系列试验中的长期频率，那么一个典型实验中唯一可以给出概率的部分就是数据，因为这是唯一可以在重复试验中变化的东西。所以，将所有的概率推断都建立在数据抽样概率的基础上，会使统计推断的标准方法变得笨拙，并使其受制于伯努利谬误。

因此，概率意味着频率的想法最终过于狭隘，不可能具有任何实际用途。

虽然它因为与我们所知道的关于骰子或硬币等简单问题的正确答案有经验上的联系，而具有一定的吸引力，但我们需要概率来回答更多的问题。我们需要一种描述关于过去事件的概率推断或关于世界状态的可能假设，对于这一点，频率的视角是不适用的。这种对概率更广泛的理解由来已久——因为之前有数学概率。

此外，正如我们在第 1 章中看到的，频率主义的观点并不那么令人信服，即使对于它所设计的问题也是如此。频率主义者对常见概率问题的回答，如抛硬币出现正面的概率，要求我们规定，在其中的一些条件保持不变，例如硬币的形状和物理条件，而另一些条件允许变化，例如每次抛硬币的确切初始条件的情况下，如果连续不断地抛硬币，答案将是长期频率1/2。没有真正的物理实验可以证实这一点，如果进行了一个实验，发现长期频率似乎趋向于 1/2 以外的某个数字，频率主义者的反应是认为硬币在物理上出了问题，或者抛硬币的方式出了问题。所以频率主义者的答案不仅不是经验性的，而且是如此教条以至于它会否定任何反对它的经验主义证据。当考察一些非常不可能发生的事件的可能性时，比如某人中了彩票或犯了谋杀罪，这些问题变得更加突出。

将频率主义的观点从简单的几率游戏调整到现实世界的概率，也会带来参考类别（reference class）问题（哪些特征是固定的，哪些是允许变化的？），这在雅各布·伯努利考察估计死亡率时已经很明显了。这个问题使得所谓的客观频率主义者的概率就像任何贝叶斯先验概率一样需要解释。比如，我们在第 2章遇到的萨利·克拉克的例子。根据所了解的克拉克一家的情况，即他们为不吸烟者，都有稳定的工作以及萨利的年纪超过 26 岁，罗伊·梅多博士调整了观察到的婴儿猝死综合征频率（约 1/1300），得出了两名婴儿死于婴儿猝死综合征的概率为 1/7300 万的数字。他怎么知道他调整了所有正确的因素？为什么不包括她和她丈夫都是律师这一事实呢？克拉克夫妇的信息越具体，他所需要的数据就越少，直到他的样本量减少到 1。他还假设一个家庭中成对的婴儿猝死综合征死亡是独立的，所以应该将他们的概率相乘。这显然是一个错误的假设，但鉴于缺乏此类罕见事件的数据，对它们的依赖性进行的任何修正难道不会有点主观吗？

用总体来定义概率，就像罗纳德·费雪所做的那样，也没有多大帮助。正如我们在第 4 章中看到的，所有概率都是关于从总体中抽样的建议，要求人们想象这个总体是无限大的并具有它应该具有的特征，以便正确地进行概率计算。皮埃尔-西蒙·拉普拉斯关于任何大量自变量之和收敛于正态分布的定理等结果要求人们以某种方式将这些和视为属于某种理论和的总体。为什么要费心建造这样一个奇怪的东西呢？此外，人们如何能从实证上检验有关总体的反事实假设呢？也就是说，如果总体有一个我们不知其具有的属性，那么抽样概率就以频率的形式出现，这需要我们从一个假想的总体中抽取一系列假想的样本。这是哪门子实证？

费雪和其他早期频率主义统计学家根据总体抽样来定义概率，因为他们通常就是这么做的。但物理学家、天文学家、化学家、医生、心理学家以及其他任何不关心从总体中抽样的人都需要一种完全不同的方式来描述概率。正如耶日·内曼自己所说，"问题在于，我们（统计学家）所说的现代统计学是在生物学家的强大压力下发展起来的"。因此，实际上我们所做的任何工作都不能被直接应用于天文学问题。[①]

对概率更好、更完整的解释是，它在给定一些假设信息的情况下衡量一个命题的可信性。这将演绎推理（在演绎推理中，一个命题可以作为一组前提的逻辑结果被推导出来）的概念扩展到了信息不完全的情况。该命题或多或少是可信的，取决于假定已知的内容。演绎推理，在这个框架中，是 1 和 0 的概率。或者从另一个角度来看，概率是带有不确定性的演绎推理。

由于所有的概率分配都依赖于假设的信息，所以我们需要采用一种表示概率的符号，这要求对信息进行解释。也就是说，我们不应该用 P[A] 来表示命题 A 的概率，而应该用 P[A|X] 来表示这个概率取决于什么信息 X。这可能看起来只是符号上的一个小变化，但它意味着一个不同的世界。在标准的教科书中，这被称为条件概率，但我们不能把它看作一种独立的概率类型。所有的概率都是有条件的。通过使用这种符号，我们不断地提醒自己，概率是关于我们知识（或无知）的函数，而不是一个物理系统的固有可测量量。频率是可测量的，概率则不可以。试图测量概率就像在不知道方程的情况下求解 y 的方程。

然而，放弃对概率的频率主义解释并不意味着频率是无关紧要的。相反，它们可能是背景信息中有价值的一部分，而概率的条件是建立在这些背景信息上的。例如，我们可能知道，在过去的 1000 次行动中，有 600 次产生了预期的结果，另外 400 次产生了不同的结果。然而，这是否意味着我们要将预期结果再次发生的概率设定为 0.6，取决于我们对这些结果的其他了解。而我们所分配的概率是否与实际观察到的频率相符，则取决于我们的背景假设是否正确。"逻辑概率"为我们提供了一个使用这些信息来指导我们更准确地理解世界的一般框架，而频率概率只给我们一个可能正确也可能不正确的预测。

我们必须摆脱的另一件事是继承自优生学的正统统计学语言。正如在第 4 章中所看到的，我们所认为的正统统计学理论主要创始人的动机是解决为推进其优生学议程而需要理解的一些特定问题。弗朗西斯·高尔顿试图理解人类特征在多大程度上会从一代人传递到下一代人，以及健全或不健全的人的哪些特征通常会结合在一起，这促使他提出了相关性和回归的概念。尽管显著性检验这个词是弗朗西斯·埃奇沃思创造的，但卡尔·皮尔逊试图区分导致了显著性检验使用增长的不同亚种群。它最初被用于发现总体分布和正态曲线之间的显著差异，而皮尔逊认为这表明存在不止一种分布。后来，该工具被用于检测亚种群之间的显著差异，但在这两种情况下，对于作区分这一目的来说，仅存在差异是最重要的，而不需考察差异有多大或有多显著。费雪试图回答类似的变量相关性问题，引出了线性判别分析和方差分析的方法。所有这些思想都是在以净化人类种族为最终目标的背景下发展起来的，优生学的语言仍然在所有这些思想中徘徊。

所以，除了放弃概率作为总体抽样的概念之外，我们应该摒弃将群体成员描述为偏离或围绕某个平均值变化，摒弃询问两个亚种群是否存在显著差异，以及摒弃我们是否可以通过回归或方差分析来确定关系的语言。在任何真实的概率推断问题中，我们关心的事物可能根本不是变量，而是我们还没有完全理解的量。把我们的不确定性说成有一个标准差或方差可能会导致毫无意义或更糟的结果。这些术语都是用词不当，它们使破坏性的统计思维得以实现，因为大量的统计问题与人口或遗传无关——但这还不是全部。它们还承载着一种道德训诫，号召我们追查越轨行为，惩罚不洁行为，肯定一种特殊的健全中心主义者的存在，以及（用贝尔·胡克斯的话来说）"帝国主义""白人至上主义""资本主义""父权文化暴力"的存在[2]。当然，就像在线性回归中一样，我们可以让模型假设 $y = ax + b$，而不需要称之为线性混合的等价物。

以下是一些标准术语的可能替换：

• 随机变量→未知；

• 标准差→不确定性，或用其倒数表示的精度；

• 方差或协方差→第二中心矩；

• 线性回归→线性建模；

• 显著差异→不适用（N/A；相反，报告一个显示差异可能大小的概率分布）

同样地，我们也必须摆脱关于估计量的统计术语，以及所有关于一种或另一种估计量的内置规范性广告。如果我们所关心的是从一组观测值中得出推论，那么无偏、一致或有效等特性就没有意义，这些特性表征了一个估计量在多次重复实验中的抽样分布。正如我们在第 5 章中看到的，贝叶斯推断方法并不依赖于具有这些属性的估计量——或者根本不依赖于估计量。将假设参数值与数据概率联系起来的模型提供了我们需要知道的一切。

没有什么强迫我们对未知参数进行单一估计，如果出于任何原因，这样做变得有用，那么参数的后验概率分布为我们提供了许多选择的可能性。同样，我们也可以在这些灰烬堆中加入充分统计量和辅助统计量等概念。如果它们存在的话，这些东西将在推断过程中自动被发现，甚至在我们没有注意到的情况下发生。充分统计量在正统框架中是有用的，因为它们有助于向用户保证，除了他们选择的估计量之外，数据中没有更多的信息；因为我们知道在贝叶斯分析中，我们总是使用所有可用的信息，所以我们不需要这样的保证。

把概率当作真实的、可测量的量来对待（可以说是在量子理论之外）的一个更潜在的后果是，它会诱使我们认为我们目前对某事的不确定性是最终的。也就是说，它阻止了我们为试图了解更多而进行的调查。正如埃德温·杰恩斯所写：

> 事实上，因为单个事件没有特定的原因，所以并不存在所谓的"随机过程"。如一些正统教科书中描述的，人们认为人类疾病或机器故障是"随机过程"，从而导致人们认为在收集有关它们的统计数据时，自己在测量一个控制因素——一个人得病或机器失灵的实际"倾向"——仅此而已。[3]

我们不应该仅仅专注于试图从一组固有的噪音观测中辨别出一些信号，而应该更多地专注于试图理解和消除噪音。对细节的关注和所需的创造力一直是伟大的实验科学家与众不同的地方。当路易斯·巴斯德试图驳斥自然发生（spontaneous generation）理论时，他面对的事实是，早期实验确实似乎表明，生命可以在某些条件下自然发生，但在其他条件下则不然。如果他就此止步，我们今天可能会有一个关于自然发生概率的随机理论；相反，他进行了巧妙的实验，以确定什么情况会导致生长介质中存在生命，并在每种情况下都证实，只有通过外部灰尘的一些污染，微生物才能被引入介质中。正是由于这些实验，我们现在才有了疾病的微生物理论。一个这样高质量的实验抵得上一百次在任何显著性水平上拒绝零假设的统计检验。一旦我们抛弃了频率统计的官僚主义，我们就可以花更多的时间做实际的科学研究。

对优秀的学生来说，在进入大学之前，应该尽早被传授概率的逻辑，这样他们就可以从信息和合理性的角度来思考统计。那些后来成为研究科学家的人自然会将贝叶斯推断应用到他们的数据中，最终这将成为期刊所期望的标准。学术界的教学和发表反馈回路可能一直存在，但它有可能是一个良性循环，而不是一个恶性循环。

去掉无用的概念（显著性检验、估计量、充分统计量和辅助统计量、随机过程）将相当于砍掉大约 90% 的标准统计学课程。这甚至可能意味着完全放弃将统计学作为一门独立的学科，但这没关系。概率论作为一个主题，应该像逻辑一样，合理地在它的母体——数学和哲学之间分配时间。无论如何，贝叶斯统计推断只包含一个重要的定理，它的实用技术可以在一个学期的应用数学课程中教授。大学里不需要有专门研究它的系，就像不需要有专门研究二次方程的系一样。

不要害怕先验概率

也就是说，进行贝叶斯推断。多年来，这么多人对使用贝叶斯方法犹豫不决的原因是，它需要先验概率的分配。从贝叶斯开始，这一直困扰着实践者，因为它开启了一种可能性，即我们从推断中得出的任何结论都可能严重依赖于这种主观和武断的选择。正如我们在伯特兰德悖论的例子中讨论的，为连续参数分配均匀的先验概率分布也存在理论上的问题，因为该分布在变量变化时（例如，面积与边长作为正方形大小的"未知"度量）不是不变的。这正是费雪反复用来驳斥贝叶斯方法无效的论点。[④]

让我们来克服它。

首先，答案通常是，如果对先验概率的选择感觉是任意的，那只是因为我们没有正确地指定我们给问题带来的所有先验信息。例如，杰恩斯对一个伯特兰德悖论问题的回答利用了一个不言而喻的假设，即问题与位置无关。一如既往，我们的概率分配必须尊重背景信息中存在的不变性。所以，这些不变性可能是存在的，但还没有被恰当地表达出来。

杰恩斯在他的变换群（transformation groups）理论中研究了对不同类型参数（特别是尺度和位置参数）的不同无知程度将导致不同的概率分配。[⑤] 如果改变一个问题的位置没有给我们提供关于位置参数值的有用信息，那么我们必须给它分配一个均匀的概率分布，等等。他还提出了一个普遍的论点，即在没有这些明显变换的情况下，我们应该分配一个使熵最大化的分布，这只是一种对我们缺乏可用信息进行量化的方式。（这两个主题都超出了本书的范围，但只要稍加练习，技巧就不难掌握。）

其次，通常情况下，先验概率的选择并不会以任何显著的方式影响最终答案。例如，在第 5 章的例子中，为了进行贝叶斯推断，我们偶尔会假设一个具有无界的取值范围的变量具有均匀先验概率，例如我们丢失的旋转机器人的位置。从技术上讲，这是不恰当的，因为在整个实线上不存在均匀的概率分布。[⑥]然而，无论我们在区间［−10000000，10000000］上使用先验分布还是均匀分布，在最终分析中都没有明显的区别，因为数据给我们的信息太多了，先验分布的这一特征都被"冲走"了。由于缺乏精确指定的概率分布，我们无法进行计算，所以我们就是在让"完美"成为"足够好"的敌人。一些具体的计算会表明，它通常是不重要的，如果它真的重要，我们就可以了解到哪种形式的先验信息可以给我们提供关于手头问题的合理结论，或者我们的结论对哪些假设特别敏感。

再次，如果想避免被指责为偏向于我们的结论，我们可以在开始推断之前用一个非常弱的先验概率以表示怀疑。如果我们想避免改变先验概率来得到我们想要的答案的可能性，我们甚至可以众包和预注册这些先验概率，就像许多研究人员现在预注册他们的研究方法一样。相反，如果一个党派为了得到他们想要的结论而以不合理的高先验概率开始推断，那么他们至少要暴露偏见！比如说，如果一篇论文的作者一开始就提出了有99%的可能性产生某种效应，然后证明了把这种可能性提高到99.9%的结果，那么这篇论文就会显得很平庸。贝叶斯推断要求我们把所有的牌都摆到桌面上。

最后，那些为频率主义统计数据辩护的人没有权利说任何事情是武断的。正统统计学方法的使用者声称只从客观事实（即抽样概率）中得出推断，但他们之所以能够这样做，只是因为他们对参考类别作出了武断的决定，武断地将概率分配给未被观察到的结果，武断地忽略先验概率和备择假设的重要作用，正如我们已经描述过很多次的那样。正是这种思维方式使得达里尔·贝姆的超感官知觉证明被发表在一份著名的心理学杂志上。先验概率在推断中所起的作用与前提在逻辑推断中所起的作用相同，而仅凭抽样概率是不足以建立推断基础的。任何这样做的企图都是不合逻辑的。贝叶斯定理是一个定理，在数学上和勾股定理一样有效，如果不用贝叶斯定理进行统计推断，就像不用勾股定理做建筑图纸一样。

确实存在各种各样的妥协来帮助人们轻松地运用贝叶斯思维方式。在第6章中，我们描述了贝叶斯因子的使用，它表示数据本身对某一给定假设的支持而与我们对该假设的先验概率分配无关。这些可以提供一个友好的中间地带，因为它们允许对假设的合理性持有不同观点的不同读者都能从论文分析中获得一些有意义的信息。最终，一篇论文是否值得发表，应该取决于其结论的强度，而不仅仅是其方法，因此，对一个不合理假设的一定支持是否被视为重要或有趣，在某种程度上取决于共识。

正如我们在瓦根马克斯对贝姆的结果的分析以及此后的各种复制工作中所看到的，假设效应为真，无论如何，我们可能仍然需要进行一些剩余的贝叶斯分析，以效应大小的先验概率分布的形式提出贝叶斯因子。不管出于什么原因，这似乎更容易让很多人接受。我们在第2章中看到的另一种折中方法是先验启发（prior elicitation）：把贝叶斯问题反过来问，即为了让给定数量的证据具有说服力，需要多大的先验概率。同样，它包含与贝叶斯推断完全相同的信息内容，但有时可以给出更令人满意的结果表示。

但正如我们在第5章的"分割数据的问题"例子中看到的，另一个关键区别是贝叶斯推断永远不会结束！在贝叶斯范式中，我们从不要求得到最终答案。也就是说，我们可以从一个假设的不确定状态开始提问，比如说一个参数值，然后以另一个不确定状态结束提问，但只要它与我们知识的最终状态一致，我们就从来不会声称明确拒绝关于该值的任何特定假设。这提供了比显著性检验更丰富的分析方法，显著性检验将整个过程简化为关于拒绝假设的二元是 / 否决定。

忽略你没有得到的数据；关注那些你没有假设的假设

也就是说，停止使用零假设显著性检验（p 值）。正如我们在上一章中看到的，对 NHST 的批评由来已久，特别是关于 p 值经常被使用它们的研究人员误解的事实。2012 年，查尔斯·兰丁列出了关于 p 值的 12 个常见误解：

（1）p 值是如果再次进行研究，结果将重复的概率（错误）。

（2）我们应该对用较大的 N 获得的 p 值比用较小的 N 获得的 p 值更有信心（这不仅是一种错误，而且是一种倒退）。

（3）p 值是对所获得结果的置信度的衡量（错误）。

（4）p 值使归纳推断过程自动进行（错误，你仍然需要自己完成——大多数人都不会对此费心）。

（5）显著性检验使推断过程更加客观（实际上并非如此）。

（6）p 值是从总体参数到我们的研究假设的推断（错误，它只是从样本统计量到总体参数的推断）。

（7）p 值是我们应该对研究假设为真的信心程度的衡量（错误）。

（8）p 值告诉你一些关于样本成员的信息（不，它没有）。

（9）p 值是对基于结果的归纳有效性的衡量（错误）。

（10）p 值是给定数据原假设为真（或假）的概率（它不是）。

（11）p 值表示备择假设为真（或假）的概率（这是错误的）。

（12）p 值是由于几率而获得结果的概率（非常普遍，但却是错误的）。[⑦]

到 2014 年，情况变得如此糟糕，尤其是考虑到持续不断的复制危机，《基础与应用社会心理学》(*Basic and Applied Social Psychology*，BASP) 杂志的新主编戴维·特拉菲莫发表了一篇社论，声明该杂志将不再要求提交使用推断统计数据——特别是 NHST。社论直言不讳地说："零假设显著性检验程序已被证明在逻辑上是无效的，并且几乎不能提供关于零假设或实验假设的实际可能性的信息。"[8] 第二年，该杂志彻底禁止了 NHST。[9] 为了在期刊上发表论文，作者必须删除所有对显著差异、p 值以及产生显著差异的检验的引用。

即使《自然》杂志上一篇宣布因为经常被错误地解释，BASP 已经禁止了 p 值的文章中，作者也错误地解释了 p 值，他这样定义 p 值："p 值越接近零，零假设为假的可能性越大。"[10] 该杂志随后发表了以下更正："p 值并没有给出零假设为假的概率，而是给出了如果零假设为真，获得数据的概率至少与观察到的数据一样极端。按照惯例，较小的 p 值被解释为证明零假设为假的更有力的证据。"事实上，这是"按照惯例"而并未参考任何实际概率，这正是问题所在。

2015 年，美国统计协会召开了一次为期两天的会议，来自不同背景的统计和科学研究专家参加了会议，旨在就 p 值和统计显著性提出官方立场。经过接下来几个月的多次修订，他们发布了一份有六项核心原则的声明，其中一项根本没有提到 p 值，其中四项涉及 p 值不是什么：

（1）p 值可以表明数据与特定统计模型的不相容程度。

（2）p 值不能衡量所研究的假设为真的概率，也不能衡量数据仅由随机产生的概率。

（3）科学结论和商业或政策决策不应该仅仅基于 p 值是否超过某个特定的阈值。

（4）正确的推断需要充分的报告和透明度。

（5）p 值，或统计显著性，不能衡量一个效应的大小或一个结果的重要性。

（6）就其本身而言，p 值并不能很好地衡量一个模型或假设的证据。[11]

一个关于 p 值的积极说法——它们可以表明数据与特定模型的不相容性——是不完整的，甚至有误导性。除非指定了模型的备择假设，否则没有理由说数据与给定模型不兼容。在不参考这些备择假设的情况下，正统的 p 值论证本质上是这样的："在零假设下，这个观察结果和更极端的情况都是不可能的；因此，零假设有问题。"当然，谨慎的频率主义者不会说这个假设本身是不可能的，主要是因为这个说法在频率主义者的思想中没有任何意义，但是，根据程序，我们仍然有理由怀疑甚至拒绝这个假设。

正如我们所看到的，这与忽视基础概率或检察官谬误以及我们考察过的许多其他例子的核心思想一样，犯了相同的错误。的确，在给定假设下，数据不太可能的事实有可能让我们有理由怀疑该假设，但只有当我们准备好另一个假设，以及它的先验概率和它分配给数据的概率时，我们才能这样做。试图在没有这些其他因素的情况下进行推断，使得显著性检验变得如此尴尬且不合逻辑。一杯糖在加入其他配料的情况下有可能被做成蛋糕，但再多的创造力也无法单独把它变成蛋糕。

正如我们在第 5 章讨论的那样，p 值的定义默认了它自身的不足，因为它的值并不仅仅等于零假设下数据的概率。相反，它要求我们想象我们还能得到哪些更极端的数据。更极端的选择通常揭示了我们暗中检验的备择假设；我们通常选择概率分布的尾部区域，因为在不同的假设下，它们不太"像尾部"。

正如我们在第 5 章中看到的，使用 p 值的统计推断只适用于特定类型的问题，而不适用于其他常见问题。在《美国统计学家》的一篇文章中，罗纳德·沃瑟斯坦（美国统计协会的执行董事）和妮可·拉扎尔（杂志主编）解释了为什么该声明是必要的，但又补充说，这些问题早就被理解了：

> 我们想澄清。美国统计协会的声明里没有什么新东西。几十年来，统计学家和其他人一直在就这些问题发出警告，但收效甚微。我们希望，世界上最大的统计学家专业协会的一则声明将引起新的讨论，并提请人们重新积极关注改变科学实践中统计推断的使用。[12]

但是，美国统计协会的"澄清"言论，及其只要 p 值的含义被正确理解并得到其他分析模式的支持就可以继续使用的隐晦祝福，都没有抓住要点。一开始教授 p 值只是因为 p 值有被误解的可能。对于皮尔逊和费雪考察的抽样调查问题，它们似乎给出了正确的答案，正如我们所看到的，这是因为它们在这些问题上与贝叶斯方法有重叠。使这种重叠成为可能的条件是：（1）一个简单的、明确定义的备择假设集；（2）弱先验信息表明对任何一个假设没有偏好，这两种情况都不可能在一般情况下成立。显著性检验的基本逻辑从一开始就有缺陷。我们不应该再在统计学课程中教授 p 值，就像我们不应该在医学院教授颅相学一样。

为了解决复制的问题——特别是，机械地应用"$p < 0.05$"阈值使得假阳性结果的高发生率似乎成为可能——许多人建议将这个阈值降低到更困难的程度。例如，2017 年 72 名科学家和统计学家共同发表在《自然人类行为》(Nature Human Behavior) 杂志上的一篇论文主张将标准从 $p < 0.05$ 改为 $p < 0.005$。[13]

本质上，这实际上会使显著性检验更接近费雪的意图。在《实验设计》经常被引用的一段话中，他曾试图对产生显著结果的单一实验和实验过程作出区分：

> 为了断言一种自然现象是可以通过实验证明的，我们需要的不是一个孤立的记录，而是一种可靠的程序方法。关于显著性检验，当我们知道如何进行一项实验，而该实验很难给我们一个统计上显著的结果时，我们就可以说，这种现象在实验上是可以论证的。[14]

当然，这种区分是虚幻的，因为重复多次的实验在功能上与有更多试验的大型实验是一样的。在零假设下，试验之间的独立性假设意味着数据概率只是简单地相乘，因此我们如何选择将样本分组以将其相乘是随意的。例如，如果一个实验结果的显著性被定义为在 H_0 下一个检验统计量 S 落入概率分布最右侧 5% 的区域，那么在随后的两次重复实验中，坚持连续两次这样做，在数学上等同于坚持这对（ S_1，S_2 ）落在其分布的"最右上角"，在 H_0 下有概率（ 0.05 ）$^2 = 0.0025$。费雪的"很少失败"标准，如果曾经精确地规定过，可以很容易地转化为一个类似定义的联合统计量单一检验，具有一个相对较小的显著性阈值。

虽然提高显著性的标准肯定有助于减少假阳性的数量（以牺牲更多的假阴性为代价），但它并不能解决显著性检验毫无意义的根本性问题。

另一种流行的补救方法是为任何估计效应报告置信区间，而不是对效应是否存在于某种显著性水平进行单一是 / 否决定。正如我们在第 5 章看到的，置信区间确实比单个显著性检验提供了更多的信息，但它们都基于相同的基本思想。置信区间报告了在选择的显著性水平上不会被拒绝的所有假设，因此每一个假设的逻辑都与单一零假设显著性检验相同。在 5% 的水平下，零假设是否被拒绝，等同于"零假设的效应"值被包含在 95% 的置信区间内，以此类推。

所有这些非贝叶斯方法都存在相同的固有问题，即它们试图仅用数据的抽样概率进行推断；也就是说，他们犯了伯努利谬误。显著性检验有一种特殊的病态，因为它们的推断不仅基于所观察到的数据本身，而且还基于可能可以被观察到的更极端的数据。正如我们在第 5 章看到的"选择性停止的问题""幸运的实验者"和"出现故障的数字秤"的例子一样，关于实验如何进行以及什么样是更极端的想法可能会导致非常不同的推断。

贝叶斯方法不会出现这些错觉，因为它的方向是正确的逻辑方向：基于给定的观察，我们为我们关心的各种假设分配概率。重要的是备择假设，而不是可能的替代数据。就像夏洛克·福尔摩斯侦破谋杀案一样，我们只关心根据已知的案件事实作出推断，而不关心嫌疑人可能犯下但没有犯下的假设罪行。

习惯于近似的答案

从早期开始，概率就给计算带来了困难。几乎可以肯定的是，理论概率的发展被大大推迟了，因为所有有趣的非平凡例子都很难计算。我们在第 3 章看到，即使是一个简单的二项分布问题也可能涉及非常费力的手工计算问题。这就是为什么亚伯拉罕·棣莫弗有关二项式的正态近似的发现是如此重要。

伯努利通过设置一个更易于计算的下界来处理他的原始问题，但这是以使他的方法不切实际为代价的。在《猜想的艺术》的最后，他举了一个计算足够样本量的方法的例子：如果一个陶瓷中白色鹅卵石与全部鹅卵石的比为 3∶5，那么它在这个区间内 [29/50，31/50] 的概率至少是在区间外的概率的 1000倍。也就是说，他发现了使得样本比具有由 1000/1001 定义的"道德确定性"概率在其真值的 1/50 的范围内的必须的 n 值，他得出的样本量是 25500。斯蒂芬·斯蒂格勒认为，这个例子出现在书的最后的一个可能原因是，伯努利看到了 n 的值很大，然后就放弃了（还有一些可能是后来伯努利的侄子补充了敷衍了事的结束语）。在当时，对于任何真实世界的实验来说，25500 个样本是令人难以置信的，这比伯努利居住的瑞士巴塞尔的人口还要多。⑮

即使在皮尔逊和费雪的时代，概率和统计问题所需的计算仍然是繁重的。正如我们在第 4 章看到的，费雪的天才之处在于他能够用分析的方法计算各种数量——比如样本相关系数的抽样分布或戈塞特的 t 统计量，这意味着他能够推导出答案的精确公式。但他可能被困在一个泡泡里，只思考那些他能回答的问题。而他所关心的问题让他确信这些问题已经足够。例如，费雪通常假设总体服从正态分布，这让他能够利用正态分布中指数函数的数学性质。正如我们在"寻找丢失的旋转机器人"例子中所描述的，如果假设一些重要的统计量具有柯西分布，那么这些数学上的细微差别就不会出现。所以费雪对充分统计量这类概念的喜爱可能会被动摇，如果这些没有充分统计量的问题与他有关的话。相反地，如果他不那么在意能否计算出充分统计量，他可能已经探索了世界的各种可能性，包括柯西分布数据。

早期统计学家对正态分布的亲切感仍然存在，因为数据集通常是根据一些汇总统计量来讨论的：平均值、标准差；如果数据包含成对的值，则还包括它们的相关系数。如果数据可以被假设为呈正态分布，那么这是有意义的，但对于其他分布，它们可能无法说明全部情况。例如，1973 年，英国统计学家弗朗西斯·安斯科姆构造了四个不同数据集的例子，现在被称为安斯科姆四重奏，所有的数据集对两个变量 x 和 y 都具有相同的或者非常接近于相同的汇总统计量。⑯ 也就是说，这四组数据具有相同的特征：x 的样本均值、y 的样本均值、x 的样本方差、y 的样本方差，以及 x 和 y 之间的样本相关性。然而，看一看图 7.1 中的数据集图表就会发现一些明显的区别。

左上角的数据集就像我们对具有很强相关性的一对正态分布变量所期望的那样，是一种在最佳拟合线上有一些离散的线性关系。其他的显然有不同的关系：完全非线性（右上）；完全线性，只有一个异常值（左下）；除了一个异常值，x 完全没有变化（右下）。安斯科姆的观点是，图表可以成为识别数据模式的重要分析工具，我们不应该害怕相信自己的眼睛。约瑟夫·伯克森称之为"直观检验"（interocular traumatic test）；当结论让你眼前一亮的时候，

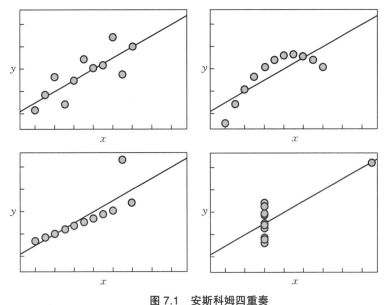

图 7.1 安斯科姆四重奏

资料来源：维基百科。

你就知道这些数据意味着什么了。[17] 但图形必然是一种近似。处理非正态数据可能经常需要其他类型的分析。在很多情况下，如果试图为数据的非正态性建模，我们可能只能进行近似的计算，因为不存在确切的答案。

同样的现象常常阻碍了贝叶斯分析。根据对先验分布的分配和数据的抽样概率的组合，我们可能会得到一些包含我们无法精确计算的可怕的和或乘积。例如，现代贝叶斯科学家所面临的情况并非完全不同寻常：假设我们试图在两个变量 x 和 y 之间建立线性关系，$y = ax + b$，其中 a 为一个未知的斜率，b 为截距。我们假设每个测量 y 都有误差项 ε，它服从不确定度为 σ 的正态分布。也许，虽然这是一种新的测量技术，我们不知道典型的误差大小，所以我们给 σ 本身分配一个概率分布，但根据杰恩斯关于尺度参数的指导，我们很可能将该分布设置为与 $1/\sigma$ 成正比。此外，我们可能对 a 和 b 有限制；假设我们怀疑 b 很可能接近 0，根据一个不确定性为 1 的正态分布，我们知道 a 一定是正的，所以我们把它分配为一个与 e^{-a} 成正比的指数分布。想象一下，对于科学理论来说，我们真正关心的是，a 是否大于 1，b 是否为正。将所有这些假设放在一起，我们需要计算以下类型的路径概率的积分：

$$\int_1^\infty e^{-a} \int_0^\infty e^{-b^2/2} \int_0^\infty \frac{1}{\sigma} \prod_{i=1}^n e^{-(y_i-(ax_i+b))^2/(2\sigma^2)} \, d\sigma \, db \, da$$

从分析上看，这种表达式简直令人作呕。但好消息是，我们不必对每个表达式进行解析计算，数值近似就足够了。现代计算技术使得这类事情变得轻而易举。如果我们需要计算一个复杂的积分，我们可以将参数空间划分为若干网格点，并使用它们来近似积分，或者如果该证明不充分，我们可以使用马尔可夫链蒙特卡罗方法模拟随机变量与适当的分布。统计语言 R 已经实现了多种用户友好的统计技术，而功能强大的 Stan 编程语言实现了在数值上以高效的方法来近似处理贝叶斯推断问题所需的各种计算。

在贝叶斯推断的世界中，我们可以取任何给定的常数，就像前文的例子中我们的测量误差的尺度一样，并决定将其作为一个具有概率分布的未知量来处理。这个分布可能又取决于未知参数，我们可以给这些参数分配概率分布，等等。其中一些参数可能被称为冗余参数（nuisance parameters），因为我们没有直接观察它们的方法，只能观察到它们对数据的二阶或三阶影响。但这些对我们来说并不是那么麻烦，因为我们总是可以对它们的概率分布求和（或积分）并将其条件化。

因此，在其他方面，贝叶斯推断比频率主义推断更有趣，因为一旦摆脱了需要对每个问题都有精确解析答案的负担，我们就可以随心所欲地构造不同的模型结构。当然，对于任何给定的数据量，我们能够得出的关于模型的推断的功效会随着模型的复杂性增加而降低。但是我们的推断将以后验分布的宽度的形式内置警告。也就是说，如果我们试图将一个具有太多参数的模型拟合到一个相对较小的数据集上，我们会发现后验分布体现了较大的不确定性，它们本应如此。这就是贝叶斯推断保护我们避免过度拟合危险的方法，而频率主义方法通常则不会。频率主义模型推断通常为任意参数返回一个估计值，没有内置关于该估计值的不确定性的警告，除非它属于存在解析分布（因此是 p 值）的情况。

伯努利在分析时因计算问题而受阻。费雪找出了一些他可以通过分析来回答的问题，但这些问题都是错误的。如果愿意接受近似值，我们就可以采用正确的方法。

放弃客观性；尝试有效性

最后，我们必须克服自统计学诞生以来就困扰统计学家的对客观性的痴迷。这些年来，这种痴迷时起时落，但在 19 世纪末 20 世纪初达到了顶峰，当时第一批现代统计学家——高尔顿、皮尔逊和费雪——为统计学在未来一百年的含义设定了条件。正如我们所看到的，它们是在特别有争议的情况下运作的。由阿道夫·凯特勒发起的将概率方法引入社会科学的项目还没有被完全接受为有效，进化论受到了来自各方的攻击，尚需理论支持，统计学家们试图推进一个有争议的优生学议程，如果它要被接受为科学真理的话，这个议程不允许主观性的出现。

斯坦尼斯拉夫·安德烈斯基在《作为巫术的社会科学》一书中指出，社会科学研究人员在寻求客观性时，已经满足于一种廉价的客观性，这让他们可以躲在机械方法的后面，"炮制出冗长乏味的挨家挨户的调查，这被称为社会学"。[18] 他写道，我们应该关注我们生活在这个世界并同时研究它所需要的道德客观性：

> 客观性的理想远比方法论噱头的兜售者要我们相信的更复杂和难以捉摸……并且它需要的远不止是遵守核查的技术规则，或使用晦涩难懂的毫无感情色彩的术语：即，对正义的道德承诺——对人民和机构公平的意愿，避免一厢情愿和恶毒想法的诱惑，以及拥有抵制威胁和诱惑的勇气。[19]

即使我们用最精确的技术语言表达我们的理论，并用最精确的测量方法来支持它们，我们也不能逃避这样一个事实：所有的科学都是人类的事业，因此要服从人类的欲望、偏见、共识和解释。我们能做的就是试着（通常是失败的）诚实地面对影响我们的因素，避免为任何不公正的"主人"服务，他们会把我们推向最适合他们的研究结论。例如，优生学运动应该被理解为一个警示性故事，它提示了我们，当试图打着客观性的旗号扬帆起航的时候，不进行这种反思的危险。换句话说，我们应该试着保持客观——并不是像高尔顿、皮尔逊和费雪所宣称的那样，赋予他们无可置疑的权威，当在研究开始前就让统治阶级的政治利益决定研究结果时，他们就失败了。

频率主义统计学的战斗口号一直是，我们应该让数据自己说话。正如费雪在1932年所写的那样："仅从数据就能得出结论……如果我们问的问题似乎需要这些数据出现之前的知识，那是因为……我们一直在问一些错误的问题。"[20]但残酷的现实是，数据本身并不能说明问题，而且从来都不会。科学的历史完全是由一些例子组成的，当一个特定的观察结果可以有多种解释时，哪些解释会被接受取决于科学家和更大的群体。甚至连天文学这门概率最早在赌博问题之外发挥作用的精确科学也未能幸免。例如，19世纪初，天文学家第一次注意到天王星偏离了其预测的轨道，从逻辑上讲，他们看到的是他们的观测和他们的如下假设之间的矛盾：

（1）太阳系中有七颗行星。
（2）对天王星位置的记录是相当准确的。
（3）牛顿万有引力定律是正确的。

他们认为这意味着肯定存在另一颗行星，否定了假设（1）。事实上，1846年9月，约翰·戈特弗里德·伽勒在夜空中发现了海王星，几乎与韦里耶预测的位置完全一致。

为什么他们不放弃牛顿定律呢？答案是，与不存在第八颗行星的假设相比，他们有更高的先验概率证明牛顿理论的正确性。他们也可能得出这样的结论：牛顿定律和七大行星假说都是正确的，只是他们对天王星位置的观测出了错误。然而，他们赋予天文观测误差的概率分布否定了这一点。我们相信他们的推断是正确的，但数据不能说明一切。

先验概率及其代表的主观性，是我们相信海王星的存在，以及我们不相信像由马丁·弗莱施曼和斯坦利·庞斯在1989年经验证明的冷聚变的存在、达里尔·贝姆所证明的超能力的存在，或者其他任何虚假科学发现的理由。这是一件好事！科学界一直以来都在主观地接受这些而不是其他那些结果。但是，在我们接受科学推断的现实之前，我们总是因为它们承诺了客观性而倾向于频率主义的推断方法，我们无法用语言来区分似乎通过了所有必要检验的虚假实验和合法实验。

英国科学社会学家哈里·柯林斯在 1981 年发表的题为"七种性别之子：物理现象的社会破坏"（Son of Seven Sexes：The Social Destruction of a Physical Phenomenon）[21] 的文章中，以及在 1998 年与特雷弗·平奇合著的《勾勒姆：你应该知道的科学》（The Golem: What You About Know of Science）一书中更详细地指出，科学实验受制于"实验者的回归"，这意味着实验证据和理论之间存在逻辑循环。[22] 实验的结果，特别是令人惊讶的或有争议的结果，只有在已知实验是可靠的情况下才能被信任；然而，通常情况下，只有当一个实验产生了我们预期的结果时，它才被认为是可靠的。因此，似乎没有任何实验能让我们相信令人惊讶的事情。古希腊哲学家塞克斯特斯·恩披里柯就预见到了这种情况。在一篇比大卫·休谟早了 1500 年的归纳法怀疑论中，他写道："如果他们用感官来判断智力，用智力来判断感官，这就涉及循环推理，因为需要先判断智力，才能判断感官，首先要仔细观察感官，以便检验智力，（因此）我们没有判断事物的方法。"[23] 换句话说，在你观察之前，你无法知道那里有什么，但你不能相信你的观察，除非他们确认那里实际上有什么。

如果我们坚持完全客观，这个循环就会带来巨大的科学问题。然而，正如托马斯·贝叶斯在他对休谟的回应中试图证明的那样，它催生了一种全新的概率推断模式，如果我们愿意满足于或然知识，那么我们就有办法走出这个陷阱。越来越多的证据可以让我们更加确信我们的理论的真实性——但只能在我们对世界作出的假设的主观范围内。但无论如何，这是一种实际需要，所以我们可以继续。事实上，这种逐步建立可信度和权威性的方式比演绎证明更常见。在日常生活中，从餐厅推荐到国家政治，我们无时无刻不在接受权威判断，这并不是因为这些判断已被确凿地证明是正确的，而是因为这些陈述符合我们先前对世界的理解，因为权威人物已通过以往的经验表明自己是可信的、可靠的和值得信赖的——换句话说，是可能的。科学权威也不例外。

科学真正的逻辑工具从来不是亚里士多德的"三段论"，而是他的"省略三段论"：基于可能的真理和共识的观点，缺少前提和逻辑跳跃的部分三段论。正确地组合这些片断是数学概率论的本质。我们永远不能指望确定我们的假设是否为真（也就是说，我们要依赖于更进一步的假设，直到有其他可能的假设来比较它们），但我们可能有机会确定我们是否以一种有效的方式处理了它们的结果。

伯努利对概率推断的数学处理是给世界的一份礼物，但不幸的是，它也包含了一个巨大谬误的种子，这个谬误已经发展到威胁到从科学到医学再到法律正义等各个领域的完整性的程度。问题是他没有意识到概率分配的内在主观性，并声称纯粹基于数据的客观推断是可能的。这在当时是一个危险的想法，直到今天仍然是危险的。客观概率之所以能够在当时发挥作用，只是因为掷骰子和陶瓮取石等简单的例子似乎都符合这种思维方式。虽然这些例子很直观，但不幸的是，它们从一开始就混淆了概率的定义，因为这些物理系统的属性使得概率几乎成为一种自然事实，使人们合理地得出这样的结论：概率是物体的性质，而不是我们对这些物体的感知和认识。他们将一个本来应该是哲学问题的问题简化为一个计数问题，即列举一系列结果，如果我们真的开始做实验并统计结果，答案似乎就会得到证实。

当我们试着把这种概率应用到日常生活中时，它立刻就变得捉襟见肘。从政治到经济再到体育，概率现在已经渗透到我们对周围世界的讨论中。我们发现自己经常用概率的语言与他人交流，使用像"赔率"和"似然值"这样的词，但对我们真实想表达的意思没有共同的理解。人们对概率问题做出如此本能的反应，部分原因是我们能感觉到这种内在的紧张。我们似乎都意识到这些工具对我们的生活是很重要的，甚至是必不可少的，但我们（包括我自己）都不擅长使用它们。

把概率理解为逻辑，可以让我们更深入地了解为什么人们对概率论据反应如此强烈。一旦接受了"概率与我们对给定一组假设的命题的内在不确定性状态有关"这一事实，我们就会得出一个不太稳定的结论，即当我们对概率性质作出判断时，我们的假设很重要。由于人们通常不会拥有相同的先验信息，所以当面对相同的假设情况时，其他人可能会得出完全不同的结论。对不确定性的量化要求我们首先承认我们对此是不确定的，而现实有时可能表达得比我们愿意听的更多。不确定抛硬币的结果是一回事，但不确定债务是否会被偿还或被判谋杀罪的人是否真的无辜则完全是另一回事。概率工具可以帮助我们确定一系列假设的结果，但它们不能为我们证明这些假设是正确的。

概率就在我们身边，但和我们若即若离。在拉普拉斯、卡尔·弗里德里希·高斯和安德烈·柯尔莫戈洛夫等杰出人物的成果中，它有着极其丰富的数学理论，并以优雅的形式主义为基础，但该理论通过平均和几率等常用词来传达，并承诺帮助我们解决日常问题。因此，它是理论和应用之间最活跃的断层线。它充其量只是一个镜头，模糊的想法通过它变得更加清晰，但它往往会成为操纵和似是而非的论证的工具。

概率为我们打开了一扇门，然后又"绊倒"了我们。通过一些简单的概念和定义，它使整个世界的问题更多地被置于我们的控制之下，但也使我们容易受到我们可能从未考虑过的谬误的影响。这也许是我们这个时代的决定性逻辑，在这个时代，我们的决策越来越多地基于数据和统计分析。信息时代往往也是信息不完整和信息矛盾的时代，我们所依赖的各种信息来源往往具有误导性或漏洞百出。

概率最终不过是我们用不完美的信息进行推断的能力的编码，就像我们几乎总是被要求做的那样。拥有数据是件好事，但数据也可能被操纵和扭曲并被用来讲述一个不真实的故事，或暗示确实不存在的确定性。概率可能是解药。它提醒我们——或者也许是提供一种语言来提醒我们自己——我们理解的边界，它让我们意识到丰富的数据和知识不是一回事。因此，大数据时代必然也是大概率时代。

但首先我们得明白我们在做什么。

注释

① Constance Reid, *Neyman—from Life* (New York: Springer-Verlag, 1982), 229.

② Bell Hooks, *Writing Beyond Race: Living Theory and Practice*(New York: Routledge, 2013), 4.

③ Edwin T. Jaynes, *Probability Theory: The Logic of Science, ed. G. Larry Bretthorst*(Cambridge: Cambridge University Press, 2003), 506.

④ Ronald A. Fisher, *Statistical Methods and Scientific Inference*(Edinburgh: Oliver and Boyd, 1956), 16-17.

⑤ Jaynes, *Probability Theory*, 478.

⑥ 我们在这里顺便注意到，费雪从"假设无限总体"中抽样的思想也出现了类似的问题。由于在无限总体的子集上没有均匀的概率测度，因此不可能做这样的抽样，哪怕是一个假想的样本。

⑦ Charles Lambdin, "Significance Tests As Sorcery: Science Is Empirical—Significance Tests Are Not," *Theory and Psychology* 22, no.1(2012): 73.

⑧ David Trafimow, "Editorial," *Basic and Applied Social Psychology* 36, no.1(2014): 1-2.

⑨ David Trafimow and Michael Marks, "Editorial," *Basic and Applied Social Psychology* 37, no.1(2015): 1-2.

⑩ Chris Woolston, "Psychology Journal Bans P Values," *Nature* 519, no.7541(2015): 9.

⑪ Ronald L. Wasserstein and Nicole Lazar, "The ASA Statement on p-Values: Context, Process, and Purpose," *American Statistician* 70, no.2(2016): 130.

⑫ Wasserstein and Lazar, "The ASA Statement on p-Values," 130.

⑬ Daniel J. Benjamin et al., "Redefine Statistical Significance." *Nature Human Behaviour* 2, no.1(2018): 6–10.

⑭ Ronald A. Fisher, *The Design of Experiments*(London: Oliver and Boyd, 1935), 16.

⑮ Stephen M. Stigler, *The History of Statistics: The Measurement of Uncertainty Before 1900*(Cambridge, MA: Belknap Press, 1986), 69–77.

⑯ F. J. Anscombe, "Graphs in Statistical Analysis," *American Statistician* 27, no.1(1973): 17–21.

⑰ Ward Edwards, Harold Lindman, and Leonard J. Savage, "Bayesian Statistical Inference for Psychological Research," *Psychological Review* 70, no.3(1963): 217.

⑱ Stanislav Andreski, *Social Sciences as Sorcery*(New York: St. Martin's Press, 1972), 110.

⑲ Andreski, *Social Sciences as Sorcery*, 103–104.

⑳ Ronald A. Fisher, "Inverse Probability and the Use of Likelihood," *Mathematical Proceedings of the Cambridge Philosophical Society* 28, no.3(1932): 259.

㉑ Harry M. Collins, "Son of Seven Sexes: The Social Destruction of a Physical Phenomenon," *Social Studies of Science* 11, no.1(1981): 33–62.

㉒ Harry M. Collins and Trevor J. Pinch. *The Golem: What You Should Know About Science*, 2nd ed. (Cambridge: Cambridge University Press, 1998).

㉓ Sextus Empiricus, *Outlines of Pyrrhonism*, trans. R. G. Bury. (London: Heinemann, 1933), 195.

参考文献

Amrhein, Valentin, Sander Greenland, and Blake McShane. "Scientists Rise Up Against Statistical Significance." *Nature* 567, no. 7748 (2019): 305–307.

Andreski, Stanislav. *Social Sciences as Sorcery*. New York: St. Martin's Press, 1972.

Anscombe, F. J. "Graphs in Statistical Analysis." *American Statistician* 27, no. 1 (1973): 17–21.

Bakan, David. "The Test of Significance in Psychological Research." *Psychological Bulletin* 66, no. 6 (1966): 423–437.

Baker, Graham J. "Christianity and Eugenics: The Place of Religion in the British Eugenics Education Society and the American Eugenics Society, c. 1907–1940." *Social History of Medicine* 27, no. 2 (2014): 281–302.

Baker, Monya. "Is There a Reproducibility Crisis?" *Nature* 533 (2016): 452–454.

Bargh, John A., Mark Chen, and Lara Burrows. "Automaticity of Social Behavior: Direct Effects of Trait Construct and Stereotype Activation on Action." *Journal of Personality and Social Psychology* 71, no. 2 (1996): 230.

Bartlett, M. S. "The Information Available in Small Samples." *Mathematical Proceedings of the Cambridge Philosophical Society* 32, no. 4 (1936): 560–566.

Bayes, Thomas. "LII. An Essay Towards Solving a Problem in the Doctrine of Chances. By the Late Rev. Mr. Bayes, F.R.S. Communicated by Mr. Price, in a Letter to John Canton, A.M.F.R.S." *Philosophical Transactions of the Royal Society of London* 53 (1763): 370–418.

Begley, C. Glenn, and Lee M. Ellis. "Raise Standards for Preclinical Cancer Research." *Nature* 483, no. 7391 (2012): 531–533.

Bem, Daryl J. "Feeling the Future: Experimental Evidence for Anomalous Retroactive Influences on Cognition and Affect." *Journal of Personality and Social Psychology* 100, no. 3 (2011): 407–425.

Bem, Daryl J. "Writing the Empirical Journal Article." In *The Compleat Academic: A Practical Guide for the Beginning Social Scientist*, ed. Mark P. Zanna and John M. Darley, 171–201. Hove, East Sussex, UK: Psychology Press, 1987.

Bem, Daryl J., and Charles Honorton. "Does Psi Exist? Replicable Evidence for an Anomalous Process of Information Transfer." *Psychological Bulletin* 115, no. 1 (1994): 4–18.

Benjamin, Daniel J., James O. Berger, Magnus Johannesson, Brian A. Nosek, E.-J. Wagenmakers, Richard Berk, Kenneth A. Bollen et al. "Redefine Statistical Significance." *Nature Human Behaviour* 2, no. 1 (2018): 6–10.

Bennett, J. H. *Statistical Inference and Analysis: Selected Correspondence of R. A. Fisher.* Oxford: Oxford University Press, 1990.

Berenson, Alex. "Evidence in Vioxx Suits Shows Intervention by Merck Officials." *New York Times.* April 24, 2005.

Berkson, Joseph. "Some Difficulties of Interpretation Encountered in the Application of the Chi-Square Test." *Journal of the American Statistical Association* 33, no. 203 (1938): 526–536.

Berkson, Joseph. "Tests of Significance Considered as Evidence." *Journal of the American Statistical Association* 37, no. 219 (1942): 325–335.

Bernoulli, Jacob. *On the Law of Large Numbers.* Trans. Oscar Sheynin. Berlin, 2005. http://www.sheynin.de/download/bernoulli.pdf.

Bhattacharya, Shaoni. "Up to 140,000 Heart Attacks Linked to Vioxx." *New Scientist,* January 25, 2005.

Black, Edwin. *War Against the Weak: Eugenics and America's Campaign to Create a Master Race.* New York: Four Walls Eight Windows, 2003.

Boole, George. *An Investigation of the Laws of Thought: On Which Are Founded the Mathematical Theories of Logic and Probabilities.* London: Walton and Maberly, 1854.

Boole, George. "XII. On the Theory of Probabilities." *Philosophical Transactions of the Royal Society of London* 152 (1862): 225–252.

Boring, Edwin G. "Mathematical vs. Scientific Significance." *Psychological Bulletin* 16, no. 10 (1919): 335–338.

Box, Joan Fisher. *R. A. Fisher, the Life of a Scientist.* New York: Wiley, 1978.

Buchanan, Mark. "Statistics: Conviction by Numbers." *Nature* 445, no. 7125 (2007): 254–256.

Buehler, Robert J., and Alan P. Feddersen. "Note on a Conditional Property of Student's *t.*" *Annals of Mathematical Statistics* 34, no. 3 (1963): 1098–1100.

Button, Katherine S., John P. A. Ioannidis, Claire Mokrysz, Brian A. Nosek, Jonathan Flint, Emma S. J. Robinson, and Marcus R. Munafò. "Power Failure: Why Small Sample Size Undermines the Reliability of Neuroscience." *Nature Reviews Neuroscience* 14, no. 5 (2013): 365–376.

Buttrick, Nick, Anup Gampa, Lilian Hummer, and Brian Nosek. "Replication of Analytic Thinking Promotes Religious Disbelief." Center for Open Science. Accessed April 28, 2020. https://osf.io/r4dve/.

Cacioppo, John T., Stephanie Cacioppo, Gian C. Gonzaga, Elizabeth L. Ogburn, and Tyler J. VanderWeele. "Marital Satisfaction and Break-Ups Differ Across On-Line and Off-Line Meeting Venues." *Proceedings of the National Academy of Sciences* 110, no. 25 (2013): 10135–10140.

Camerer, Colin F., Anna Dreber, Eskil Forsell, Teck-Hua Ho, Jürgen Huber, Magnus Johannesson, Michael Kirchler et al. "Evaluating Replicability of Laboratory Experiments in Economics." *Science* 351, no. 6280 (2016): 1433–1436.

Camerer, Colin F., Anna Dreber, Felix Holzmeister, Teck-Hua Ho, Jürgen Huber, Magnus Johannesson, Michael Kirchler et al. "Evaluating the Replicability of Social Science Experiments in *Nature* and *Science* Between 2010 and 2015." *Nature Human Behaviour* 2, no. 9 (2018): 637–644.

Campbell, John P. "Some Remarks from the Outgoing Editor." *Journal of Applied Psychology* 67, no. 6 (1982): 691–700.

Campbell, Lewis, and William Garnett. *The Life of James Clerk Maxwell: With a Selection from His Correspondence and Occasional Writings and a Sketch of His Contributions to Science.* New York: Macmillan, 1882.

Carey, Benedict. "Journal's Paper on ESP Expected to Prompt Outrage." *New York Times*, January 5, 2011.

Carney, Dana R., Amy J. C. Cuddy, and Andy J. Yap. "Power Posing: Brief Nonverbal Displays Affect Neuroendocrine Levels and Risk Tolerance." *Psychological Science* 21, no. 10 (2010): 1363–1368.

Chao, Tze-Fan, Chia-Jen Liu, Su-Jung Chen, Kang-Ling Wang, Yenn-Jiang Lin, Shih-Lin Chang, Li-Wei Lo et al. "The Association Between the Use of Non-steroidal Anti-Inflammatory Drugs and Atrial Fibrillation: A Nationwide Case-Control Study." *International Journal of Cardiology* 168, no. 1 (2013): 312–316.

Chesterton, Gilbert Keith. *Eugenics and Other Evils*. London: Cassell, 1922.

Christopher, Milbourne. *ESP, Seers, and Psychics*. New York: Crowell, 1970.

Cicero, Marcus Tullius, and Richard D. McKirahan. *De Natura Deorum. I*. Bryn Mawr Latin Commentaries. Bryn Mawr, PA: Thomas Library, Bryn Mawr College, 1997.Cohen, Jacob. "The Earth Is Round ($p < .05$)." *American Psychologist* 49, no. 12 (1994): 997–1003.

Colhoun, Helen M., Paul M. McKeigue, and George Davey Smith. "Problems of Reporting Genetic Associations with Complex Outcomes." *The Lancet* 361, no. 9360 (2003): 865–872.

Collins, Harry M. "Son of Seven Sexes: The Social Destruction of a Physical Phenomenon." *Social Studies of Science* 11, no. 1 (1981): 33–62.

Collins, Harry M., and Trevor J. Pinch. *The Golem: What You Should Know About Science*. 2nd ed. Cambridge: Cambridge University Press, 1998.

Corbett, Edward P. J., W. Rhys Roberts, and Ingram Bywater. *The Rhetoric and the Poetics of Aristotle*. New York: Modern Library, 1984.

Cournot, Antoine Augustin. *Exposition de la théorie des chances et des probabilités*. Paris: L. Hachette, 1843.

de Moivre, Abraham. *The Doctrine of Chances: Or, A Method of Calculating the Probability of Events in Play*. London: W. Pearson, 1718.

Diaconis, Persi, and David Freedman. "The Persistence of Cognitive Illusions." *Behavioral and Brain Sciences* 4, no. 3 (1981): 333–334.

Diaconis, Persi, and Brian Skyrms. *Ten Great Ideas About Chance*. Princeton, NJ: Princeton University Press, 2018.

Donkin, William Fishburn. "XLVII. On Certain Questions Relating to the Theory of Probabilities." *London, Edinburgh, and Dublin Philosophical Magazine and Journal of Science*, 4th ser., 1, no. 5 (1851): 353–368.

Doyen, Stéphane, Olivier Klein, Cora-Lise Pichon, and Axel Cleeremans. "Behavioral Priming: It's All in the Mind, but Whose Mind?" *PlOS One* 7, no. 1 (2012).

Eddy, David M. "Probabilistic Reasoning in Clinical Medicine: Problems and Opportunities." In *Judgment Under Uncertainty: Heuristics and Biases*, ed. Daniel Kahneman, Paul Slovic, and Amos Tversky, 249–267. Cambridge: Cambridge University Press, 1982.

Edwards, Ward, Harold Lindman, and Leonard J. Savage. "Bayesian Statistical Inference for Psychological Research." *Psychological Review* 70, no. 3 (1963): 193–242.

Ellenberg, Jordan. *How Not to Be Wrong: The Power of Mathematical Thinking*. New York: Penguin, 2015.

Ellis, Robert Leslie. *On the Foundations of the Theory of Probabilities*. London: John W. Parker, 1843.

Ellis, Robert Leslie. "Remarks on an Alleged Proof of the "Method of Least Squares," Contained in a Late Number of the Edinburgh Review." *London, Edinburgh, and Dublin Philosophical Magazine and Journal of Science*, 3rd ser., 37, no. 251 (1850): 321–328.

参考文献

Engber, Daniel. "Daryl Bem Proved ESP Is Real Which Means Science Is Broken." *Slate*, May 17, 2017. Accessed April 28, 2020. https://slate.com/health-and-science/2017/06/daryl-bem -proved-esp-is-real-showed-science-is-broken.html

Engdahl, F. William. *Seeds of Destruction: The Hidden Agenda of Genetic Manipulation.* Montreal: Global Research, 2007.

Everitt, Brian, and Anders Skrondal. *The Cambridge Dictionary of Statistics.* Cambridge: Cambridge University Press, 2002.

Falk, Ruma, and Charles W. Greenbaum. "Significance Tests Die Hard: The Amazing Persistence of a Probabilistic Misconception." *Theory and Psychology* 5, no. 1 (1995): 75–98.

Feynman, Richard P., Robert B. Leighton, and Matthew Sands. *Six Easy Pieces: Essentials of Physics Explained by Its Most Brilliant Teacher.* Reading, MA: Addison-Wesley, 1995.

Fisher, Ronald A. "The Bearing of Genetics on Theories of Evolution." *Science Progress in the Twentieth Century (1919–1933)* 27, no. 106 (1932): 273–287.

Fisher, Ronald A. "The Concepts of Inverse Probability and Fiducial Probability Referring to Unknown Parameters." *Proceedings of the Royal Society of London. Series A, Containing Papers of a Mathematical and Physical Character* 139, no. 838 (1933): 343–348.

Fisher, Ronald A. *Contributions to Mathematical Statistics.* New York: Wiley, 1950.

Fisher, Ronald A. "Dangers of Cigarette-Smoking." *British Medical Journal* 2, no. 5039 (1957): 297.

Fisher, Ronald A. *The Design of Experiments.* London: Oliver and Boyd, 1935. 6th ed., 1951. 7th ed., 1960. 9th ed., 1971.

Fisher, Ronald A. *The Genetical Theory of Natural Selection.* Oxford: Clarendon Press, 1930.

Fisher, Ronald A. "Inverse Probability." *Mathematical Proceedings of the Cambridge Philosophical Society* 26, no. 4 (1930): 528–535.

Fisher, Ronald A. "Inverse Probability and the Use of Likelihood." *Mathematical Proceedings of the Cambridge Philosophical Society* 28, no. 3 (1932): 257–261.

Fisher, Ronald A. *Natural Selection, Heredity, and Eugenics: Including Selected Correspondence of R. A. Fisher with Leonard Darwin and Others.* Ed. J. H. Bennett. Oxford: Clarendon Press, 1983.

Fisher, Ronald A. "A Note on Fiducial Inference." *Annals of Mathematical Statistics* 10, no. 4 (1939): 383–388.

Fisher, Ronald A. "On the Mathematical Foundations of Theoretical Statistics." *Philosophical Transactions of the Royal Society of London. Series A, Containing Papers of a Mathematical or Physical Character* 222 (1922): 309–368.

Fisher, Ronald A. "On the 'Probable Error' of a Coefficient of Correlation Deduced from a Small Sample." *Metron* 1 (1921): 1–32.

Fisher, Ronald A. "Probability Likelihood and Quantity of Information in the Logic of Uncertain Inference." *Proceedings of the Royal Society of London. Series A, Containing Papers of a Mathematical and Physical Character* 146, no. 856 (1934): 1–8.

Fisher, Ronald A. "Some Hopes of a Eugenist." *Eugenics Review* 5, no. 4 (1914): 309.

Fisher, Ronald A. "The Statistical Method in Psychical Research." *Proceedings of the Society for Psychical Research* 39 (1929): 189–192.

Fisher, Ronald A. "Statistical Methods and Scientific Induction." *Journal of the Royal Statistical Society: Series B (Methodological)* 17, no. 1 (1955): 69–78.

Fisher, Ronald A. *Statistical Methods and Scientific Inference*. Edinburgh: Oliver and Boyd, 1956. 3rd ed. New York: Hafner, 1973.

Fisher, Ronald A. *Statistical Methods for Research Workers*. Biological Monographs and Manuals No. 3. Edinburgh, London: Oliver and Boyd, 1925. 5th ed. 1932.

Fisher, Ronald A. "Student." *Annals of Eugenics* 9, no. 1 (1939): 1–9.

Fox, Craig R., and Jonathan Levav. "Partition-Edit-Count: Naive Extensional Reasoning in Judgment of Conditional Probability." *Journal of Experimental Psychology: General* 133, no. 4 (2004): 626.

Freedman, Leonard P., Iain M. Cockburn, and Timothy S. Simcoe. "The Economics of Reproducibility in Preclinical Research." *PLOS Biology* 13, no. 6 (2015): e1002165.

Fries, Jakob Friedrich. *Versuch einer Kritik der Principien der Wahrscheinlichkeitsrechnung*. Braunschweig: F. Vieweg u. sohn, 1842.

Galton, Francis. *Hereditary Genius: An Inquiry Into Its Laws and Consequences*. London: Macmillan, 1869. 2nd ed. 1892.

Galton, Francis. "Hereditary Talent and Character." *Macmillan's Magazine* 12 (1865): 157–166, 318–327.

Galton, Francis. Letter to the editor. *The Times*, June 5, 1873.

Galton, Francis. *Memories of My Life*. New York: Dutton, 1909.

Galton, Francis. *Natural Inheritance*. London: Macmillan, 1889.

Galton, Francis. *Probability, the Foundation of Eugenics: The Herbert Spencer Lecture Delivered on June 5, 1907*. Oxford: Clarendon Press, 1907.

Galton, Francis. "Regression Towards Mediocrity in Hereditary Stature." *Journal of the Anthropological Institute of Great Britain and Ireland* 15 (1886): 246–263.

Galton, Francis. "Statistics by Intercomparison, with Remarks on the Law of Frequency of Error." *London, Edinburgh, and Dublin Philosophical Magazine and Journal of Science* 49, no. 322 (1875): 33–46.

Gardner, Martin. *The 2nd Scientific American Book of Mathematical Puzzles and Diversions*. New York: Simon and Schuster, 1961.

Gelman, Andrew. *Bayesian Data Analysis*. 3rd ed. Boca Raton, FL: CRC Press, 2014.

Gelman, Andrew and Eric Loken. "The Statistical Crisis in Science." *American Scientist* 102, no. 6 (2014): 460-65. Gervais, Will M., and Ara Norenzayan. "Analytic Thinking Promotes Religious Disbelief." *Science* 336, no. 6080 (2012): 493–496.

Gervais, Will M., and Ara Norenzayan. "Author Comment." Center for Open Science. Accessed April 28, 2020. https://osf.io/q64td/.

Gigerenzer, Gerd. *The Empire of Chance: How Probability Changed Science and Everyday Life*. Cambridge: Cambridge University Press, 1989.

Gigerenzer, Gerd. "The Superego, the Ego, and the Id in Statistical Reasoning." In *A Handbook for Data Analysis in the Behavioral Sciences: Methodological Issues*, ed. G. Keren and C. Lewis, 311–339. Hillsdale, NJ: Erlbaum, 1993.

Gillies, Donald. *Philosophical Theories of Probability*. New York: Routledge, 2000.

Goetz, Jacky G., Susana Minguet, Inmaculada Navarro-Lérida, Juan José Lazcano, Rafael Samaniego, Enrique Calvo, Marta Tello et al. "Biomechanical Remodeling of the Microenvironment by Stromal Caveolin-1 Favors Tumor Invasion and Metastasis." *Cell* 146, no. 1 (2011): 148–163.

Gönen, Mithat, Wesley O. Johnson, Yonggang Lu, and Peter H. Westfall. "The Bayesian Two-Sample *t* Test." *American Statistician* 59, no. 3 (2005): 252–257.

Hacking, Ian. "Karl Pearson's History of Statistics." *British Journal for the Philosophy of Science* 32, no. 2 (1981): 177–183.

Hagger, Martin S., Nikos L. D. Chatzisarantis, Hugo Alberts, Calvin O. Anggono, Cedric Batailler, Angela R. Birt, Ralf Brand et al. "A Multilab Preregistered Replication of the Ego-Depletion Effect." *Perspectives on Psychological Science* 11, no. 4 (2016): 546–573.

Haldane, J. B. S. "Karl Pearson, 1857–1957." *Biometrika* 44, no. 3/4 (1957): 303–313.

Hansel, Charles Edward Mark. *The Search for Psychic Power: ESP and Parapsychology Revisited.* Buffalo, NY: Prometheus Books, 1989.

Hill, Ray. "Multiple Sudden Infant Deaths—Coincidence or Beyond Coincidence?" *Paediatric and Perinatal Epidemiology* 18, no. 5 (2004): 320–326.

Hitler, Adolf, and Ralph Manheim. *Mein Kampf.* Boston: Houghton Mifflin, 1971.

Hogben, Lancelot Thomas. *Genetic Principles in Medicine and Social Science.* New York: Knopf, 1932.

Hogben, Lancelot Thomas. *Principles of Evolutionary Biology.* Cape Town: Juta, 1927.

hooks, bell. *Writing Beyond Race: Living Theory and Practice.* New York: Routledge, 2013.

Hoyle, Fred. *Mathematics of Evolution.* Memphis, TN: Acorn Enterprises, 1999.

Hume, David. *An Enquiry Concerning Human Understanding: A Critical Edition.* Ed. Tom L. Beauchamp. Oxford: Oxford University Press, 2000.

Inge, William R. "Some Moral Aspects of Eugenics." *Eugenics Review* 1 (1909–1910): 26–36.

Ioannidis, John P. A. "Contradicted and Initially Stronger Effects in Highly Cited Clinical Research." *JAMA* 294, no. 2 (2005): 218–228.

Ioannidis, John P. A. "Why Most Published Research Findings Are False." *PLOS Medicine* 2, no. 8 (2005): e124.

Ioannidis, John P. A., T. D. Stanley, and Hristos Doucouliagos. "The Power of Bias in Economics Research." *Economic Journal* 127, no. 605 (2017): F236–F265.

Jaynes, Edwin T. *Probability Theory: The Logic of Science.* Ed. G. Larry Bretthorst. Cambridge: Cambridge University Press, 2003.

Jaynes, Edwin T. "The Well-Posed Problem." *Foundations of Physics* 3, no. 4 (1973): 477–492.

Jeffreys, Harold. "On the Theory of Errors and Least Squares." *Proceedings of the Royal Society of London. Series A, Containing Papers of a Mathematical and Physical Character* 138, no. 834 (1932): 48–55.

Jeffreys, Harold. "Probability, Statistics, and the Theory of Errors." *Proceedings of the Royal Society of London. Series A, Containing Papers of a Mathematical and Physical Character* 140, no. 842 (1933): 523–535.

Jeffreys, Harold. "Probability and Scientific Method." *Proceedings of the Royal Society of London. Series A, Containing Papers of a Mathematical and Physical Character* 146, no. 856 (1934): 9–16.

Jeffreys, Harold. *Theory of Probability.* Oxford: Clarendon Press, 1939. 3rd ed. 1961.

Keynes, J. M. *A Treatise on Probability.* London: Macmillan, 1962.

Kolmogorov, Andreĭ Nikolaevich. *Foundations of the Theory of Probability.* Trans. Nathan Morrison. With an added bibliography by Albert T. Bharucha-Reid. 2nd English ed. Mineola, NY: Dover, 2018.

Kurt, Will. *Bayesian Statistics the Fun Way: Understanding Statistics and Probability with Star Wars, LEGO, and Rubber Ducks.* San Francisco: No Starch Press, 2019.

Lambdin, Charles. "Significance Tests as Sorcery: Science Is Empirical—Significance Tests Are Not." *Theory and Psychology* 22, no. 1 (2012): 67–90.

Lane, Arthur Henry. *The Alien Menace: A Statement of the Case.* 5th ed. London: Boswell, 1934.

Laplace, Pierre-Simon. *Essai philosophique sur les probabilités.* Paris: Bachelier, 1825.

Laplace, Pierre-Simon. "Mémoire sur les probabilités." *Mémoires de l'Académie Royale des sciences de Paris* 1778. Trans. Richard J. Pulskamp (1781): 227–332.

Laplace, Pierre-Simon. *Théorie analytique des Probabilités.* 2 vols. Paris: Courcier Imprimeur, 1812.

Lisse, Jeffrey R., Monica Perlman, Gunnar Johansson, James R. Shoemaker, Joy Schechtman, Carol S. Skalky, Mary E. Dixon et al. "Gastrointestinal Tolerability and Effectiveness of Rofecoxib Versus Naproxen in the Treatment of Osteoarthritis: A Randomized, Controlled Trial." *Annals of Internal Medicine* 139, no. 7 (2003): 539–546.

Lowery, George. "Study Showing That Humans Have Some Psychic Powers Caps Daryl Bem's Career." *Cornell Chronicle*, December 6, 2010.

Lowry, Oliver H., Nira J. Rosebrough, A. Lewis Farr, and Rose J. Randall. "Protein Measurement with the Folin Phenol Reagent." *Journal of Biological Chemistry* 193 (1951): 265–275.

Lykken, David T. "Statistical Significance in Psychological Research." *Psychological Bulletin* 70, no. 3 (1968): 151–159.

MacKenzie, Donald. "Statistical Theory and Social Interests: A Case-Study." *Social Studies of Science* 8, no. 1 (1978): 35–83.

MacKenzie, Donald A. *Statistics in Britain, 1865–1930: The Social Construction of Scientific Knowledge.* Edinburgh: Edinburgh University Press, 1981.

Matthews, Robert A. J. "Why *Should* Clinicians Care About Bayesian Methods?" *Journal of Statistical Planning and Inference* 94, no. 1 (2001): 43–58.

Mazumdar, Pauline. *Eugenics, Human Genetics and Human Failings.* Florence: Routledge, 1992.

McElreath, Richard. *Statistical Rethinking: A Bayesian Course with Examples in R and Stan.* Boca Raton, FL: CRC Press, 2018.

Meadow, Roy. *ABC of Child Abuse.* Ed. Roy Meadow. 3rd ed. London: BMJ Publishing Group, 1997.

Meehl, Paul E. "Theoretical Risks and Tabular Asterisks: Sir Karl, Sir Ronald, and the Slow Progress of Soft Psychology." *Journal of Consulting and Clinical Psychology* 46, no. 4 (1978): 806–834.

Meehl, Paul E. "Theory-Testing in Psychology and Physics: A Methodological Paradox." *Philosophy of Science* 34, no. 2 (1967): 103–115.

Meehl, Paul E. "Why Summaries of Research on Psychological Theories Are Often Uninterpretable." *Psychological Reports* 66, no. 1 (1990): 195–244.

Mill, John Stuart. *A System of Logic, Ratiocinative and Inductive, Being a Connected View of the Principles of Evidence and the Methods of Scientific Investigation.* Vol. 2. London: John W. Parker, 1843.

Mischel, Walter, and Ebbe B. Ebbesen. "Attention in Delay of Gratification." *Journal of Personality and Social Psychology* 16, no. 2 (1970): 329.

Mowbray, Miranda, and Dieter Gollmann. "Electing the Doge of Venice: Analysis of a 13th Century Protocol." In *20th IEEE Computer Security Foundations Symposium*, 295–310. Los Alamitos, CA: IEEE, 2007.

"A New Bem Theory." Statistical Modeling, Causal Inference, and Social Science. Accessed April 28, 2020. https://andrewgelman.com/2013/08/25/a-new-bem-theory.

Newman, Dennis. "The History of Statistics in the 17th and 18th Centuries, Against the Changing Background of Intellectual, Scientific and Religious Thought: Lectures by Karl Pearson, 1921–1933." *Journal of the Royal Statistical Society: Series A (General)* 143, no. 1 (1980): 78–79.

Neyman, Jerzy. *Lectures and Conferences on Mathematical Statistics and Probability.* Washington, DC: Graduate School, U.S. Department of Agriculture, 1952.

Norton, Bernard J. "Karl Pearson and Statistics: The Social Origins of Scientific Innovation." *Social Studies of Science* 8, no. 1 (1978): 3–34.

Nosek, Brian A., Jeffrey R. Spies, and Matt Motyl. "Scientific Utopia: II. Restructuring Incentives and Practices to Promote Truth Over Publishability." *Perspectives on Psychological Science* 7, no. 6 (2012): 615–631.

Open Science Collaboration. "Estimating the Reproducibility of Psychological Science." *Science* 349, no. 6251 (2015): aac4716.

Pearson, Egon S. *Karl Pearson: An Appreciation of Some Aspects of His Life and Work.* Cambridge: Cambridge University Press, 1938.

Pearson, Egon S. "Studies in the History of Probability and Statistics. XX: Some Early Correspondence Between W. S. Gosset, R. A. Fisher and Karl Pearson, with Notes and Comments." *Biometrika* 55, no. 3 (1968): 445–457.

Pearson, Karl. "III. Contributions to the Mathematical Theory of Evolution." *Philosophical Transactions of the Royal Society of London* 185 (1894): 71–110.

Pearson, Karl. *The Grammar of Science.* London: W. Scott, 1892. 2nd ed. 1900.

Pearson, Karl. *The Life, Letters and Labours of Francis Galton.* Vol. 1. Cambridge: Cambridge University Press, 1924.

Pearson, Karl. *National Life from the Standpoint of Science: An Address Delivered at Newcastle November 19, 1900.* London: Alan and Charles Black, 1901.

Pearson, Karl. "On the Inheritance of the Mental and Moral Characters in Man: II." *Biometrika* 3 (1904): 131–160.

Pearson, Karl, and Margaret Moul. "The Problem of Alien Immigration Into Great Britain, Illustrated by an Examination of Russian and Polish Jewish Children: Part I." *Annals of Eugenics* 1, no. 1 (1925): 5–54.

Pearson, Karl, and Margaret Moul. "The Problem of Alien Immigration Into Great Britain, Illustrated by an Examination of Russian and Polish Jewish Children: Part II." *Annals of Eugenics* 2, no. 1–2 (1927): 111–244.

Pearson, Karl, and Egon S. Pearson. *The History of Statistics in the 17th and 18th Centuries Against the Changing Background of Intellectual, Scientific, and Religious Thought: Lectures by Karl Pearson Given at University College, London, During the Academic Sessions, 1921–1933.* London: C. Griffin, 1978.

Peile, James Hamilton Francis. "Eugenics and the Church." *Eugenics Review* 1, no. 3 (1909): 163.

Peng, Roger. "The Reproducibility Crisis in Science: A Statistical Counterattack." *Significance* 12, no. 3 (2015): 30–32.

People v. Collins, 68 Cal. 2d 319, 438 P.2d 33, 66 Cal. Rptr. 497 (1968).

Pius XI. "Casti Connubii." *Acta Apostolicae Sedis* 22 (1930): 539–592.

Poisson, Siméon Denis. *Recherches sur la probabilité des jugements en matière criminelle et en matière civile*. Paris: Bachelier, 1837.

Porter, Theodore M. *Karl Pearson: The Scientific Life in a Statistical Age*. Princeton, NJ: Princeton University Press, 2004.

Porter, Theodore M. *The Rise of Statistical Thinking, 1820–1900*. Princeton, NJ: Princeton University Press, 1986.

R v. Clark, [2003] EWCA Crim 1020.

Ramsey, Frank P. "Truth and Probability." In *Readings in Formal Epistemology*, ed. Horacio Arló-Costa, Victor F. Hendricks, and Johan van Benthem, 21–45. Cham, Switz.: Springer, 2016.

Ranehill, Eva, Anna Dreber, Magnus Johannesson, Susanne Leiberg, Sunhae Sul, and Roberto A. Weber. "Assessing the Robustness of Power Posing: No Effect on Hormones and Risk Tolerance in a Large Sample of Men and Women." *Psychological Science* 26, no. 5 (2015): 653–656.

Reid, Constance. *Neyman—from Life*. New York: Springer-Verlag, 1982.

"Report of Committee for Legalizing Eugenic Sterilization." *Postgraduate Medical Journal* 6, no. 61 (1930): 13.

"Reproducibility Project: Cancer Biology." Ed. Roger J. Davis et al. eLife. Accessed April 28, 2020. https://elifesciences.org/collections/9b1e83d1/reproducibility-project-cancer-biology/.

Resnick, Brian. "More Social Science Studies Just Failed to Replicate. Here's Why This Is Good." *Vox*. August 27, 2018. Accessed April 28, 2020. https://www.vox.com/science-and-health/2018/8/27/17761466/psychology-replication-crisis-nature-social-science

Rothenberg, Thomas J., Franklin M. Fisher, and Christian Bernhard Tilanus. "A Note on Estimation from a Cauchy Sample." *Journal of the American Statistical Association* 59, no. 306 (1964): 460–463.

Royal Statistical Society. "Royal Statistical Society Concerned by Issues Raised in Sally Clark Case." News release, October 23, 2001. Accessed April 28, 2020. http://www.inference.org .uk/sallyclark/RSS.html

Rozeboom, William W. "The Fallacy of the Null-Hypothesis Significance Test." *Psychological Bulletin* 57, no. 5 (1960): 416–428.

Sandys, John Edwin, ed. *The Rhetoric of Aristotle*. Cambridge: Cambridge University Press, 1909.

Savage, Leonard J. "The Foundations of Statistics Reconsidered." In *Proceedings of the Fourth Berkeley Symposium on Mathematical Statistics and Probability, Volume 1: Contributions to the Theory of Statistics*, 575–586. Berkeley, CA: University of California Press, 1961.

Savage, Leonard J. "On Rereading R. A. Fisher." *Annals of Statistics* 4, no. 3 (1976): 441–500.

Schmidt, Morten, Christian F. Christiansen, Frank Mehnert, Kenneth J. Rothman, and Henrik Toft Sorensen. "Non-steroidal Anti-Inflammatory Drug Use and Risk of Atrial Fibrillation or Flutter: Population Based Case-Control Study." *British Medical Journal* 343, no. 7814 (2011): 82.

Schmidt, Morten, and Kenneth J. Rothman. "Mistaken Inference Caused by Reliance on and Misinterpretation of a Significance Test." *International Journal of Cardiology* 177, no. 3 (2014): 1089–1090.

Schneps, Leila, and Coralie Colmez. *Math on Trial: How Numbers Get Used and Abused in the Courtroom*. New York: Basic Books, 2013.

Schweber, Silvan S. "The Origin of the *Origin* Revisited." *Journal of the History of Biology* 10, no. 2 (1977): 229–316.

Seidenfeld, Teddy. "R. A. Fisher's Fiducial Argument and Bayes' Theorem." *Statistical Science* 7, no. 3 (1992): 358–368.

Sextus Empiricus. *Outlines of Pyrrhonism*. Trans. R. G. Bury. London: Heinemann, 1933.

Sheynin, Oscar B. "Studies in the History of Probability and Statistics. XXI. On the Early History of the Law of Large Numbers." *Biometrika* 55, no. 3 (1968): 459–467.

Simmons, Joseph P., Leif D. Nelson, and Uri Simonsohn. "False-Positive Psychology: Undisclosed Flexibility in Data Collection and Analysis Allows Presenting Anything as Significant." *Psychological Science* 22, no. 11 (2011): 1359–1366.

Smith, George, and L. G. Wickham Legg. *The Dictionary of National Biography, 1931–1940: With an Index Covering the Years 1901–1940 in One Alphabetical Series*. London: Oxford University Press, 1949.

Soal, S. G. "Experimental Evidence for Extra-Sensory Perception." *Nature* 185 (1960): 950–951.

Soal, S. G., and Frederick Bateman. *Modern Experiments in Telepathy*. New Haven, CT: Yale University Press, 1954.

"Social Biology." *New Statesman and Nation*, December 26, 1931, 816–817.

Sokal, Alan D. "Transgressing the Boundaries: Towards a Transformative Hermeneutics of Quantum Gravity." *Social Text* 46/47 (1996): 217–252.

Soper, H. E., A. W. Young, B. M. Cave, Alice Lee, and Karl Pearson. "On the Distribution of the Correlation Coefficient in Small Samples. Appendix II to the Papers of 'Student' and R. A. Fisher." *Biometrika* 11, no. 4 (1917): 328–413.

Spottiswoode, William. "On Typical Mountain Ranges: An Application of the Calculus of Probabilities to Physical Geography." *Journal of the Royal Geographical Society of London* 31 (1861): 149–154.

Sripada, Chandra, Daniel Kessler, and John Jonides. "Methylphenidate Blocks Effort-Induced Depletion of Regulatory Control in Healthy Volunteers." *Psychological Science* 25, no. 6 (2014): 1227–1234.

"Statistiek in het strafproces." *NOVA/Den Haag Vandaag*. Petra Greeven and Marcel Hammink. Hilversum, Netherlands: VARA/NOS, November 4, 2003.

Stigler, Stephen M. "Fisher in 1921." *Statistical Science* 20, no. 1 (2005): 32–49.

Stigler, Stephen M. *The History of Statistics: The Measurement of Uncertainty Before 1900*. Cambridge, MA: Belknap Press, 1986.

Stigler, Stephen M. "Studies in the History of Probability and Statistics. XXXIII Cauchy and the Witch of Agnesi: An Historical Note on the Cauchy Distribution." *Biometrika* 61, no. 2 (1974): 375–380.

Stigler, Stephen M. "The True Title of Bayes's Essay." *Statistical Science* 28, no. 3 (2013): 283–288.

Stoppard, Tom. *Rosencrantz and Guildenstern Are Dead*. New York: Grove, 1967.

Strack, Fritz, Leonard L. Martin, and Sabine Stepper. "Inhibiting and Facilitating Conditions of the Human Smile: A Nonobtrusive Test of the Facial Feedback Hypothesis." *Journal of Personality and Social Psychology* 54, no. 5 (1988): 768.

Student. "Probable Error of a Correlation Coefficient." *Biometrika* 6, no. 2–3 (1908): 302–310.

Tierney, John. "Behind Monty Hall's Doors: Puzzle, Debate, and Answer?" *New York Times*, July 21, 1991.

Trafimow, David. "Editorial." *Basic and Applied Social Psychology* 36, no. 1 (2014): 1–2.

Trafimow, David, and Michael Marks. "Editorial." *Basic and Applied Social Psychology* 37, no. 1 (2015): 1–2.

Turnbull, Craig. *A History of British Actuarial Thought*. Cham, Switz.: Springer International Publishing, 2017.

UNESCO. *The Race Question in Modern Science: Race and Science*. New York: Columbia University Press, 1961.

Utts, Jessica. "Replication and Meta-Analysis in Parapsychology." *Statistical Science* 6, no. 4 (1991): 363–378.

Venn, John. *The Logic of Chance: An Essay on the Foundations and Province of the Theory of Probability, with Especial Reference to Its Logical Bearings and Its Application to Moral and Social Science, and to Statistics*. London: Macmillan, 1866. 3rd ed. 1888..

vos Savant, Marilyn. "Ask Marilyn." *Parade*, September 9, 1990.

vos Savant, Marilyn. *The Power of Logical Thinking: Easy Lessons in the Art of Reasoning . . . and Hard Facts About Its Absence in Our Lives*. New York: Macmillan, 1997.

Wagenmakers, Eric-Jan, Titia Beek, Laura Dijkhoff, Quentin F. Gronau, A. Acosta, R. B. Adams Jr., D. N. Albohn et al. "Registered Replication Report: Strack, Martin, & Stepper (1988)." *Perspectives on Psychological Science* 11, no. 6 (2016): 917–928.

Wagenmakers, Eric-Jan, Don van den Bergh, Maarten Marsman, Johnny van Doorn, and Alexander Ly. "Supplement: Bayesian Analyses for 'Evaluating Replicability of Social Science Experiments in Nature and Science.' " Center for Open Science. Accessed April 28, 2020. https://osf.io/nsxgj/.

Wagenmakers, Eric-Jan, Ruud Wetzels, Denny Borsboom, and Han L. J. Van Der Maas. "Why Psychologists Must Change the Way They Analyze Their Data: The Case of Psi: Comment on Bem (2011)." *Journal of Personality and Social Psychology* 100, no. 3 (2011): 426–432.

Wasserstein, Ronald L., and Nicole Lazar. "The ASA Statement on *p*-Values: Context, Process, and Purpose." *American Statistician* 70, no. 2 (2016): 129–133.

Wasserstein, Ronald L, Allen L. Schirm, and Nicole A. Lazar. "Moving to a World Beyond '$p < 0.05$.'" *American Statistician* 73, supp. 1 (2019): 1–19.

Watts, Tyler W., Greg J. Duncan, and Haonan Quan. "Revisiting the Marshmallow Test: A Conceptual Replication Investigating Links Between Early Delay of Gratification and Later Outcomes." *Psychological Science* 29, no. 7 (2018): 1159–1177.

Weiss, Sheila Faith. "After the Fall: Political Whitewashing, Professional Posturing, and Personal Refashioning in the Postwar Career of Otmar Freiherr Von Verschuer." *Isis* 101, no. 4 (2010): 722–58.

"Which Statistics Test Should I Use?" Social Science Statistics. Accessed April 28, 2020. https://www.socscistatistics.com/tests/what_stats_test_wizard.aspx.

"Who Is the Greatest Biologist of All Time?" Edge. Accessed April 28, 2020. https://www.edge.org/conversation/who-is-the-greatest-biologist-of-all-time.

Woodhouse, Jayne. "Eugenics and the Feeble-Minded: The Parliamentary Debates of 1912–14." *History of Education* 11, no. 2 (1982): 127–137.

Woolston, Chris. "Psychology Journal Bans *P* Values." *Nature* 519, no. 7541 (2015): 9.

Yandell, Benjamin. *The Honors Class: Hilbert's Problems and Their Solvers*. Boca Raton, FL: CRC Press, 2001.

Zabell, Sandy L. "R. A. Fisher and Fiducial Argument." *Statistical Science* 7, no. 3 (1992): 369–387.

Zabell, Sandy L. "R. A. Fisher on the History of Inverse Probability." *Statistical Science* 4, no. 3 (1989): 247–256.

Ziliak, Stephen T., and Deirdre Nansen McCloskey. *The Cult of Statistical Significance: How the Standard Error Costs Us Jobs, Justice, and Lives*. Ann Arbor: University of Michigan Press, 2008.

人名对照表

阿道夫·贝蒂隆　Adolphe Bertillon

阿道夫·凯特勒　Adolphe Quetelet

阿道夫·希特勒　Adolf Hitler

阿德里安–马里·勒让德　Adrien-Marie Legendre

阿尔伯特·爱因斯坦　Albert Einstein

阿尔弗雷德·诺斯·怀特黑德　Alfred North Whitehead

阿拉·洛伦萨扬　Ara Norenzayan

阿朗佐·丘奇　Alonzo Church

阿瑟·亨利·莱恩　Arthur Henry Lane

埃德温·博林　Edwin Boring

埃德温·杰恩斯　Edwin Jaynes

埃贡·皮尔逊　Egon Pearson

埃里克–简·瓦根马克斯　Eric-Jan Wagenmakers

埃里克·施瓦茨　Eric Schwartz

埃米尔·博雷尔　Émile Borel

艾莉森·多伊格　Alison Doig

艾历克斯　Alex

艾伦·费德森　Alan Feddersen

艾伦·索卡尔　Alan Sokal

艾米·卡迪　Amy Cuddy

艾米丽·欧德舒　Emily Oldshue

爱丁顿　Eddington

安德烈·科尔莫戈罗夫　Andrey Kolmogorov

安德鲁·格尔曼　Andrew Gelman

安迪·恩格尔沃德　Andy Engelward

安迪·考夫曼　Andy Kaufman

安吉拉·坎宁斯　Angela Cannings

安托万·奥古斯丁·古诺　Antoine Augustin Cournot

安托万·冈博　Antoine Gomb

奥本·勒威耶　Urbain Le Verrier

奥布里·克莱顿　Aubery Clayton

奥古斯丁·柯西　Augustin Cauchy

奥古斯特·孔德　Auguste Comte

奥利弗·H.洛瑞　Oliver H. Lowry

奥特马尔·弗赖赫尔·冯·费许尔　Otmar Freiherr von Verschuer

奥托·雷切　Otto Reche

巴格　Bargh

巴鲁赫·斯宾诺莎　Baruch Spinoza

巴伦·德·凯弗伯格　Baron de Keverberg

巴罗蒂诺　balotino

巴罗斯　Burrows

保罗·埃尔德什　Paul Erdős

保罗·麦凯格　Paul McKeigue

保罗·米尔　Paul Meehl

贝伦斯　Behrens

本·亚当斯　Ben Adams

比娜·文卡塔拉曼　Bina Venkataraman

比托马斯·贝叶斯　Thomas Bayes

伯特兰·罗素　Bertrand Russell

布莱恩·伯杰斯坦　Brian Bergstein

布莱恩·加拉格尔　Brian Gallagher

布莱恩·诺塞克　Brian Nosek

布莱恩·斯科姆斯　Brian Skyrms

布莱斯·帕斯卡　Blaise Pascal

布鲁诺·德菲内蒂　Bruno de Finetti

C. D. 布罗德　C. D. Broad

查尔斯·达尔文　Charles Darwin

查尔斯·达文波特　Charles Davenport

查尔斯·福克斯　Charles Fowlkes

查尔斯·格林鲍姆　Charles Greenbaum

查尔斯·霍诺顿　Charles Honorton

查尔斯·兰丁　Charles Lambdin

陈　Chen

达尔文·高尔顿　Darwin Galton

达里尔·贝姆　Daryl Bem

大卫·休谟　David Hume

戴尔德丽·麦克洛斯基　Deirdre McCloskey

戴维·巴坎　David Bakan

戴维·布莱克威尔　David Blackwell

戴维·弗里德曼　David Freedman

戴维·莱肯　David Lykken

戴维·乔治·肯德尔　David George Kendall

戴维·特拉菲莫　David Trafimow

戴维·希尔伯特　David Hilbert

丹妮拉·拉马斯　Daniela Lamas

德夫·库马尔　Dev Kumar

迪耶德里克·斯塔佩尔　Diederik Stapel

第谷·布拉赫　Tycho Brahe

蒂蒂乌斯　Titius

恩斯特·鲁丁　Ernst Rüdin

F. J. M. 斯特拉顿　F. J. M. Stratton

费迪南多·德·美第奇　Ferdinando dei Medici

费利克斯·克莱恩　Felix Klein

弗兰克·拉姆齐　Frank Ramsey

弗朗索瓦·阿拉戈　François Arago

弗朗西斯·埃奇沃思　Francis Edgeworth

弗朗西斯·安斯科姆　Francis Anscombe

弗朗西斯·高尔顿　Francis Galton

弗朗西斯科·福斯卡里　Francesco Foscari

弗雷德·霍伊尔　Fred Hoyle

福尔图娜　Fortuna

富布赖特　Fulbright

G. K. 切斯特顿　G. K. Chesterton

G. 拉里·布雷托斯特　G. Larry Bretthorst

G. 伊夫林·哈钦森　G. Evelyn Hutchinson

戈特弗里德·阿亨瓦尔　Gottfried Achenwall

格尔德·吉仁泽　Gerd Gigerenzer

格雷戈尔·孟德尔　Gregor Mendel

格雷姆·伍德　Graeme Wood

格伦·贝格利　Glenn Begley

格洛丽亚·斯图尔特　Gloria Stewart

古斯塔夫·拉尼奥　Gustave Lagneau

哈里·柯林斯　Harry Collins

哈罗德·霍特林　Harold Hotelling

哈罗德·杰弗里斯　Harold Jeffreys

海伦·科尔霍恩　Helen Colhoun

赫伯特·斯宾塞　Herbert Spencer

赫尔曼·外尔　Hermann Weyl

亨克·埃尔弗斯　Henk Elfers

亨利·勒贝格　Henri Lebesgue

霍夫丁　Hoeffding

吉尔伯特·马尔科姆·斯普罗特　Gilbert
　　Malcolm Sproat

吉尔登斯特恩　Guildenstern

吉姆·戈德曼　Jim Goldman

伽利略·伽利雷　Galileo Galilei

贾米尔·艾德鲁斯　Jameel Al-Aidroos

杰弗里·斯皮斯　Jeffrey Spies

杰西卡·厄茨　Jessica Utts

杰西卡·尤莉安　Jessica Ullian

杰伊·曼德尔　Jay Mandel

卡尔·弗里德里希·高斯　Carl Friedrich
　　Gauss

卡尔·凯顿　Karl Keyton

卡尔·皮尔逊　Karl Pearson

卡尔·萨根　Carl Sagan

卡利安普迪·拉达克里希纳·拉奥　Calyampudi
　　Radhakrishna Rao

卡尤斯　Cajus

凯尔西·勒博　Kelsey LeBeau

凯茜·奥尼尔　Cathy O'Neil

　　　　　伯努利谬误：不合逻辑的统计学与现代科学的危机

凯撒·威廉　Kaiser Wilhelm

凯瑟琳·戈德尼　Kathleen Goldney

凯文·伯杰　Kevin Berger

凯文·范·霍恩　Kevin S. Van Horn

克劳福德·克鲁斯　Crawford Crews

克雷格·特恩布尔　Craig Turnbull

克里斯蒂安·惠更斯　Christiaan Huygens

肯尼斯·阿罗　Kenneth Arrow

肯尼斯·罗斯曼　Kenneth Rothman

拉斐尔·韦尔登　Raphael Weldon

兰斯洛特·霍格本　Lancelot Hogben

劳拉·葛若泽　Laura Grother

雷·海曼　Ray Hyman

雷蒙德·沙利文　Raymond Sullivan

雷·希尔　Ray Hill

李·埃利斯　Lee Ellis

李·罗斯　Lee Ross

理查德·道金斯　Richard Dawkins

理查德·费曼　Richard Feynman

理查德·冯·米塞斯　Richard von Mises

理查德·考克斯　Richard Cox

理查德·麦克尔里斯　Richard McElreath

理查德·普赖斯　Richard Price

丽莉·汤普森　Lilli Thompson

丽萨·沃斯曼·西旺　Lisa Wasserman Sivan

利昂·惠特尼　Leon Whitney

利夫·纳尔逊　Leif Nelson

林恩·威利斯　Lyn Willis

鲁玛·福尔克　Ruma Falk

鲁普蒂·帕特尔　Trupti Patel

路易·潘索　Louis Poinsot

路易·普安索　Louis Poinsot

路易莎·伦巴第　Louisa Lombard

路易斯·巴斯德　Louis Pasteur

露西娅·德伯克　Lucia de Berk

伦纳德·弗里德曼　Leonard Freed

伦纳德·"吉米"·萨维奇　Leonard "Jimmie"
　Savage

罗伯特·比勒　Robert Buehler

罗伯特·莱斯利·埃利斯　Robert Leslie Ellis

罗伯特·马修斯　Robert Matthews

罗恩·沃瑟斯坦　Ron Wasserstein

罗杰·彭　Roger Peng

罗纳德·艾尔默·费雪　Ronald Aylmer Fisher

罗纳德·费雪　Ronald Fisher

罗纳德·沃瑟斯坦　Ronald Wasserstein

罗娜·泰珀-戈德曼　Ronna Tapper-Goldman

罗莎琳德·富兰克林　Rosalind Franklin

罗伊·梅多　Roy Meadow

洛厄尔·弗莱　Lowell Frye

洛林·里斯　Lorin Rees

马丁·弗莱施曼　Martin Fleischmann

马丁·加德纳　Martin Gardner

马尔科姆·科林斯　Malcolm Collins

马克·布坎南　Mark Buchanan

马克·拉克斯　Mark Lax

马特·莫蒂尔　Matt Motyl

玛格丽特·莫尔　Margaret Moul

玛丽莲·泰珀　Marilyn Tapper

玛丽莲·沃斯·萨凡特　Marilyn vos Savant

迈克尔·沃丁顿　Michael Waddington

迈蒙尼德　Maimonides

麦迪逊·格兰特　Madison Grant

梅杰·格林伍德　Major Greenwood

梅丽莎·泰珀-戈德曼　Melissa Tapper Goldman

Méré 梅林

梅维乌斯　Maevius

蒙提·霍尔　Monty Hall

米尔顿·弗里德曼　Milton Friedman

米兰达·马丁　Miranda Martin

莫恩·德尼·泊松　Siméon Denis Poisson

莫里斯·巴特利特　Maurice Bartlett

莫里斯·肯德尔　Maurice Kendall

莫里斯·史蒂文森·巴特利特　Maurice Stevenson
　Bartlett

穆丽尔·布里斯托尔　Muriel Bristol

纳夫塔利·克莱顿　Naftali Clayton

纳西姆·塔勒布　Nassim Taleb

妮可·拉扎尔　Nicole Lazar

尼古拉·伯努利　Nicolaus Bernoulli

尼克·埃里克森　Nick Eriksson

尼瑞特·埃里克森　Nirit Eriksson

帕斯夸里·马利皮耶罗　Pasquale Malipiero

派厄斯　Pius

佩尔西·戴康尼斯　Persi Diaconis

皮埃尔·费马　Pierre de Fermat

皮埃尔-西蒙·拉普拉斯　Pierre-Simon Laplace

钱德拉·斯里帕达　Chandra Sripada

乔丹·艾伦伯格　Jordan Ellenberg

乔纳森·斯威夫特　Jonathan Swift

乔赛亚·韦奇伍德　Josiah Wedgwood

乔治·波利亚　George Pólya

乔治·布尔　George Boole

乔治·戴维·史密斯　George Davey Smith

乔治·甘茨　George Gantz

乔治·科布　George Cobb

乔治·克里斯特尔　George Chrystal

乔治·斯内德克　George Snedecor

琼·布鲁克班克　Joan Brookbank

琼·费雪·鲍克斯　Joan Fisher Box

让·维尔　Jean Ville

若当·皮尔　Jordan Piel

萨莉·克拉克　Sally Clark

萨默·波洛克　Summer Block

塞克斯特斯·恩披里柯　Sextus Empiricus

塞缪尔·索尔　Samuel Soal

桑迪·萨贝尔　Sandy Zabell

山姆·汤普森　Sam Thompson

史蒂夫·埃文斯　Steve Evans

史蒂文·戈德曼　Steven Goodman

斯蒂芬·齐利亚克　Stephen Ziliak

斯蒂芬·斯蒂格勒　Stephen Stigler

斯坦利·米尔格拉姆　Stanley Milgram

斯坦利·庞斯　Stanley Pons

斯坦尼斯拉夫·安德烈斯基　Stanislav Andreski

斯特拉克　Strack

斯特普　Stepper

苏格拉底　Socrates

索尔·戈德尼　Soal Goldney

唐娜·安东尼　Donna Anthony

特拉维斯·沃丁顿　Travis Waddington

特蕾莎·夏普　Teresa Sharpe

托尼·格林沃尔德　Tony Greenwald

威尔·科特　Will Kurt

威尔·热尔韦　Will Gervais

威廉·德厄姆　William Derham

威廉·菲什伯恩·唐金　William Fishburn Donkin

威廉·戈塞特　William Gosset

威廉·拉尔夫·英奇　William Ralph Inge

威廉·罗泽博姆　William Rozeboom

威廉·斯波蒂斯伍德　William Spottiswoode

西奥·德鲁斯　Theo de Roos

西塞罗　Cicero

休伯特·斯宾塞·巴茨　Hubert Spence Butts

雅各布·伯努利　Jacob Bernoulli

雅各布·弗里德里希·弗里斯　Jakob Friedrich Fries

雅各布·科恩　Jacob Cohen

亚伯拉罕·棣莫弗　Abraham de Moivre

亚当·戈德曼　Adam Goldman

亚当·赖克　Adam Reich

亚里士多德　Aristotle

亚历克西斯·布瓦德　Alexis Bouvard

亚历山大·蒲柏　Alexander Pope

耶日·内曼　Jerzy Neyman

伊恩·艾布拉姆斯·席尔瓦　Ian Abrams-Silva

伊拉斯谟·达尔文　Erasmus Darwin

伊雷内·朱尔·别内梅　Irénée-Jules Bienaymé

伊娃·拉尼希尔　Eva Ranehill

以斯拉·祖克曼·西旺　Ezra Zuckerman Sivan

尤里·西蒙松　Uri Simonsohn

约翰·阿巴思诺特　John Arbuthnot

约翰·伯努利　Johann Bernoulli

约翰·戈特弗里德·伽勒　Johann Gottfried Galle

约翰·格朗特　John Graunt

约翰·坎贝尔　John Campbell

约翰·梅纳德·凯恩斯　John Maynard Keynes

约翰·斯图亚特·穆勒　John Stuart Mill

约翰·苏斯密尔西　Johann Süssmilch

约翰·威萨特　John Wishart

约翰·维恩　John Venn

约翰·约安尼迪斯　John Ioannidis

约瑟夫·伯克森　Joseph Berkson

约瑟夫·伯特兰德　Joseph Bertrand

约瑟夫·门格勒　Josef Mengele

约瑟夫·西蒙斯　Joseph Simmons

扎克·怀特　Zach White

詹姆斯·克拉克·麦克斯韦　James Clerk Maxwell

詹姆斯·皮尔勒　James Peile

珍妮特·柯林斯　Janet Collins

朱塞普·皮亚齐　Giuseppe Piazzi

佐伊·皮尔　Zoe Piel

上海市版权局著作权合同登记号　图字 09-2023-0990

图书在版编目(CIP)数据

伯努利谬误 ：不合逻辑的统计学与现代科学的危机 /
（美）奥布里·克莱顿著 ；陈代云译. — 上海 ：格致出
版社 ：上海人民出版社，2024.2
ISBN 978 - 7 - 5432 - 3517 - 5

Ⅰ. ①伯… Ⅱ. ①奥… ②陈… Ⅲ. ①统计学-历史
-研究-世界 Ⅳ. ①C8 - 091

中国国家版本馆 CIP 数据核字(2023)第 236831 号

责任编辑 刘佳琪 程筠函
封面设计 钟 颖

伯努利谬误：不合逻辑的统计学与现代科学的危机

[美]奥布里·克莱顿 著

陈代云 译

出　　版　格致出版社
　　　　　上海人 民 出 版 社
　　　　　(201101　上海市闵行区号景路 159 弄 C 座)
发　　行　上海人民出版社发行中心
印　　刷　上海商务联西印刷有限公司
开　　本　720×1000　1/16
印　　张　20.5
插　　页　2
字　　数　327,000
版　　次　2024 年 2 月第 1 版
印　　次　2024 年 2 月第 1 次印刷
ISBN 978 - 7 - 5432 - 3517 - 5/F · 1546
定　　价　89.00 元